20世纪德国
企业代表会体制演变研究

上海市学术著作出版基金

20世纪德国
企业代表会体制演变研究

孟钟捷　著

上海人民出版社

序

世人普遍认为，德意志民族在善和恶两方面都爱走极端。这一特性引起不少人的好奇和猜测。有人曾经问我，为什么一个思想深刻、崇尚理性、守纪律讲秩序、做事认真、拥有很多创造发明的民族，会犯下大肆屠杀犹太人的滔天罪行？我就转述了一位德国友人的答案。那位德国学者认为，德意志人的特点是做事认真，凡是他们认为应该做的事情，就千方百计要把它做好。如反犹这件事，法西斯意大利起初也持同样的态度，但是在实施过程中遇到部分人的反对，于是就不了了之，世人也就很快忘记了这件事。而德国人则是想尽办法要把它完成，为此还形成了不少"创举"。由于反犹这件事本身是错的，所以做事认真的德意志人在错误的道路上越走越远，直至犯下弥天大罪。其实，除了这一特点，德意志人还善于推理演绎。他们喜欢根据现有的各种条件，去演绎推理未来的理想境界，并构筑模型。这两个特点相结合，要想不走极端也难。

在处理劳资关系问题上，德国人也表现出了这些特点。从魏玛共和国到纳粹帝国，再到联邦德国，德国人在处理劳资关系问题上走出了一条"之"字形路线。其来回摇摆的幅度之大，令世人唏嘘不已。

从近代后期开始，德国的劳资关系就呈现出自己的特色。其一，德国工人运动的指导力量比较得力。马克思恩格斯作为出生在德国的世界工人运动领袖，他们对德国工人运动的深远影响自不待说。拉萨尔作为全德工人联合会的首任主席，以其充沛的精力和"接地气"的政治经济主张，也为德国工人运动注入了较大的推力。巴黎公社失败后，欧洲工人运动的中心从法国转移到德国，加之德国统一后工业化迅速发展，产业工人人数迅速增加，推动了工人运动进一步高涨。尽管俾斯麦政府的"皮鞭"不断飞舞，但是德国工人运动在威廉·李卜克内西和倍倍尔等人的领导下，在鞭声中不断成长。其二，威廉二世作为一个在宫内长大的皇族后代，由于种种原因，反而标榜自己愿意做一个"乞丐们的国王"。他同强势宰相俾斯麦争夺实际执政权的抓手，就是如何对待全国15万煤矿工人的罢工斗争。威廉二世在御前会议上明确宣布，不愿意派军队去保护那些工厂主的别墅和玫瑰园，也许工厂主要求在他们床前设置双重岗哨，称他们榨取工人就"像榨取柠檬汁一样，然后让他们在垃圾堆上腐烂"。威廉二世借此逼退了俾斯麦，否决了延长反社会党人法的提案，同时通过社会政策"新路线"，让德国的社会政策长期保持世界领先地位。而解禁后的德国工人政党，社会活动能力愈益增强，在国会大选中的影响越来越大。到1912年，该党竟然成了国会第一大党，具备了组阁或参加政府的基础条件，尽管由于德国政治体制的原因，主政或参政的可能性未能变成现实。

在组建魏玛共和国的过程中，德国社会民主党依然保持第一大党的地位，但优势并不明显。基于这样的力量配置，德国的政治经济走向出现一种独特的状态。由于社会民主党具有一定的力量，原本可以作为实现俄式无产阶级专政载体的"苏维埃"被活生生地"改性"为德式的"代表会"，打算用于劳资协调领域，在解决劳资矛盾中起到关键性作用。在这方面，德意志人善于构建理想模型的特点再次显现。然而由于社会民主党的优势并不明显，而且随着政治局势趋向稳定，整个政治格局出现"从左向右"偏移的态势，企业代表会体制的作用越来越受限制，离初衷越来越远。关于魏玛共和国初期企业代表会的产生和运作情况，本书作者曾经亲赴德国一整年，在德方导师的指导下写作博士学位论文，最后以专著（《德国1920年〈企业代表会法〉发生史》）的形式呈现给了读者。

希特勒上台后，逐渐抛弃了企业代表会体制，组建另外的体制。站在企业代表会体制的本位来看，似乎"天变了"，一切发生了逆转。然而站在纳粹政权的角度看，它要组建整个德国的"民族共同体"。作为"民族共同体"的重要组成部分，各个企业要组成"企业共同体"。在纳粹分子的眼里,企业代表会仍然是从事阶级斗争的工具,是工会在企业层面"伸长的手臂"和"传声筒",其实际效果是制造分裂。而在他们大肆鼓吹和构建的"企业共同体"中,员工所参与的机构是"信任代表会"(亦译"信托人委员会"),它的任务是同企业主协商工作,"加深企业共同体内部的互相信任",并"提出建议措施,这些措施有利于提高劳动效率,制定和贯彻劳动条件,特别是企业规章的制定和执行,有利于执行和改善企业保障,加强所有企业员工之间、员工与企业之间的团结,为共同体成员的福祉服务",排解企业共同体的内部纠纷。姑且不论该体制的实际运行效果如何,从其设计来看,既反映出德意志人善于演绎推理的特点,也应了他们在左右两极都爱走极端的评价。

世界反法西斯战争结束后,德国的企业代表会体制并没有在原来魏玛共和国的死亡点上"再生"出来,但通过各种途径,它又变相地获得了新生。而且,随着时代的发展,联邦德国的企业代表会体制也在不断演进中,既保持自己的特色,又与时俱进。

由于种种原因,我国史学界长期来对德国的企业代表会体制持排斥态度,致使读者们对这个问题几乎一无所知。作者的前一部著作,为大家揭开了这一德国史上重要的篇章。本著作则从更长的时段、更多的侧面,向大家展示其中的曲折幽径。希望这部著作的出版,能让更多的读者深入了解和理解德国与德国人,能引导有志于研究德国史的年轻学者开阔视野,业有所长。

郑寅达

2016 年 1 月于上海

目　录

导　言

本书既是一次经验性的历史探索,又自觉担当着"一切历史都是当代史"的现实使命。一如马克思所言,"一个国家应该而且可以向其他国家学习",因为"一个社会即使探索到了本身运动的自然规律……它还是既不能跳过也不能用法令取消自然的发展阶段。但是它能缩短和减轻分娩的痛苦"。[1] 在这一意义上,德国劳资关系合理化与制度化的历史或许可以为当下中国"构建和发展和谐劳动关系"[2] 提供某种教训和经验。

一、劳资关系:发展与反思

自工业革命后,西方劳资关系踏上了缓慢演变的历程。在机器大工业席卷而来的 19 世纪,讲究某种亲情的、传统的"师傅—学徒"雇佣模式逐渐消亡,取而代之的是冷漠对立的、现代的"资本家—劳动者"雇佣模式。尖锐的阶级对抗与激烈的阶级冲突成为劳资交往的主要形式,同时也构成当时代发展的主画面。19—20 世纪之交时,资本家与劳动者之间的对话开始增多,寻求劳资关系合理化的尝试陆续出现,政府也有意识地介入劳资矛盾中,一系列劳动法规与劳动管理机构相继问世。两次世界大战之间,在战时经济体制与苏联社会主义建设的影响下,劳动者的地位有所上升,国家干预劳资关系的行为逐步制度化。二战结束以来,主要资本主义国家都告别了自由放任传统,转向国家干预体制,大量日常化、规范化和有组织的劳资协调机制纷纷出现,劳资交往形式由直接冲突转向制度诉求,大规模劳资矛盾的爆发频率显著下降。[3] 由此,西方劳资关系大致上完成了从冲突到相对稳定的重要转型。

对于西方劳资关系的发展历史,学术界最具争议的问题是:如何看待这种变化与资本主义本质之间的关系? 在此,基于不同经验传统的学者可被归入三种阵营:积极评价、消极评价和辩证评价。

积极评价者试图从劳资关系的变化中归纳资本主义现代转型的特征,以便证明资本主义拥有与时俱进的能力。管理控制论代表布雷弗曼(Harry Braverman)提出,在资本主义的生产过程中,从工匠管理向管理控制的转变,改变了传统的劳资关系,劳动者与资本家之间的矛盾被劳动者与管理者之间的矛盾所取代,从而使管理方式成为劳资关系的核心要素。现代管理体制的发展最大程度上控制了工人们的敌对情绪,从而保证了劳资关系的相对稳定。工人抗争决定论代表弗里德曼(A. L. Friedman)从资本主义生产过程如何适应工人斗争的思路入手,提出直接控制和责任自治两种管理策略是劳资关系基本走向的决定性要素。管理者根据不断变化的市场条件和工人抗争,在两种策略之间灵活变动,以维持资本主义的生产方式。控制方法转型论的代表埃德沃茨(R. Edwards)认为,在垄断资本主义产生后,资本家通过重新组织劳动过程,建立了一套复杂的控制结构——其中包括福利资本主义模式、泰罗制的科学管理方式和公司工会——来解决劳资矛盾。更有甚者,如认同构建和霸权论代表布洛维(M. Burawoy)把劳资关系相对稳定化视作工人被迫认同资本主义劳动过程的结果,从而肯定了资本主义霸权扩展的有效性。[4]

消极评价者强调劳资矛盾存在的永恒性,所有变化最终被归结为资本家"让步策略"的结果。传统的社会主义学界愿意引用恩格斯在《英国工人阶级状况》中的判断,"过去带头同工人阶级斗争的最大的工厂主们,现在却首先起来呼吁和平和协调了",但是"所有这些对正义和仁爱的让步,事实上只是一种手段,可以使资本加速积聚在少数人手中并且压垮那些没有这种额外收入就活不下去的小竞争者"。从这一点出发,消极评价者认为,西方劳资关系的变革毫无意义而言,因为它不仅迷惑了工人的斗争决心,而且还推延了革命的爆发。为此,"只要有产阶级不但自己不感到有任何解放的需要,而且还全力反对工人阶级的自我解放,工人阶级就应当单独地准备和实现社会革命"。[5]

　　然而积极评价者与消极评价者或未真正回到历史情境中去理解这种发展的合理性与局限性。现时代资本主义生产方式仍然具有的活力、创造力及其主导地位对消极评价者提出了挑战,从未灭绝、近来甚至愈演愈烈的西方罢工风潮与社会主义生产方式的出现也同积极评价者的想法背道而驰。人们感到困惑的问题是:究竟是劳资关系的变化导致了资本主义的发展,还是资本主义的发展促进了劳资关系的变化,抑或是两者之间存在着某种神秘的相互联系? 在这一方面,惟有辩证评价才能从历史的角度予以厘清。

　　辩证评价者既承认资本主义发展的历史相对性,也认为劳资关系变化部分同资本家的某种"伎俩"相关,但他们更愿意从"批判的和革命的"角度,去"发现神秘外壳中的合理内核"。[6]马克思的生产资料决定论是所有辩证评价理论的模板。他在对资本主义生产过程的分析中,十分精辟地论证了"资本主义生产关系与工人阶级解放"何以结合为矛盾统一体的原因:一方面,由于资本家占有生产资料,所以"发达的资本主义生产过程的组织粉碎了一切反抗",让新生的工人阶级"被迫习惯于雇佣劳动制度所必需的纪律"[7];另一方面,"资产阶级无意中造成而又无力抵抗的工业进步,使工人通过结社而达到的革命联合代替了他们由于竞争而造成的分散状态",于是资本主义成为其"自身的掘墓人","资产阶级的灭亡和无产阶级的胜利是同样不可避免的"。[8]从这一角度出发,马克思对19世纪上半叶的劳资关系发展历史做出了辩证性的描述。他既肯定了生产过程资本主义化的历史合理性,又对这种以生产资料为核心的资本主权论侵犯劳动者的人权进行批判;他既怜惜工人个体在强大资本主义浪潮面前的无能为力,又为资本主义组织化生产所带来的工人群体团结一致而感到庆幸。通过历史的分析,马克思揭示了19世纪中期以前劳资关系变化与资本主义发展之间的辩证互动关系。

　　马克思去世后,资本主义生产过程确实出现了一系列新变化,尤其是垄断资本主义的出现、管理结构的革新与国家干预力量的加强,使得工人阶级的分化加快,由此出现了劳资交往形式中的一些新现象,特别是在某些历史时段、某些国家中,劳资交往中的紧张度往往低于其他历史时段、其他国家。换言之,19世纪上半叶劳资关系特征的普遍性已经被打破,劳资关系出现了越来越多的时代特征与国家特性。例如,在欧洲各国劳资关系普遍出现"合作"与"共生共存"的背景中,各国之间的差异性表现得越来越明显:英国实行了"集体的自由放任主义制度",工会的控制力强,从而使工会一旦组织罢工,相应产业必定陷入瘫痪(如21世纪初多次发生的铁路、航空或邮政部门的罢工);法国的"劳方与资方之间的关系比别的地方更加对立,更具有意识形态色彩",故而使"国家对劳资关系在高层次上进行干预已经成了传统",但工会力量的薄弱造成国家主导下的集体谈判很难取得实质性结果,罢工运动的影响范围与力度往往在欧洲各国中首屈一指;德国的劳资关系则把"政府—雇主—工会"三方有机结合起来,具有"将刚性与灵活性合二为一的能力"。[9]如何在马克思的辩证分析理论基础上,继续从历史语境中探讨西方劳资关系发展的原因和影响,评价其意义与作用,这既是认识当代资本主义的要求,又是摆在历史学者面前的重要问题。一些学者业已做过努力,[10]而本书对于20世纪德国劳资关系的历史性研究,也是一种尝试和探索。

二、德国的企业代表会体制:个案研究的历史与问题

在20世纪资本主义演进的历史中,德国是劳资关系发展颇具特色的国家之一。这不仅体现在它的稳定性位列当代西方主要国家前列,更重要的是它的制度建设具有延续性。其中,最令人瞩目的劳资协调制度就是企业代表会体制(Betriebsrat,又译"企业职工委员会")。

企业代表会是一种企业层面的劳资协调机构,由企业雇员选举产生,代表雇员利益。在通常情况下,企业代表会体制等同于"共决制"(Mitbestimmung,又译"参与决定")[11]。这道出了企业代表会的主要作用,即在企业中同资本家一起共同介入福利、人事与经济事务中。它的最早形式产生于19世纪后半叶,到魏玛共和国建立初期实现制度化。经过纳粹时期的缺位后,企业代表会重新出现在联邦德国的舞台上,并建构起彼此相互联系又存在区别的三种体制:1951年企业代表会体制(即煤钢共决模式)、1952—1972年企业代表会体制与1976年企业代表会体制。它逐渐成为极具德国特色的"社会伙伴关系"的二元制度之一(另一制度是

集体合同制）。20 世纪 90 年代后，伴随两德统一的步伐，企业代表会体制成功实现东扩。在欧洲一体化的浪潮中，德国企业代表会体制是《欧洲企业代表会法》的制定基础。到 21 世纪初，企业代表会体制仍然在德国的政治、经济和社会生活中扮演着重要角色，以至于人们若以"2016 年企业代表会选举"（Betriebsratswahl 2016）为关键词在谷歌中搜索，居然显示有 10.9 万条之多！[12]

在企业代表会体制的不断发展中，越来越多的研究者开始关注和思考它。纵观欧美学术界，现有研究基本遵循了四种范式：

第一，在法学视角中，确立、废止或发展企业代表会体制的法律本身成为主要研究对象。例如，格奥尔格·弗拉托（Georg Flatow）、赫尔曼·舒尔策（Hermann Schulz）、哈斯·莱恩霍夫（Has Reinhof）、赫尔曼·戴尔希（Hermann Dersch）、卡尔罗·施米德（Carlo Schmid）等对 1920 年《企业代表会法》的研究，[13]维尔纳·曼斯菲尔德（Werner Mansfeld）、埃里希·马格（Erich Magg）、鲁道夫·汉克（Rudolf Hank）、海因里希·阿尔盖尔（Heinrich Allgaier）等对 1934 年《民族劳动秩序法》的评论，莱纳·科赫（Rainer Koch）对 1920 年法与 1934 年法的比较研究，[14]劳伦茨·赫克尔（Lorenz Höcker）、格哈德·博尔特（Gerhard Boldt）、汉斯—威廉·科特尔（Hans-Wilhelm Kötter）、格哈德·米勒（Gerhard Müller）以及赫尔穆特·维斯曼（Hellmut Wissmann）对 1951 年《煤钢共决法》的研究，[15]汉斯·博恩（Hans Bohn）、赫尔曼·迈辛格（Hermann Meissinger）、奥拉夫·拉德克（Olaf Radke）、格哈德·埃尔德曼（Gerhard Erdmann）、京特·屈兴霍夫（Günther Küchenhoff）、汉斯·加尔佩林（Hans Galperin）、罗尔夫·迪茨（Rolf Dietz）、卡尔·菲廷（Karl Fitting）、范特·谢尔（Veit Schell）对 1952 年《企业组织法》的评论，西格弗里德·施特克尔（Siegfried Stöckel）对 1920 年法与 1952 年法之间的比较研究，[16]汉斯·加尔佩林、曼弗里德·勒维施（Manfred Löwisch）、迪特尔·施特格（Dieter Stege）、埃克哈德·波勒（Ekhard Pohle）等对 1972 年《企业组织法》的评论，[17]恩斯特·黑尔（Ernst Heel）、海因茨·迈利克（Heinz Meilicke）、鲁道夫·施特拉塞尔（Rudolf Strasser）、弗里茨·法布里丘斯(Fritz Fabricius)、尤尔根·哈伯兰(Jürgen Haberland)、托马斯·赖泽尔(Thomas Raiser)、托马斯·菲尔哈伯(Thomas Vielhaber)等对 1976 年《共决法》的评论,[18]马楞·珀克(Maren Poeck)、希尔格·凯尔(Hilger Keil)对 21 世纪劳动时间法规的评述以及列奥·吉斯勒(Leo Kissler)对企业代表会体制与现实之间关系的讨论。[19]

法学评论与研究主要梳理了企业代表会体制在劳动法历史演变中的地位、文本变化的内容及其同实践的关系,但它并未诠释立法动机以及文本变化的社会原因。

第二,在政治学视角中,围绕企业代表会体制的废立与发展所形成的交往关系成为研究者感兴趣的话题。对 1920 年企业代表会体制的研究中,库尔特·布里格尔—马蒂亚斯(Kurt Brigl-Mattiaß)、克劳德·W.吉耶博(Claude W. Guillebaud)、彼得·冯·奥尔岑(Peter von Oertzen)和瓦尔特·维默尔(Walter Wimmer)讨论了革命进程与企业代表会体制形成之间的关联,托马斯·罗伯特·勒瑙克斯(Thomas Robert Lennox)从 1920 年《企业代表会法》出发讨论"魏玛共和国早期的社会与政治争论",贝恩特—尤尔根·文特(Bernd-Jürgen Wendt)和格弗里德·易特施根(Siegfried Ittershagen)关注的是 1920 年立法背后的"围绕在企业民主共决权的斗争",汉斯·莫姆森(Hans Mommsen)、汉斯·O. 赫默尔(Hans O. Hemmer)和克里斯托弗·雷·杰克逊(Christopher Rea Jackson)把劳动法的演进同魏玛社会发展联系起来,维尔纳·普卢姆普(Werner Plumpe)考察了 1920 年法在鲁尔煤矿与化学工业中的实践效果,[20]约阿希姆·邦斯(Joachim Bons)分析了 1933 年前纳粹主义与工人问题之间的关系,梯姆·马松(Tim W. Mason)、莱因哈德·吉尔施(Reinhard Giersch)和福尔克尔·克拉岑贝格(Volker Kratzenberg)描述了 1934 年劳动法的出台进程,安德烈亚斯·克拉尼希(Andreas Kranig)、马蒂亚斯·弗雷泽(Matthias Frese)、马丁·吕特尔(Martin Rüther)、米夏埃尔·施耐德尔(Michael Schneider)、沃尔夫冈·施波恩(Wolfgang Spohn)、沃尔夫冈·措利提希(Wolfgang Zollitsch)等人关注的是纳粹劳资关系同其统治之间形成的复杂关系,[21]西格弗里德·苏库特

(Siegfried Suckut)、克里斯托弗·克莱斯曼(Christoph Kleßmann)、米夏埃尔·费希特(Michael Fichter)、卡尔·劳歇克(Karl Lauschke)、格洛利亚·米勒(Gloria Müller)揭示了二战之后企业代表会体制重建进程中盟军、工会与普通雇员之间的相互影响,霍斯特·图姆提出了一个具有颠覆性的视角,而格劳利亚·米勒(Gloria Müller)着重讨论了英占领军与共决之间的关联,[22]埃里希·波特霍夫(Erich Potthoff)作为当事人,留下了言简意赅的小册子,特别强调了工会的贡献。[23]乌尔利希·博尔施多夫(Ulrich Borsdorf)、格洛利亚·米勒讨论了1951年煤钢共决模式出台后联邦德国的政治斗争问题,[24]米夏埃尔·阿诺尔德(Michael Arnold)概述了1952年《企业组织法》的诞生历史,雅布劳诺维斯基(Harry W. Jablonowski)特别强调了教会在1952年法出台进程中的角色,而维特(Heinz Oskar Vetter)则盯住了工会的作用。[25]格尔德·穆尔(Gerd Muhr)探讨了工会与1972年《企业组织法》出台的关系,[26]米夏埃尔·施罗德(Michael Schröder)对1976年法进行了溯源研究,[27]艾达·博世(Aida Bosch)与英格丽德·阿尔图斯(Ingrid Artus)分别讨论了两德统一后管理方与企业代表会之间发生的政治文化交流,理查德·库姆普夫(Richad Kumpf)对工会/企业代表会在共决与民主中的斗争进行了探讨。[28]

政治学研究提炼出重要的问题意识,探讨了企业代表会体制在国家与劳资利益团体三方协商机制中的地位和发展。然而,不足在于它缺乏一种历史的纵向比较,无法描绘出企业代表会体制在20世纪的发展轨迹,因而也不能进一步回答国家与劳资利益团体立场变化的历史条件与现实动因。

第三,在经济学视角中,企业代表会体制所代表的劳资和谐制度通常成为衡量社会政策是否具有经济效益的研究对象。这类研究主要由一批经济学家和利益团体资助下的基金会推动。威廉·H.麦克菲尔森(William H. McPherson)、布鲁门塔尔(W. M. Blumenthal)和比登考普夫委员会报告都肯定过煤钢共决模式的经济效益。[29]汉斯—伯克勒尔基金会与贝塔斯曼基金会多年坚持通过实证调查来建立企业代表会体制与企

业经济效益之间的正向联系,如 60 年代的奥托·布卢默(Otto Blume)对
1952 年法的调查报告,1984 年乌尔利希·巴姆贝格(Ulrich Bamberg)对
1976 年法的调查报告,1991 年克里斯托弗·豪特(Christoph Hott)从制
度经济学角度进行的分析,1998 年维尔纳·阿贝尔斯豪泽(Werner
Abelshauser)对"共决权与企业文化"的研究和共决委员会的报告,2002
年亚历山大·迪格尔(Alexander Dilger)提出的所谓"企业共决的经济
学"问题等。[30]

这些报告大多从经济学角度肯定了劳资协调机制的经济意义,从而
也肯定了二战之后社会市场经济所遵循的"经济政策也是社会政策"的原
则。尽管如此,经济学研究仍然存在激烈争论,企业代表会体制的经济效
益也需要进一步通过个案研究方能得到证实。

第四,在历史学视角中,延续性是主要的问题意识,亦即通过对企业
代表会体制发展的纵向梳理,来探究这种体制文化是否以及如何成为德
国特色的问题。虽然断代史的相关著作不少,但纵向论述该体制的研究
却不多,比较经典的作品是奥托·诺劳(Otto Neuloh)和汉斯·尤尔根·
陶特贝格(Hans Jürgen Teuteberg)对于 19 世纪共决权发展源头的追
溯,乌尔利希·恩格尔哈特(Ulrich Engelhardt)以企业代表会体制为例
对联邦德国结构变迁中的延续性问题做出的思考,维尔黑姆·埃博尔魏
因(Wilhem Eberwein)对于各种企业代表会体制形成中共性的总结,鲁
道夫·尤迪特(Rudolf Judith)等人对煤钢共决模式实践 40 周年的回顾,
赖因哈德·雅各布斯(Reinhard Jacobs)从 1920 年《企业代表会法》到
1995 年《欧洲企业代表会法》的梳理,以及沃尔夫拉姆·瓦塞尔曼(Wolf-
ram Wassermann)所进行的更大范围内的制度文化史梳理。[31]除此之
外,陶特贝格与哈拉尔德·于尔根(Harald Jürgen)两人的长篇论文贯穿
起 80 年代之前企业代表会体制的发展史,弗朗茨·约瑟夫·施特格曼
(Franz Josef Stegmann)对天主教政党与工会在工业关系中的角色进行
了探讨,汉斯·泡尔(Hans Pohl)对德英法三国进行了比较研究,布约
恩·辛德利希(Björn Hinderlich)对企业代表会体制的转变以及英德两
国之间的比较进行了梳理,汉斯·迪芬巴登(Hans Diefenbaden)等讨论

了雇员参与的框架和形式。[32]值得关注的是，直到 2012 年底，维尔纳·米勒尔特（Werner Milert）和鲁道夫·谢尔布斯（Rudolf Tschirbs）才推出了德国学界的第一本通史性研究著作。[33]

对于企业代表会体制的延续性问题的思考，很大程度上弥补了其他研究视角的不足，但由此带来的缺陷恐怕是：它忽视了每阶段的特殊性，尤其是形成进程和实践领域的差异性。[34]

在中国学术界，相关研究十分稀少。张嘉森曾保留了 1920 年《企业代表会法》的最早中文译本，黄汝接、王文慧、李裕堂、丁志勇、庞文薇等人对当代企业代表会体制（或称"雇员参与共决制"）进行了简单介绍，张世鹏、赵永清、谢丽华、徐崇温等则把企业代表会体制置于社会民主主义发展的问题意识中予以讨论。[35]笔者及合作者曾先后完成了对于 1920 年企业代表会体制的兴亡和联邦德国时期企业代表会体制发展的研究。[36]这些研究成果或止于简介，或限于主题，大多围绕某个历史时段的企业代表会制度而展开，缺乏纵向的深度探索。

结合上述研究现状，本书立足于历史学的视角，并结合政治学的问题意识和法学评论及经济学调查报告，对 20 世纪企业代表会体制的纵向发展做一梳理。这里提出的问题包括：

1. 企业代表会制度何以在历史中出现跌宕起伏？导致这些变化的动力因素有哪些？哪些因素是普遍性的，哪些因素又属于特殊时代的产物，以及这些因素之间形成了怎样的关联？

2. 企业代表会制度是否在历史中存在一种延续性？这种延续性究竟是如何实现的？它与该制度文化的合理性建构之间存在着怎样的历史性联系？

3. 企业代表会制度作为一种特殊的德国制度文化，在法学与经济学领域中的有效性如何？它是否存在应用于其他文化背景的可能性？如何存在这种可能，它的普适性又表现在哪些方面？

简言之，本书设定的研究使命在于：用政治分析的眼光去剖析这种制度文化在不同时期接受普遍价值观与不同时代精神影响的原因与方式；用历史分析的眼光去叩问企业代表会体制在德国历史发展中产生与不断发展的合理性；用法学与经济学分析的成果去反思和展望具有德国特色的企业代表会体制在当代社会发展中的作用和借鉴意义。

三、研究框架

根据问题意识，本书从纵向角度把20世纪德国企业代表会体制的发展分为七部分：

第一章以"在争议中的孕育"为题，讨论1918年前企业代表会体制的理论源泉与早期形态。该章把企业代表会体制的早期形态视作各种观念、理想、实践、反思和争论相互碰撞后的结果。工人委员会、工厂委员会和工人委员会/职员委员会都未采取"企业代表会"的名称，且相互之间存在差异，但它们都反映了当时德国社会结构的基本特征，并同时代精神的转换密切相联系，从而构成了劳资协调机制逐步成型的动力。

第二章以"在革命中的突破"为题，着重于1920年企业代表会体制的兴衰历史。该章主要反思新体制的革命特性、时代条件与社会认同度之间的关联，以及这种关联对其发展所产生的各种影响。革命的推动力决定了1920年企业代表会体制所蕴含的创新性，但其过程仍然充满着历史记忆的张力，并且决定着新体制最终延循着1918年前实践的前进方向。创新与传统之间的张力既反映了企业代表会体制最初形成中的延续性文化特征，又决定了它在实践中所面临的收获与问题。

第三章以"在强权下的消亡"为题，讨论纳粹上台前后对企业代表会制度发展的影响。纳粹时期的劳资关系模式"企业共同体"萌芽于帝国时期，在魏玛末期由保守派资本家提出，并最终同纳粹"民族共同体"思想契合而被纳入新劳动法中。纳粹政权本想利用企业代表会选举来巩固自己在企业中的权力地位，遭到失败后，转而构建信任代表会体制。这种新体制借助专制权力，用功利主义的诱惑来控制工人阶级，达到了稳定社会的预期目标。但随着纳粹政权的倒台，这种体制也不可避免地烟消云散。

第四章以"在改造中的重生"为题，描述被占时期企业代表会体制重建的努力和失败原因。在历史记忆、当下使命与未来展望之间的互动纠结中，企业代表会复兴运动证明了1945年并非德国历史发展中的"零起点"。然而盟军之间的矛盾割裂了企业代表会体制重建的统一性，盟军的犹豫心理也阻止了企业代表会重新法制化的步伐。

第五章以"在曲折中的前进"为题,比较 20 世纪 50 年代初同时建立起来的两种企业代表会体制。源于英占区的煤钢共决模式在联邦德国建立后面临改造或扩展的选择。为此,社会各阶层展开了相互竞争,最终在短短一年时间中出现了两种相互并行、互不隶属的企业代表会体制。它们的共性在于延续了德国特色的劳资协调机制,但也同时由于彼此差异而孕育了对峙情绪,以致制度前行的道路显得颇为曲折。

第六章以"在改革中的发展"为题,讨论 20 世纪 70 年代企业代表会体制的更迭。进入联邦德国历史上的"改革年代"后,企业代表会体制也搭上了"更多民主"的快车。资本主义民主的运作方式再次起到了积极的推动作用。然而权力互动关系也往往沦为拖延策略的最好借口,这使得德国体制文化的变革并非一帆风顺。

第七章以"在新时代中的摸索"为题,概述 20 世纪 90 年代以来企业代表会体制在一系列时代新问题压力下所面临的困境、争议和改革。两德统一、欧洲一体化与全球化是最主要的三种时代挑战。企业代表会体制的东扩回应了统一带来的问题,但是地区色彩仍然存在。在欧洲一体化与全球化的进程中,企业代表会体制固有的覆盖率不高、弹性不足与客观性评价体系的缺失等问题变得更加显性化。为此,学界调查和政府改革结合在一起,促成了 21 世纪初的企业代表会体制重大变革。到目前为止,这种变革仍在进行中,并且依旧表现出体制文化的青春活力。

本书的部分内容曾以不同形式出现在笔者及合作者的研究成果中,但在本书中,作者增添了新的史料(特别是联邦德国内阁讨论集),并对结构做出了大幅调整。所有数据截止到 2012 年为止。为进一步展示企业代表会体制的变迁,本书在附录中翻译了部分法律文本,以作参考。

注　释

[1]《马克思恩格斯全集》第 44 卷,人民出版社 2001 年第 2 版,第 9—10 页。

[2] 习近平:《在庆祝"五一"国际劳动节暨全国劳模和先进工作者大会上的讲话》(2015 年

4月28日),人民出版社2015年版,第8页。

[3] 关于劳资关系的历史演变,可参见王大庆、焦建国:《劳资关系理论与西方发达国家的实践》,《经济研究参考》2003年第51期。一些学者提出,1990年以后,西方劳资关系进入到第五阶段,即全球化时期,见吴宏洛:《转型期的和谐劳动关系》,社会科学文献出版社2007年版,第30—36页。

[4] 以上理论均可参见许叶萍:《全球化背景下的劳资关系》,北京邮电大学出版社2007年版,第34—45页。

[5] [德]恩格斯:《英国工人阶级状况》,1892年德文第2版序言,载《马克思恩格斯选集》第4卷,人民出版社1995年第2版,第420—421页。

[6] 《马克思恩格斯全集》第44卷,第22页。

[7] 《马克思恩格斯全集》第44卷,第846页。

[8] [德]马克思、恩格斯:《共产党宣言》,载《马克思恩格斯选集》第1卷,人民出版社1995年版,第284页。

[9] 关于欧洲各国的比较研究,可参见[荷]约里斯·范·鲁塞弗尔达特、耶勒·菲瑟主编:《欧洲劳资关系:传统与变革》,佘云霞等译,世界知识出版社2000年版。上述引文见第51、99、101、190页。关于英、法劳资关系的历史发展,亦可参见佘云霞:《英国劳资关系的特征及演变——20世纪90年代以来英国劳资关系的变化》,《工会理论与实践》2001年第4期;李楠:《战后法国劳资关系的变化及对我国的启示》,《法国研究》2002年第2期。

[10] 参见徐崇温:《当代资本主义新变化》,重庆出版社2004年版。

[11] [德]罗尔夫·H.哈塞等主编:《德国社会市场经济辞典》(第二版),王广庆、陈虹嫣主译,复旦大学出版社2009年版,第55—56页。

[12] 2016年1月2日的查询结果。

[13] Georg Flatow und Otto Kahn-Freund, *Betriebsrätegesetz vom 4. Februar 1920, nebst Wahlordnung, Ausführungsverordnungen und Ergänzungsgesetzen(Betriebsbilanzgesetz, Aufsichtsratsgesetz und Wahlordnung). Erläutert*, 13. Auflag. Berlin: Der Springer-Verlag, 1931; Hermann Schulz, *Wahl und Aufgaben der Betriebsräte, der Arbeiterräte und der Angestelltenräte sowie der Betriebsobleute*, Berlin: o. Verlag, 1920; Has Reinholf, *Die rechtliche Stellung der Betriebsräte*, Lyck: Badzies, 1921; Hermann Dersch, *Betriebsrate-Gesetz vom 4. Februar 1920 nebst Wahlordnung: mit allen einschlagigen Bestimmungen*, 6 Auflage, Mannheim: Bensheimer, 1923; Carlo Schmid, *Die Rechtsnatur der Betriebsvertretungen nach dem Betriebsrätegesetz*, 法兰克福大学法学系博士论文(未刊本),1923。

[14] Werner Mansfeld u.a., *Die Ordnung der nationalen Arbeit: Kommentar zu dem Gesetz zur*

Ordnung der nationalen Arbeit und zu dem Gesetz zur Ordnung der Arbeit in öffentlichen Verwaltungen und Betrieben unter Berücksichtigung aller Dürchführungsbestimmungen, Berlin u. a.: Heerschild-Verlag, 1934; Erich Magg, *Die rechtliche Stellung des Treuhänders der Arbeit nach dem Gesetz zur Ordnung der nationalen Arbeit vom 20. Januar 1934*, Tübingen: Studentenwerk, 1936; Ruldolf Hank, *Die Rechtswirkungen der Betriebsordnung nach dem Gesetz zur Ordnung der nationalen Arbeit vom 20. Januar 1934*, Darmstadt: Künzel, 1937; Heinrich Allgaier, *Über die zivilgerichtliche Nachprüfbarkeit von Massnahmen des Treuhänders der Arbeit nach dem Gesetz zur Ordnungen der nationalen Arbeit vom 20. 1. 1934*, Düsseldorf: Nolte, 1938; Reiner Koch, *Das Kündigungsschulzrecht in Übergang vom Betriebsätegesetz zum Arbeitsordnungsgesetz als Instrument faschistischer Herrschaftssicherung*, 不来梅大学法学系博士论文（未刊本）, 1988.

[15] Lorenz Höcker, u. s. w, *Gesetz über die Mitbestimmung der Arbeitnehmer in den Aufsichtsräten und Vorständen der Unternehmen des Berghaus und der Eisen und Stahl erzeugenden Industrie. Kommentar. Loseblattsammlung*, Essen: Verlag Glückauf, 1951; Gerhard Boldt, u.a., *Mitbestimmungsgesetz Eisen und Kohle. Gesetz über die Mitbestimmung der Arbeitnehmer in den Aufsichtsräten und Vorständen der Unternehmen des Berghaus und der Eisen und Stahl erzeugenden Industrie. Kommentar*, München, Berlin: Beck, 1952; Hans-Wilhelm Kötter, *Gesetz über die Mitbestimmung der Arbeitnehmer in den Aufsichtsräten und Vorständen der Unternehmen des Berghaus und der Eisen und Stahl erzeugenden Industrie. Vom 21. Mai 1951. Mit Erläuterungen*, Berlin: de Gruzter, 1952; Gerhard Müller, u. a., *Kommentar zum Mitbestimmungsgesetz Bergbau und Eisen. Gesetz über die Mitbestimmung der Arbeitnehmer in den Aufsichtsräten und Vorständen der Unternehmen des Berghaus und der Eisen und Stahl erzeugenden Industrie*, Heidelberg: Verlagsges. Recht und Wirtschaft, 1952; Helmut Wissmann, "Montan-Mitbestimmungensgesetz. Abkürzungen-Einführung. Erläuterung zur Gesetz über die Mitbestimmung der Arbeitnehmer in den Aufsichtsräten und Vorständen der Unternehmen des Berghaus und der Eisen und Stahl erzeugenden Industrie", *Das Deutsche Bundesrecht*. Lfg. 482, 1982, VB 31, S.7—21, VB 32, S.9—17.

[16] Hans Bohn, *Das Betriebsverfassungsgesetz vom 11.10.1952 nebst Erläuterungen für die betriebliche Praxis*, Düsseldorf: Rechts-Verlag, 1952; Hermann Meissinger, *Betriebsverfassungsgesetz. Kommentar*, München: Jehle, 1952; Olaf Radke, u. a., *Betriebsverfassungsgesetz vom 11. 10.1952. Mit Erläuterungen und praktische Beispielen*, Schwenningen: Holtzhauer, 1953; Gerhard Erdmann, *Das Betriebsverfassungsgesetz vom*

11. Okt. 1952 erl. für die Betriebspraxis, Neuwied: Luchterhand, 1954; Günther Küchenhoff, Betriebsverfassungsgesetz. Kommentar, Münster: Aschendorff, 1954; Hans Galperin, u. a., *Kommentar zum Betriebsverfassungsgesetz*, 4. Auflage, Heidelberg: Verl. Recht und Wirtschaft, 1963; Rolf Dietz, *Betriebsverfassungsgesetz mit Wahlordnung. Kommentar*, München, Berlin: Beck, 1967; Karl Fitting, u. a., *Betriebsverfassungsgesetz nebst Wahlordnung. Handkommentar für die Praxis*, Berlin, Frankfurt a. M.: Vahlen, 1970; Siegfried Stöckel, *Das rechtliche Verhältnis zwischen Betriebsrat und einzelnen Arbeitnehmer. Eine vergleichende Untersuchungen der Rechtslage unter der Geltung des Betriebsrätegesetzes 1920 und der heutigen Betriebsverfassung*, Frankfurt a. M. u.a.: Peter Lang, 1988; Veit Schell, *Das Arbeitsrecht der Westzonen und der jungen Bundesrepublik. Eine Betrachtung der Entwicklung des Arbeitsrechts in den westlichen Besatzungszonen und der Bundesrepublik Deutschland für die Jahre 1945 bis 1955*, Bayreuth: Verlag P. C. O., 1994.

[17] Hans Galperin, *Das Betriebsverfassungsgesetz 1972. Leitfaden für die Praxis*, Heidelberg: Verlagsges. Recht und Wirtschaft, 1972; Manfred Löwisch, *Taschenkommentar zum Betriebsverfassungsgesetz*, Heidelberg: Verlagsges. Recht und Wirtschaft, 1985; Dieter Stege, u. a., *Betriebsverfassungsgesetz. Handbuch für die betriebliche Praxis*, Köln: Deutscher Instituts-Verlag, 1978; Ekhard Pohle, *Das Betriebsverfassungsgesetz in der betrieblichen Praxis*, Wiesbaden: Gabler, 1979.

[18] Ernst Heel, *Mitbestimmungsgesetz. Texausg. mit ausführlichen praxisbezogenen Erläuterungen*, Kissing: WEKA-Verlag, 1976; Heinz Meilicke, u. a., *Kommentar zum Mitbestimmungsgesetz 1976*, Heidelberg: Verlagsges. Recht und Wirtschaft, 1976; Rudolf Strasser u.a., *Mitbestimmung in der Praxis. Gesetz und Erläuterungen zum Mitbestimmungsgesetz 1976*, München: Verlag Moderne Industrie, 1976; Fritz Fabricius, *Marktwirtschaft und Mitbestimmung. Parität. Mitbestimmung der Arbeitnehmer in der Wirtschaft, notwendiges Elemente e. freiheitlichen demokratischen marktwirtschaftlichen ausgerichteten Gesellschaft*, Neuwied, Darmstadt: Luchterhand, 1977; Jürgen Haberland, u. a., *Mitbestimmungsgesetz. Mit Einführung, ausführlichen Erläuterungen, den Wahlordnungen, erg. Vorschriften und Sachverzeichnis*, Leverkusen: Heggen, 1977; Thomas Raiser, *Mitbestimmungsgesetz nebst Wahlordnungen. Kommentar*, Berlin: de Gruyter, 1984; Thomas Vielhaber, "Erläuterungen über die Mitbestimmungen der Arbeitnehmer. Vom 4. Mai 1976", *Das Deutsche Bundesrecht*, Lfg. 391, 1977, VB 33, S.19—37.

[19] Maren Poeck, *Tendenzträger als Betriebsräte und Sprecherausschussmitglieder*, Ber-

lin: Duncker &- Humblot, 2011; Hilger Keil, *Arbeitszeit und Betriebsverfassung*,
Münster: Rieder, 2009; Leo Kißler, *Die Mitbestimmung in der Bundesrepublik
Deutschland. Modell und Wirklichkeit*, Marburg: Schüren, 1992.

[20] Kurt Brigl-Matthiaß, *Das Betriebsräteproblem in der Weimarer Republik* (1926),
Berlin: Verlag Olle &- Wolter, 1970; Claude W. Guillebaud, *The Works Council*. A
German Experiment in Industrial Democracy, Cambridge: Cambridge University
Press, 1928; Peter von Oertzen, *Die Probleme der wirtschaftlichen Neuordnung und
der Mitbestimmung in der Revolution von 1918*, *unter besonder Berücksichtigung der
Metallindustrie*, Vorstand der IG Metall, 未刊本, 1962; Peter von Oertzen,
*Betriebsräte in der Novemberrevolution. Eine politikwissenschaftliche Untersuchung
über Ideengehalt und Stuktur der betrieblichen und wirtschaftlichen Arbeiterräte in
der deutschen Revolution 1918/1919*, Berlin: Verlag J. H. W. Dietz Nachf. 2
Auflage, 1976; Walter Wimmer, *Das Betriebsrätegesetz von 1920 und das Blutbad
vor dem Reichstag*, Berlin: Dietz Verlag, 1957; Th. R. Lennox, *The Works Council Law
of 1920 : A Study in the Social and Political Conflict of the Early Weimar Republic*, 加
利福尼亚大学博士论文(未刊本),1974; Bernd-Jürgen Wendt, "Mitbestimmung und
Sozialpartnerschaft in der Weimarer Republik", *Politik und Zeitgeschichte*, B. 26
(1969), S. 27—45; Siegfried Ittershagen, "Das Entstehen der Betriebsräte in der Novem-
berrevolution und die Auseinandersetzung um das erste deutsche Betriebsrätegesetz vom 4.
Februar 1920", in: *Gewerkschaften und Betriebsräten im Kampf um Mitbestimmung und
Demokratie 1919*, Schriftenreihe der Max-Engels-Stiftung, B. 23 (1994), S. 8—17; Hans
Mommsen u. a. (Hrsg.), *Industrielles System und politische Entwicklung in der Weima-
rer Republik. Verhandlungen des Internationalen Symposiums in Bochum vom 12.—
17. Juni 1973*, Düsseldorf: Droste, 1974; Hans O. Hemmer, "Betriebsrätegesetz
und Betriebsrätepraxis in der Weimarer Republik", in: Ulrich Borsdorf u. a. , *Gewerk-
schaftliche Politik : Reform und Solidarität. Zum 60. Geburtstag von Heinz O. Vet-
ter*, Köln: Bund-Verlag, 1977, S. 241—269; Christoph Rea Jackson, *Industrial labor
between revolution and repression : Labor law and society in Germany, 1918—1945*,
哈佛大学博士论文(未刊本),1993; Werner Plumpe, *Betreibliche Mitbestimmung in
der Weimarer Republik. Fallstudien zum Ruhrbergbau und zur Chemischen
Industrie*, München: Oldenbourg, 1999.

[21] Tim W. Mason, "Zur Entstehung des Gesetzes zur Ordnung der nationalen Arbeit vom 20.
Januar1934: Ein Versuch Januar 1934: Ein Versuch über das Verhältnis ' archaischer'
und ' moderner ' Momente in der neuesten deutschen Geschichte", in: Hans

Mommsen u. a. (Hrsg.), *Industrielles System und politische Entwicklung in der Weimarer Republik. Verhandlungen des Internationalen Symposiums in Bochum vom 12.—17. Juni 1973*, Düsseldorf: Droste, 1974, S.322—351; Joachim Bons, *Nationalsozialismus und Arbeiterfrage. Zu den Motiven, Inhalten und Wirkungsgründen nationalsozialistischer Arbeiterpolitik vor 1933*, Pfaffenweiler: Centaurus-Verlag-Gesellschaft, 1995; Reinhard Giersch, *Die „Deutsche Arbeitsfornt"(DAF)-ein Instrument zur Sicherung der Herrschaft und zur Kriegsvorbereitung des faschistischen deutschen Imperialismus (1933—1938)*, 耶拿大学博士论文 (未刊本), 1981; Reinhard Giersch, "Von der 'Nationalsozialistischen Betriebszellenorganisation' zur 'Deutschen Arbeitsfront' 1932—1934", *Jahrbuch für Geschichte*, Jg.26 (1982), S. 43—74; Andreas Kranig, *Lockung und Zwang zur Arbeitsverfassung im Dritten Reich*, Stuttgart: Dt. Verlag-Anst., 1983; Volker Kratzenberg, *Arbeiter au dem Weg zu Hitler? Die Nationalsozialistische Betriebszellen-Organisation 1927—1934*, Lang, 1987; Matthias Frese, *Betriebspolitik im "Dritten Reich", Deutsche Arbeitsfront. Unternehmer und Staatsbürokratie in der westdeutschen Großindustrie 1933—1939*, Paderborn: Schöningh, 1991; Martin Rüther, "Lage und Abstimmungsverhalten der Arbeiterschaft: Die Vertrauensratswahlen in Köln 1934 und 1935", *Vieteljahreshefte für Zeitgeschichte*, Jg.39 (1991), S.221—264; Michael Schneider, *Unterm Hakenkreuz. Arbeiter und Arbeiterbewegung 1933 bis 1939*, Bonn: J. H. W. Dietz Nachf., 1999; Wolfgang Spohn, *Betriebsgemeinschaft und Volksgemeinschaft. Die rechtliche und institutionelle Regelung der Arbeitsbeziehungen im NS-Staat*. Opladen: Leske+Budrich, 1987; Wolfgang Zollitsch, "Die Vertrauensratswahlen von 1934 und 1935. ZumStellenwert von Abstimmungen im 'Dritten Reich' am Beispiel Krupp", *Geschichte und Gesellschaft*, Jg.15 (1989), S.361—381.

[22] Siegfried Suckut, *Die Betriebsrätebewegung in der Sowjetisch Besezten Zone Deutschlands und in Groß-Berlin von 1945—1948. Eine politikwissenschaftliche Untersuchung ihrer politischer-sozialen Bedeutung unter besonder Berücksichting der von den Betriebsräten wahrgenommen Mitbestimmungs- und Selbstbestimmungsrechte der Belegschaften auf Betirebsebene*, 汉诺威大学博士论文 (未刊本), 1978; Christoph Kleßmann, "Betriebsräte und Gewerkschaften in Deutschland, 1945—1952", in: Heinrich August Winkler (Hrsg.), *Politische Weichenstellungen im Nachkriegsdeutschland, 1945—1953*, Göttingen: Vandenhoeck &. Ruprecht, 1979, S. 44—73; Michael Fichter, "Aufbau und Neuordnung: Betriebsräte zwischen Klassensolidarität und Betriebsloyalität", in: Martin Broszat u. a. (Hrsg.), *Von Stalingrad zur Wähungsreform. Zur Sozialge-*

schichte des Umbruchs in Deutschland. München: Oldenbourg, 1988, S. 469—549; Karl Lauschke, "In die Hände spucken und ran! Arbeiterschaft und Betriebsräte während der Nachkriegsjahre Zugleich ein Literturbericht," *Tel Aviver Jahrbuch für deutsche Geschichte*, B. XIX, (1990), S. 313—338; Gloria Müller, *Mitbestimmung in der Nachkriegszeit. Britische Besatzungsmacht, Unternehmer, Gewerkschaften*, Düsseldorf: Schwann, 1987; Horst Thum, *Mitbestimmung in der Montanindustire. Der Mythos vom Sieg der Gewerkschaften*, Stuttgart: Deutsche Verlag-Anstalt, 1982; Gloria Müller, *Mitbestimmung in der Nachkriegszeit. Britische Besatzungsmacht—Unternehmer—Gewerkschaften*, Düsseldorf: Schwann, 1987.

[23] Erich Potthoff, *Zur Geschichte der Montan-Mitbestimmung*, Düsseldorf: Hans-Böckler-Gesellschaft e. V., 1956; Erich Potthoff, *Der Kampf um die Montan-Mitbestimmung*, Köln: Bund-Verlag, 1957.

[24] Ulrich Borsdorf, "Der Anfang vom Ende? Die Montan-Mitbestimmung im politischen Kräftefeld der frühen Bundesrepublik(1951—1956)", In: Rudolf Judith(Hrsg.,)40 *Jahre Mitbestimmung. Erfahrungen, Probleme und Perspektiven*. Köln: Bund-Verlag, 1986, S. 41—61; Gloria Müller, *Strukturwandel und Arbeitnehmerrechte. Die wirtschaftliche Mitbestimmung in der Eisen- und Stahlindustrie 1945—1975*, Essen: Klartext-Verlag, 1991.

[25] Michael Arnold, *Die Entstehung des Betriebsverfassungsgesetzes* 1952,弗莱堡大学博士论文(未刊本),1979; Harry W. Jablonowski(Hrsg.), *Kirche und Gewerkschaft im Dialog. I. Mitbestimmungsdiskussion und Ansätze kritischer Solidarität*, Bochum: SWI-Verlag, 1987; Heinz Oskar Vetter(Hrsg.), *Vom Sozialistengesetz zur Mitbestimmung. Zum 100. Geburtstag von Hans Böckler*, Köln: Bund-Verlag, 1975.

[26] Gerd Muhr, "Gewerkschaften und Betriebsverfassung", *Arbeit und Recht*, Bd. 30, 1982, S.1—6.

[27] Michael Schröder, *Verbände und Mitbestimmung. Die Einflußnahme der beteiligten Verbände auf die Entstehung des Mitbestimmungsgesetzes von* 1976,慕尼黑大学哲学系博士论文(未刊本),1983 年。

[28] Aida Bosch, *Betriebliches Interessenhandeln. Zur politischen Kultur der Austauschbeziehnungen zwischen Management und Betriebsrat in der westdeutschen Industrie*, Opladen: Leske+Budrich, 1999; Ingrid Artus, *Betriebliches Interessenhandeln. Zur politischen Kultur der Austauschbeziehungen zwischen Management und Betriebsrat in der Ostdeutschen Industrie*, Opladen: Leske + Budrich, 2001; Richard Kumpf, *Gewerkschaften und Betriebsräte im Kampf um Mitbestimmung und Demokratie*

1919—1994，Bonn：Pahl-Rugenstein，1994.

[29] William H. McPherson，"Codetermination in Practice"，*Industrial and Labor Relations Review*，V.8，N.4.（1955），pp.499—519；W.M.Blumenthal，*Co-determination in the German Steel Industry：A Report of Experience*，Princeton：Princeton University Press，1956，in：Volker R. Berghahn，*The Americanisation of West German Industry*，*1945—1973*，p.309；Wolfgang Streeck，"Guaranteed Employment，Flexible Manpower Use，and Cooperative Manpower Management：A Trend Towards Convergence?" in：Tokunanga Shigeyoshi &. Joachim Bergmann（Hrsg.），*Industrial Relations in Transition. The Cases of Japan and the Federal Republic of Germany*，Tokyo：University of Tokyo Press，1984，pp.96—99.

[30] Otto Blume，*Normen und Wirklichkeit einer Betriebsverfassung*，Tübingen，1964.该文的摘录后收于 Gerhard Leminsky，*Probleme der Betriebsverfassung*，S.585—589；Ulrich Bamberg，u. s. w.，*Praxis der Unternehmensmitbestimmung nach dem Mitbestimmungsgesetz 76. Eine Problemstudie*，Düsseldorf：Hans-Böckler-Stiftung，1984；Christoph Hott，*Mitbestimmung und Arbeitsmarkt. Eine institutionenökonomische Analyse der Mitbestimmung in der Bundesrepublik Deutschland*，萨尔大学法学与经济学系经济学博士论文，1991 年；Werner Abelshauser，*Vom wirtschaflichen Wert der Mitbestimmung：Neue Perspektiven ihrer Geschichte in Deutschland：Expertise für „Mitbestimmung und neue Unternehmenskulturen" der Bertelsmann-Stiftung und der Hans-Böckler-Stiftung*，Gütersloh：Verlag Bertelsmann-Stiftung，1998；Bertelsmann Foundation and Hans-Böckler-Foundation，*Mitbestimmung und neue Unternehmenskulturen-Bilanz und Perspektiven：Bericht der Kommisiion Mitbestimmung.* Gütersloh：Verlag Bertelsmann Stiftung，1998；Alexander Dilger，*Ökonomik betrieblicher Mitbestimmung. Die wirtschaflichen Folgen von Betriebsräten.* München und Mering：Rainer Hampp Verlag，2002.另外一些零散的调查报告目录，可参见 Björn Hinderlich，*Betriebliche Mitbestimmung im Wandel. Ein britisch-deutscher Vergleich*，München und Mering：Rainer Hampp Verlag，2007 上的附录。

[31] Otto Neuloh，*Die Deutsche Betriebsverfassung und ihre Sozialformen bis zur Mitbestimmung*，Tübingen：J. C. B. Mohr（Paul Siebeck），1956；Hans Jürgen Teuteberg，*Geschichte der industriellen Mitbestimmung in Deutschland. Urprung und Entwicklung ihrer Vorläufern im Denken und in der Wirklichkeit des 19. Jahrhundert*，Tübingen：J. C. B. Mohr，1961；Rudolf Judith(Hrsg.)，*40 Jhare Mitbestimmung：Erfahrung，Probleme，Perspektiven*，Köln：Bund -Verlag，1986；Ulrich Engelhardt，"Strukturelemente der Bundesrepublik Deutschland：Überlegungen zum Problem his-

torischer Kontinutität am Beispiel der Betriebsverfassung", *Vierteljahrschrift für Sozial- und Wirtschaftsgeschichte*, B. 69(1982), S.373—392; Wilhem Eberwein, *Belegschaften und Unternehmen: die geschichtlich-gesellschaftliche Herausbildung der aktuellen Betriebsverfassung und betrieblichen Mitbestimmung in Deutschland*, 不来梅大学博士论文(未刊本),1984; Reinhard Jacobs, *75 Jahre Betriebsrätegesetz, vom Betriebsrätegesetz 1920 zum Europabetriebsrat 1995*, DGB-Landesbezirk Neidersachsen/Brmen, DGB-Kreis Region Braunschweig, Bildungsvereinigung Arbeit und Leben, öAG Braunschweig(Hrsg.), Hannover, 1995; Wolfram Wassermann, *Akteure für Demokratie in der Arbeitswelt*. Münster: Westfälisches Dampfboot, 2002.

[32] Hans Pohl(Hrsg.), *Mitbestimmung. Ursprünge und Entwicklung*, Stuttgart: Franz Steiner, 1981; Franz Josef Stegmann, *Der soziale Katholizismus und die Mitbestimmung in Deutschland, Vom Beginn der Industrialisierung bis zum Jahr 1933*, München u.s. w: Schöningh, 1974; Hans Pohl, *Mitbestimmung und Betriebsverfassung in Deutschland, Frankreich und Großbritannien seit dem 19. Jahrhundert*, Stuttgart: Franz Steiner, 1996; Björn Hinderlich, *Betriebliche Mitbestimmung im Wandel. Ein britisch-deutscher Vergleich*, München und Mering: Rainer Hampp Verlag, 2007; Hans Diefenbacher & Hans G. Nutzinger(Hrsg.), *Mitbestimmung: Theorie, Geschichte, Praxis. Konzepte und Formen der Arbeitnehmerpartizipation*, Band 1, Heidelberg: Forschungsstätte der Evangelischen Studiengemeinschaft, 1984.

[33] Werner Milert & Rudolf Tschirbs, *Die andere Demokratie. Betriebliche Interessenvertretung in Deutschland, 1848 bis 2008*, Essen: Klartext, 2012.两人曾在 1991 年也出版过类似的通史类小册子,Werner Milert & Rudolf Tschirbs, *Von den Arbeiterausschüssen zum Betriebsverfassungsgesetz. Geschichte der betrieblichen Interessenvertretung in Deutschland*, Köln: Bund-Verlang, 1991.

[34] 关于欧美史学界的研究动态,大致上挑选了比较重要的研究成果。更为详细的目录可参见 Hildebert Kichner, *Bibliographie zum Unternehmens- und Gesellschaftsrecht 1950—1985*, Berlin: de Gruyter, 1989; *Bibliographie zum Unternehmens- und Gesellschaftsrecht 1986 bis 1995*, Berlin: de Gruyter, 1998.

[35] 张嘉森:《新德国社会民主政象记》,商务印书馆 1922 年版;黄汝接:《联邦德国工会运动》,全国总工会干部学校 1984 年印刷;张世鹏:《联邦德国的雇员参与共决制》,《国际共运史研究》1990 年第 1 期;赵永清:《民主社会主义的经济民主剖析——德国社会民主党的共决制思想与实践研究》,《国际共运史研究》1992 年第 2 期;王文慧:《德国劳资关系与西方工人运动》,《国际观察》1994 年第 6 期;李裕堂:《德国企业管理制度的一个显著特色——工人参与管理促成劳资和谐》,《中外企业文化》1996 年第 11 期;

张俐平:《德国企业共决制的发展及其性质》,《世界经济与政治论坛》1997年第3期;丁智勇:《德国经济领域中的共决权》,《德国研究》2001年第3期;谢丽华:《"社会伙伴关系":内容,后果与启示》,《南昌大学学报》(人文社科版)2002年第2期;徐崇温:《当代资本主义新变化》,重庆出版社2004年版;赵永清:《德国民主社会主义模式研究》,北京大学出版社2005年版;庞文薇:《德国职工"共决权"何去何从?——对目前德国职工"共决权"讨论的一些思考》,《德国研究》2006年第3期等。此外还有一些论文,但大多以介绍为主。

[36] 孟钟捷:《德国1920年〈企业代表会法〉发生史》,社会科学文献出版社2008年版;孟钟捷:《寻求黄金分割点:联邦德国社会伙伴关系研究》,上海辞书出版社2010年版;邓白桦:《纳粹德国"企业共同体"劳资关系模式研究》,同济大学出版社2012年版。

第一章 在争议中的孕育:
1918 年前企业代表会体制的
理论争议与早期形态

本章讨论 1918 年前企业代表会体制的孕育过程。这里提出的问题是:德意志社会关于劳资矛盾的各种观念,在何种意义上,以及如何成为劳资协调机制化的理论前提? 在制度构建的进程中,历史留下了哪些实践的记忆,以供未来借鉴?

本章分为两节。第一节讨论德意志社会关于劳资矛盾的各种认识,以此厘清企业代表会体制早期构建历史中的理论基础及其存在的争议。第二节着重关注 19 世纪 40 年代末以后各种类型的劳资协调机制,以此揭示企业代表会体制早期实践的共性与演变趋势。

第一节 各种视野下的劳资矛盾及其解决方案

在德国工业生产力的孕育进程中,现代社会关系也在逐步定型。其中,劳资关系取代师徒关系成为当时引人关注的社会现象。在等级制流行的封建社会中,学徒与师傅之间虽然也存在某种程度的矛盾和斗争,但是从学徒到师傅的流动渠道却在无形中消解了这种紧张关系。与此相反,在现代资本主义社会中,劳资关系的张力却大大超越了传统经验所能提供的消解力。于是,针对层出不穷的劳资矛盾,来自社会各阶层的政治家和思想家们都进行了各有特色的分析,并开出了自己的解决药方。

一、从"法律秩序的王国"到"告别后起国家"：资本家群体的不同观念

工业化之初,德意志的资本家们大多信奉亚当·斯密(Adam Smith)的自由竞争学说,一方面把劳资矛盾及其引发的一系列社会后果寄托于所谓"市场自愈力"(Selbsheilungskräften des Marktes),拒斥国家与其他社会机构的干涉,另一方面对内强力压制工人们的反抗,以塑造一个"法律秩序的王国"。[1]

在他们的观念中,劳资矛盾主要是由劳动者不安其分造成的。萨尔的工业家卡尔·费迪南德·冯·斯图姆—哈尔贝格(Carl Ferdinand von Stumm-Halberg)坚持认为,"假如一家企业要成长顺利,它就必须(接受)军事化管理,而不能实行议会制",因为"工人一旦获得企业家的权威",他还会很快要求得到"其他领域(如国家和教会)的权威"。[2]工人之所以不安分,则是因为他们没有认识到自身能力的不足。为此,弗里德里希·克虏伯(Friedrich Krupp)要求他的工人们"喜欢赋予你们的东西。你们的工作完成了,然后待在你们的家庭圈子中,和你们的父母、你们的妻儿,想想你们的家庭事务与教育……至于这个国家的高级政治,它们并不会破坏你们的胃口。更高级的政治需要更多的实践,需要更细致地考察情况,这超越了工人(的能力)。假如你们选择了信任者所推荐给你们的候选人,那么你们就尽到了义务。假如你们试图干扰这个法律秩序的王国,那么你们无疑就在实施破坏!"[3]

在这种认识逻辑下,强化"家长制"(Herr-in-Haus,又译"企业主人")便成为自由派资本家们解决劳资矛盾的不二法门。在该时期,企业规章充满了对于工人们生产活动的各种严格束缚,如1838年克虏伯在一份企业规章草案中便强调:"每个工人必须在工厂内外保持绝对的忠诚和顺从,严格遵守劳动时间,通过自己的勤奋来证明自己旨在服务于工厂。"[4]相反,这些企业并不欢迎地方政府的监管行为,各地相继出现的批判性报告(如对利用童工一事的批评)仅仅停留在纸面上而已。[5]

一些资本家深受浪漫主义影响,对国家协调劳资矛盾的作用有着另一种认识。浪漫派作家亚当·海因里希·米勒(Adam Heinrich Müller)

批评亚当·斯密较少关注"国家的自成一体的个性及其所确立的特征",而他对国家则充满着敬意:"国家是这样一种共同体:它尊重知识,它是美妙的组合,是人类的可估量的、美好的精致共同体"。[6] 由于劳资矛盾正是两个敌对群体缺乏共同体意识所造成的结果,[7] 因而作为最高共同体的国家,就应该挺身而出。国民经济学家弗里德里希·李斯特(Friedrich List)便希望"国家通过爱国主义的纽带将其成员结为一体",以便让工人成为"公民"。[8] 1844 年,威斯特法伦资本家弗里德里希·哈考特(Friedrich Harkort)则喊出了"告别后起国家"的口号,他要求国家在缩短劳动时间、减少童工、疾病救济等方面有所行动。[9]

1850—1880 年间的经济危机再次强化了这种观念。甚至连保守派政治家、国会议员阿道夫·马夏尔·冯·比贝尔施坦男爵(Adolf Freiherr Marschall von Bieberstein)也认识到时代面临转折:"是的,在工人问题领域中徒劳无益的放任自由的原则已经长久被抛弃了。我们将之视作国家的义务,并且在这里进一步使之固定下来。我们已经做了一些事,但是还有很多事必须去完成。所有我们已经做过的事情不过是善意而又谨慎的尝试而已。"[10]

从"法律秩序的王国"到"告别后起国家",资本家群体的观念随着时代精神的变迁而发生一定变化。他们对内强化自身权威的初衷并未动摇,但对国家角色的评价却有所转变。

二、在政治斗争与经济斗争之间:工人群体的不同观念

在德国工人运动的普遍观念中,劳资矛盾被视作资本主义社会的本质特征。马克思在《共产党宣言》中指出:"个别工人与个别资产者之间的冲突愈益成为两个阶级之间的冲突","在当前同资产阶级对立的一切阶级中,只有无产阶级才是真正革命的阶级"。[11]

但是在如何解决劳资矛盾的问题上,德国工人运动出现了分歧。这种分歧最早表现在马克思与拉萨尔(Ferdinand Lassalle)之间。拉萨尔把劳动者的彻底解放寄希望于议会斗争。因而,深受拉萨尔思想影响的《全德工人联合会章程》(1863 年)开宗明义地提出,"这个联合会从这样一个信念出发,即只有通过普遍、平等与直接的选举权才能使德国工人等

级的社会利益得到充分代表,才能真正消除社会中的阶级矛盾".[12]相反,马克思则追求劳动者的政治解放,其切入点是工人被剥削的经济现象。由马克思起草的《国际工人协会共同章程》(1871年)最终反映了这一思想:"劳动者在经济上受劳动资料即生活源泉的垄断者的支配,是一切形式的奴役、社会贫困、精神屈辱和政治依附的基础。因而工人阶级的经济解放是一项伟大的目标,一切政治运动都应该作为手段服从于这一目标".[13]

由于受到马克思与拉萨尔双重思想的影响,德国工人政党在设计解决劳资矛盾的方案时不断徘徊在政治斗争与经济斗争之间。1869年,德国社会民主工人党的党纲一方面宣称"社会问题与政治问题不可分割地联系在一起的",另一方面又认为"政治自由是各劳动阶级经济解放的不可缺少的前提条件".[14]按照这样的逻辑,政治斗争应该先于经济斗争。到1875年,《哥达纲领》又出现了这样的论述:"德国工人党从这些原则出发,用一切合法手段去争取自由国家——和——社会主义社会:废除工资制度连同铁的工资规律——和——任何形式的剥削,消除一切社会的和政治的不平等".[15]在这种认识中,正如马克思所批判的那样,既包含着拉萨尔对经济斗争对象的错误理解,"把事物的外表看作事物的本质",又十分"肤浅"地把工人阶级的政治斗争视作一种具有自己的"精神的、道德的、自由的基础"的独立存在物(即"国家")而奋斗,以至于忽视了"无产阶级的革命专政",把民主共和国"看做千年王国".[16]

随着时间的推移,工人群体的观念分歧又出现在斗争组织的分工中。就政党而言,政治斗争逐渐成为它的主要使命。1891年通过的《爱尔福特纲领》明确写道:"工人阶级反对资本主义剥削的斗争必然是一种政治斗争。工人阶级没有政治权力就不能进行他们的经济斗争,不能发展他们的经济组织,他们不掌握政治权力就不能实现生产资料向全体居民所有的过渡。把工人阶级的这一斗争塑造成为一种有觉悟的和统一的斗争,向他们指明他们天然必须实现的目标——这就是社会民主党的使命。"[17]而日益强大的工会组织却把自己的使命界定在经济领域中,并且迫使社会民主党接受这种任务分工。1900年,社民党主席倍倍尔(August Bebel)最终承认，工会在政治上是中立的，其责任就是"确立（经济）政策"。1906年，社民党曼海姆党代会再次确认了这种分工，要求工会负责"找到工人在经济上的解放道路"。[18]

三、信仰、伦理还是行动：宗教界的不同观念

宗教界很早便关注劳资矛盾，但其分析路径与解决方法都因人因时有着极大不同。

一些人把劳资矛盾定性为信仰问题。19世纪30年代，天主教社会运动的领导刊物《天主教德国历史政治报》（*Historisch-Politische Blätter für katholische Deutschland*）发表数篇文章，论证社会贫困就是信仰危机的产物。它认为，一个理性的社会政策就是把工人等级视作特殊的保护对象。[19] 19世纪最具影响力的天主教社会思想家、美因茨大主教威廉·埃曼努埃尔·冯·克特勒男爵（Wilhelm Emmanuel Freiherr von Ketteler）早年曾在弥撒中多次指责基督教信仰的崩溃是劳资矛盾等社会病态产生的主要原因。[20]因此，改变这种状况的途径在于恢复信仰。1851年，《莱茵教会报》（*Rheinische Kirchenblatt*）提出重建所谓"基督的工厂"模式，即让劳资双方都成为虔诚的基督徒，并从事同样的劳动，接受相同的惩罚。3年后，美因茨的《天主教徒报》（*Katholik*）呼吁企业实行修道院式的改革。[21]

一些人把劳资矛盾定性为伦理问题。在新教的伦理观中，资本主义扮演了双重角色。一方面它如马克斯·韦伯（Max Weber）所言，在一定时期内抑制了"一切封建的奢华与非合理的消费"，促进了"资本的积累与财产为达收益目的的不断重新利用"，[22]另一方面它又如卡尔·霍尔（Karl Holl）批判的那样，鼓励了"剥削的金钱经济"。[23]由此，在新教的伦理学家看来，工业斗争是奴役式的管理模式缺乏父爱的表现。新教学者约翰·希里希·维歇尔（Johann Hinrich Wichern）创建了"内省布道会"（Innere Mission），以便组织"在整体领域中，由教会全程参与的、宗教性的、改造性的与社会性的缓和行动"。该组织提出了所谓"工业家庭"的理想，试图借助企业内部传教的方式，来促进劳资纠纷的积极解决。[24]

另一些人走出心理分析，直面社会现实，并迅速付诸于行动。19世

纪 60 年代后,克特勒大主教也不得不承认工人问题的实质在于"营养问题"。他在享誉学界的《工人问题与基督教》(*Die Arbeiterfrage und das Christentum*)中详细阐述了这一认识:"实质上,工人问题就是一种工人的营养问题。因此,工人问题完全不同于所谓的政治问题。人民大众、工人及其家庭从早到晚所思、所见和所感之东西,就是他们在生活中真实所需的对象,亦即可以改善或恶化他们最本质的生活需求。而这一切事实上同所有的政治问题毫无关系。"[25]那么如何来改变这种状况呢? 克特勒建议工人通过结社,来"合理地"获得权利。1891 年,教皇列奥十三世(Leo XIII)也在《新事物》通谕(*Rerum novarum*)中明确要求天主教同现代国家与社会的发展相合拍。通谕一方面支持基督教工人"在他们中间形成社团,联合自己的力量去勇敢地摆脱如此不正义的颈箍和不能忍受的压迫",另一方面坚决反对用社会主义者的"主要教义",而希望在既定的经济制度内来解决劳资矛盾。[26]这便鼓励了基督教工会运动的蓬勃发展。1908 年,基督教工会的高层官员约翰内斯·吉斯贝茨(Johannes Giesberts)强调,基督教工会的使命就是在法律上为工人的劳动条件而斗争,以便让工人阶级在经济与生产中获得"合理的参与权"。[27]与此相似,新教牧师阿道夫·施托克尔(Adolf Stoecke)创立了基督教社会工人党(后改名基督教社会党)与基督教—福音大会,新教学者阿道夫·瓦格纳(Adolph Wagner)等人创办社会政策协会。他们致力于加强国家干预的力量,尤其是施托克尔后来成为宫廷牧师,直接影响了德皇威廉二世(Wilhelm II)的社会思想。[28]

四、革命与改革:思想家们的不同观念

面对日益激烈的劳资矛盾,敏锐的思想家们不再把劳工问题仅仅视作企业内部的管理问题,而是把它上升到政治层面,思考如何化解劳动斗争带来的制度威胁。

一些学者持积极态度,提出了不少改革方案。第一个提出工人共决权方案的是巴伐利亚的本笃会教士弗朗茨·克萨韦尔·冯·巴德(Franz Xaver von Baader)。[29]他虽然是宗教界人士,却没有从信仰或伦理角度出发,而是直接讨论工人的权利问题。他在德国率先提及工人有权在法

律允许的范围内选举产生一个"与身份相符的"代表。他知道，这样做会产生一个"第四等级"，但它至少将工人融入到现存的体制中，实现社会的自我革新，以避免遭遇法国式的社会革命。为此，他建议巴伐利亚成立一个"工人与穷人邦议会"（Arbeiter- und Armenlandrat），以负责听取和转达工人们的希望与投诉。汉堡学者伊曼努埃尔·沃威尔（Immanuel Wohlwill）提出，工人有权参与工资协商，并且必须得到政府的支持。图宾根大学的国家法与国民经济学教授罗伯特·冯·莫尔（Robert von Mohl）首次提出成立"工人委员会"（Arbeiterausschuss）的想法。他是对经典自由主义提出批评的第一代德意志学者。他认为工人有权协同管理工厂，以培养工人同企业之间的依赖性。法学家约翰内斯·阿洛伊斯·佩塔勒（Johannes Alois Perthaler）接受了莫尔的思想。他在 1842 年出版专著，严厉批判了当时的所有劳资关系理论，认为劳工问题就是社会问题，国家应该支持工人反对资本家的"腐败优势"。他同意莫尔的建议，成立"工人委员会"，并且指出该委员会的目的是形成一种"社会的企业共同体"（soziale Betriebsgemeinschaft）。[30] 但是，巴德、沃威尔、莫尔与佩塔勒分别来自于巴伐利亚、汉堡、维腾堡，这些地方都不是当时的工业中心，这些学者也只是书斋之人，缺少实践经验，因而他们的思想在当时并未产生多大社会影响力。相反，在自由主义的风潮中，他们的观念还受到了其他学者的猛烈抨击。

另一些学者持悲观态度，认为只有革命才能最终解决劳工问题。1842 年，基尔大学的国家法教授劳伦茨·冯·施泰因（Lorenz von Stein）出版了研究法国社会主义思想的著作。在该书中，他对劳工问题忧心忡忡，因为在他看来，只有通过国家体制的民主转型和社会机制的重新建立才可以缓和劳资矛盾。在他的影响下，另一名思想家弗里德里希·罗梅尔（Friedrich Rohmer）发表了《第四等级与君主制》一文，把制度革新的希望寄托于各邦君主身上。[31]

本节讨论了四类社会群体对于劳资矛盾的认识及其解决设想。资本家群体从巩固既有权力结构的角度出发，提出了两种既有冲突又相互联系的观念,即一方面对内强化"家长制",控制劳动者,另一方面对外要求国家承担安抚之责,笼络劳动者。工人群体从寻求解放之路出发,在政治斗争与经济斗争之间徘徊,以确立最佳的社会变革方式,细分斗争组织的彼此职责。宗教界出于基督徒的责任意识,在信仰、伦理和行动中依次探寻解决劳资矛盾的适合途径。敏锐的思想家们都认识到劳工问题的紧迫性,但在制度革新的方式上存在冲突,革命与改革的方案各有支持者。

四类群体的社会观念在时间上既有平行出现的,也有前后相继的,但究其实质,却存在着重重的内外矛盾。资本家反对出让自己的权威,但在国家角色问题上争论不休。工人以剥夺资本家的权力为目标,但在斗争顺序上举棋不定。宗教界一心用某种精神力量来撮合劳资双方,但在精神实质上却找不到两者相契之处。思想界一方面害怕劳资矛盾带来的革命冲击,另一方面却始终停留在纸面的改革方案之上,缺少实践的动力。这种观念之间的分裂格局恰恰反映了19世纪以降德意志社会不断碎裂化的趋势。

然而历史的吊诡之处恰恰是:在随后的历史演进中,这些社会观念却作用不等地共同组合成劳资协调机制化的推动力。其原因在于:第一,四类群体无法取代彼此,没有一种社会观念得以笑傲群雄;第二,四类群体也从未消失过,其观念的影响力持续存在,以致构成了历史前进中不可回避的社会记忆;第三,上述各种观念的鼓吹者都有着广泛而稳定的支持者,并随着时代变迁而演化出更新版本的理论,这在下文中还将得以验证;第四,尽管彼此敌视,但四类群体的终极目标却是相同的,即营造一个更为和谐的社会,就这一点而言,劳资协调机制化初步形成了社会接受的基础。

第二节　从"工厂委员会"到"工人委员会/职员委员会":企业代表会机制的早期形态

在不同社会群体对劳资矛盾的本质及解决方式争论不休时,各种类型的劳资协调机制已经陆续问世。不同形态的机制之间既有共性,也存在着各种差异；它们之间既有某种程度上的延续性，又反映了时代认识上的发展。

一、1848 年革命中的立法尝试与失败

1848—1849 年革命是劳资矛盾问题接受机制化解决的首次机遇。在此之前，法学家、天主教政治家约瑟夫·冯·布斯（Joseph von Buß）曾在德意志联盟议会上首次公开谈及国家层面的社会政策，建议为工人建立特殊的储蓄基金，但没有引起人们的积极回应。[32]直到 1848—1849 年革命，情况才出现变化。众所周知，这次革命致力于双重使命：自由与统一。而在自由的使命上，革命阵营被划分为两大派系：大部分代表追求资产阶级民主权利，要求实现营业自由、出版自由和言论自由；少部分激进左派向往所有社会阶层的解放，尤其是劳工阶层不再受到资本家的压迫。后一部分成为推动劳资协调机制化的主要动力，其中三人的贡献最大：

卡尔·格奥尔格·温克尔布莱歇（Karl Georg Winkelblech）是卡塞尔商业学院的教授。革命前，他曾发表《劳动的组织或世界经济体制》（*Organisation der Arbeit oder System der Weltökonomie*）一书，提出了"经济联邦主义体制"（System des ökonomischen Föderalismus）的想法，即要求劳资对等组成劳动组织来管理生产过程。他在法兰克福国民大会及小组讨论中多次提到这一建议，尤其影响了"手工业者和学徒大会"的最后决议。该决议强调，学徒工"既不要自由主义，也不要共产主义，也不想回到原来的专制主义中，而是一致同意一个新的社会制度，它不是从外国学来的，而是从德意志民族中产生的。这种新的制度……我们称作'联邦主义'"。它还提出：（1）成立一个社会法庭，以咨询所有的社会立法，并有权讨论和批准政治议会所提出的决议。应从全部的社会阶层中按照一种选举法则产生其代表。（2）成立一个社会部，其成员由社会议会任命，管理所有的公共社会事务。（3）成立一个"新的、同以前完全不一样的、同我们高度发达的工业条件相适应的……掌管所有企业内部事务的内部章程组织（即劳动组织——引者注）"。

来自布雷斯劳大学的克里斯蒂安·戈特弗里德·丹尼尔·内斯·

冯·埃森贝克教授(Christian Gottfried Daniel Nees von Esenbeck)主张建立一个劳资对等组成的"劳工部"(Das Ministerium der Arbeiter),让工人参与到工资和资本的管理中,由此保证企业和谐。他把这一想法作为正式提案,交给了法兰克福国民议会。

更为激进的代表是未来的德语文学教授斯特凡·伯恩(Stephan Born)。他深受马克思与恩格斯的影响,但认为《共产党宣言》的内容不能在当时的德意志立即付诸实施。因而在1848年6月10—22日,他在《族民》(Volk)杂志上接连发表数篇文章,提出了关于劳工问题的解决方式,其中主要建议是:(1)通过一个由工人和资本家参与的委员会来确定最低工资与劳动时间;(2)规范学徒工的人数,只有通过学徒与师傅组成的共同委员会才能做出决定;(3)官员不能随意决定工人的去留,必须形成委员会的决议。柏林议会受到了他的影响,并把相关建议写入《社会的人民宪章》中,正式递交给法兰克福国民议会。[33]

这些左翼思想在现实生活中也得到了各种形式的回应。1849年3月23日,柏林的机械制造工便提出了一份"社会诉求清单",其中要求劳动者在超时劳动、计件工资和惩戒管理方面拥有共同决定权。4月中旬,柏林的一批机械工厂主联合签署名为《关于劳动关系新规章的公告》(Bekanntmachung über die Neuregelung der Arbeitsverhältnisse),应允劳动者可以在"一切必要事务中"进行咨询。[34]

法兰克福国民大会的国民经济委员会负责起草《工商业法》草案。上述三人的思想、社会上出现的各类实践连同各种立法建议摆在了这个30人组成的委员会面前。目前,我们还缺乏必要的史料来恢复当时的场景,尤其是立法进程。但是从草案的最后文本来看,激进左派们的一些想法基本上得到了落实。该法要求:(1)每个工厂通过选举产生一个"工厂委员会"(Fabrikausschuß),其成员由工人代表、部门负责人和资本家代表组成(第42条);(2)工厂委员会的权限包括:调解劳资矛盾、拟定与维护企业章程、成立并管理疾病救济基金、关注童工福利等(第43条);(3)同行业的工厂委员会联合成立"工厂代表会"(Fabrikräte)(第44条);(4)工厂代表会的权限包括:批准企业章程并对其实行监督,确认或调节劳动时间与解约通知期限,确定学徒工人数,监督工厂的疾病救济基金,拟定工厂退休金的实施章程及其管理,作为在商会中的工厂利益代表等(第 45 条)。[35]

这一草案主要反映了 1848—1849 年革命前人们对劳资协调机制的基本定位,即:第一,劳资双方对等组成管理委员会,其职责在于维护工人的正当权益,增加工人在社会福利事务方面的共决权;第二,企业内部的民主化进程必须同国家的民主化进程相互配合,尤其在同行业之间必须推广劳动者的共决权。

同将来的企业代表会机制相比,这种设想显得十分狭隘(共决权仅仅局限于福利事务方面),但在当时的社会意识中,它又显得异想天开(把微观方面的劳动权与宏观方面的民主权利结合在一起)。特别是在诡谲多变的革命进程中,事实上,劳动者的自由期待不得不让位于资产阶级的自由理念,而资产阶级的自由理念又最终不得不让位于德意志统一的诉求。由此,当普鲁士国王拒绝接受法兰克福国民议会递上的帝国皇冠时,统一梦想破灭,所有的自由呼声也只能归于沉寂。

二、非制度化的劳资协调机制

1848—1849 年革命的失败是劳资协调制度化道路的第一次挫折。不过,革命前的星星之火、革命所传播的自由理念以及革命之后工业化发展的实际状况,都在不同程度上推动着非制度化的劳资协调机制的实践,但也始终孕育了各类社会争议。

1848—1849 年革命前,工厂中的工人互助组织已经遍布各行业,如迈森的瓷器工厂最早成立工人死亡抚恤基金。随着工业革命的爆发,工人罹患职业病与遭遇工伤的几率大大提升,工人互助基金的数量也有所增加。到 19 世纪 30 年代,不少资本家允许工人通过选举产生一个"工人委员会"(Arbeiterausschuß),来管理这些互助基金。如前文提及的钢铁工业家弗里德里希·哈考特在 1820 年建立了工厂疾病基金会,并允许工人参与管理;柏林的纺织业主约尔·沃尔夫(Joel Wolff)和雅克布·阿伯拉罕·迈尔(Jacob Abraham Meyer)于 1832 年组织成立了由 700 名工人参加的工人委员会;1836—1837 年间,埃森的克虏伯工厂也成立了疾病与危机基金会。这些基金会的主要特点是工人自治,其目标不仅是让工人们互相帮助,更在于培养工人们的团结精神,以形成"工厂共同体"的理念。[36]

个别资本家曾突破这种工人互助基金的模式,增强资方在福利组织中的作用。如 1844 年莱茵地区纺织业主奎林·克龙(Quirin Croon)与丝绒企业主弗里德里希·迪尔加德特(Friedrich Diergardt)等一同组建了"劳动者阶层福利中央委员会"(Centralverein für das Wohl der arbeitenden Klassen)。这一联合会包含了各家企业的"工厂委员会",工厂委员会是由工人联合会、企业主联合会和捐助者联合会共同组成的,负责管理工人的福利事务。联合会的主席团由劳资双方对等组成。[37]毫无疑问,这一模式同法兰克福国民大会的《工商业法》草案中的设想有着异曲同工之妙。

1848—1849 年革命虽然失败了,但这场革命留下的"基本权利"、"宪法国家"、"普遍国民"等观念却依然在德意志社会产生持久的影响。特别是对于"自由"的理解,在劳资矛盾的讨论中形成了巨大的推动力。自此之后,一方面,德意志劳工运动开始从资产阶级的自由主义向革命的民主主义过渡,[38]工人的结社运动在邦国政府的严密监管下秘密开展,并迅速发展,另一方面,一部分开明资本家继续延续着此前的做法,如艾伦堡的印染厂主卡尔·德根科尔布(Carl Degenkolb)联合其他 3 位同行,在疾病基金理事会的基础上,创建了第一个"工厂委员会",由资本家、技术工人和普通工人组成,负责"维护与执行工厂规章;照料童工;出于道德义务对其进行学校教育;在工人中协调争端;参与刑罚决策;参加与分发疾病救济基金"。[39]据统计,到 1890 年,此类工人委员会在全德境内大约有 6 000 个左右。[40]

1890 年,一位国民经济学家受社会政策协会的委托,曾对上述工人委员会进行过调查。他发现,尽管不少企业都为工人成立了名称不一的"委员会",让工人代表参加到企业的共同管理中,但企业主并没有在这些组织的共同使命上达成一致意见,工人们也并未因此而消除自己对资方的不信任感。相反,在很多地方,劳资双方的对立情绪不减反增。[41]

德意志工业化的持续进程一再凸显出解决劳资矛盾的紧迫性。工人比例的激增和受教育程度的提升，改变了劳动者的传统形象，也对坚持统治权威的家长制思想提出了挑战。与此同时，当德意志帝国成立、统一问题不再受到关注时，自由便成为社会争议的主流话题。我们可以把这些争论大致分为两派：

第一，完全反对派。持家长制观念的资本家始终对企业内部的工人代表组织具有一种恐惧感。1887 年，德国工业家中央联合会公开声明"工人不是企业家的平等合伙人……消除劳资之间本来有的差距是不必要的"。两年后，萨尔与西南德国钢铁工业家联合会也强调劳资之间并不存在对立，它还攻击工人委员会"不是一个和平组织，而是一个斗争组织，是有危险的"。1890 年 2 月，化学工业进行的调查表明，绝大多数的化学资本家都反对成立工人委员会。社会政策协会秘书长亨利·埃克塞尔·比克（Henri Axel Bueck）在 1890 年协会大会上明确表示，社会民主党会借助工人委员会来进行宣传和斗争，从而让这种组织导向"暴力统治"。

与此同时，社会民主党也不接受工人委员会。1889 年，社民党的党刊《新时代》（Die Neue Zeit）指出，工人委员会就是原来的工人福利组织，它是资本家试图分裂工人阶级的工具。1891 年，国会议员马克斯·席佩尔（Max Schippel）认为，工人委员会仅仅是一个"部分毫无伤害性的咨询机构"，没有它，资本家或许还会惶恐不安，相反，它却有可能成为资本家的帮凶。因而"工人委员会从来都不是一个自主独立的组织，所以它对于工人阶级运动而言毫无意义"。[42]社民党主席奥古斯特·倍倍尔（August Bebel）告诫工人们，所有的劳动保护措施"并不能代替争取社会主义制度的斗争"，工人委员会不过是"资本主义的遮羞布"而已。[43]社民党的立场得到了自由工会高层的积极支持。时任主席的卡尔·列金（Carl Legien）总是担心工人委员会所蕴含的那种分裂工人运动的力量。[44]

第二，有目的的支持派。实践中的劳资协调机制也拥有不同社会阶层的支持者，但他们却各怀目的。资产阶级自由主义者希望工人委员会既能成为抵御社会民主主义思想的工具，又能把自己局限在福利事务中，而不去影响资本家的"经营自由权"。1872 年，瓷器商洛伦茨·胡琴罗伊特(Lorenz Hutschenreuther)成立了一个由劳资不对等组成的"地区委员会"(Lokalverein)，其代表只能从事"维持工厂章程、决定罚款原则、接受职工投诉"等三项使命。在德骚，国会议员威廉·奥歇尔豪泽尔(Wilhelm Oechelhäuser)公开支持工人委员会，但强调其目的是让工人们在《反社会党人法》的实施中恢复到"正常状态"。

　　资产阶级民主主义者延续了 1848—1849 年革命中的立法精神，把企业内部的权力改革视作国家民主化的前奏。19 世纪 70 年代，社会政策协会提出了"立宪制工厂"(konstitutionelle Fabrik)的概念，后来体现在柏林企业主海因里希·福利泽(Heinrich Freese)的工厂中。1890 年，据统计，该类型的工厂在柏林不少于 50 个。[45] 1895 年，洛斯勒(Roesler)在《论工人战争》一书中指出，工人委员会的作用就是"抵制君主专制的模式"。

　　社会伦理学家们仍然把劳资矛盾的起因归结于道德问题，因而他们把工人委员会的目的定位于教育使命。1881 年，两位资本家勃朗斯(Brandts)和辛策(Hinze)提出了"基督教—伦理工厂有机体"(christich-sittlicher Fabrikorganismus)的口号，要求工人委员会加强教育和引导的作用。不久，勃朗斯公司设立了"莱茵河左岸地区共同幸福协会"，向工人委员会代表开设教育课程。同样，亚琛也出现了一个功能类似的"工人幸福协会"的组织。

　　社民党内的修正主义者提出了不同于工人运动主流学派的想法。1893 年，爱德华·伯恩斯坦(Eduard Bernstein)在党代会上指出，"企业内的民主就是社会主义的前奏"。工会高层温策尔·豪勒克(Wenzel Holek)也是一位工人委员会的支持者。他曾担任过工人委员会的代表，因而对他来说，这一组织是"工人获得改善的第一个机会"。[46]

　　总体而言，从 1848—1849 年革命到 1890 年所谓"社会改革"年代开始，德意志地区的劳资协调机制一直处在非强制性的实践轨道上。就实践的具体形态而言，当时出现的主要模式有两种：工人委员会和工厂委员会。前者由工人组成，后者由劳资双方参加。两种委员会的权利都被局限在工厂内部的福利问题上。然而即便如此,关于劳资协调机制存在的合理性与目的性,仍然是社会争议的焦点。在某种程度上,这种争议也影响了劳资协调模式法制化的脚步。不过,改变很快到来了。

三、19 世纪 90 年代帝国政府的立法推进

1890 年前,德意志中央政府与各邦政府都受到流行的自由主义经济观之影响,又鉴于工人运动尚未形成规模,故而大多缺乏直接的、有影响力的行动来干预劳资矛盾。1846 年,西里西亚市长特别批准在纺织企业中成立"工人理事会",成员包括 12 名"信任者"(Vertrauenmann),但该组织的影响力有限。同一时期,普鲁士邦议会曾要求各地区成立一个由劳资组成的委员会(Kommission),为紧急事件提供咨询,并负责改善劳动者的生产条件。然而响应该号召的城市很少,即便成立的委员会也大多以资本家或手工业师傅居多。1848—1849 年革命失败后,直到 60 年代末,一些资产阶级才重新在市议会或邦议会中提出议案。如 1864 年,杜塞尔多夫市政府出面支持一个名为"元老院"(Ältestenrat)的疾病与储蓄基金会。该基金会由劳资信任者组成,有权修改或更改企业章程、改变工资计算方式、缩小或延长劳动时间等。然而这些努力仍然缺乏积极响应。相反,1869 年,北德同盟的议会虽然废除了结社禁令,却要求各地不再成立企业内部或高于企业的工人代表组织。[47] 19 世纪 80 年代初,帝国政府曾在《事故保险法》草案中提出过工人委员会的设想,但在钢铁企业家协会的抗议后将之取消。[48]事实上,该草案更多体现了时任俾斯麦助手、普鲁士商业部秘书特奥道尔·劳曼(Theodor Lohmann)的个人想法,而非首相的本意。在俾斯麦看来,"工人保护"比"工人管制"更重要,因为前者体现了国家社会主义的精神,而后者却夸大了国家的经济责任。[49]尽管如此,截至 1890 年,仍然出现了大约 6 000 个企业疾病基金会。[50]

1890 年被视作劳资协调走上法制化道路的转折点。在此前一年的鲁尔大罢工中,工人的共决权正是争议焦点之一。对于矿工们的要求,克虏伯公司的代表曾强硬地表示,"工业家可以给钱,但绝对不会出让权威!"[51]俾斯麦显然站在了资方一边,而年轻的皇帝威廉二世(Wilhelm

II)却受到基督教社会主义思想的影响,又看到了日益蓬勃发展的劳工运动之危险。中央党主席路德维希·温特霍斯特(Ludwig Windthorst)在国会中的发言,大概正好说到了皇帝的心坎上:"工人们把他们整个期待都建立在皇帝陛下身上。我希望,他们的愿望不会落空。"[52]

于是,皇帝决心发动一场社会政策的改革运动。在逼迫俾斯麦去职后,他不顾一些企业主的反对,发表了所谓的"二月宣言",以宣告"社会政策新时期"的到来。这份宣言说道:"立法者将通过对法律的规划来实现劳资和平。在这一过程中,劳工可以通过他的代理人(即其信任者)商讨事宜,并代表其利益与雇主及政府进行协商。通过这种方法,自由的与和平的劳工可以实现他们的愿望,减轻他们的痛苦,分担官僚机构的事务,维系劳资之间的关系。"[53]值得我们关注的是,它在德国历史上第一次承诺对劳资关系实行国家规制,并含蓄地(同时带有某种似是而非地)认同了劳工的结社权。

在皇帝的支持下,普鲁士商业部长冯·贝尔莱普歇(von Berlepsch)负责起草《工商业法修正案》(*Reichsgesetz betreffend die Abänderung der Gewerbeordnung*)。该修正案后来被称作"工人保护法"或"贝尔莱普歇法"。其重点在于第134条:20人以上的企业必须成立一个"工人委员会","在劳动章程公布或增补之前,须在工厂或所涉及的部门内予以公示。对于具有工人委员会的企业而言,还应听取工人委员会关于劳动章程内容的意见"。在国会的讨论中,该法照例引起了争议,各方的出发点仍然来自于上文提到的基本立场。资方代表与社民党的倍倍尔持反对意见,前者抨击国家剥夺了资本家的"管理主权",后者指责它是"立宪幌子的遮羞布"。中央党代表则称赞该条为"扩大企业内共决权的第一步"。争议最终没有阻碍第134条的通过。1891年6月1日,该修正案正式实施。[54]

"贝尔莱普歇法"(Lex Berlepsch)是德国历史上第一个具有政府背景的劳资协调机制。在内容上,它并没有新意,在某种程度上而言,它甚至比此前非制度化的劳资协调机制中的相同机构拥有更少权限,因为这个工人委员会只能就劳动章程的内容同资本家协商而已。但是,对于企业代表会体制的历史而言,该法至少承认了工人委员会的法律地位,从此揭开了劳资协调法制化的序幕。

此后,工人委员会的数量激增,其作用也逐步显现出来。在美因茨,工人委员会在一年间翻了两番。到 1905 年,大部分工业区都出现了这一组织,其中数量较多的地区有:柏林 181 个、益斯堡 171 个、科隆—科布伦茨 112 个、爱尔福特 84 个、梅泽堡 83 个、亚琛 72 个、希尔德斯海姆 73个、马格德堡 49 个等。[55]一些个案研究表明,个别企业的工人委员会发挥了较好的协调作用,如在 1893 年塔尔海姆(Thalheim)工厂,当工资水平因经济不景气而下降时,工人委员会成功介入到劳动时间和劳动条件的协商中,保障了工人们的权益;[56]又如在博世(Bosch)公司,在整个 19世纪 90 年代,管理层同工人委员会保持了相当好的合作关系。[57]与此同时,由工人委员会出面提请的调解案件,在 1894 年到 1900 年间达到了每年 1.1 万起以上。[58]

然而,作为一种新制度,贝尔莱普歇法的实践也存在很大问题。首先,该法的内容不够清晰,工人委员会的权限界定缺乏深思熟虑,以至于很难付诸实践。例如,该法规定工人委员会有权参与劳动章程的讨论,但是若企业尚未制定劳动章程,工人委员会又该如何行动? 再如,该法规定,工人可把他们对于劳动章程的疑惑告知工人委员会,由后者同资本家协商,但在实际工作中,工人完全可以绕开工人委员会,直接向管理部门或资本家申诉。

其次,貌似强制性的法规缺乏相应的惩戒手段,故而守法企业的比例极低。到 1905 年,在符合条件的企业中,大约只有 10%按要求成立了工人委员会,其中,农业地区的比例更小。此外,按照法律要求,同工人委员会共同协商企业章程的企业也不多。[59]在这种情况下,"德国的企业家们仍然可以采用各种方式——如间接的压制手段,利用奖金、工厂报纸、合同、企业内部福利等——维护'家长制'的地位,保证工人对于企业的忠诚"。[60]一位基督教牧师在经过 3 个月的实地考察后,对该体制提出了尖锐的批评,认为它不过"是一种独裁制度的反映,与经济自由背道而驰"。[61]

最后，劳资双方对于该法的态度有所保留，甚至持敌视的态度。各地的企业监督报告指出，一方面，资本家总是在想方设法地缩小工人委员会的权限，另一方面，工人对代表们的信任感不强，自由工会甚至把一些工人委员会视作"黄色工会"（即资本家资助下的企业工会）。[62]1905年，社会政策学家弗朗茨·希策（Franz Hitze）坦承，政府"事实上很遗憾地没有完成任务"；两年后，另一位学者海因里希·科赫（Heinrich Koch）更为尖锐地表示，所谓工人委员会不过是一种"表面存在"而已。[63]问题的关键在于，工人委员会的实践目标充满着矛盾性：它既希望调和劳资矛盾，又作为"工人的代表"试图监督和控制被资本家视作基本权利的"劳动章程"，从而制造了对立情绪。

对于"贝尔莱普歇法"而言，更为致命的打击来自于皇帝的三心二意。威廉二世自以为是"乞丐的国王"，但又没有足够的耐心等待"臣民们"的回心转意。到90年代中期，当社民党的影响力不减反增，工人运动愈演愈烈时，皇帝对"贝尔莱普歇法"一类让步式的工人政策失去了信心。贝尔莱普歇去职，资本家所信任的一批官僚走马上任。到90年代末，帝国政府的兴趣点已经完全转移到镇压政策的起草中。

四、社会意识的转变与劳资协调机制的进一步发展

尽管帝国政府的态度转向保守，但由"改革时期"带来的发展已经影响到社会各阶层的认识，劳资协调机制得到了进一步发展的机遇。

中左翼知识分子的共识在于：工人委员会所代表的共决权必须被置于更大范围内的民主化中，才能最终得以实现；反过来，工人共决也将进一步推动国家民主化。著名的自由派知识分子弗里德里希·瑙曼（Friedrich Naumann）在其著作中指出，工人代表会制度的目标就是形成工业议会制，其目标是"从工业臣民走向工业公民"。[64]为此，德国必须保证工人代表组织的合法性，并开辟工人权利的法律保障途径。

一战爆发前10年，国会的两个热议话题正是上述共识的反映：工会的合法地位与"劳工法庭"（Arbeiter kammer）。威廉二世的"二月宣言"表面上肯定了工会作为工人合法利益代表的地位，但在实践中却又以"防范社民党"为由拒绝承认自由工会的合法性。直到1908年4月，国会才

通过了一部有着诸多限制条款的《帝国结社法》，而且只是宽泛地界定了结社权，并没有明确工会的法律身份。与此同时，占国会多数席位的社民党联合中央党三次递交"劳工法庭法"草案，以进一步保障工人的劳动权。然而政府却迟迟不把修改稿交付三读。直到 1917 年初，由于出现罢工浪潮，政府才把修改稿交到国会，但此时形势已变，工人政党不再满足"工人法庭"，草案最终遭到否决。[65]

一部分资本家也在悄然修正原有的家长制观念，转而采取更为巧妙的手段来处理劳资矛盾。1903 年，纺织业率先成立反对社会民主党的全国联合会，随后，西门子和克虏伯各自成立自己的"工厂联合会"（Werkverein）。1907 年，这些组织联合成立"黄色劳动联盟"（Gelber Arbeitsbund，简称"黄色工会"）。[66]黄色工会的目标是宣扬所谓"企业共同体"（Werkgemeinschaft）的思想，通过教育和拉拢工人的方式，降低企业内部发生冲突的可能性。此举在不少行业中大获成功。据统计，在柏林五金工业家联合会（Verband Berliner Metallindustrieller，VBMI）所属企业中，黄色工会吸引了 60％的工人。在 1910—1914 年间的工人委员会选举中，这些黄色工会获得的选票从 5 494 张上升到 11 117 张，而自由工会的选票却从 3 398 张下降到 675 张。与此相应，黄色工会在工人委员会中的席位有 128 个，几乎是自由工会的 18 倍之多。[67]

在政府内部，一些官僚同样认识到劳资协调的重要性。巴伐利亚在 1900 年也设立了强制性的矿工委员会。普鲁士商业部长帕萨道威斯基（Arthur von Pasadowsky-Wehner）在 1905 年的公开演讲中不得不承认："当我们看到现代发展越来越倾向于大企业和超级企业，当我们看到资本力量被辛迪加化和卡特尔化，当我们看到工厂主和工人们的传统个人联系越来越松懈，当我们看到工人在非人格化的资本力量面前逐渐变成单纯的数字时，我们还能认为工人团结为一体、组成协会、取得数量上的优势这些努力是毫无意义的吗？"[68]

在帕萨道威斯基的主导下，1905 年 3 月 6 日，《普鲁士矿法修正案》问世。它要求 100 名矿工以上的矿场必须设立一个工人委员会，以"监督因为违法操作而进行的扣除工资行为；控制刑罚；审定劳动章程；将工人对于改善劳动条件的希望与投诉递交给企业主"。它强调,工人委员会的首要任务是"保持职工内部以及劳资之间的和谐"。[69]该法是战前官方劳资协调机制的最后一次扩展,后来被誉为"战前国家社会政策的高峰"。该法超越了贝尔莱普歇法的权利界定,明确了工人委员会作为协调机构存在的使命。但它主要实施于矿区,针对矿工死亡率居高不下的实际问题;再者,它主要局限于普鲁士。

在战前10年的德意志社会,各阶层都试图寻找一条推进劳资协调机制发展的道路。但是,中左翼知识分子找到了问题的关键所在,其努力却以失败告终;企业主巧妙地转移了视线,用"企业共同体"的思想来迷惑工人阶级;地方政府在矿区实现了新的机制构建,但其范围与权限仍然不能令人满意。

1914年1月,时任帝国内务部国务秘书的德尔布吕克(Clemens von Delbrück)宣布社会政策的立法阶段已经结束。他说:"在我看来,一个合理的社会政策是帝国力量加强的因素。在一个合理的社会政策下,我知道,不仅有工人,也有企业主的存在。他们都拥有经济和道德上的自由,都从事伟大的事业,即确保德国的工业在未来有所发展,并在世界上保持一个强有力的地位。一个合理的社会政策也必须处在经济允许的范围之内"。[70]这段话既强调企业主在社会政策天平上的角色,也着重突出了社会政策的经济维度。如此一来,劳方和民主主义者们几乎已经失去了发展的信心。

五、一战中的制度转型

不过,事情再次出现了转机。第一次世界大战的爆发,为德国劳资协调机制的新发展提供了意想不到的契机。这表现在以下两个方面:

第一,大战让劳资双方都陶醉于"爱国主义"的战争宣传中,以致形成了所谓"城堡和平"(Burgfrieden)的局面。1914年8月2日,自由工会大会决定"在民族的生存斗争中,工会组织将同国家与民族共同体的名誉结合起来"。[71]两天后,社民党宣布"我们不会在危急关头将祖国弃之不顾"。8月5日,社民党国会党团投票支持战争拨款。[72]不久,工人罢工数量从1913年的2 000多起下降到1915年137起。[73]面对这种变化,威廉二世颇为心悦地表示"朕的面前不再有什么政党……只有德意志人。"[74]

第二，战时经济体制大大增加了劳资合作的机会。在德国军方看来，世界大战的本质是"总体战"，所有矛盾都必须在战争目的——即便这种目的在当时是密不宣人的——面前消失。因此，军方把劳资和谐作为保障军需供给的必要条件。从 1915 年起，军事当局不仅延请社会政策协会的专家筹划企业制度的改革事宜，而且还大力支持企业内外的"战争合作机制"，例如 1915 年 2 月成立的"大柏林地区五金企业战争委员会"就是跨企业的劳资合作组织，而同年普鲁士各矿区的工人委员会也得到政府特许"有权参与工资问题的纠纷处理"。科隆的一家企业曾如往常一样试图拒绝工人委员会的干涉，结果遭到了监督机关与军事当局的严厉指责。军方甚至向科隆市政当局施压，要求立即认同工人委员会的合作权。[75]

虽然一战初期的劳资协调机制在意愿性与强制性方面得到了保障，但作为直接牵涉方的劳动者、资本家与军方的目的却各不相同。劳动者既希望保障"德国的政治、经济与文化的生存"以及"德意志人的利益"，又盼望借此"为推动社会改革创造条件"。资本家仅仅把它视作过渡现象而已，反对工人委员会介入管理的呼声仍然很高，他们也反对这些措施背后的"强势国家"和所谓"战争社会主义"的企图。军方则以保证前线作战为第一要务，它把工人视作"经济战争中的主要因素"。[76]

随着战争的深入，军方的权威越来越不容置疑，它对于确保"城堡和平政策"的急迫心理便成为当时德国劳资协调机制发生转型的最重要的推动力。1916 年 11 月，最高指挥部向帝国政府提出了"兴登堡方案"，即时任德国军队最高指挥官的兴登堡元帅要求 16—60 岁之间的德国男性公民必须承担军事义务。为此，政府通过同劳资利益团体的协商，于当年把该方案具体化，颁布《为祖国志愿服务法》(Gesetz über den Vaterländischen Hilfsdienst)。该法在国会中以 235 票赞成、19 票反对、22 票弃权通过，于 12 月 2 日施行。[77]

《为祖国志愿服务法》虽然在本质上是"兴登堡方案"在"法律规范上的支柱"，[78]但在具体实践上却承担了保证劳资协调法制化的使命。其特点如下：

首先，它正式确立了工会的合法地位，标志着政府自此"从家长制立场中的退出"（古斯塔夫·施特雷泽曼语）。[79]在此鼓励下，工会势力在重工业区迅速扩张。以杜塞尔多夫、莱茵—威斯特法伦亚地区为例，1915年，当地的五金工会只有 23 253 名成员，到 1917 年激增到 65 867 名，1918 年第四季度又增加 111%。[80]

其次，它从法律角度强制性地扩大了劳资协调机构的成立范围。贝尔莱普歇法针对的是 20 人以上的企业，但缺乏强制性，成立比例反而不高。1905 年《普鲁士矿法修正案》针对的是 100 人以上的矿场，涉及范围有限。而《为祖国志愿服务法》覆盖所有 50 人以上的军事企业，据统计，到 1918 年，德国军事企业数量达到总数的 44%。[81]此外，为保证劳动力需求，1917 年 12 月 31 日，军方还要求增加条款，对那些不按规定成立相应机构的企业进行惩罚。在此压力下，杜塞尔多夫的 922 家军事企业，在 6 个月内就有 2/3 成立协调机构，两个月后尚未成立的企业只剩下 144 家。[82]

最后，它并未增加劳资协调机制的功能，却第一次把职员和工人分离，分别设立"工人委员会"与"职员委员会"。职员人数的增加是德意志社会的新现象，从这一角度而言，该法符合了时代发展的潮流。但是从另一角度来看，这种分设的目的是要分散工人运动的力量，迎合了资本家的防范心理。

该法出台伊始，各界的评价就出现很大差别。一部分是乐观派。威廉皇帝认为它将是德国历史的新起点，以"重建我们内部的政治、经济与社会生活"。[83]工会高层保罗·温布赖特（Paul Umbreit）把它视作克服工会运动分裂的契机，认为各大工会可以"共同执行该法、商讨委员会候选人名单、讨论执行条例原则"，因此该法是"德国组织思想胜利的最伟大的推动器"。[84]另一部分人继续阐述各种传统立场，如社民党议员罗伯特·迪斯曼（Robert Dißmann）就认为"那种以为《为祖国志愿服务法》才能使工人们改善工资条件和劳动条件的想法是不正确的"，因为恰恰是战争造成了大规模失业和物价飞涨；再如重工业家把该法视作"社民党的巨大胜利"与"帝国政府长久以来自我标榜的明显失败"，它是"反对企业家的社会政策"。[85]《德国雇主报》（*Deutsche Arbeitgeberzeitung*）公开哀嚎，说"家长制观念……不再引起关注了。"[86]

在实践中，该法在一定程度上让资本家感到失望。工人委员会/职员委员会的合法出现让黄色工会的吸引力大大下降。在黄色工会运动的中心克虏伯，1917 年 3 月的工人委员会选举显示，只有 10％的工人投票给黄色工会的候选人。在拜恩的一家工厂选举产生的 13 名工人委员会代表中，只有 2 名黄色工会成员，其余都是工会会员。[87]在 BASF，黄色工会尽管拥有 4 500 名成员，但在 1917 年 6 月的选举中只获得了 1 466 张赞成票。[88]

与此同时，实践也让工人们看到了该法的局限。1918 年，一位上西里西亚企业的工会高层发现："这种巨大的工人委员会……仍然是停滞不前的。这不仅是因为它们在社会和经济方面存在依赖性，……而且是因为他们绝大部分都不说德语，而且同其他地区的工人存在精神上的对立情绪。"[89]原来在战争期间，由于大量工人走上前线（工会会员在 58％以上），外籍劳工、妇女、战俘占据劳动者群体的绝大部分。外籍劳工与战俘被《为祖国志愿服务法》排斥在外，无权参与工人委员会选举，而妇女的选举热情相对较低。这样一来，共决权的实践并未达到支持者们的预想目标。

更为重要的是，该法从一开始就不是出于改善工人劳动权的考虑，而是为了军事目的。对于这一点，军方领导人从不讳言，如普鲁士国防部长格勒纳将军便直言不讳地承认，所有一切就是为了"共同的战争工作"。[90]然而该法在事实上并没有彻底改变德国的军事战绩。当爱国热情逐渐消散，生活窘迫与亲情离散接踵而至时，该法的消极一面就变得更为明显。工人们的政治性罢工与经济性罢工随之复兴，从 1916 年的 240 起增加到 1918 年的 531 起（11 月前）。[91]军方的耐心也不如往昔，资方的咄咄逼人姿态再现。大战初期的"城堡和平"不复存在，劳资协调机制的运行基础因此变得支离破碎。

1918年前的德国劳资协调机制走过了一条从非制度化向制度化、从纸面走向实践的漫长道路。在这一进程中,社会各方既受到本阶层固有立场的影响,又与时代精神的发展保持着密切关联,此外也同各种形态的制度实践形成良性互动,以致他们之间的争议构成了劳资协调机制逐步成型的动力。从这一点而言,企业代表会制度的早期形态不是"思想真空"的产物,而是观念、理想、实践、反思和争论相互碰撞后的结果。

在半个多世纪的实践历程中,企业代表会制度早期形态出现了三种模式:工人委员会、工厂委员会和工人委员会/职员委员会。它们在不同时期都得到了政府的支持,且都以维护劳资和谐为使命。当然,三种模式各有特点。工厂委员会立足于跨企业、同行业的共决权,随着时间推移,特别是工会运动发展的情况下,这种模式不再受到关注。从工人委员会到工人委员会/职员委员会,不仅反映了劳动者群体内部的职业分工变化,也连带着成立范围、选举方式与职能权限等方面的改进。

三种模式都没有采取"企业代表会"的名称,或许只是偶然之故;但究其实质,它们主要反映的是1918年前德国社会结构的基本特征。在1918年前,德国逐步从农业社会过渡到工业社会,资本在经济领域中获得了胜利,工人被天然地剥夺了管理权。只是在一些开明资本家和工人运动的推动下,政府才意识到企业内部劳资关系的社会意义。然而帝国政府先是纠缠于自由主义的经济理念,行动上扭捏作态,后来又沉浸在自己的权力诉求中,常显犹豫之状。即便大战成为"德国社会政策改革的推动器",[92]那也只是表明工人权益成为帝国政府战争目标的一种手段而已。

小　结

本章讨论的是1918年前企业代表会制度的理论争议和早期形态。

资本家、劳动者、宗教人士和思想家等四类社会群体从各自的理解出发,对劳资矛盾的本质及其解决方法进行了辩论。这些辩论建立在19世纪前后的社会认知中,带有明显的时代烙印,但同时反映了劳资矛盾作为时代问题的凸显性以及这些社会群体的历史责任感与敏锐性。更何况，无论从思想的延续性，还是从社会群体的自然发展来看，这些思想的影响力还将继续存在。从这一点而言，20 世纪企业代表会制度的每一步发展都透视着这些思想合力的光芒。

从工人委员会到工人委员会/工厂委员会，企业代表会体制的早期形态经历了半个多世纪的发展。期间，思想与实践、自愿与抵制、批判与反思、鼓励与强制等心态和行为纠结在一起，构成了劳资协调机制的最初历程。国家介入与法制化的推进是 1918 年前企业代表会体制发展的最大收获，而它的诸多不足则只能留待不久后的新社会来应对。

注　释

［ 1 ］Siegfried Braun, Wilhelm Eberwein, Jochen Tholen, *Belegschaften und Unternehmer. Zur Geschichte und Soziologie der deutschen Betriebsverfassung und Belegschaftsmitbestimmung*, Frankfurt a. M./New York: Campus Verlag, 1992, S.36.

［ 2 ］Fritz Hellwig, *Carl Ferdnand Freiherr von Stumm-Halberg 1836—1901*, Heidelberg-Saarbrücken: Westmark-Verlag, 1936, S.295.

［ 3 ］Helga Grebing, History of the German Labour Movement: A Survey, Berg: Leamington Spa, 1985, S.53.

［ 4 ］Carl Jantke, *Bergmann und Zeche. Die sozialen Arbeitsverhältnisse einer Schachtanlage des nördlichen Ruhrgebiets in der Sicht der Bergleute*, Tübingen: J. C. Mohr, 1953, S.178.

［ 5 ］Friedrich-Wilhelm Henning, "Humanisierung und Technisierung der Arbeitswelt. Über den Einfluß der Industrialisierung auf die Arbeitsbedingungen im 19. Jahrhundert", in: J. Reulecke und W. Weber (Hrsg.), *Fabrik*, *Familie*, *Feierabend*, *Beiträge zur Sozialgeschichte des Alltags im Industriezeitalter*, 2. Auflage, Wuppertal: Peter Hammer Verlag, 1978, S.57—88, 此处是 S.81.

［ 6 ］［德］弗里德里希·梅尼克：《世界主义与民族国家》，孟钟捷译，上海三联书店 2007 年版，第 106、101 页。

［ 7 ］Hans Jürgen Teuteberg, *Geschichte der industriellen Mitbestimmung in Deutschland. Ursprung und Entwicklung ihrer Vorläufer im Denken und in der Wirklichkeit des 19. Jahrhunderts*, Tübingen: J.C.B.Mohr, 1961, S.9.

［8］赵修义:《作为经济伦理的爱国主义——试论李斯特的经济伦理思想》,《华东师范大学学报》(哲社版)2000 年第 1 期;Franz Josef Stegmann, *Der soziale Katholizismus und die Mitbestimmung in Deutschland*, *Vom Beginn der Industrialisierung bis zum Jahr 1933*, S.23.

［9］具体方案参见 Hildegard Feidel-Mertz, *Zur Geschichte der Arbeiterbildung*, Bad Heilbrunn/Obb.: Klinkhardt, 1968, S.11—15.

［10］Hans Fenske, *Im Bismarckschen Reich 1871—1890*, Darmstadt: Wiss. Buchges., 1978, S.276.

［11］马克思:《共产党宣言》,载《马克思恩格斯全集》第 4 卷,第 475—476 页。

［12］《德国社会民主党纲领汇编》,张世鹏译,殷叙彝校,北京大学出版社 2005 年版,第 4 页。

［13］马克思:《国际工人协会共同章程》,载《马克思恩格斯选集》第 2 卷,第 609 页。

［14］《德国社会民主党纲领汇编》,第 9 页。

［15］同上,第 14 页。

［16］马克思:《德国工人党纲领批注》,载《马克思恩格斯选集》第 3 卷,第 309—311、313—314 页。

［17］《德国社会民主党纲领汇编》,第 21 页。

［18］John A. Moses, *Trade Unionsim in Germany from Bismarck to Histler 1869—1933*, V.1, Totowa/New York: Barnes & Noble, 1982, p.138.

［19］Franz Josef Stegmann, *Der soziale Katholizismus und die Mitbestimmung in Deutschland*, *Vom Beginn der Industrialisierung bis zum Jahr 1933*, S.32—35.

［20］Helga Grebing (Hrsg.), *Geschichte der sozialen Ideen in Deutschland*, München-Wien: Günter Olzog Verlag, 1969, S.334—335、342—344.

［21］Helga Grebing(Hrsg.), *Geschichte der sozialen Ideen in Deutschland*, S.351—352、356—359.

［22］[德]马克斯·韦伯:《宗教改革及其对经济生活的影响》,载《经济·社会·宗教——马克斯·韦伯文选》,郑乐平编译,上海社会科学院出版社 1997 年版,第 8、10 页。

［23］Helga Grebing(Hrsg.), *Geschichte der sozialen Ideen in Deutschland*, S.564.

［24］Traugott Jähnichen, *Vom Industrieuntertan zum Industriebürger. Der Soziale Protestantismus und die Entwicklung der Mitbestimmung (1845—1955)*, Bochum: SWI Verlag, 1999, S.43—57; Franz Josef Stegmann, *Der soziale Katholizismus und die Mitbestimmung in Deutschland*, *Vom Beginn der Industrialisierung bis zum Jahr 1933*, S.59.

［25］转引自 Ursula Schulz(Hrsg.), *Die deutsche Arbeiterbewegung 1848—1919 in Au-*

genzeugenberichten，München：Deutscher Taschenbuch Verlag，1976，S.130.

［26］《新事物（关于劳动者之状况）——列奥三世的教宗通谕》，张宪译，载刘小枫、梁作禄编：《现代国家与大公主义政治思想》，香港道风书社 2001 年版，第 117、109 页。教廷内部的相关争议，可参见 Josef Oelinger，*Wirtschaftliche Mitbestimmung. Positionen und Argumente der innerkatholischen Diskussion*，Köln：Verlag J. P. Bachem，1967，S.118.

［27］Helga Grebing（Hrsg.），*Geschichte der sozialen Ideen in Deutschland*，S.429.

［28］［加］马丁・基钦：《剑桥插图德国史》，赵辉、徐芳译，世界知识出版社 2005 年版，第 206—207 页。

［29］Franz Josef Stegmann，*Der soziale Katholizismus und die Mitbestimmung in Deutschland*，*Vom Beginn der Industrialisierung bis zum Jahr* 1933，S.25.

［30］Hans Jürgen Teuteberg，*Geschichte der industriellen Mitbestimmung in Deutschland. Ursprung und Entwicklung ihrer Vorläufer im Denken und in der Wirklichkeit des 19. Jahrhunderts*，S.11—38；Hans，Pohl（Hrsg.），*Mitbestimmung. Ursprünge und Entwicklung*，S.10 注释。

［31］Hans Jürgen Teuteberg，*Geschichte der industriellen Mitbestimmung in Deutschland. Ursprung und Entwicklung ihrer Vorläufer im Denken und in der Wirklichkeit des 19. Jahrhunderts*，S.45—46.

［32］Franz Josef Stegmann，*Der soziale Katholizismus und die Mitbestimmung in Deutschland*，*Vom Beginn der Industrialisierung bis yum Jahr 1933*，S.40.

［33］Hans Jürgen Teuteberg，*Geschichte der industriellen Mitbestimmung in Deutschland. Ursprung und Entwicklung ihrer Vorläufer im Denken und in der Wirklichkeit des 19. Jahrhunderts*，S.64—93.

［34］Werner Milert & Rudolf Tschirbs，*Die andere Demokratie. Betriebliche Interessenvertretung in Deutschland*，*1848 bis 2008*，S.46—47.

［35］Thomas Blanke（Hrsg.），*Kollektives Arbeitsrecht：Quellentexte zur Geschichte des Arbeitsrechts in Deutschland*，Bd. 1 Reinbek bei Hamburg：Rowohlt Taschenbuch Verlag，1975，S.42。原文译本见孟钟捷：《德国 1920 年〈企业代表会法〉发生史》，附录一（1），第 288—289 页。

［36］Hans Jürgen Teuteberg，*Geschichte der industriellen Mitbestimmung in Deutschland. Ursprung und Entwicklung ihrer Vorläufer im Denken und in der Wirklichkeit des 19. Jahrhunderts*，S.154—206.

［37］Ibid.，S.48—58.

［38］李工真：《德意志道路——现代化进程研究》，武汉大学出版社 1997 年版，第 109 页。

［39］ Hans Jürgen Teuteberg, *Geschichte der industriellen Mitbestimmung in Deutschland. Ursprung und Entwicklung ihrer Vorläufer im Denken und in der Wirklichkeit des 19. Jahrhunderts*, S.219.

［40］ Siegfried Braun u.a., *Belegschaften und Unternehmer. Zur Geschichte und Soziologie der deutschen Betriebsverfassung und Belegschaftsmitbestimmung*, Frankfurt a.M. / New York, Campus Verlag, 1992, S.311.

［41］ Franz Josef Stegmann, *Der soziale Katholizismus und die Mitbestimmung in Deutschland, Vom Beginn der Industrialisierung bis zum Jahr 1933*, S.69、93.

［42］ Siegfried Braun u.a., *Belegschaften und Unternehmer. Zur Geschichte und Soziologie der deutschen Betriebsverfassung und Belegschaftsmitbestimmung*, S. 289—295、302—307; Franz Josef Stegmann, *Der soziale Katholizismus und die Mitbestimmung in Deutschland, Vom Beginn der Industrialisierung bis zum Jahr 1933*, S. 94—95.

［43］ ［德］洛塔尔·贝托尔特等:《德国工人运动史大事记》第1卷,葛斯等译,人民出版社1993年版,第124页。

［44］ Hans Jürgen Teuteberg, *Geschichte der industriellen Mitbestimmung in Deutschland. Ursprung und Entwicklung ihrer Vorläufer im Denken und in der Wirklichkeit des 19. Jahrhunderts*, S.310—311.

［45］ 参见 Max Sering, *Arbeiter-Ausschüsse in der deutschen Industrie*: *Gutachten, Berichte, Statuen*, Leipzig: Duncker/Humblot, 1890.

［46］ 以上未注明出处的资料,均引自 Hans Jürgen Teuteberg, *Geschichte der industriellen Mitbestimmung in Deutschland. Ursprung und Entwicklung ihrer Vorläufer im Denken und in der Wirklichkeit des 19. Jahrhunderts*, S. 228—234、254—271、243—246、309、312—316.

［47］ Ibid., S.170、321—322、224。

［48］ Monika Breger, "Der Anteil der deutschen Großindustriellen an der Konzeptualisierung der Bismarckschen Sozialgesetzgebung", in: Lothar Machtan(Hrsg.), *Bismarcks Sozialstaat, Beiträge zur Geschichte der Sozialpolitik und zur sozialpolitischen Geschichtsschreibung*, Frankfurg a.M./New York:Campus-Verlag, 1994, S.36.

［49］ Wolfgang Ayaß, "Bismarck und der Arbeiterschutz, Otto von Bismarcks Ablehnung des gesetzlichen Arbeiterschutzes-eine Analyse der Dimensionen und Hintergründe", *Vierteljahrschrift für Sozial- und Wirtschaftsgeschichte*, B. 89(2000), S.400—426.

［50］ Franz Josef Stegmann, *Der soziale Katholizismus und die Mitbestimmung in Deutschland, Vom Beginn der Industrialisierung bis zum Jahr 1933*, S.98.

［51］ Werner Milert &. Rudolf Tschirbs, *Die andere Demokratie. Betriebliche Interessenve-rtretung in Deutschland*, *1848 bis 2008*, S.68.

［52］ Thomas Parent, "Der Kaiser und der Bergarbeiterstreik. Zum Selbstverständnis mon-archischer Herrschaft im Industriezeitalter", in: Karl Ditt &. Dagmar Kift（Hrsg.）, 1889. *Bergarbeiterstreik und Wilhelminische Gesellschaft*, Hagen: V. d. Linnepe, 1989, S.177—194, 此处是 S.186.

［53］ Gerhard Adelmann（Hrsg.）, *Quellensammlung zur Geschichte der Sozialen Be-triebsverfassung. Ruhrindustrie*, Publikationen der Gesellschafts für Rheinische Ge-schichtskunde, Bonn: Hanstein, 1960, S.233.

［54］ Hans Jürgen Teuteberg, *Geschichte der industriellen Mitbestimmung in Deutschland. Ursprung und Entwicklung ihrer Vorläufer im Denken und in der Wirklichkeit des 19. Jahrhunderts*, S.380—384.

［55］ Ibid., S.405—407.

［56］ Ibid., S.404.

［57］ Siegfried Braun u.a., *Belegschaften und Unternehmer. Zur Geschichte und Soziologie der deutschen Betriebsverfassung und Belegschaftsmitbestimmung*, S.288.

［58］ Werner Milert &. Rudolf Tschirbs, *Die andere Demokratie. Betriebliche Interessenve-rtretung in Deutschland*, *1848 bis 2008*, S.72.

［59］ Hans Jürgen Teuteberg, *Geschichte der industriellen Mitbestimmung in Deutschland. Ursprung und Entwicklung ihrer Vorläufer im Denken und in der Wirklichkeit des 19. Jahrhunderts*, S.410.

［60］ Jürgen Kocka, *Klassengesellschaft im Krieg. Deutsche Sozialgeschichte 1914—1918*, Frankfurt a.M.: Fischer, 1988, S.85.

［61］ Hans Jürgen Teuteberg, *Geschichte der industriellen Mitbestimmung in Deutschland. Ursprung und Entwicklung ihrer Vorläufer im Denken und in der Wirklichkeit des 19. Jahrhunderts*, S.379.

［62］ Ibid., S.390、394; Hans Pohl, *Mitbestimmung. Ursprünge und Entwicklung*, S.21.

［63］ Franz Josef Stegmann, *Der soziale Katholizismus und die Mitbestimmung in Deutschland*, Vom Beginn der Industrialisierung bis zum Jahr 1933, S.126—128.

［64］ Hans Jürgen Teuteberg, *Geschichte der industriellen Mitbestimmung in Deutschland. Ursprung und Entwicklung ihrer Vorläufer im Denken und in der Wirklichkeit des 19. Jahrhunderts*, S. 485—487; Hans Pohl, *Mitbestimmung. Ursprünge und En-twicklung*, S.24.

［65］ Karl Erich Born, *Staat und Sozialpolitik seit Bismarks Sturz*, *Ein Beitrag zur Ge-*

schichte der Innenpolitischen Entwicklung des Deutschen Reiches 1890—1914，Wiesbaden：Franz Steiner Verlag GmbH，1957，S.225—233.

［66］ Christopher Rea Jackson：Industrial Labor between revolution and repression：Labor Law and society in Germany，1918—1945，哈佛大学博士论文（未刊本），1993，S.706—707.

［67］ Werner Milert & Rudolf Tschirbs，Die andere Demokratie. Betriebliche Interessenvertretung in Deutschland，1848 bis 2008，S.84.

［68］ Gerhard Adelmann（Hrsg.），Quellensammlung zur Geschichte der Sozialen Betriebsverfassung. Ruhrindustrie，S.270—271.

［69］ Klaus-Dieter Feldmann(Hrsg.)，Quellen zur Wirtschafts- und Sozialgeschichte. Arbeitgeber- und Arbeitnehmerbeziehungen im 19. Und 20. Jahrhundert，Rinteln：Merkur Verlag，1978，S.45—47.

［70］ 转引自 Karl Erich Born，Staat und Sozialpolitik seit Bismarks Sturz，Ein Beitrag zur Geschichte der Innenpolitischen Entwicklung des Deutschen Reiches 1890—1914，S.246.

［71］ Michael Ruck，Gewekschaften Staat Unternehmer. Die Gewerkschaften in sozialen und politischen Kräftefeld 1914 bis 1933，Köln：Bund-Verlag，1990，S.34.

［72］ 孙炳辉、郑寅达：《德国史纲》,华东师范大学出版社 1995 年版,第 134 页。

［73］ Hans-Ulrich Wehler，Deutsche Gesellschaftsgeschichte，Band 4，München：Verlag C. H.Beck，2003，S.134—135.

［74］ "Aus der Thronrede Wilhelms II. Am 4. August 1914"，in：Geschichtliche Quellenheft mit Überblick，Heft 10，Diesterweg 7356，S.56.

［75］ 孟钟捷：《德国 1920 年〈企业代表会法〉发生史研究》,第 38 页；Hans Jürgen Teuteberg，Geschichte der industriellen Mitbestimmung in Deutschland. Ursprung und Entwicklung ihrer Vorläufer im Denken und in der Wirklichkeit des 19. Jahrhunderts，S.505—506.

［76］ 孟钟捷：《德国 1920 年〈企业代表会法〉发生史研究》,第 39 页。

［77］ 同上,附录一(2),第 289 页。

［78］ Siegfried Braun u.a.，Belegschaften und Unternehmer. Zur Geschichte und Soziologie der deutschen Betriebsverfassung und Belegschaftsmitbestimmung，S.339.

［79］ Hans Jürgen Teuteberg，Geschichte der industriellen Mitbestimmung in Deutschland. Ursprung und Entwicklung ihrer Vorläufer im Denken und in der Wirklichkeit des 19. Jahrhunderts，S.513.

［80］ Irmgard Steinsch，"Die gewerkschaftliche Organisation der rheinisch-westfälischen

Arbeiterschaft in der eisen- und stahlerzeugenden Industrie 1918 bis 1924", in: Hans Mommsen(Hrsg.), *Arbeiterbewegung und industrieller Wandel. Studien zu gewerkschaftlichen Organisation im Reich und an der Ruhr*, Wuppertal: Peter Hammer Verlag, 1980, S.122.

[81] Siegfried Braun u.a., *Belegschaften und Unternehmer. Zur Geschichte und Soziologie der deutschen Betriebsverfassung und Belegschaftsmitbestimmung*, S.332.

[82] Hans-Joachim Bieber, *Gewerkschaften in Krieg und Revolution. Arbeiterbewegung, Industrie, Staat und Militär in Deutschland 1914—1920*, Band 1, Hamburg, 1981, S.433—435.

[83] Ludwig Preller, *Sozialpolitik in der Weimarer Republik*, Athenaeum: Droste Taschenbücher Geschichte, 1978, S.43.

[84] Siegfried Braun u.a., *Belegschaften und Unternehmer. Zur Geschichte und Soziologie der deutschen Betriebsverfassung und Belegschaftsmitbestimmung*, S.346.

[85] Ibid., S.347、349.

[86] Hans-Joachim Bieber, "Zwischen Kasernenhof und Rätesystem. Der schwierig Weg zu gesetzlichen Regelung industrieller Mitbestimmung in Deutschland vom 19. Jahrhundert bis 1933", in: Hans G. Nutzinger(Hrsg.), *Perspektiven der Mitbestimmung. Historische Erfahrungen und moderne Entwicklung vor europäischem und globalem Hintergrund*, Marburg: Metropolis, 1999, S.11—125, 此处是 S.70.

[87] Siegfried Braun u.a., *Belegschaften und Unternehmer. Zur Geschichte und Soziologie der deutschen Betriebsverfassung und Belegschaftsmitbestimmung*, S.350、355.

[88] Werner Milert &. Rudolf Tschirbs, *Die andere Demokratie. Betriebliche Interessenvertretung in Deutschland, 1848 bis 2008*, S.88.

[89] Hans-Joachim. Bieber, *Gewerkschaften in Krieg und Revolution. Arbeiterbewegung, Industrie, Staat und Militär in Deutschland 1914—1920*, Band 1, S.315.

[90] Werner Milert &. Rudolf Tschirbs, *Die andere Demokratie. Betriebliche Interessenvertretung in Deutschland, 1848 bis 2008*, S.109—110.

[91] Jürgen Kocka, *Klassengesellschaft im Krieg. Deutsche Sozialgeschichte 1914—1918*. S.74.

[92] Ludwig Preller, *Sozialpolitik in der Weimarer Republik*, S.85.

第二章　在革命中的突破：
1920 年企业代表会体制

本章讨论企业代表会体制的第一种制度形态——1920 年企业代表会体制——产生的现实背景、构建过程与实践活动。这里提出的问题是：1918—1919 年革命在何种意义上成为德国劳资关系发展历史上的转折点？1920 年企业代表会体制的实践同社会认知及制度反思之间存在着怎样的互动关系？

本章分为两节。第一节讨论在 1918—1919 年革命中德国劳资关系变革的可能性、社会争议及实现过程，以此展现 1920 年企业代表会体制产生历史中的诸多矛盾和张力。第二节分析新制度的实践历史，以此反思它的革命特性、时代条件与社会认同度之间的关联，以及这种关联对其发展的不同影响。

第一节　1918—1919 年革命与劳资关系的重塑

在不同视野中，1918—1919 年革命总是显示出彼此对立的历史形象。消极者把这场失败的革命视作德意志人不是"革命民族"的表现，以此批判近代以来"德意志独特道路"缺乏西欧革命的热情和实践精神。相反，积极者却更愿意把革命从"颠覆国家"的传统理解中剥离出来，使之成为一系列政治与社会结构变动的开端。[1]从德国劳资协调机制的历史出发，1918—1919 年革命的推动力显然是积极者的力证。

一、政治风暴的来临

始于 1918 年深秋的那场德国革命不是突如其来的。战争末期，德国社会的各个角落几乎都在发泄着不满和抱怨。1918 年初，在装载德国士兵的火车上流行着一行小诗，颇能反映当时人的心理。它这样写道："一切都是欺骗，战争为了富人，中产阶级必须让步，人民贡献了残骸。"[2]这种混杂着对物价疯狂上涨[3]和战败结局的无望情绪在士兵中造成了大量"无组织的逃离行为"。仅在 1918 年 5—7 月间，约有 175 万名士兵借口受伤而回国。到 10 月，这些被斥责为"偷懒者"或"逃避责任者"的士兵已有数百万人之多。[4]接连战败的噩耗已经让"城堡和平"初期的爱国鼓噪无人应和，劳资矛盾重新凸显。从 1917 年起，罢工运动重新复苏，企业内的"革命者领导团体"[5]已经突破了战争初期工会高层确定的和平路线，组织了多起声势浩大的政治性游行，如 1917 年 4 月的莱比锡和柏林工人游行、1918 年 1 月大柏林地区工人游行等。与此同时，日益捉襟见肘的战时经济体制成为大众批判政府的理由。连最高指挥部驻法兰克福的特派员也承认，价格政策和托拉斯组织的暴利行为都使市民们不再信任战时经济政策，以至于"在工人阶层及更为广泛的中产阶层中，对于政府的信任越来越动摇"，并日渐受到"不负责任的自由主义思潮"的影响。[6]

事实上，防范革命的准备工作始终在筹备之中。从军方而言，自 1916 年起，各种复员方案已在讨论之中，其目的是在最短时间内和平地重组社会，以恢复到所谓"正常和健康"的状态。[7]在国会中，社民党、中央党和进步人民党组成了中左翼的国会多数派，组建"党派联系委员会"，以推动政治体制改革。在该委员会的第一次会议上，进步人民党议员康拉德·豪斯曼（Conrad Haußmann）提出政治体制改革的目标是督促最高指挥部建立"通往正确决策之桥"，以避免政治权力的断裂。这种既想提高国会的权力、又不愿造成政治危机的想法是当时政界改革派们的共识。[8]这种努力后来得到了美国人的支持。在威尔逊总统的压力下，最高指挥部最终把权力交给了改革派政府。10 月组建的巴登亲王内阁事实上已经启动了修宪程序，帝国政治、经济和社会制度都将经受民主化改革的洗礼。[9]甚至连劳资利益团体双方同样在为战后命运做着准备。从1918 年 10 月初起,柏林和鲁尔出现了劳资谈判,并最终草拟了合作协议。双方答应用劳资对等组成的"工作组"的形式,来"完成解除武装以及将展示经济转向和平经济的使命"。[10]

然而,1918—1919 年革命仍然以一次微不足道的士兵暴乱拉开了序幕。威廉港水兵因拒绝出港作战而被捕,并被解往基尔港。基尔水兵为求自保,决定起义,成立士兵代表会,占领军械库。随后,自行解散的水兵们把起义消息散播到铁路沿线的各大城市。革命旋即从一地扩展至全国,从一个社会阶层影响到所有心怀不满的德国人。在这一过程中,革命之前已经存在的社会条件冲破了任何政治家的防范和预想,甚至也不顾工人政党领袖们的阻止,迅速演化为不断推动革命前行的社会力量。[11]

作为革命前进的主要组织,"代表会"(Rat)很快遍及各地。在不同的社会群体中,代表会被理解为各种职能的承担者,但其主要任务集中在政治领域,如接手当地政权、负责维护地方治安等。正因如此,在一段时间内,政治性代表会运动以压倒性优势成为革命的突出表现。

二、积极还是消极?　劳资两极的革命观

处于劳资矛盾两极的社会阶层自然都被卷入到革命的风暴中。然而革命方向的不确定性同两个社会阶层内部的不同未来构思纠结在一起,构成了双方既大相径庭又相互联系、既彼此对立又互有交错的革命行动的思想基础。它们的革命观都很难用简单的积极或是消极来衡量。[12]

相对而言,劳动者比其他社会群体更为积极地投身于革命中。在基尔水兵起义的次日,社民党便派执委古斯塔夫·诺斯克(Gustav Noske)前往当地了解情况。在鲁尔地区和主要工业城市的工兵代表会中,社民党和自由工会的代表居多。

但是在判断革命进程和谋划革命方向等问题上,劳动者却很快发现自己陷入到极为严重的分歧中:

一方面,革命结束说与继续革命论各持己见。对于社民党和自由工会的高层而言,革命早就被排除在它的行动纲领之外。且不论战争初期,列金等人如何指责"野蛮的政治罢工"或把反战行动一律斥责为"系统的、

有组织的反对活动"，即便到战争末期，艾伯特（Friedrich Ebert）等人也仍然在致力于谋划"改革之路"。因此，1918—1919 年革命完全是社民党预料之外的产物。不过即便如此，正如历史学家恩斯特·特勒尔奇（Ernst Troeltsch）所言，"社会民主党多数派在一片混乱中迅速抓住了缰绳"，试图用投身革命的方式来结束革命。为此，在 11 月 9 日的《告德国人民书》中，艾伯特一再强调了"保持安静与遵守秩序"的重要性；谢德曼（Philipp Scheidemann）则赶在左翼革命者卡尔·李卜克内希（Karl Liebknecht）之前宣布"德意志共和国"的成立。与此相反，包括斯巴达克团和革命领导者团体在内的独立社民党呼吁革命继续前进。他们认为，从帝制到共和国只是革命的第一阶段，而社会主义才是这场革命的最终目标。因此，11 月 16 日的《自由报》（*Freiheit*）这样呼吁道："不要原地不动！我们必须前进！必须立即前进！"

另一方面，议会民主制、无产阶级专政和纯粹代表会体制互不相让。如果说关于革命阶段性问题的争论仅仅牵涉到简单的价值判断的话，那么革命方向上的争论则更为深刻地反映了德国工人运动乃至整个社会主义发展历程中的认识冲突。深受世纪之交改良主义影响的社民党高层坚持议会民主制的道路，以召开国民议会为奋斗目标。为此，它甚至愿意牺牲工人阶级的团结性，而同军方沆瀣一气。斯巴达克团（以及它的后续组织德国共产党）倾向于接受马克思的"公社"思想与列宁的"苏维埃"总结。它批判社民党高层的"议会痴呆症"，而把"代表会"理解为"苏维埃"，提出"全部政权归苏维埃"，以创造"一个新的无产阶级的国家体制"。革命领导者团体强调大众民主的意义，试图在政党和现存体制之外另起炉灶，实现完全自由。在这一意义上，革命中涌现的各种形态的代表会被视作"重建崩溃的经济生活"、"维持生产及整体福利"、"创造社会主义"的唯一机构（柏林工兵代表会执行委员会主席里夏德·米勒语）。

同劳动者的激情相比，资本家的革命观相对消极。震惊与失措构成了革命初期德国资产阶级的整体形象。11 月 13 日，德国的报刊毫不客气地把他们形容为"面对苍鹰飞来时的胆怯小鸡"。它们都不愿意接受革命"这种野蛮和狂热的……追求权力（的游戏）"，但又不得不接受政治体制业已转型的事实；它们都反对革命，但又不甘心被排除在这场权力舞台之外，故而又竭力地扮演着所谓"革命少数派"的角色，借助各种宣言来影响社会舆论，如要求"顾及安静与秩序"（人民党宣言）、"独裁思想应该消失"（民族人民党宣言）、"走到合法道路上去"（民主党宣言）、"在君主制崩溃后产生的新制度不是社会主义共和国，而是一个民主共和国"（中央党宣言）等。

不过，19世纪以来资产阶级的内部分化[13]同样反映在随后的行动差异中。坚定的保守派们尽量保持政治上的低调，以静观革命之变，如保守党主席库诺·冯·韦斯塔普伯爵（Kuno Graf von Westarp）待在梅克伦堡的朋友家中，中央党主席卡尔·特林博恩（Carl Trimborn）则在莱茵老家保持缄默。自由主义者延续了战争后期的改革思维，对革命现状表示欢迎，并试图主动介入其中，如不少地方的工兵代表会或市民委员会中都出现了资产阶级知识分子的身影，例如当时韦伯就参加了海德堡的工兵代表会。处于两者之间的人愿意做一个"不问政治的小市民"（文学家托马斯·曼语），被动地接受共和国这一"今天唯一可以让我们产生最少分歧的国家形式"（历史学家弗里德里希·梅尼克语）。

三、"劳工社会"的幻觉：政治性代表会运动的失败

即便劳资双方的革命观很难用积极或消极的评价来衡量，但革命为劳资两极所带来的实际影响却是显而易见的。其中最为直接的表现是，在革命的最初两个月中，德国俨然出现了一个"劳工社会"：

首先，在德国政治发展史上，劳动者第一次掌握了国家政权。1918年11月9日，巴登的马克斯亲王（Max von Baden）把政权移交给社民党主席艾伯特。随后，尽管存在革命目标上的差异，[14]社民党与独立社民党仍然组建了联合临时政府，6名工人领袖出任政府领袖。与此同时，主要地区和城市的管理部门也由工人政党的代表们接手。

其次，在德国政府的执政史上，劳工政策第一次得到了异乎寻常的关注，而且接连出现了历史性的突破。同帝国政府更为工具化地看待劳工政策不同，革命初期的临时政府把劳工政策同工人的劳动权与生存权结合在一起。显然，工人运动家出身的部长们非常清楚工人们的诉求。例

如"8 小时工作制"，11 月 12 日，临时政府宣布"最初在 1919 年 1 月 1 日推行 8 小时工作制"；11 月 23 日，新成立的复员部发布《关于规划工商业工人劳动时间的条令》，宣布在所有工商企业中，"劳动时间连同休息时间不得超过 8 小时"；12 月 17 日，复员部发布《工商业工人劳动时间令补充条例》，规定突破 8 小时工作制的行动只能发生在紧急情况中，且必须得到复员部和工商业监督机构的批准，否则，违反条例的企业主将被处以罚款甚至监禁的惩罚。[15]又如"集体合同制"，12 月 23 日，临时政府颁布了第一份集体合同法令，要求劳资双方以书面合同确立劳动条件。[16]此外，政府还承诺在住房供应、劳动岗位安排、社会救济等各方面对工人进行政策上的倾斜。

最后，在德国劳资关系的历史上，劳动者第一次在劳资谈判中掌控了主动权。诚如前文所言，革命爆发前，劳资利益团体已经在柏林和鲁尔两地展开谈判，并筹划成立双方对等组成的工作组，来协调战后经济转型中的生产事宜。但是革命不仅在时间上打断了这一谈判进程——当时谈判双方已经草拟好协议，准备上报内阁——而且还在事实上彻底改变了谈判双方的权力关系。在黄色工会与 8 小时工作制两个问题上，资方代表被迫接受劳方的设想。双方于 1918 年 11 月 15 日签订了《斯廷内斯—列金协议》。该协议再次确认了 1916 年《为祖国志愿服务法》中的工会地位，进一步推广工人委员会的形式（从军工企业到所有 50 人以上的企业），接受 8 小时工作制原则，推行劳资协商。[17]

正是在以上这些"历史性"的现象激励下，结合世纪之交的改良主义思想，临时政府中的社民党人才颇有信心地坚持国民议会选举的原则。艾伯特等人认为，国民议会选举将为德国迎来一个合法的"劳工政府"，从而让"劳工社会"更具合理性地存在下去。

然而从一开始，这样的想法只是一种革命幻想而已。且不论工人政府离不开资产阶级公务员的参与，更为糟糕的是，由于工人运动对革命进程和方向的认识存在着几乎不可调解的矛盾，从革命初期喘过气来的资产阶级又已调整姿态，致使政治性代表会运动不断面临着权力格局转换的挑战。这种挑战依次反映在临时政府与大柏林地区工兵代表会执行委员会之间的权力争议和分配,以及第一次全国代表会大会上的各方较量中。前者反映了政治性代表会运动对于中央政府的控制欲,后者决定了政治性代表会运动的未来命运。[18]

当革命风暴到达柏林时,中央政府与柏林地区分别产生了两个权力机构。社民党与独立社民党高层组成了临时政府,大柏林地区的革命者组建了工兵代表会。11月10日,双方在柏林布歇马戏园集会,第一次确认了双方的权力关系。工兵代表会首先选举产生执行委员会,然后临时政府改名“人民全权代表委员会”,接受执行委员会的监督。然而对于这种权力关系,双方的认识存在极大矛盾:从议会民主制出发的艾伯特等人更愿意把它视作“国会和政府”的关系,因而强调临时政府的执政权;从纯粹代表会体制出发的里夏德·米勒(Richard Müller,时任执行委员会主席)则在这种权力关系中看到了一种新型的制度模式,因而不断要求用代表会取代现存的管理部门和军队制度,乃至成为未来的政治基础。在引发一系列争吵后,11月22日和12月9日,双方先后达成过两份书面协议,以规范权力关系。[19]执行委员会被赋予了最高权力,而临时政府得到了执行权。但是在双方冲突迭出的现实面前,两份协议仍然是一张空纸而已。冲突中的表面问题是:最高权力是否可以侵犯执行权? 其实背后的实质矛盾仍然是德国政治制度的未来模式。

中央层面的矛盾同样反映在地区和市政管理中。为此,各方都要求召开一次全国性的代表会大会,以确认政治性代表会运动的未来。12月16—20日,第一次全国代表会大会在柏林召开,关于政治模式的议题贯穿始终。大会虽然选举产生了全国代表会中央委员会,但最后却又接受了社民党的构想,决定在1919年1月19日召开国民议会选举。这便标志着政治性代表会运动的合法性彻底被剥夺。换言之,这个全国代表会大会开出了政治性代表会运动的“死亡证明书”(革命者团体领袖恩斯特·道尔米施语)。

左翼工人们为挽救政治性代表会运动做出的最后努力均以失败告终。1918年12月圣诞夜罢工被军方镇压。1919年1月的柏林起义让代表会制度的支持者们失去了两位重要的领导者——卡尔·李卜克内西

（Karl Liebknecht）和罗莎·卢森堡（Rosa Luxemburg）。此后延至 4 月各地出现的代表会（苏维埃）共和国均以短命告终。全国代表会中央委员会则逐步被边缘化，并在 1920 年 4 月被撤销。

与此同时，1919 年 1 月的国民议会选举却出人意料地没有产生一个绝对的"工人政府"。独立社民党拒绝合作，无法取得绝对多数的社民党不得不同民主党和中央党组成中左联盟，组建一个"由工人政党参加的中央政府"。这实际上又恢复到战争末期政治改革之路上，只不过皇帝变成了社民党人艾伯特，亲王首相换成了社民党人谢德曼。这一结局不仅宣告了政治性代表会运动的失败，而且还标志着革命初期人们所渴望的那种"劳工社会"彻底成为泡影。

四、经济性代表会运动的兴衰

随着劳工社会的政治梦想偃旗息鼓，大众转而对经济领域中的民主变革产生了巨大兴趣。经济民主化被视作政治民主化的前提和补偿。正是在经济性代表会运动中，劳资协调法制化才正式成为公众话题。

在革命初期的代表会成立浪潮中，企业代表会曾是其中的重要组织形式。它是由企业工人直接选举产生，主要集中在工业城市的大企业中，如不来梅一家拥有 180 名工人的大企业中，当时直接选举产生了"十五人行动委员会"。这些组织后被统一命名为"企业代表会"（Betriebsrat）。在鲁尔区的企业代表会中，社民党、独立社民党与自由工会的代表占据主要席位，中央党和基督教工会也有部分代表。[20]

这些企业代表会的关注点在政治问题与经济问题之间徘徊。柏林的企业代表会在政治性代表会运动中表现更为积极。在那里，革命领导者团体的影响力较大。革命初期，在里夏德·米勒的领导下，他们要求 1 000 人以上的企业成立"工人代表会"（Arbeiterrat），各工人代表会联合组成"柏林工人代表会"（die Berliner Arbeiterräte）。该代表会是大柏林地区工兵代表会的主体。[21]鲁尔区和中德地区的企业代表会倾向于关注经济问题。它们的主要诉求在于社会化和劳工保护。如鲁尔矿区的企业代表会就要求提升工资、缩短劳动时间、废除传统工资制度等。[22]

与此同时，在 1918 年 11 月 15 日劳资利益团体达成的《斯廷内斯—

列金协议》中,战前已经出现的工人委员会(Arbeiterausschus)被视作工人们在企业中的利益代表,并接受工会的领导,有权同资本家进行谈判。

于是,自发组建的企业代表会与延续传统的工人委员会之间的张力构成了经济性代表会运动的第一轮高潮。这次争论主要针对组织的合法性问题,部分包含了它的使命界定及其同工会的关系。支持前者的革命领导者团体一心维护革命组织,并且公开要求企业代表会维持原有的政治与经济职能,并且"无须听从工会领导"。[23]相反,工会要求履行劳资协议的条款,宣布在协议之前成立的任何工人组织——既包括战争期间的工人/职员委员会,也包括革命期间的企业代表会——一律解散,然后重新成立工人委员会。在遭到革命领导者团体拒绝后,工会向临时政府施压。

正被政治性代表会运动搞得焦头烂额的临时政府只能作为"和事佬",同意执行委员会于11月23日颁布的《企业代表会条例》。该条例的创新之处在于:(1)它正式接受了"企业代表会"之名,在组织形式上融合了传统与革命;(2)它把适用范围推广到所有企业,既突破了人数限制,又不局限于军备企业。但是,该条例没有解决工会与企业代表会之间的关系问题,又对企业代表会的职能含糊其辞,因而留下了未来再次争端的引子。[24]

不久,经济性代表会运动的第二次高潮发生。争议主要集中在宏观层面上的经济政策,即是否需要社会化,以及如何推行社会化? 革命领导者团体希望通过社会化,一劳永逸地解决企业内外的劳资矛盾。而社民党人坚守"稳定与秩序"的底线,要求以德国复兴为前提,反对在经济领域中推行直接民主。这样,双方便拉开了所谓"完全控制权"与"共决权"之争的帷幕。前者要求工人完全掌握企业的经营权,实现工人的"当家作主";后者延续传统上的劳资协调思想,希望工会获得更多的参与决定权。

围绕在"完全控制权还是共决权"问题上的争论一直从1918年12月持续到1919年4月,期间经历了两次全国代表会大会。第一次大会以政治议题为主,但也涉及到社会化,并最终达成了"希法亭方案",即"在所有成熟工业部门,特别在矿区,立即展开社会化",但对企业内部的控制权问题不置一词。

1919年1月后，随着政治性代表会运动的衰亡，工人们对经济性代表会运动的期望不断提升。在此影响下，主要的工业地区（如柏林、鲁尔和中德）都出现过不同内容的"企业代表会条例/协议"。然而这些条例或协议始终在完全控制权与共决权之间取舍不定，并由此使地方局势持续动荡不安。

为彻底解决矛盾，柏林于1919年4月召开了第二次代表会大会，完成了对经济性代表会运动的整体规划。大会决定：（1）成立一个同国会平行的"劳动议会"，从整体上保障劳资关系的平等；（2）通过社会化来创造社会主义企业，从而为彻底解决劳资矛盾、提高工人地位奠定基础；（3）成立由各级代表会代表组成的中央委员会，以作为领导机构。

然而该方案在当时的政治背景中却又毫无实现的可能。议会民主制已被确立为共和国的政治体制，国会被视作唯一的权力中心，像"劳动议会"这样的"第二国会"很难获得共鸣。这是其一。其二，国会选举后，反对社会化的资产阶级与保守力量重新崛起，建立社会主义企业制度的想法显得不切实际，而且该方案也没有说明社会主义企业内部的生产关系，更缺乏对资本主义企业与社会主义企业之间的异同比较。其三，中央委员会不久被取缔，纯粹代表会体制的观念彻底失败。[25]

作为经济性代表会运动第二次高潮的核心表现，"完全控制权"与"共决权"的争议直接涉及企业代表会的使命问题。它反映了政治热情与传统思想之间的碰撞，体现了企业内部权力分配上的不同观念。这些观念并未随着经济性代表会运动的衰亡而消失。相反，它们对德国社会产生了巨大影响，直接推动着企业代表会体制的发展步伐。

五、走向1920年《企业代表会法》

1919年4月后，无论在政治领域还是经济领域中，代表会运动不再像此前那样轰轰烈烈，而是同国会选举后的议会民主制结合在一起，开始寻求企业代表会的法制化道路。这一过程大致可分为两步：奠定法理基础与立法讨论。[26]

如何把代表会这一革命孕育的新组织"固定"到议会民主制的共和国

中,是奠定企业代表会制法理基础的主要方式。在这一方面,《魏玛宪法》第 165 条(即"代表会条款")正是重要成果。

代表会进入宪法草案的道路并不顺利。宪法起草小组负责人、资产阶级自由主义者胡戈·普罗伊斯(Hugo Preuß)对代表会思想根本不抱兴趣。尽管代表会运动正在如火如荼的进行中,但前两份草案丝毫没有提到代表会。直到 1919 年 2 月 28 日,社民党国会议员里夏德·菲舍尔(Richard Fischer)才第一次要求明确工人代表会在企业内外经济领域中的地位。他还建议政府考虑 1848—1849 年革命中曾经提到过的"立宪主义的企业"方案。在随后的讨论中,这一想法陆续得到其他议员的附和。由此,从 3 月起,代表会便正式成为宪法起草小组的议题。

代表会虽然得以入宪,但其支持者们的出发点并不相同,以致在代表会条款的表述问题上多有争议。政府内部、社会舆论以及国会辩论中的争议大致形成五派:左翼革命者仍然希望代表会能成为政治革新的未来组织;右翼资产阶级或保守党人则试图借助代表会来压制国会的权力,保障中产阶层;社民党人既强调代表会只能是议会民主制的附属组织,又看到了它在推动经济民主化和实现劳动权方面的积极作用;工会很担心自己同代表会之间的关系;资本家则反对任何形式的夺权行为。

在这种背景中,始终站在第一线负责细化和解释代表会条款的是社民党人、劳动法学家胡戈·辛茨海默(Hugo Sinzheimer)。他被誉为德国"劳动权"思想之父,较早认识到共决权的重要性。他提出:"到现在为止,工人或雇员只是企业家的服务者,他们的共同合作只是体现在劳动关系上。但是经济问题不能只通过企业家单方面做出决定。经济委员会能够促使工人参与到生产领域中,参与生产规划,让他们看到整个经济生活,并由此拓宽他们的能力,并对生产进程产生影响。"为此,他认为,应该用代表会来"补充"(而不是"取代"或"平行")议会民主制。他努力说服了工会接受代表会,并驳斥了关于代表会的若干错误观念——它既不是掌控完全控制权的组织,也不是传统组织的简单翻版,更不是威胁公共生活的政治机构。

最后通过的《魏玛宪法》第 165 条正式确立了代表会体制的合法性。它设计了一个双重代表会体制：在宏观上的中央经济委员会与微观上的企业工人代表会，两者之间具有隶属关系。它把工人和职员统一在企业工人代表会中。双重代表会都具有共决权，如中央经济委员会可以审定政府"向国会提出意义重大的社会与经济政策的立法提案"，并有 1 名代表参与国会讨论；工人和职员"有资格与责任平等地与企业家一起参与工资与劳动条件的规范以及（推动）生产力的整体经济发展"。但是，代表会不能威胁议会民主制，所以它没有立法权，只有建议权；代表会也不能威胁工会的权利，所以它"同其他社会自治团体之间的关系将由国家来规范"。

在代表会条款的讨论中，企业代表会的立法进程事实上已经拉开了帷幕。然而同前者类似，《企业代表会法》的出台也是"以权力为基础的讨价还价式的议会民主制运行"。立法进程充满着司法实践与社会争议的双重难题。

一方面，它必须考虑如何包容此前已经存在的各种法令形式。《魏玛宪法》的代表会条款是《企业代表会法》的法理前提，然而此前在革命进程中，相关的法令已经出现，其中至少包括 4 个重要法令：1918 年 11 月 23 日的《企业代表会条例》、1918 年 12 月 23 日的《集体合同法》、1919 年 3 月 12 日的《魏玛协议》和 1919 年 5 月 26 日的《矿区企业代表会临时工作条例》。《企业代表会条例》出现在政治性代表会运动的高潮中，且由大柏林地区工兵代表会执行委员会颁布，缺乏权威性，因而始终不能被社会广泛接受，最后不了了之。《集体合同法》肯定了"集体工资合同"与"集体劳动权"，换言之，它从法律角度保障了工会在企业事务中的发言权。该法还沿用了"工人/职员委员会"的名称，将其权限规定在"工资与劳动条件的协商领域"中，事实上延续了《为祖国志愿服务法》的内容。这样一来，该法完全满足了工会对战后劳资关系的设想，得到了后者的积极支持。工会甚至以此来反对代表会体制。《魏玛协议》是在中德地区经济性代表会运动期间由政府、资本家、工会与罢工者共同制定的。该协议肯定了企业代表会这一名称，把"工人/职员委员会"视作企业代表会的下属组织。

企业代表会的职能延伸到雇佣与解雇问题、监督企业部门以及监督事故与健康防范制度的实施等方面。不过,该协议只能适用于矿区。《矿区企业代表会临时工作条例》是在《魏玛协议》的基础上由国家特派员卡尔·泽韦林(Carl Severing)制定。其内容基本延续了《魏玛协议》,但更强调司法惩戒与法律意义,并赋予国家在劳资矛盾中的协调作用。在这些互有联系又存在冲突的司法实践的同时,主要的工业地区再次发生了革命行动,出现了以"完全控制权"为目标的革命性企业代表会运动,如斯图加特地区的"鲁道夫·施泰纳(Rudolf Steiner)改革"与哈勒地区制定的《企业代表会的使命》等。这些方案都进一步扩大了企业代表会的权限,并且影响到更为广泛的行业中。

另一方面,它还不得不面对日益激烈的社会观念碰撞。从 1919 年 3 月底 4 月初到 8 月 16 日,魏玛政府共拿出了 4 份草案。每份草案都被各种社会群体以各种理由进行批驳,其中的焦点问题是"企业代表会的权限"。左翼工人党与资本家利益团体都持坚决的反对立场。前者认为企业代表会的权力太少,事实上限制了工人解放的热情,束缚了革命者的手脚;后者把企业代表会的经济共决权视作企业制度的最大威胁,并进而将影响到德国的经济复苏。[27]人民党、民族人民党和中央党侧重于关注支持者们的利益。人民党希望企业代表会不会过多影响资本家的经营自由权,民族人民党认为立法应该在工人之外考虑职员利益,中央党要求把农业排除在立法之外。自由工会几经反复,终于接受企业代表会体制,但仍然要求在法律中明确工会同企业代表会之间的关系,以确保自己的权益。只有社民党才是立法进程中最为积极的推动者。无论在政府或党团内部,还是国会辩论中,以及媒体宣传上,社民党始终从经济民主化的角度去探讨企业代表会的权限和意义。

由于存在的争论较多,《企业代表会法》的一读和二读间隔了近 5 个月的时间。在 1920 年 1 月 13 日的二读时,左翼工人党甚至发起了国会外的抗议活动,结果造成示威者与安全部队之间的血腥冲突。1 月 18 日,三读结束,《企业代表会法》最终以 215 票赞成、63 票反对、1 票作废而通过。

六、1920 年《企业代表会法》的结构与内容

《企业代表会法》共分 6 部分 106 条。[28]

第一部分(1—14)是"一般规定"，亦即对《企业代表会法》适用的范围做了法律上的界定。它要求所有 20 名雇员以上的企业成立企业代表会；少于 20 名雇员的企业选举企业代表。但是对于家庭手工业者、农业与林业以及相关职业劳动者、海运与内河行业的雇员，以及国家企业与公法团体的雇员，法案应允将通过其他法规另行规范。此外，为了照顾工会的情绪，法案应允《企业代表会法》不会对工会组织产生负面影响。

第二部分(15—65)是"企业代表组织的结构"，亦即对企业代表会、联合企业代表会、企业代表以及特殊代表的选举、议事方法、职务解除等程序进行界定。法案照顾到工人与职员的不同利益，因而要求进行分开选举。18 岁以上的男女雇员拥有选举权，被选举人则要求 24 岁以上、不再接受学徒训练、并在本企业中工作 6 个月以上、在本行业工作 3 年以上的德国人。这种规定一方面满足了民族主义者的要求，因为只有德国人才有被选举权；另一方面也希望不要将那些"年轻的、没有受过工会教育"的激进分子选入企业代表会，从而引起劳资冲突。当然法案也考虑到战后社会的特殊因素，所以也允许一些特例存在，例如复员军人或新企业的职工就无需满足上述条件。法案也授予企业家提请召开企业大会或解散企业代表会的权力，并有权参加企业代表会会议，并接受每次会谈的纪要。

第三部分(66—92)是"企业代表组织的任务与权限"，亦即对企业代表会、工人与职员代表会、联合企业代表会以及企业代表的任务与权限予以界定。这是全法的关键之处。第 66 条规定，企业代表会的任务包括：

1) 在企业中带着经济目的地通过建议来支持企业领导，以便能够尽可能地保持高的生产状态与最大程度的节省；

2) 在企业中带着经济目的地协助引进新的劳动方式；

3) 保卫企业免受扰乱，特别是在雇员同企业主发生争议时，企业代表会须进行调解，如果谈判不能实现(和谐)的话，则应提交调解小组或者其他调解机构解决。

4）维护仲裁法庭所做出的决议或调解机关做出的决议之施行。

5）按照第 75 条之规定,代表工人与职员在现有工资合同范围内,商定劳动章程及其变动。

6）促进雇员内部及雇员同其企业主之间的和谐,保卫雇员阶层的联合自由权。

7）接受工人代表会与职员代表会的投诉,并将之同企业主商议。

8）监督企业中的事故与健康威胁防范,通过提出建议、咨询与答复来支持商业监督部门以及其他相关部门的工作,还须协助实施企业保卫制度与事故预防条例。

9）协助管理退休基金与工厂住房以及其他企业福利项目;如果企业福利项目还不存在,就须协助制定。

法案将“支持企业领导”放在任务的第一条,表明尽管有革命性企业代表会运动的反对,促进经济生产仍然成为企业代表会的主要任务。其他条款则反映了“劳动共同体”的思想,但它们主要牵涉到社会政策领域中的共决权。

企业代表会的经济共决权体现在第 70 条、第 72 条与第 74 条中:

第 70 条

在有监事会的企业中,若其他法律没有相关规定的话,则从此之后按照此项法令,允许 1—2 名企业代表会代表参加监事会,由其代表雇员的利益和要求,也包括他们对于企业组织的监督和希望,以及关于企业组织上的意见与要求。企业代表会代表可以参加所有的监事会会议,并有投票权,但除了零星杂费之外,他们不得收受任何报酬。列席监事会的委员必须严守秘密,不得外泄。

第 72 条

凡企业均备有商业账本。在那些 300 名工人以上或 50 名职员以上的企业中,从 1921 年 1 月 1 日起,企业代表会可以要求企业主将企业的收支情况予以公布并进行解释,时间最迟在年度满 6 个月之内。

第 74 条

如果进行企业扩建、缩小或者引进新的技术和劳动方法，以及雇佣或大规模辞退劳工，企业主有义务同企业代表会商讨，确定雇佣与辞退的方式与范围，避免对雇员造成伤害。企业代表会或企业小组也有相应义务，参加中央介绍所的工作，介绍合适的劳动岗位给工人。

这表明，《企业代表会法》最终不顾资本家利益团体的反对，坚持了企业代表会的经济共决权。

第四部分（93—94）是"争议之解决"，亦即对调解权进行了规范。法案提出由"地区经济委员会"来解决争议问题。不过在此后的实践中，这种"地区经济委员会"一直没有成立起来，这就为《企业代表会法》的实施制造了困难。

第五部分（95—100）是"保护与惩罚条例"，亦即对劳资双方的约束力。法案一方面要求企业家保障企业代表会的权利，另一方面也要求企业代表会的代表保守企业的机密，维护企业的利益。不过从量刑上来看，对企业家的惩罚力度比对工人的惩罚力度略大。例如企业主及其代表违反法律规定，将处以 2 000 马克罚款或监禁，而工人代表泄漏企业机密者处以 500 马克罚款或监禁。

第六部分（100—106）是"施行附则"，亦即对以前颁布的法令同《企业代表会法》有冲突的地方进行修正以及对第一次选举做了规范。最后一条规定"本法自公布之日起施行，施行之日，各州关于企业代表会的法律均失效。本法施行后的第一次选举日，所有现存的企业代表会、现存的企业工人代表会、工人委员会与职员委员会一律废止"。这在事实上运用法律手段消除了所有革命性企业代表会存在的合法性。

1918—1919 年革命为德国劳资关系的重塑开辟了道路。它赋予工人政党以组阁权，在事实上提升了劳动者群体的社会地位，甚至通过代表会运动制造了短时间内的"劳工社会"幻象。不仅如此，革命激情还鼓励着左翼工人们在政治性代表会运动消逝后，继续转战于经济领域中，追求工人地位的革命变化。在这一意义上,《企业代表会法》应被视作 1918—1919 年革命的延续与结果。

当然,这场革命只是一场"不成功的社会革命"(历史学家卡尔·迪特利希·埃尔德曼语),它留下的许多遗憾也恰巧体现在《企业代表会法》中。该法突出了"劳动权"观念,保障了工人的权益,这是历史的进步。但是它把工人代表与职员代表的选举分开,事实上是为了迎合资产阶级政党分化工人群体所需。同样,它始终强调集体合同与集体劳动谈判的重要性,无非也是为了满足工会统一权力的要求。从这一点而言,《企业代表会法》缩小了劳资变革的各种可能性,更大程度上成为战前实践的一种继承。

第二节　1920 年企业代表会体制的实践(1920—1934 年)

《企业代表会法》于 1920 年 2 月 4 日正式公布实施。作为德国历史上第一部针对企业内部劳资关系的国家法律,它随后接受了 14 年的实践考验。这种劳资协调机制是否得到了社会认同? 它究竟是否如立法者所愿,能保障"雇员与企业主相对立的共同经济利益"? 以下分别从发展规模、职能发挥与社会效应三方面评述 1920 年企业代表会体制的实践历史,并分析其中存在的问题。[29]

一、发展规模

魏玛期间,《企业代表会法》经过了 5 次修正(1920 年 5 月 12 日、1920 年 12 月 31 日、1923 年 8 月 29 日、1926 年 12 月 23 日和 1928 年 2 月 28 日)。此外,政府还颁布了两个补充法令:1922 年 2 月 15 日的《监事会法》与 1922 年 3 月 23 日的《选举法》。这些修正案与补充法令主要涉及对企业代表会体制的适用范围、选举程序以及行使共决权的方法。

在法律的保障下,企业代表会体制发展迅速。截至 1929 年,德国共有 46 299 家企业成立了企业代表会,涉及雇员 590 万名,共选举产生了 156 145 名代表。作为一种新生的制度,这种发展趋势令人鼓舞。1930 年,恩斯特·弗兰克尔(Ernst Fraenkel)在回顾《企业代表会法》十年发展时,如此写道:"对于工人阶级而言,没有任何其他法规比这种企业代表会法更为激动人心。"[30]

然而另一方面,企业代表会体制的发展也出现了不均衡的现象。这表现在以下几个方面:

第一,工业领域成立的多,农业和手工业少。据统计,绝大部分的企业代表会出现在工业领域中,而农业成立企业代表会的比例低于50%。在巴伐利亚地区,40%以上的农业公司和35%左右的手工业从未进行过企业代表会选举。

第二,即便在工业中,企业代表会体制的发展也存在行业差异、地区差异与规模差异。在成立企业代表会的企业中,约1/4分布在五金工业中。而到1929年,成立企业代表会的五金企业约占五金工业总数的89.6%。在巴伐利亚这样的农业地区,工业成立企业代表会的比例一般在50%左右,而小企业的比例只有10%上下(1920年底)。[31]

第三,有组织的雇员更积极地参加企业代表会选举,其中又以自由工会最为积极。(见表2.1)当然,在不同地区的不同行业,情况也会有所差异。例如在鲁尔区的一家颜料厂,希尔施—敦克尔工会(以下简称HD工会)的影响率几乎是自由工会的一倍。[32]

表 2.1　五金工业中企业代表会成员的政治归属情况(1929—1930)

	1930年人数	比例(%)	1929年人数	比例(%)
工人代表				
五金工人联合会	22 667	78.6	25 462	81.9
自由工会	1 804	6.3	1 891	6.1
基督教工会	2 070	7.2	1 970	6.3
HD工会	489	1.7	499	1.6
工联主义者	56	0.2	61	0.2
共产主义者	753	2.6	259	1
黄色工会	90	0.3	0	0
无组织者	916	3.1	876	2.8
总计	28 845	100	31 054	100

（续表）

	1930 年 人数	比例 （%）	1929 年 人数	比例 （%）
职员代表				
自由职员联盟（AfA）	3 063	62.1	2 702	66.2
其他联合会	1 305	26.4	932	22.8
无组织者	568	11.5	448	11
总计	4 936	100	4 082	100
工人与职员合计				
有组织者	31 454	93.1	33 517	95.4
——自由工人与职员联合会	27 534	81.5	30 005	85.5
——其他联合会	3 920	11.6	3 462	9.9
无组织者	2 327	6.9	1 619	4.6
总计	33 781	100	35 136	100

资料来源：R. Crusius u.a., *Die Betriebsräte in der Weimarer Republik*, *von der Selbstverwaltung zur Mitbestimmung*, B. 1, *Dokumente und Analysen*. Berlin: Verlag Olle & Wolter, 1978, S.235—236.

第四，男性比女性更具有参选热情。女性雇员的人数少（如在五金工业中仅为男性雇员的 1/6[33]），而且主要集中在较少成立企业代表会的商贸行业中（如到 1925 年底，巴伐利亚只有 45.2% 的商业和 20.5% 以职员为主的企业举行了企业代表会选举[34]）。"新女性"运动虽然兴起，但在劳资斗争中，女性出头露面担任企业代表会主席的个案极少。

二、职能发挥

企业代表会是通过各种形式的集会和谈判来发挥职能的，如一份柏林纺织工厂的日记簿为我们展现了 1924—1925 年度该厂企业代表会的工作情况，其中包括 38 场全体大会、19 场信任者会议、12 场工人代表会议、6 场企业代表会会议；此外，企业代表会还向职工发布了 62 次通告。[35]

企业代表会的主要职能体现在福利、人事与经济三方面。福利共决权集中在疾病基金等的管理职能中，人事共决权存在于雇员的解雇与安置职能中,经济共决权表现在参与监事会和审查财务报表两项职能中。三项职能的最终目标是构建企业内部的劳资和谐局面。

保障企业职工的福利与安全是 19 世纪以来企业内部工人代表组织的传统使命,也被大多数资本家所接受。魏玛时期,企业代表会在劳工保护方面的贡献较大。如在 1922 年,工商监督机关就承认,在事故预防与健康保障等领域中,企业代表会提出了大量"精心准备的改善建议",使之不仅成为职工代表,而且几乎成为国家的监督机关,有效推进了法定保险体制的普及。此外,企业代表会也在加班工资上部分取得了成功。[36]不过,在住房分配上,企业代表会仅仅起到了咨询作用,仍然无法干预资本家的行动。[37]更糟糕的是,随着经济形势的恶化,原本取得的一些成绩也会重新下滑,例如工资,1929 年一位产业工人的平均周工资为 3 447 马克,而到 1931 年 48 小时/周的工资已经下降到 3 081 马克,而 40 小时/周的工资只有 2 227 马克。[38]

在雇员的解雇与安置问题上,企业代表会的作用极小。调查者发现,在 20 年代中期的合理化运动中,企业代表会"在停产中的协作"虽然得到了认可,但是在整体上的影响力却不乐观。1929 年后,几乎所有的解雇行动都没有企业代表会参与,一位研究者甚至得出这样的结论,资本家对于企业代表会的建议几乎"都没有接受",因此,"企业代表会的作用等于零"。在一家企业中,1932 年有 1 116 人被辞退,只有 77人属于自愿。[39]

同福利和人事共决权相比,经济共决权是企业代表会职能中发挥最糟糕的一项。从德国经济发展的角度来看,经济共决权本是符合时代潮流的,因为股份公司的比例已经从 1895 年的 10% 上升到 1925 年的33%。[40]不过,问题在于,并不是所有股份公司都能遵守 1920 年法的。据统计,1930 年,在成立企业代表会的 12 478 家五金企业中,只有 747 家(6%)允许企业代表会成员参加监事会,其中 562 家允许 2 名代表参加,185 家允许 1 名代表参加。况且按照法律规定,后 185 家企业本应允许 2名企业代表会成员参加监事会。五金工业如此,其他行业的比例更低。

即便参加监事会,企业代表会成员的影响力也是有限的。1926 年资本家利益团体提供的调查问卷显示,企业代表会在监事会中大多只关注工资与劳动时间问题,对企业运作的其他方面(如技术革新或商贸洽谈等)"均无兴趣"。企业代表会成员自己也表示,他们缺乏必要的经济知识去理解和参与企业决策。在这种情况下,大约只有49%的企业预算才会在监事会中得到修改便是不难理解的现实。[41]

尽管监事会中的企业代表会成员努力在劳动时间等问题上据理力争,但最终结果并不理想。魏玛初期,鉴于部队复员、经济复兴和社会稳定的多重压力,劳资双方与政府合作,先后确立了"8小时工作制"与"集体合同制"。一般而言,企业代表会在集体合同的基础上进一步同资本家协商,制定本企业的实际劳动时间。正因如此,到1921年底,65%的男性工人与54.9%的女性工人实现48小时/周的工作量,30%的男性工人与37.9%的女性工人每周工作46小时。[42]在代表会运动最为激烈的鲁尔矿区,矿工们获得了7小时工作制的承诺。巴伐利亚五金工业中心(慕尼黑、奥古斯堡、纽伦堡和福尔特)推行44小时/周的劳动协议。[43]然而随着政治与经济形势的变化,企业代表会成员在资本家的进攻姿态面前节节败退。在8小时工作制仍然被确立为法定原则的情况下,到1924年,仍然有33.5%的企业、54.7%的工人每周工作48小时以上,其中1/3工作51—54小时,1/8工作54—60小时!至1928年,每日工作超过8小时的工人比例达到3/5,矿工比例则在90%以上。

最后,从劳资和谐的目标而言,企业代表会的调解作用仍然有限。1923年前,德国的劳资斗争数量呈逐年下降趋势,从1920年的8 800次下降到1923年的2 200次。这种变化除了大环境的作用外,企业代表会的功劳也不可抹杀,因为它提供了一种制度性的反抗渠道以缓解劳资矛盾。从表2.2中,我们可以看到,在该时期的经济争议中,企业代表会胜诉的比例在75%左右。资本家不再随心所欲地用解雇手段威胁工人,解雇的比例从1919年的1∶52下降到1∶54。然而在1924年后,情况发生了根本变化。1928年初,中德地区的五金工业就爆发了1万次罢工,涉及80万工人;莱茵地区有4.5万工人罢工;鲁尔矿区还在年底掀起了更大规模的罢工运动。与此同时,被视作企业代表会共决成果的监事会决策在雇员中也日益失去公信力。据职员工会的报告统计：1926 年，受到完全信任的监事会决议约为 51％，部分信任者有 26％，雇员持怀疑态度者为 23％；3 年后，这些比例分别变为 37％、22％与 41％。受质疑的监事会决议数量显著上升，表明雇员对监事会中企业代表会成员未能准确及时地表达民意心存不满。通过企业代表会来实行劳资协调的初衷没能实现，国家便有机会介入到企业内部，推行强制调解机制。1928 年，由国家强制判决的劳动争议案件大约为总数的 54％，到 1932年上升到 2/3。

表 2.2　企业代表会在经济争议中的成功率（1920—1922）

	1919			1920			1921			1922		
	完全成功	部分成功	失败	完全成功	部分成功	失败	完全成功	部分成功	失败	完全成功	部分成功	失败
产业工人	813	2 285	584	887	2 171	635	699	2 613	781	1 013	2 994	841
农林工人	22	99	42	69	162	135	28	120	154	24	132	175
职　员	46	123	16	36	154	25	10	20	1	15	60	10
总　计	881	2 507	642	992	2 487	795	737	2 753	936	1 052	3 186	1 026
成功率	81.3%			77.3%			73.2%			75.8%		

资料来源：Joseph Streicher, *Die Beziehung zwischen Arbeitergeber und Arbeitnehmer seit 1918. Eine Untersuchung über die Entwicklung des Kräfteverhältnisses zwischen beiden Parteien unter besonderer Berücksichtigung ihrer Organisationen der Gewerkschaften und Unternehmerverbände*，弗莱堡大学法学系博士论文（未刊本），1924, S.58

三、社会效应

尽管从发展规模和职能发挥两项指标来看，企业代表会机制并未如乐观者想象得那样，推动一种"劳资关系的根本变革"（职员工会主席卡尔·吉贝尔语），[44]但它在社会层面上却掀起了劳资关系观念的变革浪潮。

从企业代表会的实践中，社会民主党与工会联盟[45]共同总结出"经济民主"的道路。如果说 1918—1919 年革命体现了社民党坚持以议会民主制为核心的政治民主道路，那么革命后该党除了继续强调政治民主之外，把更多的注意力放在了"经济民主"之上。

希法亭的"有组织的资本主义"观念是"经济民主"思想的理论前提。鲁道夫·希法亭（Rudolf Hilferding）是社民党职业活动家、国民经济学家。他在政治上属于"中派"，一战中曾同改良主义思想的代表爱德华·伯恩斯坦一起创建独立社民党。革命爆发后，他是社会化方案的主要支持者和筹划者，后两次担任共和国的财政部长。早在 1910 年，希法亭就发表了《金融资本》一书，系统研究过银行资本和工业资本融合之后资本主义发展的新模式。1915 年，他把资本主义的这种新模式概括为"有组织的资本主义"。在他看来，"有组织的资本主义"一方面避免了资本主义社会盲目竞争导致经济危机的体制问题，另一方面它也将促使资本主义日益集中化与计划化，"一旦金融资本把最重要的生产部门置于自己的控制之下，只要社会通过自觉的执行机关即被无产阶级夺取的国家占有金融资本，就足以立即获得对最重要的生产部门的支配权"，并通过它们来控制其他产业，从而在不自觉中实现社会主义取代资本主义。[46]在这种情况下，无产阶级既应该坚持斗争，又必须区分政治斗争与经济斗争的不同形式和任务。前者可以通过革命来完成，后者的目标则是"经济的民主化"。通过"经济的民主化"，工人阶级既可以在按官僚制组织起来的经济中（即宏观经济）获得地位的提升，又能够在经济组织内部（即微观经济）对生产进行程度不等的监督。如此一来，"社会主义"不再是为改善生活状况而适应资本主义的"抽象概念"，而是"工人为对有规则的和有组织的经济施加影响时需要直接实现的内容"。[47]

这一观念随后在社民党与工会联盟内产生了巨大影响，并获得广泛认同。1925 年社民党海德堡代表大会通过了新党纲，其中在"经济政策"中强调"发展经济委员会制度，使它能在保持与工会紧密合作的条件下行使工人阶级的参与决定权"。[48]这里的"经济委员会"指的是包括企业代表会在内的所有劳资共决机构。同年，工会联盟布雷斯劳大会任命了一个委员会，负责起草"经济民主"纲领。[49]劳动法学家胡戈·辛茨海默和希法亭学生弗里茨·纳夫塔利（Fritz Naphtali）等人参加讨论，希法亭被聘为顾问。1928 年 9 月，该委员会递交了"经济民主的方针"，并被汉堡大会接受。会后，纳夫塔利撰写了一本宣传小册子，题为《经济民主：本质、道路和目的》，全面阐发了经济民主的思想。该思想提出，经济民主是政治民主的必要补充，工人阶级只有在扩大和完善政治民主的同时，建立和发展经济民主，才能实现社会主义。经济民主包括四方面内容：创建自治经济团体、经济决策民主化、劳动条件民主化与教育事业民主化。其中，劳动条件民主化主要通过扩大劳动权和"企业民主"来实现。[50]在这一点上，基督教工会也表示认同，不过重点在于跨企业层面上的共决。[51]

由于"企业民主"被包含在经济民主之下，因而被视作"企业民主化"道路的企业代表会实践便成为经济民主的表现。这正好符合了工会联盟汉堡大会决议所指出的图景："经济民主化导致社会主义……改变经济制度不是遥远的未来目标，而是每天前进的发展过程。"[52]在这一意义上，经济民主思想既是企业代表会实践的理论总结，又为该体制的未来发展指明了道路。换言之，企业代表会体制的实践正是走向社会主义的必由之路。

对于工会联盟与职员工会而言，企业代表会还承担着另一项更为工具化的使命：成为"工会运动的有力臂膀"或工会"在企业中的桥头堡"。

工会联盟在革命中一直对企业代表会抱有怀疑和排斥立场，此时却采取了多种措施，以确保自己对企业代表会实践的控制。首先，它一再强调工会运动与企业代表会体制之间的紧密联系。在《企业代表会法》通过后不久，工会联盟率先制定了《企业代表会选举条例》，把经济领域的企业代表会选举界定为工会之间的竞争舞台。同年 6 月，在其发行的《企业代表会报》上，工会理论家们这样论证两者的联系："工会的前线在企业，而工会在这些企业中建立了企业代表会。企业代表会是一种前哨，可以让工会利益得到保证。"工会执委克莱门斯·诺佩尔(Clemens Nörpel)警告试图闹独立的企业代表会："企业代表会必须由工会掌控。因为企业代表会自己还没有足够的经济知识。如果企业代表会一意孤行，同样会使聪明的企业主将之闲置，从而加强企业主的单边权力。"最终，经济民主思想让工会联盟从理论高度完成了干预企业代表会实践的正当性论证。

其次，它极为重视每年的企业代表会选举。从 1920 年起，工会联盟都会在 2 月选举前公布自己的竞选口号，布置下属组织的准备任务，如"加强自由工会的斗争力量！"(1925 年)、"为了德国工会运动的统一！"

(1930年)。其目标很明确,即"尽可能地让更多的工会代表当选"。[53]

再次,它通过报刊与学校来开展企业代表会教育。1919年10月,职员工会创办《企业代表会》;1920年6月起,工会联盟创办《企业代表会报》。两报后来在1922年1月实现合并。此外,工会联盟在明斯特大学、科隆大学与法兰克福大学开办了"企业代表会"课程,讲授关于收支平衡的经济理论、世界经济的发展与组织、控制及劳动权等问题。职员工会从1925—1926年起有计划地进行知识普及教育,对进入监事会的企业代表会成员进行14天的培训。这一点同样获得中央政府的支持。在时任劳动部长、出身基督教工会的海因里希·布劳恩斯(Heinrich Brauns)看来,此举也有助于让企业代表会"非激进化"。[54]

最后,它还在组织上成立了企业代表会的中央领导机构。1920年5月,工会联盟与职员工会联合成立了"德国工会联盟与职员工会企业代表会中央组织执行委员会"。同年10月,该中央机构在柏林召开了第一次德国企业代表会全国大会。

总而言之,工会联盟与职员工会已经承认企业代表会作为调解企业内部劳资关系的机构,使之"工会化"成为它们不遗余力的目标。

作为1920年企业代表会机制的最大两个反对派,德国共产党和资本家利益团体,同样在企业代表会实践中发现了"积极因素"。

德共把企业代表会视作阶级斗争的新工具。它曾拒绝接受企业代表会体制这样一个"彻底摧毁社会革命思想"的制度,"完全控制权"是它的理想。[55]然而到1920年2月10日,它不仅通过了《参加企业代表会选举决议》,而且还在决议中阐述了自己的新理解:"……(企业代表会)不仅要影响工资与劳动条件,更应在革命的意义上影响生产与分配。"这便引发了所谓"革命性企业代表会运动"。该运动一方面努力使企业代表会发展成为共产党的统一机关,另一方面又不断鼓动现有的企业代表会革命化,实现企业内部的夺权计划。在德共中央委员会工会部出版的《企业代表会手册》(*Handbuch für Betriebs-Räte*)中如此强调指出:"革命的工人阶级更多的是为了让代表会成为工人阶级的独立权力组织。它应该控制生产,并与工会协同一致,通过工人阶级接手生产,为社会化做准备……企业代表会不仅在经济上获得影响力，而且还在政治领域中（施加影响力）。"[56]

资本家利益团体把企业代表会视作构建"企业共同体"的组织基础。企业共同体思想早在帝国时期已经产生，经过战时经济合作，逐渐被一部分资本家所接受。他们把企业共同体理解为"可以通过联合个人动机与满足自觉自治、来促进工人运动的整体社会式与整体经济式的团结"。劳资合作被誉为"德国特色的社会关系"。1924 年，约翰内斯·沃尔夫（Johannes Wolf）这样写道："劳资双方必须在实践中认识到：他们是相互归属的，他们有共同的利益，亦即支持企业、国家及其经济。他们不能相互斗争，而应该团结在一个劳动共同体下。"为此，德国企业家协会联合会（VDA）高层赫尔曼·迈斯格（Hermann Meissinger）公开号召"将企业代表会从工会阴影下解放出来"，使之成为企业共同体构建的机构。作为解放的方法之一，黄色工会再次得到资本家的青睐，其人数在 1925 年达到顶峰，为 25 万人，约占工人总数的 3％。[57]事实上，资本家希望通过割断企业代表会同工会运动的联系——这种联系被资本家污蔑为"企业外势力的暴力控制"——促进所谓"企业代表会工团主义"的产生，最终保障资本家的权益不受损害。

企业代表会实践还再次吸引了宗教界人士对劳资关系的目光。20 年代流行的基督教社会主义思想支持工人共决权的实践，并把它理解为从基督教责任意识出发的社会主义行动。[58]上文提及的劳动部长布劳恩斯就出身于基督教工会，他是企业代表会体制的积极支持者。在新教圈子中，保罗·蒂利希（Paul Tillich）是少数几位持"宗教社会主义"思想的神学家，并把企业代表会实践视作发现上帝辩证法的途径之一。[59]

知识界同样对企业代表会实践进行了积极回应。1925 年起，卡尔·阿恩霍尔德（Karl Arnohold）在杜塞尔多夫领导德国技术劳动教育研究所（Deutsche Institut für technische Arbeitsschulung，简称"丁塔"，Dinta）。丁塔致力于"如何培养德意志青年的精神"等研究，以让未来的工人们"具有合作精神"，消除企业中的劳资对立情绪。格茨·布里夫斯在柏林创建了企业社会学研究所（Institut für Betriebssoziologie），专事研究企业代表会体制下的劳资关系及其对企业生产效率的影响。1927年,在丁塔举办的 55 场会议上,便有 33 场的主题涉及矿场中的劳资事务。[60]事实上,正是企业代表会所象征的"阶级合作主义"模式,让身处阶级斗争弥漫环境下的知识分子们看到了未来发展的一种选择。

四、实践困境的原因

尽管企业代表会实践并非毫无成就,也从不同角度有助于社会各阶层调整各自劳资关系观,但是从整体上而言,它并未实现立法者的目标。尤其到魏玛末期,劳资斗争的现象重现,企业代表会的选举照旧,而其作用却不断被压缩。为何会出现这种情况? 我们可以从主客观两方面来探求其实践困境的原因。

从客观上来看,法律缺陷、经济动荡与资本家的阻挠是企业代表会实践不可回避的外部环境。

《企业代表会法》是一部具有划时代意义的劳动法规,但是它却十分遗憾地存在诸多漏洞:其一,作为一部保护劳动权的民法,《企业代表会法》没有明确自己同保护私有产权的其他民法之间的区别,因此在涉及到监事会中企业代表会成员查看财务报表与财务信息保密之间的矛盾时常常遇到司法纠纷;[61]与此相似,该法关于成立企业代表会的表述过于模糊,又没有设立监督机构,故而人们在企业代表会究竟是一种"公法组织"还是"私法组织"的问题上存在分歧,进而影响到企业代表会的成立比例。其二,作为革命时代的成果,《企业代表会法》既保留了革命时期人们对"劳工社会"的渴望,又带有某种现实主义的妥协痕迹,以至于在条文理解上留下了争论的空间。如关于企业代表会会议的召开时间,该法只是规定"尽可能在劳动时间之外进行","如果必须在劳动时间中进行,则须事先通知企业主"(第 30 条)。事实上,这种规定缺乏法律的弹性,容易引发纠纷。而在纠纷发生后,各地法院的判决居然还自相矛盾,如 1920 年哈瑙的调解委员会就认为"绝对不能在劳动时间之中进行",因为"这是危害企业利益的"。

经济动荡一向是社会政策的致命伤。在战后初期的社会背景中,《企业代表会法》更多地被视作一种社会政策,以稳定社会。尽管后来也出现致力于发现企业代表会经济作用的柏林企业社会学研究所，但是限于人们认识上的先入为主与企业代表会的有限实践，在当时看来，企业代表会实践仍然是同经济运行的周期形成紧密的正向关系。每逢经济萧条期间，企业代表会就无法正常发挥作用。1924年初，社会改革家海德（Heyde）就敏锐地发现，家长制作风再现重工业。以解雇为例，在鲁尔区的一家企业内，由于企业代表会的介入，出于工人自愿原因而解除的劳动关系比例曾经从1924—1925年间的30％上升到1928年的62％，但随着经济形势的持续恶化，到1932年又下降到7％；同样，在参选率上，经济形势也成为重要的影响因素，在上述企业中，参选率从1928年的73.3％下降到1930年的64.5％。[62]

　　资本家的敌视同样是企业代表会实践所不可控制的外部力量。与那些幻想从企业代表会实践中建构所谓企业共同体的资本家不同，持家长制作风的资本家从一开始就不欢迎企业代表会，更遑论它对于经营权的干涉。早在1921年，德意志工厂主联合会（Der Deutsche Werkmeister-Verband）便赤裸裸地表示，1920年法"实际上只是一张纸而已"。[63]20年代初，资本家利益团体委托法学家，出版了数本从理论上驳斥《企业代表会法》的著作，强调资本家的经营主权。与此同时，他们还借助媒体来攻击企业代表会的无能，如1921年11月，多特蒙德商会就公开表示"最近的经验证明，企业代表会并没有能力保障危机之前的企业……我们更不能知道的是，企业代表会是否对于促进劳资和平具有价值"。

　　从主观上来看，企业代表会成员的能力不足、雇员们的期望过高以及把企业代表会工具化的各类观念都在不同程度上缩小了企业代表会实践的空间与效果。

　　企业代表会成员的能力远远低于法律所设想的程度。工人或职员出身的企业代表会成员大多缺乏必要的知识教育，无法发现和理解企业经营中的问题。无论是政府的监督部门还是工会高层都发现，企业代表对雇员们提出的各种抱怨和问题"没有做好准备"，只能直接回绝。而工会联盟与职员工会提供的教育课程往往或因资金短缺而中断，或因占用劳动时间而取消。

雇员们对企业代表会作用的期望过高,以至于失望也就越大。且不论那些沉浸于革命性企业代表会运动、幻想夺取"完全控制权"的工人们根本无法接受以劳资和谐为目标的企业代表会,事实上大部分雇员都体现出一种"不坚决与漠视"的态度,甚至对企业代表会实践存在"不理解的批评"与急于求成的心态。对此,企业代表会成员的更迭频率颇能反映问题。从短时段或个别行业/企业来看,企业代表会成员的连任率似乎不算太低:1924年,在矿区的2 385名企业代表会委员中,1 763人的在任年限至少2年,600多人已经超过4年;同样,在1926年的西门子,在340名企业代表会委员中,只有64人刚刚当选,179人的任期已经超过3年。[64]但从长时段和大范围来看,情况却正好相反:1920年初企业代表会委员的连任率为7%,1921年为4%,1922年为8%,1924年为11%,1925年为10%,到1929年才达到55%。[65]符腾堡的监督机关这样报告道:"在许多企业中,选举产生一个合适的企业代表会变得越来越困难……企业代表会,特别是领导们,在过去一年中都换过了,因为他们的部门很少受到感谢。"《企业代表会报》则在1922年这样总结说:"结果是……企业代表会选举必须停下来,因为无人有兴趣,在没有得到其他人的支持下,再次选举会遭到攻击。"五金工会也发现:"许多同事坚决拒绝了再次选举,人们问他们原因,人们则异口同声地回答:我们太累了,日复一日地同企业领袖谈判,因此还被企业中的一些人厌恶和怀疑。"[66]此外,企业代表会出现官僚化的趋势也让雇员们产生一种不信任感,因为官僚化曾被宣扬为"资本主义文化"的象征。

最后,正如上文已经指出的那样,把企业代表会工具化的各类观念虽然从不同角度为企业代表会实践输送了理论资源,在一定程度上为其正当性做辩护,但是它们之间形成了争论却使得企业代表会实践存在的同一时空环境变得更为碎裂化。各种支持演化为控制力,并纠结在一起,构成了企业代表会实践的交往困境。

1930年,作家恩斯特·弗伦克尔曾在《十年〈企业代表会法〉》一文中,把1920年企业代表会体制称誉为"充满了普遍的对于进步崇拜的思想",它"不仅是无产者解放的结果,还吹响了人类尊严的号声"。

事实证明,这种评价过于理想化。在 14 年的实践历程中,新制度为观察家们提供的不仅仅是一幅高歌行进的画面,而且还是枝蔓盘错的现代图景。它既展示了革命带来的新思想、新气象和新关系,又无时不刻地反映着魏玛时代崎岖不平的坎坷道路,同时又与社会各阶层的认知发展形成了互动关联。

因而,1920 年企业代表会体制的实践历史再次印证了 20 世纪 20 年代德国社会不断紧张的劳资关系以及这种关系背后的社会张力。在一个社会利益不断裂化、彼此立场极端差异、经济困境时隐时现的时代与国家中,以妥协为目标的企业代表会实践无法得到广泛认同,更无从实现立法者的初衷。

小　结

本章讨论的是 1920 年企业代表会体制产生的现实背景、建构过程与实践活动。

1918—1919 年革命是 1920 年企业代表会体制产生的现实前提。没有革命,代表会思想与代表会运动无从谈起,企业代表会的组织形式自然也不会产生。革命虽然没有缔造一个真正的"劳工社会",却为劳工的共决诉求提供了重要的思想资源和现实契机。从这一点而言,革命的推动力决定了 1920 年企业代表会体制所蕴含的创新性。

然而新体制的建构过程却充满着历史记忆的影响力。无论是立法中的议决模式,还是把企业代表会原初的"完全控制权"理想拉回到"共决权"现实中,都无一不体现着战前左翼工人运动与资产阶级自由主义者对劳资关系的基本定位。他们的权力地位决定着 1920 年企业代表会体制最终延循着传统方向而前进。

创新与传统之间的张力直接导致 1920 年企业代表会体制在实践中的收获与问题。"横看成岭侧成峰"的感觉既让它找到了支持者,又使一大批人感到不满。现实与法律文本之间的差距又远远超出了立法者的想象，而短暂的魏玛历史也没有给予新体制平坦又充分的施展空间。这使得企业代表会体制的第一次正式实践很快迎来它的谢幕时刻。

注　释

[1] 关于 1918—1919 年革命的史学研究及其反思，可着重参见 Reinhard Rürup, *Die Revolution von 1918 / 19 in der deutschen Geschichte*, *Vortrag vor dem Gesprächskreis Geschichte der Friedrich-Ebert-Stiftung in Bonn am 4. November 1993*, Bonn: Friedrich-Ebert-Stiftung, 1993.

[2] Richard Bessel, *Germany after the first world war*. Oxford: Clarendon Press, 1993, p.1.

[3] 战争期间的通货膨胀是德国人近 40 年来从未面对过的恐怖经历。1900 年时，德国的物价相当于 1871 年。从 1900 年到 1913 年，物价仅仅上涨了 23.4%。然而到 1915 年，德国的通货率达到了过去 45 年的总和。参见 Ibid., pp.31—36.

[4] Ibid., p.46.

[5] 关于"革命者领导团体"，可参见孟钟捷：《1920 年〈企业代表会法〉发生史研究》，第 75—78 页。

[6] Jürgen Kocka, *Klassengesellschaft im Krieg. Deutsche Sozialgeschichte 1914—1918*, S.174.

[7] 各种方案的立足点不同，但大多指向劳动力再分配、生产布局调整等问题。参见 Richard Bessel, *Germany after the first world war*. pp.49—68.

[8] Hartmut Schustereit, *Linksliberalismus und Sozialdemokratie in der Weimarer Republik. Eine vergleichende Betrachtung der Politik von DDP und SPD 1919—1930*, Düsseldorf: Pädagogischer Verlag Schwann Düsseldorf, 1975, S.21—22.

[9] 参见陈从阳：《美国因素与魏玛共和国的兴衰》，中国社会科学出版社 2007 年版，第 58—62 页。

[10] 关于这一点，可参见孟钟捷：《1920 年〈企业代表会法〉发生史研究》，第 55—57 页。

[11] 关于基尔水兵起义经过的研究，可参见 Eberhard Kolb, *Die Arbeiterräte in der deutschen Innenpolitik 1918—1919*, Frankfurt a. M.: Ullstein, 1978, S.71—73.

[12] 以下内容可进一步参见孟钟捷：《1920 年〈企业代表会法〉发生史研究》，第 64—97 页。

[13] 在德国的近代历史中，"资产阶级"（Bürgertum）从来都不是一个具有统一内涵的概念。与此相似的是，历史中的"资产阶级"也从来都不是一个具有相同自我意识的社会阶层。

［14］参见双方之间的通信记录,载孟钟捷:《德国 1920 年〈企业代表会法〉发生史研究》,附
　　　录一(13),第 298 页。

［15］Gerhard A. Ritter & Susanne Miller: *Die Deutsche Revolution*, *1918—1919*: *Doku-
　　　mente*, Hamburg: Hoffmann und Campe Verlag, 1975, S.113、248、357.

［16］Ibid., S.49—250.另参见孟钟捷:《寻求黄金分割点:联邦德国社会伙伴关系研究》,第
　　　36—54 页。

［17］孟钟捷:《德国 1920 年〈企业代表会法〉发生史研究》,第 57—61 页。

［18］同上,第 100—117 页。

［19］同上,附录一(15)、(18),第 299—300、302—303 页。

［20］Eberhard Kolb, *Die Arbeiterräte in der deutschen Innenpolitik 1918—1919*, S.91—93.

［21］Peter von Oertzen, *Betriebsräte in der Novemberrevolution. Eine politikwissen-
　　　schaftliche Untersuchung über Ideengehalt und Struktur der betrieblichen und
　　　wirtschaftlichen Arbeiterräte in der deutschen Revolution 1918/1919*, Berlin / Bonn-
　　　Bad Godesberg: Verlag J. H. W. Dietz Nachf., 2. Auflag, 1976, S.78.

［22］Ibid., S.111.

［23］Ibid., S.80.

［24］具体条文参见孟钟捷:《德国 1920 年〈企业代表会法〉发生史研究》,附录一(27),第
　　　310—311 页。

［25］同上,第 121—145 页。

［26］以下内容若无特别注明,均引自同上,第四章。

［27］Erich Potthoff, *Zur Geschichte der Montan-Mitbestimmung*, S.1—2.

［28］该法原文收录于孟钟捷:《德国 1920 年〈企业代表会法〉发生史研究》,附录二,第
　　　352—379 页。以下若无特别注明,均引自同上,第 236—240 页。

［29］以下内容若不特别注明,均引自孟钟捷:《德国 1920 年〈企业代表会法〉发生史研究》
　　　第五章。其中论述结构略做调整。

［30］Ernst Fraenkel, "Zehn Jahre Betriebsrätegesetz", in: Thilo Ramm(Hg.), *Arbeitsrecht und
　　　Politik. Quellentext 1918—1933*, Neuwied am Rhein/Berlin-Spandau: Luchterhand,
　　　1966, S.97—122, 此处是 S.97。

［31］Adam Stümpfig, *Die Stellung der Arbeitnehmer Bayerns zum Betriebsrätegesetz*, 慕
　　　尼黑大学政治系博士论文(未刊本),1927, S.16.

［32］Werner Plumpe, *Betreibliche Mitbestimmung in der Weimarer Republik. Fallstudien
　　　zum Ruhrbergbau und zur Chemischen Industrie*, S.196.

［33］R. Crusius u.a., *Die Betriebsräte in der Weimarer Republik*, S.235.

［34］Adam Stümpfig, *Die Stellung der Arbeitnehmer Bayerns zum Betriebsrätegesetz*.

S.27.

［35］Werner Milert & Rudolf Tschirbs, *Die andere Demokratie. Betriebliche Interessenvertretung in Deutschland*, *1848 bis 2008*, S.175.

［36］Werner Plumpe, *Betreibliche Mitbestimmung in der Weimarer Republik. Fallstudien zum Ruhrbergbau und zur Chemischen Industrie*, S.317—318.

［37］Kurt Brigl-Matthiass, *Das Betriebsräteproblem im der Weimarer Republik*（1926）, Berlin: Verlag Olle & Walter, 1970, S.160—161、176—178.

［38］Werner Milert & Rudolf Tschirbs, *Die andere Demokratie. Betriebliche Interessenvertretung in Deutschland*, *1848 bis 2008*, S.209.

［39］Ibid., S.210.

［40］Hans Pohl und Wilhelm Treue, *Mitbestimmung. Ursprünge und Entwicklung*, S.36.

［41］Hans-Böckler-Stiftung, *Die Praxis der Weimarer Betriebsräte im Aufsichtsrat*, Köln: Bund-Varlag, 1986, S.151.

［42］Emil Frankel, "The Eight-Hour Day in Germany", *The Journal of Political Economy*, V.32, N.3(1924), pp.315—335; 此处是 p.321.

［43］Gerald D. Feldman, Irmgard Steinisch, "Die Weimarer Republik zwischen Sozial- und Wirtschaftsstaat. Die Entscheidung gegen den Achtstundentag. Hans Rosenberg zum kommenden 75. Geburtstag gewidmet", *Archive für Sozialgeschichte*, 1978, S.361、365.

［44］Hans-Böckler-Stiftung, *Die Praxis der Weimarer Betriebsräte im Aufsichtsrat*, S.7.

［45］革命后，自由工会更名为全德工会联盟（ADGB）。

［46］Heinrich Winkler, "Einleitende Bemerkungen zu Hilferdings Theorie des Organisierten Kapitalismus", in: ders.（Hrsg.）*Organisierter Kapitalismus, Voraussetzung und Anfänge*. Göttingen: Vandenhoeck & Ruprecht, 1974, S.9—11.

［47］参见殷叙彝:《从"有组织的资本主义"到民主共和国崇拜——论鲁道夫·希法亭的国家观》,《当代世界社会主义问题》2003 年第 2 期;Hans Diefenbacher & Hans G. Nutzinger, （Hrsg.）, *Mitbestimmung: Theorie, Geschichte, Praxis. Konzepte und Formen der Arbeitnehmerpartizipation*, S.84—89.

［48］《德国社会民主党纲领汇编》,第 35 页。

［49］有关布雷斯劳大会上的争论,可参见 Michael Louis, *Der Begriff der „Wirtschaftsdemokratie." Eine problemgeschichte Untersuchung zum deutschen Wirtschaftsverfassungsrecht*,明斯特大学法学系博士论文（未刊本）, 1969, S. 38—40;Rudolf Kuda, "Das Konzept der Wirtschaftsdemokratie", in: Heinz Oskar Vetter(Hrsg.), *Vom Sozialistengesetz zur Mitbestimmung. Zum 100. Geburtstag von Hans Böckler*, Köln:

Bund-Verlag, 1975, S.262.

[50] 曹长盛主编:《两次世界大战之间的德国社会民主党(1914—1945)》,北京大学出版社 1988年版,第157—158页。

[51] Franz Josef Stegmann, *Der soziale Katholizismus und die Mitbestimmung in Deutschland*, *Vom Beginn der Industrialisierung bis zum Jahr 1933*, S.148—149、160—165/175.

[52] [德]洛塔尔·贝托尔特等:《德国工人运动史大事记》第2卷,孙魁等译,人民出版社 1986年版,第236页。

[53] 1920年工会联盟《企业代表会选举条例》第1条。参见孟钟捷:《德国1920年〈企业代表会法〉发生史研究》,附录一(53),第347页。

[54] Werner Milert & Rudolf Tschirbs, *Die andere Demokratie. Betriebliche Interessenvertretung in Deutschland*, *1848 bis 2008*, S.196.

[55] 见1920年1月12日德共与独立社民党联合发布的《反对〈企业代表会法〉号召》与1月14日《红旗报》刊登的《反对〈企业代表会法〉号召》。参见孟钟捷:《德国1920年〈企业代表会法〉发生史研究》,附录一(48)、(49),第340—342页。

[56] *Handbuch für Betriebs-Räte*, Berlin: Vereinigung Internationaler Verlagsanstalten, 1927, S.143、148.

[57] Christopher Rea Jackson, *Industrial Labor between revolution and repression*: *Labor law and society in Germany*, *1918—1945*,哈佛大学博士论文(未刊本),1993, p.712. 另可参见孟钟捷:《寻求黄金分割点:联邦德国社会伙伴关系研究》,第16—22页。

[58] Helga Grebing, *Geschicte der sozialen Ideen in Deutschland*, S.486.

[59] Ibid., S.633—642.

[60] Werner Milert & Rudolf Tschirbs, *Die andere Demokratie. Betriebliche Interessenvertretung in Deutschland*, *1848 bis 2008*, S.221.

[61] 1930年,国家劳动法庭还为此专门做出过判决。参见 R. Crusius u. a., *Die Betriebsräte in der Weimarer Republik*, S.238。

[62] Werner Milert & Rudolf Tschirbs, *Die andere Demokratie. Betriebliche Interessenvertretung in Deutschland*, *1848 bis 2008*, S.78、230.

[63] Ibid., S.53.

[64] Ibid., S.199—200.

[65] Hans-Böckler-Stiftung, *Die Praxis der Weimarer Betriebsräte im Aufsichtsrat*, S.139.

[66] Kurt Brigl-Matthiass, *Das Betriebsräteproblem im der Weimarer Republik* (1926), S.151.

第三章 在强权下的消亡：
纳粹德国时期企业代表会体制的命运[1]

本章讨论纳粹政权上台前后对企业代表会体制发展的影响。这里提出的问题是：反对魏玛社会政策的纳粹党是如何看待企业代表会体制的？它为何以及如何取缔企业代表会体制？纳粹时期的劳资关系发生了哪些变化？

本章分为三节。第一节分析纳粹党的劳资关系观及其早期企业代表会政策，第二节关注纳粹政权上台后废除企业代表会体制的前因后果，第三节勾勒纳粹极权体制下企业内部信任代表会制度的建立和运行。

第一节　纳粹党的劳资关系观及其早期企业代表会政策

工人问题在纳粹运动中始终占据重要地位。1926 年，希特勒在汉堡"1919 民族俱乐部"中指出，如果不解决工人问题，不让"具有反民族意识"的德国工人重新获得共同的民族感，"任何关于重新崛起的话都是空谈。这是关系到德意志民族存亡的问题。"[2]纳粹主义者一直认为，德国在一战中失败不是由于德国军事力量或者物资供给所致，而是德意志民族内部出现了背叛者，以至于民族内部崩溃。希特勒写道："德国在战争中输了，因为缺少了最主要的东西，即民族团结一致和对民族自由的渴望。"[3]导致民族内部分裂的罪魁祸首是"犹太马克思主义"，因为犹太人发明了马克思主义，发明了"阶级斗争"，使德国民族内部出现劳资内耗，破坏了民族经济，并用国际主义将工人与德意志民族及祖国分裂开来。[4]

在上述逻辑的支持下，纳粹党制定了自己的"奋斗"目标，即重新凝聚德意志民族，将其打造成一个"民族共同体"（Volksgemeinschaft），以对抗马克思主义的阶级斗争思想。换言之，民族共同体既是纳粹主义意识形态的核心概念，也是纳粹主义解决德国劳资矛盾的思想武器。

一、用"民族共同体"解决工人问题

纳粹党用民族共同体思想解决工人问题，并非从单个企业的角度来看待劳资矛盾，而是从整个民族角度出发。民族共同体是"民族的社会主义"（der nationale Sozialismus）的同义词，其核心是"民族、种族"[5]。希特勒曾提出，"社会主义这个概念被马克思主义歪曲了"，[6]"如果我们是民族的社会主义者，那么我们理解的社会主义不是企图通过权利平等搞平均……我们理解的社会主义是，我们不仅仅只是保障每个族民（Volksgenosse，或译"民族同志"——引者注）的公平，而且还要求整个民族对外的最高权利。所以我们是民族的社会主义者。如果整个德意志民族在世界上无法生存，那么单个族民的幸福就不可能实现"。[7]德意志民族要团结起来，为整个民族的生存能力而斗争，这是由纳粹主义的世界观所决定的，因为"纳粹主义观念与无产阶级和资产阶级观念的根本区别在于，他们认为世界政治的历史进程不是社会和经济的冲突，而是各民族与各种族的力量斗争"，[8]特别是同犹太人的斗争。由此，希特勒强调，"真正的社会主义者""把民族的幸福作为最高理想"。[9]所有的"族民"，无论是体力劳动者还是脑力劳动者，无论是工人还是企业主，都应为民族的兴旺贡献力量，并把自己的私利置于民族利益之下。

希特勒希望用纳粹世界观教育把劳资双方的注意力从阶级冲突和工资薪水等物质利益上转移，以此养成民族共同体精神。希特勒从未否定过物质条件的重要性，如他在《我的奋斗》中明确写道，"阶级问题不仅仅是意识问题"，[10]在《第二本书》里也肯定"位于所有生存必需之首的是为每天的面包而奋斗"。但他同时又认为，世界观具有比物质利益更为重要的作用，"一个天才的人民领导层可以把伟大的目标放在人民眼前，从而把他们的注意力从物质的东西上转移开，让他们为杰出的精神、理想服务……因此人们可以忍受一定的物质限制"。[11]因此，在纳粹主义国家中，劳资双方不应该总是围绕着工资问题争论不休，而应该把眼光放在民族利益上。

那么，该如何让工人重新融入德意志民族，让他们重新拥有民族思想呢？1925年6月，《民族观察家报》(Völkischer Beobachter)这样写道："工人要重新获得民族感，具有民族思想和采取民族行动，首先就必须获得社会满足感。"[12]这种社会满足感首先是获得社会的承认和尊重。如纳粹左翼高层格雷戈尔·施特拉瑟(Gregor Strasser)所言，"(资产阶级及其政党们)没有在运动中感觉到上百万人的呼声，不把他们当作享有平等权利的人而纳入德意志民族……如果他们这样做了，那么他们就能够在民族的框架中抵挡住工人运动，能够出于民族义务而控制该社会问题，并按现有的可能性去解决它；如果他们保护了德国工人运动免遭犹太人阶级仇恨意识的煽动，那么德国则是世界上第一民族。"[13]此外，工人还必须得到生活保障。这种生活保障不是体现在工资的增加上，而是体现在社会福利之中。

这一点尤其体现在纳粹主义者把普鲁士精神与社会主义联系起来的行动中。[14]1932年，纳粹党的《进攻报》(Der Angriff)写道："普鲁士精神一直是强烈的民族主义……我们在考虑其他事情之前，先要给我们的族民面包、工作和自由。"[15]希特勒也认为，"德国公务员系统和德国陆军是社会主义组织的范例。"[16]特别是公务员系统，一方面集中体现了普鲁士美德，值得族民学习，另一方面他们所享有的物质保障是纳粹解决工人问题的榜样。希特勒在《我的奋斗》中赞扬国家赋予公务员的退休金保障，"国家公务员在老年时有保障，能促使他们履行各种无私的义务，这是战前德国公务员最高尚的特点。用这样聪明的方式把整个阶层从社会贫困中解救出来，让他们融入民族整体中"。[17]用社会福利的方式将工人拉入民族共同体，提高工人在民族共同体中的社会地位，正是纳粹党吸引工人的策略之一。

一言以蔽之，纳粹党解决工人问题的出发点在于民族存亡和民族利益。那么，纳粹党上台之前对于未来的劳资关系是否有过具体设想？党内的左派和右派之间是否存在意见分歧？

二、经济纲领中的劳资关系观及其争议

1933 年前，纳粹党制定的经济纲领不多，而经济纲领中提及劳资关系的地方更少。《二十五点纲领》只反映出纳粹党经济观念的最初萌芽，根本没有细化到企业内部的劳资关系。[18]

1926 年 1 月 26 日，纳粹党左翼在汉诺威召开大会。在没有征得希特勒的同意下，大会抛出了由格雷戈尔·施特拉瑟起草的《民族的社会主义全面纲领计划草案》。在该草案中，关于劳资关系的条款强调了工人地位，要求在"行业结构"[19]中成立由工人组成的"劳动协会（Arbeitskammer）"，20 人以上企业中的雇工组成一个"工厂共同体（Werksgemeinschaft）"，并获得 10％ 的企业股票。这里的"工厂共同体"与"企业代表会"类似，属于职工利益代表机构，而且还拥有了经济方面的共决权。[20]

对此，慕尼黑纳粹党总部迅速作出反应。纳粹经济学家费德尔（Friedrich Feder）于 1927 年 8 月以纳粹党总部的名义发表了《纳粹党纲领及其世界观基本观点》，否定了纳粹左派纲领草案，针锋相对地提出，"为促进共同的福利和文化，所有德国人组成一个工厂共同体"，"所有生产行为的参与者按照成绩和年龄参与工厂利润分配"。但他同时表示，纳粹国家如何解决这个问题，"不在这里进行讨论"，他个人认为参与利润分配的最好形式就是降低物价。由于此前纳粹党全体成员大会曾决定《二十五点纲领》不得更改，因而费德尔表示他的观点并非是对纲领的更改，而是对它的详细解释。他在该小册子的前言中写道："1926 年魏玛党代会决定出版一系列宣传纳粹党重要政治观点的小册子"，"希特勒委托我出版这些小册子"，"感谢希特勒阅读了我的手稿"。[21]

费德尔是否真的受到希特勒的委托而出版这一小册子，我们不得而知。但由于 1930 年前费德尔是纳粹党党纲撰写的主要负责人，所以这份小册子也能在一定程度上体现纳粹党的观点。不难看出，费德尔代表的纳粹党右翼反对建立单纯的工人协会，而且要求所有德国人组成一个工厂共同体。此处，与其说工厂共同体是一个经济概念，不如说它是民族共

同体的另一种提法。

纳粹党着手制定切实可行的经济纲领是在1931年。1930年9月，纳粹党在国会选举中大获全胜，得票率从2.6％上升到18.3％，获得107个议席，一跃成为国会第二大党。希特勒决定开始为上台做准备。他下令在慕尼黑的纳粹党全国领导机构中设立"第二组织部（Organisationsabteilung II）"，由康斯坦丁·希尔（Konstantin Hierl）领导，下设经济政策处（Wirtschaftspolitische Abteilung，简称WAP），由奥托·瓦格纳（Otto Wagner）领导。1931年1月经济政策处接到任务，着手重新定义党的经济目标，制定切实可行的经济计划。[22]

1931年3月5日，康斯坦丁·希尔签署了一份名为《纳粹党的经济政策基本观点与目标》的草案，其中规定，"国家能够为了整体利益而限制个人的自由，也拥有最高国民财产支配权，有权干涉经济生活，进行调解和规定。国民经济服从政治手腕。""对自由企业家的自主权，在涉及财产获取和使用的方式上，将通过法律进行限制"。除明确国家与经济的关系外，草案也设计出未来企业内的劳资关系："在保障工人社会福利的法律框架内，纳粹主义赋予经济领袖在企业内的权威性领导权"。[23]1931年12月，经济政策处（WAP）的会议记录显示，纳粹党上台后要颁布一部"劳动法"来"规定工资、薪酬和劳动问题"，若产生争议，由"调解人"作出决定，而且他"做决定时不需要通过个别法官的表决"。[24]

这些规定虽然称不上具体详细的计划，但我们也能从中看出纳粹党对未来劳资关系设计的雏形：企业内不搞民主制，而是执行"领袖原则"；资本家是未来企业的领导者，应该获得单独决定权，但其权力同时会受到限制；国家保留对企业的干预权。该草案中很多设想在纳粹上台后成为了现实。

然而希特勒并未批准该草案的面世。此时正在寻求经济界支持的他担心该草案会引起经济界的不安。[25]尽管如此，这份草案仍然是反映纳粹党上台前劳资关系观的罕见史料。

1932年7月国会大选前，格雷戈尔·施特拉瑟发表了《紧急纲领》[26]，为纳粹党大选成功做出了重要贡献。该纲领主要阐述纳粹党解决就业问题的方案,但并未提到劳资关系问题。尽管如此,由于大工业强烈反对工业国有化,大选获胜 7 周后,希特勒下令立即收回该纲领。在 1932 年 11 月的国会选举中,纳粹党用费德尔起草的《经济建设纲领》来取代《紧急纲领》,而《经济建设纲领》中也没有提及劳资关系。

为什么纳粹党迟迟不制定明确的经济政策和劳工政策? 这是由多方面原因造成的。一方面它是希特勒玩弄的政治花招,以便借助模糊政策来讨好各阶层的选民。另一方面,它又同希特勒"政治优先"的态度息息相关。希特勒从未把制定经济政策视作上台前的主要任务。他在《我的奋斗》中就写道,"过早把伟大的政治世界观的斗争与经济事务联系起来是危险的",[27]因为这会让纳粹运动偏离"政治斗争"的主旨,削弱纳粹运动的力量。

此外,更为重要的原因则是党内施特拉瑟派与希特勒派之间的分歧,使得纳粹党上台前无法提出统一的经济纲领和劳工政策。

在劳资关系观上,施特拉瑟派(左派)与希特勒派(右派)的共识是用领袖原则取代民主式劳资关系。《进攻报》写道:"就像纳粹主义拒绝将民主作为政治统治形式一样,它也拒绝将之作为经济统治形式。"[28]《民族观察家报》也这样认为:"一个议会式的企业领导层……简直是荒诞不经的想法。一个经济企业的兴衰常常依赖于快速的决定,如果企业领导层意见不统一的话,就只能眼睁睁地看着开支增加,所以企业只能按照君主制的方式来领导。"[29]在信奉社会达尔文主义的纳粹分子眼里,资本家经过激烈的经济竞争筛选,被证明具有"天生的优势",[30]因此根据精英领导原则,他应该获得绝对领导权。

两派都特别强调资本家的领导权是"在保障工人社会福利的法律框架内"[31]获得的,即资本家获得领导权的前提是承担企业的社会福利义务。在他们看来,理想的企业主是目标明确、会算计、有行动能力的经济领袖,并且能够满足工人的社会福利要求,鼓动追随者,带有明显的家长特征,只有这样的社会经济领袖才能为提高民族生产打下企业基础。阿尔弗雷德·克虏伯(Alfred Krupp)正是纳粹心目中的模范企业家。克虏伯公司是个父权式的企业,阿尔弗雷德·克虏伯的名言是"在我家和我的地盘上,我是主人而且一直是主人"。[32]他拒绝让工人参与盈利分红,但通过各种企业福利政策建立员工与企业的紧密关系,如退休的"老克虏伯人"定期聚会、对年轻职工进行培训、经常举办部门庆祝会和郊游、办企业报、成立企业体育协会、建设企业医院与住房等。1907 年,公司已建设4 560 套住房,1925 年"每 10 个埃森人中就有一个住在克虏伯的住房内"。一旦职工参加罢工,就无法享受企业福利。由于害怕失去企业福利待遇,克虏伯的很多职工不敢参加共产党组织的游行示威。[33]"克虏伯式的企业共同体"常常受到纳粹报纸的吹捧,"他在他的企业中建立了一个抵抗红色欺骗的堡垒……如果所有的德国工业家都能这样,那么社会民主的种子就不会生根发芽!"[34]除克虏伯之外,其他在企业中实行福利政策的企业家如曼内斯曼(Mannesmann)、西门子、蒂森、恩斯特・阿贝(蔡斯光学)等也受到纳粹党的褒扬。

左、右翼的分歧主要集中在两个问题上:国家对经济的干预幅度和工人利益代表组织(即工会问题)的作用评价上。

第一,两派都同意国家保留对经济的干预权,但左翼要求国家对大企业实施国有化,而这一点遭到希特勒的反对。希特勒批评大多数资本家缺乏整体眼光,把工人推向了马克思主义。因此,《纳粹党的经济政策基本观点与目标》草案规定纳粹国家在承认私有制的情况下,必须保留国家对经济的"干预权(警告、处罚、国家监督、国家管理、没收财产)","国家经济领导不能仅限于监督和事后干预,而是应提前让国民经济导入符合完成民族任务的轨道"。[35]然而纳粹左翼不仅要求国家保留干预企业事务的权力,而且还希望通过国有化把部分企业置于国家控制之下。格雷格尔・施特拉瑟在 1932 年的《紧急纲领》中要求"没有解散的垄断企业立即国有化","所有股份公司必须处于国家监督之下"。[36]其弟奥托・施特拉瑟(Otto Strasser)随后提出建立工厂领袖、职工和国家三方组成的"工厂合作社(Fabrikgenossenschaft)"。[37]这种"工厂合作社"建立在"反对私有制和要求生产资料国有化"[38]的基础之上,完全不同于希特勒维护经济私有制的态度。1931 年,希特勒在同《莱比锡最新消息报》编辑谈话时说:"我党在经济纲领中的基本思想只有一个,即权威思想……我希望,每个人都应该保留他所获得的财产,原则是:共同利益高于个人利益。只是国家要保留控制权,每个财产所有者应该认为自己是国家的委托人。他有义务不滥用财产来损害族民的利益……第三帝国将一直保留对财产所有者的控制权。"[39]

第二,在工会问题上,希特勒的态度始终含糊不清,而施特拉瑟派则明确要求建立纳粹工会。希特勒在《我的奋斗》中曾谈到过工会问题,但对于是否应保留工人利益代表组织,特别是应否建立纳粹工会问题,却前后矛盾。在第一卷中,希特勒肯定"单个工人从来都无法对付强大的企业主的力量",[40]因此工人有权组织起来集体与雇主谈判,"只要雇主社会福利意识不强,或者甚至缺少法律意识,那么他的职工作为我们民族的组成部分,不仅有权利,而且有义务,反对个别人的贪婪和不理智,保护大家的利益。"[41]但希特勒并不赞成德国的现存工会,指责社民党让工会远离了原有的职能,即"维护工人普遍的社会权利,为工人争取更好的生活条件"的职能,而把工会变成了"政治斗争的工具",以致破坏了民族经济并最终摧毁整个国家。在该书的第二卷中,希特勒用了整章(第 12 章)来阐述他的工会观。他认为纳粹工会有利于对劳资双方进行纳粹主义教育,以消灭阶级斗争思想,培养民族共同体思想。此外,纳粹工会作为"职业代表机构",将是"未来经济议会和行业工会的砖瓦"。由此,"纳粹运动必须承认自己建立工会的必要性"。希特勒甚至赞成纳粹工会在纳粹国家成立之前参与罢工。但在后半章中,他又反对建立纳粹工会,其原因在于:资金困难;缺乏合适的领导纳粹工会运动的人选;害怕偏离纳粹运动的政治轨道。最后,希特勒只能建议工会成员:或从现有的工会中退出;或继续保留成员身份,以"发挥破坏作用"。[42]

相反,纳粹党左翼却一直坚持工会在纳粹夺权后仍应继续存在的立场。格奥尔格·施特拉瑟说,纳粹"不反对工会,而是反对工会的错误政策,因为它们一方面思想上受到马克思主义影响,另一方面组织上受到社会民主党的影响。"[43]1931 年,纳粹企业支部运动(Nationalsozialistische Betriebszellen-Organisation,以下简称"纳粹企业支部"(NSBO)[44])领导人穆霍(Reinhold Muchow)提出,"我们希望工会能作为纳粹行业议会的基石保留下来。"[45]他认为,纳粹党应恢复工会的传统职能,使之成为"经济利益代表和职业文化联系纽带,为民族和国家服务"。[46]他坚持工会的"非政治化"、"从马克思主义的荒谬思想中解放出来",要求现有工会彻底转变。整个社会福利政策范围内的事务将继续由工会负责,如"集体工资、劳动保障、卫生、职业培训"。[47]

三、纳粹企业支部运动

虽然在工会问题上,希特勒既不明确表态,也缺乏重视,但底层的纳粹党组织在开展工作时却不得不面对这一问题。1931年,南汉诺威-不伦瑞克大区的纳粹党宣传部报道说,每次做工人工作时,他们都无法回避纳粹党对工会问题的态度:"工人想知道,纳粹国家会给他们提供什么经济上的保障。"[48]"为了减少追随者缺乏保障的感觉",[49]北方的纳粹党左翼开始在企业内建立纳粹基层组织。

1927年底,柏林成立了第一批企业支部。由于纳粹党在柏林遭禁,纳粹成员零星地组织了一些协会,如"德国工人、漫游者和教育协会"、选民共同体、选民协会等。柏林制动厂(Knorr-Bremse AG)内也建立了"纳粹选民"组织,由约翰内斯·恩格尔(Johannes Engel)领导。不久,他在此基础上建立了"纳粹企业支部组织"。1927年12月21日,柏林制动厂选出了第一个纳粹企业代表会,恩格尔成为第一个纳粹企业代表会成员。[50]

纳粹企业支部运动产生于柏林,除了柏林远离慕尼黑,处于北德纳粹党左翼势力范围内,也同当时担任柏林大区区长的戈培尔有关。戈培尔于1926年11月9日接任柏林大区区长后,虽然声称"与希特勒完全保持一致",[51]但是北德仍处于施特拉瑟兄弟的势力范围内,戈培尔为了巩固和加强自己在党内的力量,必须把正在形成的纳粹企业支部运动控制在自己手中。此外,在1927年5月到1928年3月间,纳粹党在柏林被禁,戈培尔在这10个月内很难开展工作,而此时恩格尔另辟蹊径,在企业中拉拢工人和职员,正好符合戈培尔的宣传目的。由此,戈培尔不顾希特勒的反对,支持正在形成的纳粹企业支部运动,同意纳粹企业支部在他的《进攻报》上发表文章。1930年5月,在戈培尔的支持下,柏林大区组织部长赖因霍德·穆霍(Reinhold Muchow)建立了直属纳粹党大区管辖的大区纳粹企业支部领导处。[52]

　　纳粹企业支部运动迅速发展，柏林几乎所有的大银行、大商场、国家机关、出版社、铁路和邮局以及工业大企业中都建立起纳粹企业支部。柏林的发展立即影响到了慕尼黑、埃森、萨克森和西里西亚。到 1928 年底，全国范围内的纳粹企业支部总数达到 50 个。[53]迫于压力，希特勒于 1928 年任命阿道夫·瓦格纳（Adolf Wagner）为工会问题负责人。[54] 1929 年，纳粹党在纽伦堡召开党大会，会上各大区一共提出 10 条关于工会问题的议案。来自汉诺威的代表提出："在最后建立纳粹工会之前，应成立一个由中央领导的、遍及全国的纳粹企业支部"；另一份提案则要求立即"成立工人、职员和公务员工会"；柏林大区要求按照柏林模式在所有大区引入纳粹企业支部，并"要求全国领导层建立一个纳粹企业支部中央领导处，归全国组织部领导"。[55]在代表们的压力下，希特勒最终不得不承认纳粹企业支部，并从 1930 年 6 月开始发放纳粹企业支部会员证。1931 年 1 月 15 日，全国企业支部处（Reichs-Betriebszellen-Abteilung）成立，隶属于格雷戈尔·施特拉瑟领导的纳粹党全国组织部。[56]

　　当希特勒看到无法抵挡纳粹企业支部运动时，便试图用限制资金的方法来约束它朝工会方向的发展。在 1932 年夏天前，大区只承担纳粹企业支部运动的宣传费用。[57]为了不让纳粹企业支部处理工会类的经济问题，希特勒要求纳粹企业支部的任务只是"纳粹党在企业中的世界观斗争队"，[58]从精神和政治上赢得工人，企业中的党员由于经济原因可以继续留在其他工会中。他甚至坦言："一个纳粹的工会，如果认为自己的任务只是与马克思主义工会竞争，那还不如不要。"[59]

　　然而实际工作经验却告诉纳粹企业支部领导人，要在企业中开展工作，就无法避免向传统工会方向的发展。换言之，他们只有更加清楚地在经济和社会福利政策问题上表态，在罢工问题上表态，才能动员工人。受到经济危机和底层极端化的影响，他们发出越来越尖锐的批评，并且越来越带有反资本主义的色彩。1931 年 3 月 1 日，穆霍发行了一份名为《工人》(Arbeitertum)的报纸。在创刊号上，穆霍表明了纳粹企业支部的立场;纳粹主义"不仅反对出卖民族的马克思主义,而且还要努力消除今天仍处于统治地位的自由资本主义经济制度".[60]《工人》不断号召反对"残酷的、剥削的资本主义"和"不良雇主".[61]1931年,纳粹企业支部的组织计划明确赞成罢工:"纳粹主义赞成任何合理的罢工,无论它是由……工会还是共产党倡导的,我们的义务是,领导这些罢工,将单纯的经济要求与政治要求结合起来."[62]实际上,《工人》在1931年就提出了一些关于社会政策的要求,承认现存的社会政策框架,其中包括:(1)集体工资合同制,但是必须要有严厉的调解制度;(2)保留劳动法庭;提供个人劳动保障;(3)要求职业培训达到更高水平;(4)通过共决权和参加分红来提高雇工在企业内的地位,推动"工厂团结的健康思想";(5)通过取消营业税来取消对消费者利益的损害.[63]一年后,格雷戈尔·施特拉瑟在国会宣布的《经济紧急纲领》中表达了类似想法。因此,历史学家们有理由认为,以施特拉瑟和穆霍为中心的纳粹左翼有着一个具体而积极的关于"提高工资、退休金、养老金,简化和改善社会保险制度"的方案;相反,希特勒只是提出了一些社会主义的词汇,暂时用某些社会政策让步来赢得工人而已。[64]

　　1930年,纳粹企业支部在下萨克森、汉诺威和鲁尔区的金属工业中发动大罢工;1931年,它又在柏林、不来梅和南部的巴克南(Backnang)进行了3次大的行动;1932年,它举行了多次罢工,其中包括13次大型罢工。一份更为详细的数据显示从1932年4月到1933年1月纳粹企业支部领导和支持的罢工共有117次,这是当时全国范围内所登记的罢工次数的1/5,其中既包括蔡斯—伊康(Zeiss-Ikon)、宝马、克虏伯、维宝(Villeroy & Boch)陶瓷厂、不来梅富坎造船厂(Vulkan-Werft)、卡尔施塔特(Karstadt)百货公司,也包括一系列小的钢铁厂和轧钢厂。罢工理由有资本家降低工资、缩短假期、支付低于集体合同的工资.[65]在1932年11月,甚至柏林交通业中的共产党革命工会(RGO)与纳粹企业支部携手发动了为期一周的罢工。在此情况下,纳粹企业支部显然不受资方的欢迎。

　　除领导和支持罢工外,纳粹企业支部也试图向职工提供经济资助。

1930 年 12 月,汉诺威金属工人罢工,纳粹企业支部的已婚成员获得 5 马克罢工补助,单身汉获得 3 马克罢工补助。在汉诺威金属工人罢工的经验上,南汉诺威-不伦瑞克大区于 1931 年首先设立"罢工基金",每月向会员收取一马克的会员费,其他大区也以此为模式设立。受资助者是参加纳粹企业支部超过 3 个月并且定期缴纳会员费的成员。由于会员费过高,几个星期后,南汉诺威-不伦瑞克大区会员费就降低了一半,妇女和学徒缴纳的会员费更低。1931 年秋天,某些行业的会员费也降低了多次,如糖厂、磨坊、炼油厂、船运企业等,农业工人会员费也是如此。问题最大的是大量失业人员,他们只在名义上缴纳会员费。[66] 正因如此,虽然1932 年夏天起纳粹党提供罢工补助,但由于资金短缺的缘故,纳粹企业支部一直无法建立起大规模的救助机制,以致在经济危机期间大大降低了它同自由工会竞争的能力。

在此背景中,纳粹企业支部发现自己越来越陷入到尴尬境地。一方面,纳粹党慕尼黑高层为争取经济界的支持,不希望纳粹企业支部卷入到经济斗争中,特别是对资本家的斗争,而只是希望它发挥纳粹党企业政治宣传队的作用;另一方面,如果纳粹企业支部要拉拢雇员们,就不得不在经济斗争中维护工人利益,朝工会方向发展。同时,在救助补贴上,纳粹企业支部又因为资金困难而无法同自由工会竞争。所以,尽管纳粹企业支部成员发展迅速,从 1931 年初的 4 000 人增加到 1931 年底的 39 000人,1932 年达到 10 万人,超过共产党的革命性工会反对派和希尔施-敦克尔施工厂协会(HD 工会),[67] 1933 年 1 月发展到近 26 万名会员。[68]但纳粹企业支部在企业代表会选举中仍然无法撼动自由工会的地位:在1930—1931 年的企业代表会选举中,纳粹企业支部只获得了 0.5% 的席位;五金工业中,纳粹企业支部的得票率也只有 1.74%。此外它在部分企业中的比例略高,如在克虏伯的弗里德里希·阿尔弗莱德工厂中,它获得了 15% 的支持率,西门子电缆厂为 11% 等。[69] 当然,它在那些传统上缺少工会及教会联系的行业中赢得了更高支持率,如鲁尔矿区与煤钢企业中得票率达到 20%。[70]

由于纳粹党上台仍需借纳粹企业支部的一臂之力,因此希特勒在当时不得不暂时容忍其日趋工会化的倾向。然而与他的考虑相反，自1931年7月开始，施特拉瑟兄弟却加强了纳粹企业支部的工人组织色彩，要求所有公务员、高级职员以及自由职业者退出纳粹企业支部。[71] 同样，资本家也被排除在纳粹企业支部之外。

在此情况下，纳粹党全国指导处一方面在1932年2月10日的命令中要求："我们的企业支部必须足够强大，（以便）能够在即将到来的时机掌握所有重要的工作。卡普政变不能重演"，[72] 另一方面又要求纳粹企业支部大区负责人警惕"马克思主义策划颠覆企图"，并要求他们制定一张包括所有重要行业的企业名单，如煤气、水、电、矿业、交通、火警和电台，内容涉及企业领导的政治态度以及与纳粹企业支部的关系，此外，还要说明职工中的纳粹企业支部成员和亲纳粹企业支部的职工是否能够掌握企业，要求企业支部彻底监视企业。[73] 在某种程度上，纳粹党的最终成功也是纳粹企业支部运动的重要成果。

本节讨论了纳粹党的劳资关系观及其早期企业代表会政策。无论是希特勒本人还是纳粹运动，在工人问题的解决途径和工会运动的未来形式方面，都存在着既不同于其他社会阶层，又在内部彼此矛盾的观念。这种观念决定了纳粹党对于企业代表会体制既存在着某种幻想，又多少保留着一些担忧。而在纳粹上台后，所有算计都将面临着现实政治的考验。

第二节　企业代表会体制的谢幕

在纳粹企业支部的支持和工会的妥协态度下，希特勒所担心的大罢工没有出现，纳粹党平稳接过了魏玛共和国的政权。纳粹党实现了第一个目标：获得权力。如果说此前关于纳粹国家内劳资关系的讨论仅仅停留在理论层面上，那么1933年1月30日后一切都变成了亟待解决的实际问题：如何处理现有的雇员组织？全部解散还是保留？如何将德国工人融入新国家？是否要建立一个纳粹企业支部极力推崇的纳粹工会？或者建立其他符合民族共同体思想的新机构？这些问题都同企业代表会体制的续存与否结合在一起。

一、改组企业代表会

在最初几个月内,纳粹领导层对建立何种模式的劳资关系看法仍然莫衷一是,特别是在工会问题上。部分纳粹高层同"从骨子里憎恨工会的"资本家一样,认为应该完全取缔所有工会,不允许任何雇员组织存在。另一些纳粹党人则主张走中间路线,5 年之内禁止建立任何劳资利益团体。[74]纳粹企业支部领导人瓦尔特·舒曼(Walter Schumann)主张效仿意大利的做法,在纳粹企业支部的基础上建立一个纳粹国家工会,同时以维护国家和雇工利益的名义,由纳粹分子控制自由工会,降低会员费,逐步统一工会,最终形成一个"一体化工会,同现有的工会一样,分各个专业部门"。[75]

此时,纳粹企业支部制定了一系列宏大计划。其首要任务是让成员人数翻倍,特别是让那些"政治上无家可归的"青年工人融入新成立的"纳粹青少年企业支部"。[76]为了吸引会员,纳粹企业支部要求获得工会身份和集体合同谈判权。此外,纳粹企业支部要求资本家优先招聘失业的纳粹成员,特别是"老战士"。克虏伯在 1932 年 10 月 1 日和 1933 年 9 月 30 日之间总共招聘了 4 654 人,其中 25％是纳粹党、冲锋队和党卫队成员;而 IG 法本的罗恩纳工厂(Leuna-Werke)在 1933 年到 1934 年间新招聘的 4 600 名工作人员中有 80％是其成员,联合钢厂的工厂警察都由党卫队和冲锋队成员组成。许多就业者希望参加纳粹企业支部以保住工作岗位。1933 年 1 月 30 日后,纳粹企业支部成员数量增加,从 1932 年底近 30 万上升到 1933 年 5 月底 72 万人。[77]

尽管纳粹企业支部队伍迅速壮大,但是 3—4 月份所进行的企业代表会选举结果却表明,自由工会在雇员中的影响力仍然是不可撼动的。纳粹企业支部在一些地区(如埃森和鲁尔地区)获得了不少职工支持。在埃森克虏伯的高炉厂、锻铁厂和机车厂,它获得了超过 50％的选票,在鲁尔区获得 30.9％的选票,在罗恩纳工厂的选票从 10.9％(1931 年)增加到 27.1％。但从全国范围内来看,自由工会的得票率仍然高居榜首,为 73.4％,基督教工会 7.6％,希尔施-敦克尔施工会 0.6％,革命性工会反对派 4.9%,而纳粹企业支部只获得 11.7%的选票。[78]

为改变这种情况,劳动部长向内阁会议建议,推迟还未举行的其他地区企业代表会选举。这一建议被内阁接受,并形成了 4 月 4 日《关于企业代表组织与经济联合会法》(*Gesetz über Betriebsvertretungen und wirtschaftliche Vereinigungen*)。该法规定,最高州政府"出于公关安全和秩序的考虑",将还未举行的企业代表会选举推迟到 9 月 30 日。企业和纳粹企业支部可以向州一级主管部门提出一个要撤职和新任命的企业代表会名单,"最高州政府可以取消那些敌视国家及经济的企业代表会成员之资格",如果企业代表会成员仍然不愿意放弃职位,那么可以用"敌视国家及经济"的理由开除他们,并由最高州政府任命新成员。[79]在该法之前,魏玛政府并无权干涉企业代表会选举。因此,该法是纳粹政府直接干涉企业事务的开端。

4 月 13 日,执行规定出台。它把"敌视国家及经济"的含义具体化了,即"出于企业利益考虑,……必须取消自由工会选举名单上企业代表成员的职务。"[80]普鲁士多特蒙德矿业局指示下辖矿区,"罢免企业代表会中的共产党员,哪怕无法详细证明其敌视国家或经济(的罪行)"。[81]如此一来,许多共产党员和自由工会成员被"合法地"解雇,企业代表会中自由工会和共产党成员的席位也"合法地"被纳粹企业支部成员接替。

当 1933 年 9 月 30 日延长企业代表会选举的时间到期时,企业代表会的面貌已经完全改变。然而尽管如此,纳粹当局仍然担心企业代表会选举的结果对他们不利。因此,它在 1933 年 9 月 26 日再次颁布法令,把企业代表会选举推后到 1933 年 12 月 31 日。事实上,3 个月后仍然没有进行选举。[82]就这样,在纳粹企业支部、企业主和国家的帮助下,企业层面上的职工代表组织一步步被"一体化"了。

二、暴力接管工会

出于各种考虑,自由工会最终没有号召举行大罢工来抗议纳粹政府的行为。在世界经济危机的影响下,44%的自由工会成员都是失业者,工会拿不出任何有效策略来改善工人生活状况。在希特勒上台前,德国工会联盟主席特奥多·莱帕德(Theodor Leipart)就曾表示,自由工会愿意同任何政府合作。[83]1933 年初,当纳粹企业支部作为纳粹工人组织,被允许存在于纳粹运动中时,自由工会也产生了幻想。它希望采取迎合纳粹新政权的政治策略,以便在纳粹国家中保留工会的一席之地。正因如此,罢免和开除自由工会企业代表会成员居然没有遭到自由工会的大规模公开抵抗。4 月 9 日,莱帕德甚至还给政府去信,认同国家“有权干涉经济”,并希望“建立一个统一的德国工会”。[84]这种软弱立场变相鼓励了纳粹党进而采取更为大胆的行动。

1933 年 4 月初,希特勒把接管自由工会的任务交给罗伯特·莱伊(Robert Ley)。[85]希特勒把此重任交给莱伊是经过深思熟虑的。首先,1932 年 12 月,在格雷戈尔·施特拉瑟辞职后,莱伊被任命为纳粹党的组织部长,纳粹企业支部隶属组织部管理,由他领导纳粹企业支部顺理成章;其次,化学博士莱伊曾在 IG 法本工作,熟悉企业事务;最后,莱伊坚决反对马克思主义,对纳粹党十分忠诚和狂热,博得了希特勒的信任。1933 年 4 月上旬,莱伊秘密成立了 8 人组成的“保护德国劳动行动委员会(Aktionskomitee zum Schutz der deutschen Arbeit)”,为接管工会制定详细计划。在 8 人中,除莱伊和副领导人鲁道夫·史美尔外,其他委员都来自纳粹企业支部,因为他们拥有工会工作的知识和经验。[86]4月 21 日,莱伊给大区区长发去《1933 年 5 月 2 日接管自由工会的行动命令》:“这次行动主要针对全德工会联盟和全德自由职员联盟”,占领“‘工人、职员、公务员银行’的支行和取款处”,“占领工会房屋和拘捕有问题的人员”。[87]

在工会问题上,纳粹政府最终采纳了纳粹企业支部的意见,即先接管自由工会,而不是完全解散和消灭工会组织,主要是因为:首先,照顾纳粹企业支部的情绪。拥有 70 多万名成员的纳粹企业支部仍是纳粹党需要利用的工具。其次,避免激怒工人。根据 3 月 5 日国会选举的情况来看,仍然有许多工人反对纳粹政权。莱伊在行动命令中就已经明确:“接管自由工会的时候必须让工人和职员感觉到,这个行动不是针对他们,而是针对这个陈旧过时、与德意志民族利益不符的制度。”[88]纳粹在接下来几周内不断报道,在工会档案中发现“红色工会高官”贪污腐败的证据,以此说明他们取缔自由工会的合法性。[89]最后,为了能够更好地控制工人。这是最重要的原因,因为"对一个国家来说最危险的是无家可归的人",[90]"我们没有盲目地消灭工人、职员和企业主的协会,……而是把它们接管过来,是为了使这些协会成为共同体的工具,通过它们教育德国人拥有共同体思想"(莱伊语)。[91]控制德国劳动者,赢得这些人对纳粹政府的信任,不让他们对国家构成威胁,这才是纳粹不直接解散工会的根本原因。

纳粹接管自由工会的过程充分体现了纳粹利用宣传蛊惑人心的手段。1933年4月11日,纳粹政府宣布5月1日为法定假日,即雇工的带薪假日。纳粹政府把工人运动传统的"斗争日"变成了"民族劳动庆祝日",提出"尊重劳动,尊重工人"的口号。[92]想出这一招的戈培尔4月17日在他的日记中写道:"我们将把5月1日安排成展示德国民族意志的盛会,5月2日将占领工会房屋……可能会有几天的吵吵闹闹,但是接下来它们就属于我们了。"[93]

5月2日,冲锋队和党卫队在全国各地占领自由工会的房屋、银行和编辑部,工会领导人被逮捕,或被送进集中营,其职位被纳粹企业支部领导人占据,自由工会财产被没收。[94]基督教工会和其他工会虽然免遭这场暴力袭击,但在接下来的日子里都"自愿"一体化,接受纳粹领导。[95]

三、劳动阵线和劳动托事的建立

在取缔工会时,莱伊以行动委员会的名义发表了一份号召书,表示"我们今天进入了纳粹革命的第二个阶段",因为"我们拥有权力,但是我们还没拥有整个民族。我们还没有百分之百地得到工人,……我们会抓紧你,直到你……毫无保留地和我们站在一起。"[96]5月6日,莱伊宣布接管工会任务结束,解散行动委员会,"受希特勒委托"建立一个全新的组织:德意志劳动阵线(die Deutsche Arbeitsfront)。[97]同日,他在给党卫队、冲锋队、纳粹党政治领导处和纳粹企业支部的致谢信的末尾署名"德意志劳动阵线领袖"。[98]

5月10日,柏林召开声势浩大的"德意志劳动阵线第一次大会",正式宣布德意志劳动阵线的成立,莱伊被任命为领袖(他同时仍然是纳粹党全国组织部部长）。500 名来自被接管的工会、职员协会和纳粹企业支部的代表参加了此次大会。与会者包括内阁成员、外交使团、"德国雇主协会联合会"的代表、各州州长、大区区长、政府部门、国防军、冲锋队和党卫队代表，场面十分壮观。[99]

1933 年 5 月 23 日，莱伊在"核心成员大会扩大会议"上讲话，随后以《对行业结构和德意志劳动阵线的基本想法》为题发表在《民族观察家报》上。[100]它体现了莱伊对德意志劳动阵线性质、任务的最初看法。除农民和公务员之外，"德意志劳动阵线包括所有的劳动者……所有企业主、职员和工人"，即除工人、职员协会外，德意志劳动阵线将增加"企业主协会"以及"贸易、手工业和商业协会"，并称为"四个支柱"。德意志劳动阵线最主要的任务是"培养共同体思想"。除此之外，德意志劳动阵线还应获得制定集体工资的权利，并在社会政策和经济政策上发挥作用。在谈到新的企业劳资关系时，莱伊提出要恢复资本家"企业主人"的地位，"企业代表会由工人、职员和企业主组成，但是只有建议权，只能由企业主单独作出决定。"为保证企业主不滥用权力，要成立"行业法庭"进行监督。[101]

总体而言，此时的德意志劳动阵线主要是把原来 60 多个分散的各工会协会集中起来，[102]基本保留了原来工会协会的结构特点，即各协会有财政自主权和人事自主权。此外，德意志劳动阵线继续承担工会的救助工作，如利用工会财产继续资助失业或者陷入困境的工会成员等。[103]

与此同时，底层的纳粹企业支部和德意志劳动阵线成员仍然希望进行二次"革命"，即在政治"革命"之后进行经济"革命"。他们喊出，"康采恩的大头头"是"害虫"，必须"用暴力清除"，[104]要求改善劳动条件、干涉企业领导事务、逮捕资本家，甚至为此造成企业停工。在这种情况下，德意志劳动阵线工人总协会领袖、纳粹企业支部最高领导人瓦尔特·舒曼不得不发布命令，禁止所有纳粹企业支部成员参加此类活动，否则将开除党籍和取消纳粹企业支部成员资格。[105]

为制止部分纳粹分子的过激行为和限制莱伊的政治野心，一份由劳动部长、经济部长、内政部长、财政部长以及希特勒联合签名的《劳动托事法》(Gesetz über Treuhänder der Arbeit)于 1933 年 5 月 19 日匆匆出台,[106]据此设立临时国家机构"劳动托事"。该法规定,劳动托事作为国家公务员,隶属劳动部,在州政府的建议下由国家总理任命。在新的劳动法出台之前"由劳动托事代替雇工代表组织、个别雇主和雇主代表组织规定缔结劳动合同的条件"。[107]如此一来,魏玛初期在工会努力争取下确立的集体合同制被正式取缔,劳资双方自主谈判签订集体合同的权利丧失,制订劳动合同的权利通过劳动托事被移交给了国家。1933年7月20日颁布的《仲裁人剩余任务移交劳动托事法》规定,仲裁机关调解集体工资的权力也移交给劳动托事。[108]

许多资本家对新成立的德意志劳动阵线保持高度警惕,甚至质疑这一机构存在的必要性。1933年5月21日《德国雇主报》虽然赞成德意志劳动阵线试图"消灭阶级斗争","将工人和职员重新融入国家和经济",但他们对雇工组织是否能真正"去政治化"保持怀疑。[109]1933年6月4日,《德国企业家》杂志表示:"(我们)担心,这个庞大工会有可能会更加热情地继承工会传统,代表雇工利益。"[110]虽然资本家们参加了5月1日大游行,德国雇主协会联合会也出席了德意志劳动阵线的成立大会,而且其主席卡尔·克特根(Karl Köttgen)从一开始就是德意志劳动阵线核心成员,但资本家们并不愿意将他们的协会并入德意志劳动阵线,听从中央办公室指挥。相反,德国雇主协会联合会宁愿于1933年6月19日并入德国工业联合会,并更名为"德国工业全国行业协会"(Reichsstand der Deutschen Industrie)。[111]

1933年7月,希特勒宣布"纳粹革命"结束,进入稳固纳粹政权的阶段。[112]希特勒要求"将革命的自由浪潮引入安全的河床",[113]主张二次革命的纳粹分子遭到了清洗。1933年8月初,柏林有3 870名冲锋队员被开除。1933年6月底,纳粹党政治处下令对纳粹企业支部进行清洗,8月初禁止纳粹企业支部招收新成员,老成员必须接受政治可靠性审查。在此期间,纳粹企业支部主要领导人穆霍意外死亡。[114]

在此背景下,莱伊意识到,要保存自己的实力,必须与工业界和国家部门合作。从1933年9月底开始,莱伊逐渐脱离纳粹激进分子队伍,争取获得工业和国家部门的信任。由于企业仍然不断抱怨纳粹企业支部和德意志劳动阵线干涉企业事务，劳动部长和新上台的经济部长施密特从1933 年 11 月中旬起要求同希特勒的经济顾问威廉·开普勒（Wilhelm Keppler）及莱伊之间达成共同协议，以此确定德意志劳动阵线的任务范围。"在长期、艰难的谈判后"，[115]莱伊被迫接受 1933 年 11 月 27 日发表的《致所有德国劳动者倡议书》。该倡议书宣布："德意志劳动阵线是所有从业人员的综合体，没有经济地位和社会地位的差别。在这个组织内，工人和企业家要联合起来，不再因集团和协会分隔。"[116]

"去工会化"的德意志劳动阵线对持怀疑态度的资本家们似乎不再构成威胁。签署协议后的第二天，德国工业全国行业协会主席古斯塔夫·克虏伯发通函给协会成员，呼吁他们加入德意志劳动阵线。他在信中写道："德意志劳动阵线的地位和任务范围……终于明确"，德国企业主将"愉快地参与""建立一个真正的民族共同体"。[117]德意志劳动阵线名正言顺地成为了包括劳资双方在内的"超阶级组织"，成为纳粹共同体思想在经济领域的执行者。

纳粹上台后，企业代表会的选举结果彻底粉碎了此前的幻想，验证了希特勒的担忧。由此，德国的劳资关系不得不经历一次彻底的清算。"一体化"的触角以迅急不及掩耳之势完成了颠覆企业代表会体制的任务。一种纳粹式的劳资关系在党内的争权夺利中缓慢地走上了形塑之路。

第三节　"企业共同体"劳资关系模式的实践：
以信任代表会为中心的考察

在对企业代表会和工会实行"一体化"后，纳粹政权用劳动阵线和劳动托事机构构建起一整套新的劳资关系。接下来的问题是，纳粹党如何把民族共同体思想渗透到经济生活的细胞——企业中。换言之，纳粹政权以何种制度来代替企业代表会？

一、确立企业共同体的劳资关系模式

1934 年 1 月 20 日，《民族劳动秩序法》(*Gesetz zur Ordnung der na-*

tionalen Arbeit）出台。该法被称为纳粹德国劳资关系的基本法。[118]它按照"德意志法律的忠诚合同和领袖原则"界定了劳资关系，打破了资本家和雇员之间纯粹的物质利益关系，使之进入到一个带有社会伦理色彩的"新层次"。[119]这种新秩序的核心就是企业共同体。与魏玛时期的劳资关系相比，纳粹劳资关系的重点放在了企业层面，其特点包括以下四方面：

第一，在企业内部，恢复了资本家"企业主人"的地位，按照领袖原则建立"企业领袖—追随者"劳资关系模式。"企业主是企业领袖（Betriebsführer），职员和工人是追随者（Gefolgschaft），一同为推动企业目标、人民和国家的共同利益劳动"。[120]立法者曼斯菲尔德认为，此前集体合同式的劳资关系不能产生负责任的企业主，现在应让企业主从各种跨企业力量的束缚下解脱出来，成为企业领袖，拥有单独决定权，以便能够"决定企业中的所有事务"。其中最主要的权力是单方面制定"企业规章"，以取代原来由劳资利益团体谈判制定集体合同的方式。不过，资本家在获得企业主人地位的同时，必须承担相应的义务，即"负责追随者的福祉"；同样，工人作为追随者，应对企业主忠诚和听从。在曼斯菲尔德看来，新劳动法继承了"旧的德意志法律"精神，其本质基于相互忠诚之上的自我奉献精神，"其最早的形式见于王侯和追随者之间的契约"。[121]立法者希望，劳资关系从魏玛时期的单纯经济利益关系变为类似中世纪"王侯和随从"之间的依附关系，这种关系"并没有解除原来的劳动合同，忠诚义务成为债权合同中的主要义务，而债权关系退后。"[122]"关怀义务（Fürsorgepflicht）"和"忠诚义务（Treupflicht）"是该法的重点，也是企业共同体关系的基础。

第二，用劳资双方共同组成的"信任代表会（Vertrauensrat）"取代仅仅代表雇员利益的企业代表会。在拥有至少20名职工的企业中，企业领袖与追随者中选出的"信任人（Vertrauensmann）"共同组成信任代表会。[123]在信任代表会中，企业主拥有领导权。首先，企业主在很大程度上影响着信任人名单的确立。信任人不是由职工自主推选的，而是由"企业领袖在取得纳粹企业支部领导人同意后，提出一份信任人及其候补人名单。"[124]如果职工对提名的信任人不满意，他们并无权更改名单，而改由劳动托事这一国家机关来任命信任人。其次，从职权上来看，信任代表会只是企业主的咨询机构。信任代表会和企业代表会的权利范围有着本质区别。企业代表会有权协商制定劳动章程及其变动，有权派代表参加监事会、查看营业账本，如果雇主和雇工不能达成一致，企业代表会可以请调解小组介入；[125]而《民族劳动秩序法》只允许信任代表会成员在少数几种情况下有旁听权和建议权，比如对违反企业规章的雇工进行企业处罚时以及在企业领袖颁布企业规章时。信任代表会在很多方面都受制于企业主，包括是否召开信任代表会也主要是由企业主决定。

　　第三，在工资等劳动条件方面，用劳动托事的"集体规章"（Tarifordnung）和企业领袖制定的"企业规章"（Betriebsordnung）取代原来工会与雇主协会谈判的集体合同，两者具有法律效力。几乎所有对该法的评论都强调工资的非集中化，特别是强调企业自主权，认为魏玛时期"集体工资太死板"、"搞平均主义的工资政策"不能再出现。[126]现在只要企业的经济情况发生变化，企业领袖可以随时更改或者取消企业规章。[127]

　　第四，在企业外层面上，确立了劳动托事这一国家机构。5月中旬设立的劳动托事是临时性的，现在正式将这一机构纳入纳粹社会秩序范围。为了增强劳动托事的威慑力，在劳动托事的辖区设立"荣誉法庭（Ehrengericht）"来维护企业共同体。曼斯菲尔德批评魏玛时期的企业劳资关系依赖国家、协会等企业外力量的强制力，而这种制度严重影响了人们的"自我责任意识（Selbstverantwortlichkeit）"，"这是一个错误，不能重犯这个错误，要让人们自发的具有社会责任感"。[128]因此，除了关怀义务、忠诚义务之外，新劳动法还引入了一个同样类似于道德范畴内的词"社会荣誉"（soziale Ehre）。每个劳动托事辖区都设立了一个"荣誉法庭"，由法律公务员担任主席，由德意志劳动阵线推荐一名企业领袖和一名信任人当陪审员。无论是雇主还是雇工，凡是违反企业共同体思想和要求、危害劳动和平的行为都会被视为破坏社会荣誉，如企业主滥用劳动力，追随者毫无根据的投诉等。一旦劳动托事接到投诉，必须调查取证，是否要起诉则完全由劳动托事决定。最严重的荣誉处罚对于工人和职员来说是解雇，对于企业主来说是取消其企业领袖资格。[129]值得注意的是,取消企业领袖资格并不是剥夺企业主对企业的所有权,曼斯菲尔德在《评论》中特别强调"企业领袖和企业主是两个概念",取消企业领袖资格后仍然是企业主,"财产关系不变更"。[130]

《民族劳动秩序法》于1934年5月1日生效,自它生效起,魏玛时期制定的《企业代表会法》、《劳动合同法》、《调解规定》和《停工规定》等11部劳动法律无效,[131]因此该法是对魏玛时期劳资关系的彻底否定。它把劳动条件的决定权放回企业层面,交给企业主,确立了以企业为中心的劳资关系模式。

二、信任代表会的1934年选举

在企业共同体劳资关系模式的一系列表现中,直接取代企业代表会体制的就是信任代表会体制。

《民族劳动秩序法》规定,每年4月份必须在20人以上的企业中进行信任代表会选举。信任人无须是纳粹党员或者纳粹企业支部成员,但必须是劳动阵线成员、雅利安人种,而且在25岁以上,并在企业工作了一年且在相关行业从业2年。信任人必须具有"榜样性的人格","任何时候都毫无顾忌地为国奋斗"。原来的工人代表会和职员代表会被取消,统一成信任代表会。纳粹企业支部的企业支部主席与企业领袖一起制定信任人名单,因此虽然名为选举,但实际上不是民主体制下的选举,不允许任何其他名单与之竞争,而且也不允许公开对候选人进行讨论。职工无权自己推选候选人,他们即使投反对票也不会对名单有太大影响,出现争端或者名单被职工否决时则由劳动托事任命信任人。事实上,选举的形式意义大过实际意义。曼斯菲尔德已经对此做出过透彻说明,"以前的那种选举方式,即有许多不记名的名单和政党,这些不符合我们国家的基本思想。"[132]对企业领导层和纳粹领导层来说,信任代表会选举更多地反映职工情绪的晴雨表。

第一轮信任代表会选举在《民族劳动秩序法》颁布之后的1934年3月底到4月底进行,准备时间非常短,很快就出现了组织上的问题。首先,由于纳粹企业支部运动还没有发展到每一个企业,不少企业尚未成立纳粹企业支部。纳粹企业支部处和劳动阵线要求地区企业支部主席参与制定候选人名单,但遭到劳动部和地方政府的拒绝。后者要求由劳动托事协助制定候选人名单。此外,劳动阵线和纳粹企业支部发现企业中并没有那么多劳动阵线成员,于是又在 1934 年 3 月 20 日取消了劳动阵线此前宣布的禁止吸收新成员的命令,以便让"从事经济工作、想……竞选信任人的族民,能够取得必须的劳动阵线成员身份"。

官方没有公布这次选举的结果,媒体也没有任何关于这次选举情况的报道。莱伊在 1934 年 9 月召开的纳粹党大会上汇报劳动阵线的工作时,只字未提 1934 年信任代表会选举。直到 1935 年 4 月份第二次信任代表会结果出来时,莱伊才提到 1934 年的选举:"去年的选举有 40% 的人没有参加。"而两天前劳动阵线信任代表会选举工作全国负责人克劳斯·泽尔茨纳(Claus Selzner)在媒体前透露,"去年不到 40% 的人参加投票"。[133]为什么纳粹没有公布 1934 年的信任代表会选举结果呢? 是否真的是因为结果没有证明选民"不可动摇的信任",让纳粹高层失望? 选举结果是否真如劳动阵线领导人说的那么差?

不少研究者对个别企业或地区进行了非常详细的个案研究,[134]得出的新结论认为 1934 年信任代表会选举情况并不十分糟糕。一份调查报告在分析了联合钢铁公司下属 60 个厂、好希望钢铁公司 5 个下属工厂、克虏伯铸铁公司和联合化学纤维公司下属 8 个厂后,认为有 80%、甚至超过 90% 的职工参加了 1934 年的信任代表会选举。以埃森克虏伯为例,1934 年 4 月 4 日克虏伯举行第一次信任代表会选举,整个企业 26 579 名有选举权的工人和职员中有 88.8% 的人参加了投票。在勒弗库森的 IG 法本公司,投票率也高达 87.6%。[135]鲁尔矿区的投票率也基本如此,克劳斯·维佐茨基(Klaus Wisotzky)通过考察鲁尔矿业得出结论,鲁尔矿业官方确定有 82.57% 的人参加了投票。[136]马丁·吕德(Martin Rüther)的研究也主要是针对科隆 200 人以上的大企业,科隆工商业监督局的材料显示,200 人以上的企业有投票资格的职工人数为 65 747 人,其中 58 015 人参加了投票,即 88.24% 的人行使了投票权。[137]

对于这些结论,笔者尚有不同意见:

首先,这些个案都是针对两三百人以上的大企业。大企业的雇员参加投票的人数达到80％到90％,与劳动阵线60％和40％的说法不相符。但是,能否将这一结论推广到全国呢? 1933年德国共有66 00万人口,350多万个企业,雇佣了1 460万就业者,200人以上的大企业只占20人以上企业的10.55％。[138]换言之,大部分就业者在中小企业工作。根据一些纳粹企业支部分区领导人的汇报,中小企业的投票结果很差。这一方面是因为纳粹企业支部在这些企业中的基础很弱,另一方面是企业领导层并不欢迎纳粹企业支部主席的职责和角色,甚至阻碍他们在企业中开展工作。[139]就这一点而言,信任代表会在中小企业中面临的困境恰恰是魏玛时期企业代表会遇到的相同问题。

其次,高投票率并不意味着投赞成票的比例也高。新劳动法规定,赞成票是指在投票中没有经过任何更改的选票。除克虏伯等机械制造行业和电子、光学行业赞成票比例为总投票数的60％—70％外,其他行业的赞成票比例基本上都不超过50％或者在50％左右,如东部西里西亚的科尔福特矿山38％,科尔福特铁路工厂54％,可尼克斯海恩采石场34％,伊博斯巴赫纺织厂42％。在北德石勒苏益格—荷尔斯泰因的许多企业中,雇员在选举中投赞成票的也不超过50％,如北德纺纱厂、不来梅魏格纳工厂。[140]科隆地区200人以上企业的赞成票占投票总数的比例仅为51.24％。[141]此外,大企业的内部情况也并不相同。以克虏伯为例,一个轧钢车间和电钢厂机械制造车间分别只有37.9％和28.8％的赞成票。[142]《德国报道》提供了许多选举失败的情况,如慕尼黑郊区一个生产照相器材的工厂共有600名职工,由于没有一个由企业主和纳粹企业支部提名的候选人获得了半数有效票,不得不重新进行选举。曼公司奥格斯堡机械厂有60％的投票者反对候选人名单,10％选票不明确,30％投了赞成票,但是名单上的候选人仍旧被劳动托事任命为信任人。西里西亚的佩驰曼公司由于候选人名单没有获得50％的有效票,不得不由劳动托事任命信任代表会。[143]

再次,各地区、各行业的投票情况各不相同。大企业中机械制造行业的赞成票比例普遍高于纺织和食品行业。以科隆工商业监督局调查的200人以上企业的投票情况来看,机械制造业获得了较好结果,无论是参选率还是赞成票的比例都较高。机械制造业企业共有 11 188 名有投票权的人，其中有 10 534 人行使了投票权，即参选率达到 94.15％，有效票中赞成票的比例为 67.30％。选举结果次优的行业是电子技术行业、精密机械和光学行业，那里的参选率是 92.73％，有效票中的赞成票为 62.85％。接下来是化工行业，它的赞成票为 60.15％，采石和土壤业的赞成票为 56.25％，这两个行业的赞成票比例均高于整个科隆地区的赞成票平均值。赞成票比例低于平均数的是纺织行业（44.87％）、服装行业（40.91％）、食品行业（35.89％）。[144] 从德国其他地方来看，机械制造企业获得的赞成票比例也很高，如克虏伯的赞成票占总投票数的比例为 71％。[145] 北莱茵州—威斯特法伦的奥普拉登的纺织企业舒斯特英泽尔（Schusterinsel）的参选率为 81.7％，其中只有 41.4％ 的赞成票。[146]

第四，无效票和反对票的比例不低。克虏伯的反对票为 8.1％，而无效票竟然达到 11.5％。科隆大型机械制造行业的反对票为 9.61％，无效票为 7.47％；电子技术、精细机械的反对票为 6.41％，无效票为 7.63％；而科隆纺织品行业的反对票为 6.79％，无效票为 8.20％；服装行业的反对票仅为 8.90％，无效票为 8.81％。（见表 3.1）奥普拉登的纺织企业舒斯特英泽尔的反对票达到 10.9％，无效票为 6.4％。[147]

从 1934 年的情况来看，金属行业大企业的选举名单基本上都获得了超过 50％ 的赞成票，也就是说名单获得了通过。相反，纺织、食品行业则低得多。这首先同受到经济危机打击的程度有关。在经济危机中受到严重打击的是金属行业，如科隆的电子技术、精密机械和光学行业 1932 年的就业率和 1928 年相比只有 45.93％，钢铁、金属行业、机械制造、车辆制造业只有 46.41％，而在服装、纺织和食品行业的就业率仍有 75.59％、75.48％ 和 71.44％。[148] 从另一方面看，正是这些经济危机期间失业率极高的行业在纳粹上台后就业人数迅速增长，如机械制造业的就业者重新返回工作岗位，对未来充满了希望。其次，这一结果同性别有关。金属和化工行业男性就业者比例高，食品和纺织行业的女性比例高。女性普遍对社会事务不太关心，而且女性支持纳粹党的比例非常高。《德国报道》提到一家萨克森的格莱林香烟厂，候选人得票率为 96％，该厂 80％ 以上

表3.1　1934年和1935年科隆200人以上大企业信任代表会选举情况表

区域/行业	年份	有选举权人数	参选者比例(%)	无效票(%)	赞成票1(%)	反对票1(%)	部分反对票1(%)	赞成票2(%)	反对票2(%)	部分反对票2(%)
总　计	1934	65 747	88.24	6.42	51.24	7.15	35.18	54.76	7.64	37.60
	1935	87 260	91.39	5.68	55.05	8.73	30.53	58.37	9.26	32.37
东部矿区	1934	6 381	93.72	4.83	51.89	5.57	37.71	54.52	5.85	39.62
	1935	7 372	94.67	10.25	59.44	7.25	23.07	66.22	8.08	25.70
西部矿区	1934	5 041	93.53	4.73	41.12	16.29	37.86	43.17	17.10	39.74
	1935	3 697	95.70	10.77	47.15	6.53	35.56	52.83	7.32	39.85
石头、土地	1934	2 942	89.94	4.20	53.89	2.38	39.53	56.25	2.49	41.26
	1935	3 543	91.56	5.95	52.03	6.91	35.11	55.33	7.34	37.33
机械制造	1934	11 188	94.15	7.47	62.27	8.90	21.36	67.30	9.61	23.08
	1935	14 257	90.20	4.46	60.67	12.93	21.94	63.50	13.53	22.97
*电子/精机	1934	4 224	92.73	7.63	58.05	5.92	28.39	62.85	6.41	30.74
	1935	6 034	92.64	6.58	58.87	9.70	24.85	63.02	10.38	26.60

（续表）

区域/行业	年份	有选举权人数	参选者比例（%）	无效票（%）	赞成票1（%）	反对票1（%）	部分反对票1（%）	赞成票2（%）	反对票2（%）	部分反对票2（%）
化　工	1934	9 965	88.58	7.41	55.69	5.91	30.98	60.15	6.39	33.46
	1935	12 118	92.42	4.87	57.88	9.36	27.90	60.84	9.84	29.32
纺　织	1934	7 378	82.66	8.20	41.19	6.23	44.38	44.87	6.79	48.35
	1935	7 571	90.94	3.82	39.19	7.51	49.48	40.80	7.82	51.52
食　品	1934	3 512	88.07	4.97	34.75	3.03	59.03	35.89	3.13	60.98
	1935	3 043	84.55	4.62	45.28	4.08	46.02	47.47	4.28	48.25
服　装	1934	1 926	88.94	8.81	37.30	8.11	45.77	40.91	8.90	50.19
	1935	1 920	92.60	4.39	48.76	6.97	39.88	51.00	7.29	41.71

资料来源：Martin Rüther, *Arbeiterschaft in Köln 1928—1945*, Köln:Janus Verlagsges, 1990, Anhang: Tabelle XXIII, S.462.

注：＊电子/精机：电子技术和精细机械

赞成票、反对票、部分反对票1：是指占参加选举的人数的比例

赞成票、反对票、部分反对票2：是指占有效票的比例

的职工都是女性。[149]这是《德国报道》中唯一的一个信任人名单获得高票通过的企业。

由于没有全国范围内的统计数据,我们很难说明1934年信任代表会的整体情况。我们不能排除劳动阵线领导人为了抬高他们在1935年信任代表会选举中所取得的成绩,而故意贬低1934年选举的可能性。但实际情况不可能存在如此大的差距。由此,很有可能的情况是,整体选举情况并未达到纳粹政府的期望值。德国共产党认为这种结果反映了工人的不满及其政治意识,"这是法西斯主义的失败","德国企业工人阶级的大多数公开表示反对法西斯主义",现在"在整个前线群众的斗争意识和斗争积极性迅速增长",可以看到"革命发展的势头"。[150]相反,社民党通讯员和社民党左派"新开始"小组[151]则认为大部分投票人并不是从政治角度,而是从企业经济情况和人品角度考虑。《德国报道》对1934年信任代表会选举的评价是:"只有政治上经过良好培训的工人才清楚,通过这些选举可以向政府抗议。大部分人投票是从狭小的企业角度考虑,而纳粹企业支部候选人的人品也会影响结果。"[152]"新开始"小组的《对德国情况报道》认为,选举结果"强烈表达了工人阶层中不断发展的批评声音",但是对个别候选人的拒绝"更多的是出于个人原因,因为他们在人品上不受信任。"[153]

如果把信任代表会选举视作反映企业职工情绪的晴雨表的话,那么我们可以说,纳粹政府在1934年信任代表会选举中的确赢得了一部分工人的支持,但是反过来雇员们通过这次选举也表达了他们的不满。究竟是什么原因造成他们的不满呢?这就关系到从1933年到1934年春的工人生活状况和情绪问题。

一方面,重新就业给工人带来希望。1933年,纳粹政府上台后采取了大规模的就业措施,称为"劳动战役(Arbeitsschalcht)",兴办公共工程和军事工程,修筑道路和高速公路,限制烟草企业使用机器,以增加就业机会。同时巴本(Papen)和施莱歇尔(Schleicher)政府的就业措施也渐渐显露出效果,世界经济也慢慢复苏,这些都帮助工人重新回到工作岗位。根据官方统计,德国在1933年1月到1934年1月一年中失业人数减少了 224 万,占失业总人数的 37.3%,到 1934 年 4 月减少了 340 万,占 56.5%。[154]工人重新就业,告别了失业的痛苦,对新政府充满信心。比如鲁尔矿区的大部分工人相信希特勒的"快速决断力",认为"总有一天他会一夜之间为了他们的利益而改变路线"。纳粹政府吸引了越来越多的工人,连社民党通讯员也承认纳粹政府赢得许多工人,"特别是以前没有参加组织的工人"。[155]

另一方面,工人的实际生活水平并没有随着重新就业而得到大幅改善。由于很多企业迫于纳粹政府压力,招收了许多失业者,而它们为了压低工资成本,又不得不降低工人的平均工资。从 1933 年的年度结算来看,克虏伯的职工人数从 35 647 人增加到 43 409 人,工资总量却从 6 900 万下降到 6 700 万(这里面还包括经理和高级职员的工资);豪伊施金属公司职工人数从 19 960 人增加到 20 289 人,工资总量却从 4 300 万降低到 3 800 万,年平均工资从 2 267 马克降低到 1 869 马克。IG 法本公司职工人数从 67 000 人增加到 77 000 人,工资总量从 17 300 万增加到 17 500 万,年平均工资从 2 582 马克降低到 2 272 马克。莱比锡的舍尔特尔和吉泽克机械厂,4 月 1 日工资降低 8%,原因是"企业没有赢利";贝克尔铸铁厂降低 6%,弗兰茨·弗莱明钢琴厂甚至降低 9%。金属工业以前平均小时工资是 1.5 马克,现在只有 70—80 芬尼。[156]工人不仅工资降低,而且还要从工资中扣除各种各样的会员费和捐款,如劳动阵线的会员费,这进一步增加了他们的负担。工资问题影响了信任代表会选举结果,如莱茵漆皮厂的 14 名候选人正是因此而被全部拒绝。[157]

除工资问题外,生活必需品价格上涨也影响了工人们的情绪。虽然纳粹政府禁止物价增长,但是在 1933 年 4 月到 1934 年 4 月间,食品和衣服的价格仍然不断上涨,如土豆价格上涨了 15.4%,蔬菜上涨了 10.4%,衣服的价格增长了 3.7%。这无疑加重了工人的生活负担。1934 年 3 月 5 日,亚琛警察局在给柏林盖世太保(国家秘密警察局)的报告中谈到工人对食品上涨的不满:"以往报告中提到的植物黄油问题 2 月份仍然没有好转,特别是乌尔姆矿区的矿工,他们特别需要大量的油脂食物。如果他们对物价不满意,或者甚至只能带着夹着胡萝卜叶的面包去上班,自然不可避免地会批评现在的经济状况。"[158] 1934 年 7 月,纳粹党科隆—亚琛大区领导处的报告中写道:"(工人的)牢骚与其说是针对元首和纳粹主义,不如说是一个填饱肚子的问题……现在生活用品价格上涨,实际工资下降。"[159]

在获得工作,为希特勒政府欢呼之后,人们开始抱怨生活并没有像他们希望的那样好转起来。"个体商人、小商贩和工人越来越多抱怨生意不好和收入降低,对政府在经济方面的措施批评越来越多。'欢乐产生力量'组织工人去黑森林,被很多方面说成是为了堵住老党员的口,免得他们公开造反。总的来说,……人们在经济方面的情绪变坏了。这个事实不能单单归咎为马克思主义分子的煽动,因为这些批评绝大部分是来自亲纳粹政府的圈子。"[160]

为什么 1934 年信任代表会选举也没有官方统计? 事实上,劳动部并没有要求各个企业将投票结果汇报上来,这也许和选举准备匆忙有关。而劳动阵线在 1934 年 4 月份还不是一个权力很大的组织,不足以强制要求将所有投票结果都汇总。一些企业也不愿意公布投票结果,如好希望冶炼公司的企业主只向职工宣布了有效票和无效票的数量,并宣布所有的候选人都获得了必要的多数,而克虏伯虽然公布了信任人的姓名和岗位,却没有公布获得的选票数,联合钢铁公司要求下属企业不要公布细节,以避免"摩擦",他们也和克虏伯一样只是将信任人的名字张贴出来。蒂森公司领导人也认为公布结果会在工厂里产生"一些麻烦",因此"不希望公布投票结果的细节"。[161]这一切到 1935 年都发生了改变。

三、信任代表会的 1935 年选举

与 1934 年信任代表会选举不同,1935 年的信任代表会选举是劳动阵线的工作重点。自 1934 年 10 月希特勒在莱伊起草的《关于劳动阵线本质和目标条例》上签字后,劳动阵线便如获得尚方宝剑一般,将建立企业共同体视为己任。1935 年 1 月 25 日,劳动阵线领导人莱伊订立了目标:"我们今年将通过自由选举向世界宣布,新的社会秩序真正使所有的就业者形成共同体。"莱伊把即将举行的信任代表会的重要性与 1935 年 1 月 13 日进行的萨尔区投票相提并论,喊出"萨尔回归祖国,工人回归民

族(Volk)"的口号。[162]

新年过后劳动阵线便开始了宣传攻势。1935 年 4 月初投票开始前几天,劳动阵线领导人和纳粹党领导人在大企业做演讲,并且通过广播传播到全国,其他企业的职工也要一起聆听,这让宣传攻势达到高潮。4 月 1 日到 12 日,7 万多个必须成立信任代表会的企业已经召开了 14 万次企业大会。[163]

1935 年的选举改进了前一年选举组织上的不足。1935 年 3 月初,纳粹政府颁布了《民族劳动秩序法第 10 条执行规定》,宣布在没有企业支部主席的企业,投票名单由劳动阵线企业督导员与企业领袖共同制定。[164]换言之,劳动阵线的企业督导员代行纳粹企业支部主席的职能。1934 年选举时间不统一,使得企业与企业之间互相影响,[165]所以 1935 年决定将全国范围内的选举统一放在 4 月 12 日和 13 日举行。

在劳动阵线的指挥下,1935 年的选举结果得以公开。1935 年 4 月 16 日,劳动阵线新闻处处长汉斯·比阿拉斯(Hans Biallas)宣布信任代表会选举取得"巨大成功"。他称从中不仅仅看到了"就业者的认可",而且可以向全世界证明,大家"一致拥护纳粹领导"。[166]开始数票后,劳动阵线就断定结果会是 80% 到 100% 之间,无论如何"比上一年的结果要好",总的来说,这是一次胜利,说明"马克思主义的堡垒……成为了纳粹主义思想的摇篮"。4 月 20 日劳动阵线公布了信任代表会的临时最终结果,当时宣布有 84.5% 的赞成票,"在元首今天生日得出的这个投票结果是德国工人献给元首最好的礼物。"[167]1935 年 4 月 27 日,德国新闻办公室公布了官方结果,即作为全国信任代表会选举领导人的克劳斯·泽尔茨纳(Claus Selzner)公布的结果,全国举行选举的 70 060 个企业中,有 7 147 802 个德国就业者有选举权,其中 6 539 298 人(91.49%)参加了投票,其中 5 296 108 人(83%)投了赞成票。[168]

这个结果令人怀疑。如何在短短的一年内工人就能转变为"德国人民忠诚的儿子"? 纳粹党领导层委托一名干部进行调查。此人于 1935 年 4 月 20 日交了一份报告给副元首办公室,揭露同一天官方宣布的数据是假的,"这些数据永远不可能显示真实情况,我认为,如果通过这些数据让大家低估个别企业的情况的话,是一个大错误。……有很多企业不到50％的职工参加了投票。"[169]

20 世纪 90 年代以来,学术界对大企业的个案研究也显示了不同结果,特别是在赞成票问题上。"克虏伯和鲁尔矿区超过三分之二的职工投了赞成票……仍然有三分之一的职工表达了他们的不满",也就是赞成票不到 70％,"虽然参加的人数多了,赞成率却降低"。巴伐利亚矿山的情况也是一样。[170]《德国报道》指出,斯图加特的大企业如奔驰汽车厂修改过的选票高达 25％,无效票也有 25％。[171]另一家工厂(Salamander)中的 6 300 名工人和 619 名职员,只有 4 124 人(59.6％)参加了 1935 年的投票,其中 3 046 人(即 73.9％)投了赞成票,1 020 人(24.8％)拒绝了某些候选人或者整个名单,其余的 58 张选票无效。[172]科隆 200 人以上的企业选举总情况也可以反映这一情况。(见表 3.2)

表 3.2   1935 年科隆商业监督局辖区内 200 人以上企业的信任代表会选举总结果

有投票权:87 260	
投票数:79 744	
参选率:91.39％	(88.24％)
无效票:5.68％	(6.42％)
赞成票:55.05％	(51.24％)
反对票:8.73％	(7.15％)
部分反对票:30.53％	(35.18％)

资料来源:Martin Rüther, *Arbeiterschaft in Köln*, pp.196、198.
注:括号内是 1934 年的情况。

若同表 3.1 做比较,我们就能发现:从行业的情况来看,大多数企业的无效票和部分否定票的比例下降,而同时反对票的比例在增加。值得注意的是,在科隆最重要的机械制造业中,参加投票者明显低于 1934 年(从 94.15％减少到 90.20％),赞成票从 67.30％减少到 63.50％,反对票从 9.61％增加到 13.53％,部分反对票和去年基本持平。在电子技术、精细机械和光学行业中,无效票和赞成票没有多大变化,但部分反对票从 30.74％减少到 26.60％,而反对票的比例从 6.41％上升到 10.38％,拒绝的比例明显增加。在科隆的第二大工业化学工业,1935 年部分反对票从 33.46% 减少到 29.32%,反对票的比例从上一年的 6.39% 增加到 9.84%。消费品行业 1935 年赞成票比生产品行业明显更低,纺织工业的选举比上一年还更糟糕,赞成票从 1934 年的 44.87% 下降到 40.80%,反对票从 6.79% 增加到 7.82%。这一结果同 1934 年 7 月 19 日颁布的《纤维条例》(*Faserstoffverordnung*)有关。该条例禁止纺织工多工作,以至于他们的收入甚至低于社会福利金的标准。[173]食品行业的反对票从 3.13% 增加到 4.28%。服装行业的反对票从 8.90% 下降到 7.29%,成为调查中反对票下降的唯一行业。[174]

若把劳动阵线发布的消息和对大企业进行的个案研究结果进行对比,我们可以对 1935 年信任代表会选举情况得出结论,即投票率高,但赞成票比例比劳动阵线宣布的低得多;与 1934 年相比,赞成票的比例下降,无效票和反对票的比例上升。究竟是什么原因造成了这种选举结果呢?

首先应该考虑到参选率高的因素。1935 年的信任代表会选举由劳动阵线负责,而劳动阵线在企业中的组织非常庞大,工作人员也很多,因此不排除劳动阵线向企业职工施压,要求他们必须参加投票。1935 年 4 月,威斯特伐伦州南部齐格区(Siegkreis)的区长在给科隆市长的信中坦言:"参加选举的人非常多,在大多数企业将近 100% 的参选率,我认为,并不能由此推断,职工的内心是欣欣鼓舞的,更多的是,职工参加选举是没有任何选择余地的,因为弃权就意味着公开反对国家和劳动阵线,这最起码意味着失去工作。……完全反对的选票被当作赞成票计算,……我相信,这些是反对票。"[175]但我们也不能忽视纳粹政府确实赢得了一部分工人的事实。外交成功、经济开始复苏、有目标的社会福利措施如"欢乐产生力量"的开展、劳动阵线的宣传攻势、民族共同体口号和民族主义盛行,特别是 1935 年 4 月份的信任代表会选举正好受到萨尔区投票的影响——第三帝国成功地通过公民投票获得了萨尔区。

其次应该考虑到赞成票减少,无效票和反对票增加的原因。影响大部分工人投票决定的更多的是经济状况,即官方要求工资停涨,而实际生活费用却不断增加。这引发了工人们的极大不满。如在 ADA 奶酪厂中,94名有投票权的职工中有32名投了无效票,占到34.04%,原因是"企业总是缩短工作时间,而且还出现了较大规模的解雇"。在一年中,该厂有将近一半的职工被解雇,职工人数从167人减少到94人。[176]在不涨工资的前提下,职工还要支付许多高额的会员费,比如劳动阵线的会员费,以及各种捐款,这也引起了职工的反感。1934年9月,科隆国家警察局报告,大部分工人收入太低,无法支付这些费用。"对工人来说,很难支付劳动阵线的会员费和其它纳粹机构的会员费。如果工人要尽他们的社会义务,那就不得不放弃个人的生存需要。"1935年4月信任代表会选举之际,他们再次提出这个问题:"工人向各个机构、协会、筹集会和基金会支付的费用已经同生存必需品支出比例不协调。"纳粹党或其协会举办的许多筹款活动给工人增加了很多负担,特别是向"冬季救助"和"纳粹民族福利"活动捐款。企业中负责收集这些费用的机构正是信任代表会和劳动阵线。1935年冬天,一个科隆的工厂师傅每个月赚370马克,由于他只向冬季救助捐款1马克而被解雇,直到他保证捐款10—20马克后,才被重新雇用。[177]

这些不满情绪大大影响了职工对信任代表会的投票行为。科隆一家工厂(Glanzstoff-Courtaulds)有1 919名职工,参选率达到93%,但只有一位企业支部主席获得了多数票。一位纳粹党分部领导人是上届信任代表会成员,却没有被选上,因为身为职员的他居然在"1934年发圣诞节补贴时建议给职员半个月工资,而给工人只有5马克"。在科隆的另外一家工厂(Carlswerk),"有一名信任代表会成员,几乎所有选民都把他的名字划掉,据说是因为他在去年冬季救助活动中特别积极"。在莱茵—威斯特伐伦电厂的选举中,除了纳粹企业支部主席外,其他所有信任代表会候选人都以58.84%到78.05%的有效票当选。这个企业支部主席则被雇员们排斥:"1933年S很努力地同失业率斗争,要求多招人,取得了很大的成绩。这样,那些原来上56小时班的500名工人,工作量减少到48小时,这为这些工人带来了经济上的负面影响,他们不能理解这样的做法,不合理地大发牢骚,把责任推到这个企业支部主席身上。"[178]

总体而言,1935年信任代表会选举结果并没有比1934年更好,甚至结果更不利,这从某些官方的声音中也能看出。科隆警察局局长说,这次选举结果是"普通的",在"期待的范围内"。该警察局的报告或许可以反映出工人的真实想法:"虽然从外面看起来,工人对纳粹运动和国家的许多措施都表示赞同,但是他们内心并不满意。……工人很小心地避免公开批评,因为担心对自己不利。他们巧妙地通过工作方式表达对工资的批评。在工人圈子内,很多人都在说,资本又获得了控制工人的权力。"1935年4月,科隆大区区长将责任推到资本家身上:"某些企业选举结果很糟糕,主要是因为企业领袖和企业主,他们没有放弃自由主义的立场,而且仍然和以前一样忽视了企业中工人的福利。"[179]

四、信任代表会的实践

信任代表会的选举结果不利,很大程度上同信任代表会的实践情况有关。资本家和纳粹领导人反复强调,信任代表会不是企业代表会,二者在组成、任务和职能方面是截然不同的。信任代表会不会像后者那样"从对立和阶级斗争的角度出发",成为"工会在企业中伸长的手臂和传声筒",而是"从企业整体利益出发"。[180]

与企业代表会相比,信任代表会在人员构成上发生了很大变化。这首先表现在企业主自动成为信任代表会成员和主席,而不像企业代表会只是雇工的利益代表组织,把雇主排除在外。其次,信任代表会的人数大为减少。企业代表会的成员总数可以达到30人,[181]而信任代表会中信任人的数量不得超过10人。[182]此外,企业主更倾向于用职员当信任人。工人和职员不再像以前那样在企业代表会内分别成立"工人代表会"和"职员代表会",他们的代表必须同时在信任代表会中按比例出现。从实际情况来看,与1933年前的企业代表会相比,职员在信任代表会中的比例得到了加强,比如1933年克虏伯铸铁厂企业代表会中工人和职员的比例为4∶1,1934年和1935年这个比例分别为2∶1和3∶1,到1938年信任代表会一半是工人一半是职员。[183]

由于纳粹企业支部和劳动阵线的介入,信任人一般会是纳粹党员,如位于杜伊斯堡的好希望船厂首先考虑的是在企业中工作时间长的纳粹党员。埃森克虏伯的第一届信任代表会选举在1934年4月4日,推荐名单上有 10 个信任人和 10 个候补信任人,其中 3 人是 1925—1926 年入党的纳粹党员,6 个是 1930 年入党的纳粹党员。[184]

资本家为了拉拢职工,也会启用少数以前的企业代表会成员。1935年《德国报道》关于莱茵—威斯特伐伦亚的信任代表会选举报道中提到:"信任代表会选举在整个西部都是有计划和精心准备好的,名单上常常有前自由工会干部的名字,大部分人都不会拒绝他们。这一策略的目的是,尽量争取更多的马克思主义选民。"[185]克虏伯 1934 年提出的信任人名单中有 3 人曾于 1933 年 3 月当选为其部门的企业代表会成员。[186]

信任代表会究竟在企业中能做什么呢?

它的主要任务是向企业领袖提出建议,范围涉及工资、人事、培训、事故预防、企业福利等各个方面。在实际工作中,它会把任务分配给每个信任人,这与此前的企业代表会是相同的。不同的是,信任代表会不允许设立企业代表会时期的工资委员会,因为工资问题不属于信任代表会讨论的问题。信任代表会通过召开会议的方式对企业事务进行讨论,相关话题包括:企业规章、给特殊工种保险、如何解决人多活少的问题、假期是否工作、如何在餐厅装通风设备、生产安全宣传、建立新的自行车停放处、在工厂内摆设圣诞树、是否禁止吸烟、企业住房分配、职工食堂伙食质量、厕所纸张质量等。其中企业福利问题占据了信任代表会使命的较大比重。[187]

在工人和职员的待遇上,信任代表会比企业代表会更加主张二者的平等性。取消工人与职员之间待遇的区别是社民党一直以来追求的目标,但由于自由职员工会的反对,魏玛共和国时期并未实现这一目标。1933 年前,纳粹党便大力主张减小工人和职员之间的差别,这些主张则被纳粹企业支部推广。信任代表会成立后,尤其加大了这一方面的诉求。如西门子信任代表坚持要求贯彻企业规章,要求统一工人和职员的考勤制度。1934 年 12 月初的一次信任代表会会议记录显示:"信任人勒佩尔指出,企业规章第 37 条没有得到贯彻,……舍比茨指出,企业规章第 14条规定职员必须出示其证件,但他们并没有这样做,门卫也没有要求他们出示证件,与此同时工人却必须百分之百接受检查。"[188]企业领导层对此的反应是,坚持工人必须通过检查,如出示证件或者打卡,底层职员在出勤名单上签名,而高层职员无需接受这些检查,这表明公司领导仍然维护职员的特殊地位。在拜尔公司,工人自 1920 年以来就和职员在不同的食堂吃不同的伙食,而信任代表会则提出统一公司的菜单。[189]西门子的信任代表会在 1935 年要求工人食堂的桌子也要同职工食堂一样铺上桌布,并最终取得了成功。在克房伯,工人对住房分配表示不满。助理信任人的报告中描述了工人的不满:"卫生间分为一等和二等。一等卫生间,即职员住房的卫生间装修完备;而二等卫生间,即工人住房根本就没有卫生间,只是在房间内有一个浴缸而已,所谓的卫生间连水龙头都没有。为什么要搞这些区别呢?"同一份报告中还写道:"还有人抱怨,职员比工人的假期更长,同样,职员可以免费乘坐克房伯的工厂班车,而工人必须自己支付乘车费用。"[190]

信任代表会在拉平工人和职员的企业福利差别方面取得了部分成绩,但是在拉平假期时间、儿童补贴、支付工人法定节假日工资、取消领取疾病保险等方面,却没有取得多少成绩,企业主常常推托这些是"集体规章的事情",以此阻挡信任代表会在这方面的努力。[191]

许多企业领袖并不把信任代表会放在眼里,很少召开信任代表会会议,甚至越来越多的企业主让代理人参加信任代表会,而代理人是没有决定权的。在讨论某些问题时,资本家还会请来"嘉宾",如高级职员来支持他的决定;有时,信任人得知消息时,措施已经制定完毕,所以参与讨论或者提出建议的可能性很小。许多信任人对这些现象十分不满,提出辞职,1934 年 11 月劳动托事不得不出面干涉,"不断有人向我汇报,信任人因为企业领袖无法满足他们的愿望,一气之下辞去信任人职务,……我只会把这种草率的举动看成是逃兵的行为加以指责,绝不允许这些人今后再当信任人。"[192]

《民族劳动秩序法》规定,信任人是一个"义务职务",同以前的企业代表会成员一样,信任代表会成员也受到解雇保护,但在物质上除了对信任人因职务耽误的工作时间进行补偿外,不允许其获得其他好处。然而资本家为了贿赂信任人,往往让他们享受一些特殊待遇,如特殊补贴、更长假期、更好的工作环境、进入更高一级的工资级别,或提拔信任代表会中的工人成为职员。有的大企业甚至还效法专职企业代表会成员,设立"专职信任人",专职信任人不用做原来的工作,可以得到企业给予的固定工资和一系列优惠条件。反过来,资本家也可以惩罚不听话的信任人,如把他分配到条件差的工作岗位上。劳动阵线一直批评资本家的这些贿赂行为,认为信任人的工作不应该成为其在企业工作的障碍。[193]但是一些企业仍然我行我素。克虏伯铸铁厂设立了两个专职信任人。1934年,它给专职信任人的工资是每小时0.86、0.90马克,最高甚至达到1.25马克和1.15马克,每个月还以"信任代表会账户"的名义支付额外开支。同魏玛时期的企业代表会相比,这并不是什么新鲜事,1931年克虏伯便拥有3个专职企业代表会成员,而且这3个企业委员会成员拿到的工资就比别人多。[194]

在资本家试图通过贿赂信任人来逐渐控制信任代表会的同时,纳粹企业支部和劳动阵线也设法通过信任代表会来干涉企业事务。由于所有信任人都必须是劳动阵线成员,而且由纳粹企业支部主席任命,因而劳动阵线干涉企业事务便是情理之中的结果。劳动阵线经常强调信任代表会必须加入劳动阵线的规定,并且威胁说,如果信任人不积极参与劳动阵线的工作,或者不经常参加劳动阵线培训,就将被剥夺其劳动阵线成员的资格。此外,劳动阵线设法让纳粹企业支部主席进入信任代表会,通过他来加强对信任代表会的影响。在1934、1935年的信任代表会选举中,纳粹企业支部主席都进入候选人名单,而且排在名单的前面。[195]

信任人一方面受到资本家贿赂,另一方面又遭到劳动阵线挤压,这便是信任人在企业中遇到的尴尬处境。不久,信任代表会体制的正常模式也遭到了颠覆。

五、信任代表会体制的变化

第三次信任代表会选举原定于1936年4月3日和4日举行,但就在选举前3天,即1936年3月31日,一份由希特勒、劳动部长、经济部长和内政部长签署的法令《关于延长信任人任期法》出台,规定"将在任的信任人任期延长至1937年4月20日"[196],出人意料地停止了信任代表会选举。

　　究竟是什么原因让政府在 1936 年突然停止选举？官方给出的理由是刚刚举行过全民投票，没有必要再次进行大规模选举。这里所指的公民投票是 1936 年 3 月 29 日对莱茵兰重新军事化进行的全民公决，99％的人赞成希特勒的政策。[197] 这显然是用来搪塞了事的借口，因为对莱茵兰军事化进行的全民公决和企业内部进行信任代表会选举是两个截然不同的事情，绝大部分人同意对莱茵兰重新军事化并不代表企业职工也会用同样的热情来赞同资本家提出的信任人名单。

　　一种解释是，停止信任代表会选举有利于信任代表会的工作。劳动阵线出版的杂志《纳粹社会政策月刊》1937 年刊登了一位匿名作者写的文章，分析 1936 年延长信任人任期带来的益处。他认为，这种延期首先给信任人的工作带来了方便，因为他们有机会熟悉工作，并且逐渐通过积极的工作为企业服务；此外，劳动阵线对信任人进行的培训也能获得更好的实际效果，否则年年都有信任人的更换，劳动阵线的培训工作很难顺利进行。"所有这些困难，可以通过延长信任人的在职时间来解决。"[198]但是从 1936 年劳动阵线对停止信任代表会选举毫无准备来看，这位匿名作者的解释只是马后炮式的，并没有指出当时叫停选举的关键所在。

　　另一种解释认为这表明纳粹政权自 1936 年起更加巩固，不需要用选举的方式来证明工人的态度。[199]然而，这个理由也站不住脚。1934 年、1935 年信任代表会选举的结果并不能证明纳粹完全赢得了工人。纳粹领导层内部的讨论也没有显示出这种自信。内政部长弗里克（Wilhelm Frick）在 1937 年 11 月 20 日写给劳动部长色尔特（Franz Seldte）的信中，对取缔信任代表会选举表示担忧："众所周知，不断推迟信任代表会选举给了工人内部的共产党员以挑唆口实，说不进行选举是担心结果不利。如果颁布法律取消信任代表会选举将承认反对派的观点，即我们要尽量避免选举，那样就很难提出任何有说服力的观点来反驳。取消信任代表会选举更会让人觉得，纳粹国家失去了工人的支持。"[200]内政部长建议，只是在四年计划内取消选举，并且"尽量以四年计划为由进行解释"，[201]即为执行四年计划要避免任何分散精力的事情。

还有一种解释认为取消信任代表会选举满足了劳动部和经济部的愿望。因为随着全民就业的实现,工人的地位产生了变化,特别是技术工人知道自己在劳动力市场上属于稀缺产品,所以劳动部和经济部有理由担心,职工愿意冒险增加对信任代表会选举的影响,推选自己的信任人,以致信任代表会有可能走上原来企业代表会的老路。而劳动阵线影响力日益扩大,越来越多地干预选举,也是劳动部和经济部反对举行信任代表会选举的主要原因。[202]

由于档案缺失,目前史学界尚无从知晓纳粹政府取消信任代表会选举的确凿原因。但是从德国国家安全局等其他方面的资料分析,第三种解释更为可信。德国国家安全局在1936年2月的月度情况报告中写道,地下共产党运动计划利用1936年信任代表会选举在工厂中闹事,这是共产国际第7次国际大会和第4次布鲁塞尔会议上作出的决定,会上谈到"特洛伊木马","我们要利用信任代表会选举来改善我们的劳动条件,……我们要通过选出工人的信任人、划去企业主的亲信,提高我们反对法西斯暴政的声音……为了自由和和平!"[203]德国共产党地下报《锤子和镰刀》1936年第2期写道,虽然信任代表会不能成为阶级斗争的工具,但忽视它也是错误的。社会民主党地下组织在1936年2月也发出号召,"把整个名单都划掉!把每一个名字都划掉!"[204]可见,纳粹政府因担心1936年信任代表会选举结果会变差而停止选举是有一定逻辑性的。

自停止信任代表会选举起,纳粹政府内部一直在讨论信任代表会选举问题,劳动部也起草了相应的法律条文,但始终没有得到最终解决。1938年6月,色尔特请国务秘书和总理办公厅主任拉莫斯(Hans Heinrich Lammers)确认,"元首是否已经对此问题作出了决定",拉莫斯的回答是:"的确,元首的意思是,将来不应该再举行所谓的信任代表会选举,信任人应该更多的通过任命来确定,劳动阵线是主要参与者。"[205]

从1936年开始一直到纳粹德国结束,信任代表会选举再未恢复过。1937年3月9日,第二个《关于延长信任人任期法》颁布,信任人的任期又被延长了一年,至1938年4月30日。[206]1938年4月1日则干脆宣布无限期延长信任人任期,"延长信任人的任期,直至另行通知"。[207]纳粹政府一再延长信任人任期，用这种方式间接地冻结选举。

虽然信任代表会选举被取消，但是信任代表会还继续存在。自从 1936 年停止信任代表会选举以来，任命和罢免信任人完全由劳动托事负责。劳动阵线希望用新的、受其控制的信任人取代现有的信任人，尤其是设法让企业支部主席进入信任代表会，以增加对企业事务的影响。资本家也趁机向劳动托事申请解除某些令他们头疼的信任人的职务。1936—1937 年，威斯特伐伦的 1.1 万个信任代表会中有 250 个申请要求改组信任代表会，其中 15％ 是因为"个人或者专业不适合"而被罢免，而其余的是"自愿退出"。[208] 如克虏伯的企业支部主席罗伯特·L 总是向公司提出改善工人条件，如给卡车司机新制服、给兼职清洁女工假期、每半年为采石厂的未成年工人进行体检、未成年工人特别假期补贴以及让他们参加希特勒青年团的活动等，最后他因此被劳动托事解除了职务。[209]

1936 年后，信任代表会在企业中的地位和任务发生了变化，是同劳动阵线的支持密不可分的。这表现在：

第一，劳动阵线设法改变了信任代表会的弱势，向资本家施加压力，要求赋予信任代表会更为重要的意义。劳动阵线重视对信任人的培训，特别是 1935 年以后劳动阵线要求扩大培训，信任人必须参加夜校或者参加两三周的学习班。劳动阵线的培训涉及社会福利问题和经济问题，从基本知识扩大到企业实际工作，如劳动保障、事故预防等。1935 年底，劳动阵线成功地在企业中设立了"事故信任人"，专门负责劳动保障和企业卫生。此外，劳动阵线在企业竞赛的时候将信任代表会与企业领导层之间的关系作为评判标准。1936—1937 年开始，信任代表会的权力有所扩大，比如克虏伯从 1936 年起允许信任人每个月利用一天工作时间到工厂参观，而在此前信任人的这种行为是不受欢迎的。

第二，劳动阵线要求信任人主动提交开会申请。根据劳动阵线的统计，1935 年到 1938 年间 70％ 的信任代表会会议是信任人主动提出的。以好希望冶炼厂为例，1934 年召开了 3 次信任代表会会议，其中只有一次是信任人主动提出，1936 年 5 次会议中有 4 次，1937 年 7 次会议中有 5 次，1938 年 6 次中有 3 次，1939 年所有会议都是信任人主动提出的。[210]从信任人主动提出开会倡议和会议数量的增加来看,信任代表会在企业中的地位似乎有所加强。

第三,信任代表会会议的内容也发生了变化。前两年信任代表会上主要是讨论确定委员会名单、起草信任代表会的章程和讨论企业规章、讨论企业社会福利等。1936年开始,信任代表会会议的主要内容转为企业处罚、解雇矛盾、工资、劳动时间和假期规定等。在克虏伯的铸铁工厂,1936年开始会议的中心是处理职工的抱怨、假期问题以及工资问题等,其中工资和劳动时间规定是首要话题。而劳动之美、劳动阵线组织问题,以及工厂住房等企业福利问题只是被顺便提及。其他企业的情况也大同小异,企业"社会福利事务"处于信任代表会讨论的次要问题。联合化学纤维厂从1937—1938年来不断出现劳动纪律问题和工人流动频繁问题,这也影响了信任代表会的工作。总而言之,信任代表会的工作重点从社会福利转向了工资、劳动时间等关键问题。

第四,信任代表会也成为资本家管教职工的工具。如在好希望冶炼厂,信任代表会建议解雇一名参加了"耶和华见证人"组织[211]的职工。1937年拜尔的一名工人被捕交给盖世太保,原因是他制作和散发反纳粹的小册子。盖世太保将他释放后,信任代表会虽然再次雇用他,但要求更换此人的工作。信任代表会还要求降低一名会计的职务,理由是此人因反动言论在监狱里待了4个星期。当偷窃成为好希望冶炼厂的一大问题后,新任代表会不仅同意职工离开工厂的时候在厂门口对其进行检查,而且要求亲自参加检查,目的是"通过他们的出现给工人一个震慑的作用"。此外,拜尔公司的信任代表会1937年还通过决议,要求公司游泳池不向犹太人开放。[212]

尽管信任代表会的地位和作用在1936年有所加强,但是我们仍然不能高估它的发展。事实上,劳动阵线的行为在不同程度上削弱了信任代表会的地位,使之成为劳动阵线在企业中"伸长的手臂"。因为企业的信任代表会最多只能有10个成员和10个代理人,而劳动阵线在企业中的工作群体却极为庞大。

作为取代企业代表会的纳粹制度,信任代表会的产生、选举、实践与转变都同纳粹政权的一系列控制行动密切相关。它一方面是纳粹改造德国劳资关系的工具之一,另一方面也反映了这种改造进程的复杂性和多变性,并在某种意义上也成为影响纳粹统治的一种因素。但信任代表会的历史并没有如纳粹统治者想象的那样一帆风顺。它同样陷入企业代表会的实践困境中,且在很大程度上暴露了纳粹政权在劳资关系上的矛盾心态。

小　　结

在纳粹强权下,企业代表会体制不得不黯然谢幕,由信任代表会体制取而代之。这是所谓企业共同体劳资关系模式的一种表现。这种纳粹体制的形成是两种因素的结果:

首先,它来自右翼对魏玛劳资关系的批判和否定。魏玛共和国末期,右翼始终认为,马克思主义将劳资对立绝对化、扩大化了;劳资之间的对立是由各自不同状况决定的自然冲突,而不是原则性的对立,更不能使这种自然冲突扩大到社会的所有范畴中。这种观念为德国劳资关系的转型奠定了思想基础。

其次,它同纳粹党打造民族共同体的愿望相契合。纳粹党在上台前并没有在劳资关系方面提出过具体设想。它之所以采纳右翼们的建议,把企业共同体模式写入1934年初颁布的《民族劳动秩序法》,虽然部分出现实政治的考量,但更主要的原因是这种思想与纳粹党所追求的民族共同体理想之间存在较大共性。纳粹党希望建立一个排除犹太人,内部没有阶级对抗的德意志民族社会,它强调德意志民族内部的利益一致性,要求各阶层人士注重民族的整体利益,淡化或者主动调节内部矛盾,同舟共济,以"复兴"德意志民族。虽然纳粹党与资本家在国家、政党对企业事务的干预程度上存在理解差异,但是在消除阶级斗争、实现民族融和上两者秉持着相同理念。纳粹党希望利用企业共同体模式来弥合德意志民族内部阶级斗争的裂痕,为其实现民族共同体目标服务。

　　由此可见,企业共同体劳资关系模式能够在第三帝国被接受和采纳,与魏玛共和国末期社会舆论基础有着重要联系,并最终取决于纳粹统治者的社会理念。

　　从企业共同体劳资关系模式的实践来看,它既非简单地讨好资产阶级,也非简单地压制工人阶级,而是纳粹主义和纳粹体制的有机组成部分。它围绕着纳粹党的目标展开,同时具有某种功利主义的色彩。信任代表会的出现和运行充分证明了这一点。

　　但不能忽视的是,这种企业共同体劳资关系模式只能在独裁专制政权的土壤中才能生长和壮大。信任代表会并非劳工利益组织,它必须借助专制政权强大的意识形态宣传机器和社会监控网络才得以续存。客观地说,纳粹的企业政策在其统治的 12 年中达到了统治者的预期效果,但它更多的是纳粹党和国家在强权干预和压制作用下出现的结果。这注定了它在战后烟消云散的命运。

注　释

[1] 本章由邓白桦完成,孟钟捷做了少量修改。

[2] Adolf Hitler, "Rede vor dem Hamburger Nationalclub von 1919 vom 28.2.1928", in: Werner Jochmann, *Im Kampf um die Macht*, *Hitlers Rede vor dem Hamburger Nationalclub von 1919*, Frankfurt am Main: Europ. Verl.-Anst., 1960. S.102.

[3] Adolf Hitler, "Die Soziale Sendung des Nationalsozialismus, Rede vom 16.12.1925 in Stuttgart", in: *BAK*, *BSD* 71/189. 转引自 Joachim Bons, *Nationalsozialismus und Arbeiterfrage. Zu den Motiven*, *Inhalten und Wirkungsgründen nationalsozialistischer Arbeiterpolitik vor 1933*, Berlin: Pfaffenweiler, 1995. S.26.

[4] Eberhard Jäckel, *Hitlers Weltanschauung*, Stuttgart: Dt. Verl.-Anst., 1981. S.117.

[5] Joachim Bons, *Nationalsozialismus und Arbeiterfrage*, S.81、154;中国历史学家李巨廉、郑寅达也指出,"民众共同体"这一概念的内涵同德国纳粹党早期鼓吹的民族社会主义概念有部分重合之处。此处"民众共同体"即"民族共同体"。参见朱庭光主编:《法西斯体制研究》,上海人民出版社 1995 年版,第 83 页。

[6] 转引自 Eberhand Jäckel/Axel Kuhn (Hrsg.), *Sämtliche Aufzeichnungen 1905—1924*, Stuttgart: Dt. Verl.-Anst., 1980. S.577.

[7] 转引自 Joachim Bons, *Nationalsozialismus und Arbeiterfrage*, S.155.

[8] *Völkischer Beobachter*, 29. April 1930.

[9] 参见 *Der Angriff*, 13.Mai 1932; 18.Mai 1932; 11.5.1931. *Völkische Beobachter*, 22. 10.1932; 31.12.1925。

[10] Adolf Hitler, *Mein Kampf*, München: Zentralverlag der NSDAP, 1940. S.191.

[11] 转引自 Timothy Mason, *Sozialpolitik im Dritten Reich: Arbeiterklasse und Volksge-meinschaft*, Opladen: Westdeutscher Verlag, 1977, S.29。

[12] *Völkischer Beobachter*, 4.Juni 1925.

[13] 转引自 Joachim Bons, *Nationalsozialismus und Arbeiterfrage*, S.65.

[14] 参见 *Der Angriff*, 13. Mai 1932; 18. Mai 1932; 11. Mai 1931; *Völkische Beobachter*, 22. Okt.1932; 31.Dez.1925.

[15] *Der Angriff*, 16.April 1932.

[16] Eberhand Jäckel/Axel Kuhn(Hrsg.), *Sämtliche Aufzeichnungen 1905—1924*, S.822.

[17] Adolf Hitler, *Mein Kampf*, S.347—357.

[18] 参见李工真:《纳粹经济纲领与德意志"经济改革派"》,《历史研究》2001 年第 4 期。

[19] 行业结构(Ständischer Aufbau)是纳粹党在上台前对于国家经济结构的设想,即按照职业原则建立"行业、职业公会(Stände- und Berufskammer)",实行行业自治,国家在这个模式中处于由这些社团组成的等级制金字塔的顶端,经济实现自主管理。纳粹党《二十五点纲领》中第二十五点中就已经提到"行业结构"。见: Avraham Barkai, *Das Wirtschaftssystem des Nationalsozialismus: der historische und ideologische Hintergrund 1933—1936*, Köln: Verlag Wissenschaft und Politik, B. 9 (1977), S.92—109。巴凯认为,行业思想是共和国反对派的共同主张,但是施潘强调的是"行业",而纳粹分子强调的是国家确立的"秩序"。

[20] Reinhard Kühnl, "Zur Programmatik der Nationalsozialistischen Linken: Das Strasser-Programm von 1925/26", *Vierteljahreshefte für Zeitgeschichte*, Jg. 14 (1966), S.317—333;此处是 S.328—329。

[21] Gottfried Feder, *Das Programm der NSDAP und seine weltanschaulichen Grundge-danken*, 146—155. Auflage. München: Zentralverlag der NSDAP, 1934. S.42—43、5.

[22] Avraham Barkai, *Das Wirtschaftssystem des Nationalsozialismus*, S.31.

[23] Ipid., S.11.巴凯认为这份未发表的草案是纳粹党为数不多的经济纲领之一,反映了纳粹党对未来经济秩序的观点,而且许多设想在纳粹上台后得以贯彻,因此意义重大。该草案如今保存在波茨坦联邦档案馆。

[24] 转引自同上, S.10。

[25] 同上,S.35。

[26] Gregor Strasser, *Wirtschaftliche Sofortprogramm der NSDAP*, München: Zentralverlag der NSDAP, 1932. S.29.

[27] Adolf Hitler, *Mein Kampf*, S.678—683.

[28] 转引自 Avraham Barkai, *Die Wirtschaftsauffassung der NSDAP*, S.10.

[29] *Der Völkische Beobachter* vom 18.2.1926.

[30] 转引自 Joachim Bons, *Nationalsozialismus und Arbeiterfrage*, S.68.

[31] 转引自 Avraham Barkai, *Die Wirtschaftsauffassung der NSDAP*, S.10.

[32] 转引自 Matthias Frese, *Betriebspoltik imDritten Reich. Deutsche Arbeitsfront Unternehmer und Staatsbürokratie in der westdeutschen Großindustrier 1933—1939*, Paderborn: Ferdinand Schöningh, 1991, S.20.

[33] Wolfram Fischer, "Die Pionierrolle der Betrieblichen Sozialpolitik im 19. und Beginnenden 20. Jahrhundert", in: Wilhelm Treue(Hsg.): *Die Konzentration in der deutschen Wirtschaft seit dem 19. Jahrhundert*, Wiesbaden: Steiner, 1978, S.44—46. Matthias Frese, *Betriebspolitik im "Dritten Reich"*, S.21—22.

[34] 转引自 Joachim Bons, *Nationalsozialismus und Arbeiterfrage*, S.73.

[35] 转引自 Avraham Barkai, "Sozialdarwinismus und Antiliberalismus in Hitlers Wirtschaftskonzept. Zu Henry A. Turner Jr. 'Hiters Einstellung zu Wirtschaft und Gesellschaft vor 1933', *Geschichte und Gesellschaft*, Jg.3(1977), S.406—417；此处是 S.412.

[36] Gregor Strasser, *Wirtschaftliche Sofortprogramm der NSDAP*, S.29.

[37] Otto Strasser, *Aufbau des deutschen Sozialismus*, Leipzig: Lindner, 1932. S. 45—47.

[38] Ibid., S.46.

[39] Avraham Barkai, *Das Wirtschaftssystem des Nationalsozialismus*, S.30.

[40] Adolf Hiter, *Mein Kampf*, S.50.

[41] Ibid., S.49.

[42] Ibid., S.48—49、674、672、676—677、678—683.

[43] 转引自 Joachim Bons, *Nationalsozialismus und Arbeiterfrage*, S.270.

[44] 也有翻译成"纳粹企业政治组织"的,但是 "纳粹企业支部组织"更加符合德语原文。

[45] Ibid., S.261.

[46] Reinhold Muchow, *Nationalsozialismus und "freie" Gewerkschaften*, 2. Auflage, München 1932. S.112.

[47] Ibid., S.114.

[48] 转引自 Joachim Bons, *Nationalsozialismus und Arbeiterfrage*, S.254.

[49] 转引自 Volker Kratzenberg, *Arbeiter auf dem Weg zu Hitler? Die nationalsozialistische Betriebszellen-Organisation. Ihre Entstehung, ihre Programmatik, ihr Scheit-

ern 1927—1934, Frankfurt am Main: Lang, 1987. S.83.

[50] Hans-Gerd Schumann, *Nationalsozialismus und Gewerkschaftsbewegung*, Frankfurt am Main: Nordeutsche Verlag.-Anst, 1958. p.34; Volker Kratzenberg, *Arbeiter auf dem Weg zu Hitler?* S.81—82.

[51] 转引自 Volker Kratzenbgerg, *Arbeiter auf dem Weg zu Hitler?* S.80.

[52] Matthias Frese, *Betriebspolitik im „Dritten Reich"*, S.29.

[53] Gunther Mai, "Die Nationalsozialistische Betriebszellen-Organisation. Zum Verhältnis von Arbeiterschaft und Nationalsozilaismus", *Vierteljahreshefte für Zeitgeschichte* Jg.31(1983), S.573—613; 此处是 S.603. Hans-Gerd Schumann, *Nationalsozialismus und Gewerkschaftsbewegung*, S.35.

[54] Hans-Gerd Schumann, *Nationalsozialismus und Gewerkschaftsbewegung*, S.34.

[55] Volker Kratzenberg, *Arbeiter auf dem Weg zu Hitler?* S.78.

[56] 全国企业支部处的处长为瓦尔特·舒曼(Walter Schumann),穆霍担任其副处长和组织处长。全国企业支部领导处是纳粹企业支部的政治和组织中心,隶属组织工作全国指导处一处(Reichsorganisationsleitung I),因此直接受格雷戈尔·施特拉瑟领导。参见:Reinhard Giersch, "Von der 'Nationalsozialistischen Betriebszellen-organisation' zur 'Deutschen Arbeitsfront' 1932—1934", *Jahbuch für Geschichte* Jg.26(1982), S.43—74; 此处是 S.45。

[57] Gunther Mai, *Die Nationalsozialistische Betriebszellen-Organisation*, S.577, 注释28。

[58] Ibid., p.577; Hans-Gerd Schumann, *Nationalsozialismus und Gewerkschaftsbewegung*, S.35.

[59] Adolf Hitler, *Mein Kampf*, S.681.

[60] *Arbeitertum*, 1.März 1931. S.5f.

[61] *Arbeitertum*, 1. März 1931. S.20; 1.Okt.1932. S.10.

[62] Reinhold Muchow, *Organisation der Nationalsozialistischen Betriebszellen. Ziel und Systematik ihrer Arbeit*, München: Zentralverlag der NSDAP, 1931. S.45.

[63] Gunther Mai, *Die Nationalsozialistische Betriebszellen-Organisation*, S.592.

[64] Hans-Gerd Schumann, *Nationalsozialismus und Gewerkschaftsbewegung*, S.133.

[65] Gunther Mai, *Die Nationalsozialistische Betriebszellen-Organisation*, S.585—586.

[66] Ibid., S.588—589.

[67] Gunther Mai, *Die Nationalsozialistische Betriebszellen-Organisation*, S.611.

[68] Michael Schneider, *Unterm Hakenkreuz: Arbeiter und Arbeiterbewegung 1933 bis 1939*, Bonn: Verlag J.H.W. Dietz Nachf., 1999, S.163;参见 Hans-Gerd Schumann,

Nationalsozialismus und Gewerkschaftsbewegung，S.167. Hans-Gerd Schumann 一书
的附录 4,其中列出了 1931 年到 1933 年纳粹企业支部成员数目发展情况。这两者的
数据有些出入,后者主要采用纳粹官方公布的数据,1933 年 1 月有近 40 万纳粹企业
支部成员,而前者未标明数据来源,因此纳粹企业支部成员数仍需要查证。到目前为
止,没有关于纳粹企业支部成员社会背景的详细资料。舒曼统计,在纳粹企业支部领
导人中职员、手工业者和工人的比例是 3 : 2 : 1,见 Hans-Gerd Schumann, Ibid.,
p.39;Gunther Mai 认为纳粹企业支部虽然以职员为主,而且由于经济危机无业人员
比例高,并没有在短时间内改变纳粹党的社会基础,但纳粹企业支部还是包括了各种
行业、各种企业、各个地区的职员和工人。

[69] Joachim Bons, *Nationalsozialismus und Arbeiterfrage*,表格 1-2。

[70] Werner Milert &. Rudolf Tschirbs, *Die andere Demokratie. Betriebliche Interessenve-rtretung in Deutschland*, *1848 bis 2008*, S.232.

[71] Gunther Mai, *Die Nationalsozialistische Betriebszellen-Organisation*, S.611、585.

[72] Ibid., S.116—118.

[73] Matthias Frese, *Betriebspolitik*, S.37、41—42; Volker Kratzenberg, *Arbeiter auf dem Weg zu Hitler?* S.116—118.

[74] Robert Ley, *Deutschland ist schöner geworden*, München 1936. S.260—261; Volker Kratzenberg, *Arbeiter auf dem Weg zu Hitler?* S.123.

[75] "Vorschlag Walter Schuhmanns über die künftige Rolle der Gewerkschaften, 14. März 1933", in: Herbst Michaelis/Ernst Schraepler (Hrsg.): *Ursachen und Folgen von deutschen Zusammenbruch 1918 und 1945 bis zur staatlichen Neuordnun Deutschlands in der Gegenwart*, Band 9. Berlin: H.Wendler, 1964. S.623—624.

[76] Matthias Frese, *Betriebspolitik*, S.37.

[77] Ibid., S.49—51.参见 Gunther Mai, *Nationalsozialistische Betriebszellen-Organisation*, S.605—606.该文指出纳粹企业支部成员的流动性非常大,1933 年 3 月 25 日成员为 665 000,5 月初为 100 万,5 月 29 日为 727 000,这些数据都来自纳粹企业支部自己的统计数据。1933 年 1 月纳粹党的党员人数为 140 万。

[78] Michael Schneider, *Unterm Hakenkreuz*, S.74—75.在克虏伯的纳粹企业支部支持者中既有"当地的、工龄很长的工人,受人尊敬的技术工人",也有"年轻的没有接受过培训的工人",其他工厂纳粹企业支部支持者也有各种类型的工人,但他们的共同特点是"受工会和教会的影响较弱"。

[79] *Reichsgesetzblatt* I(1933), S.1617.

[80] 转引自 Wolfgang Spohn, "Betriebsgemeinschaft und innerbetriebliche Herrschaft", in: Carola Sachse/Tilla Siegel/Hasso Spode/Wolfgang Spode: *Angst*, *Belohnung*,

Zucht und Ordnung，*Herrschaftsmechanismen im Nationalsozialismus*，Opladen：Westdeutscher Verlag，1982. S.173。

［81］Tilla Siegel，"Rationalisierung statt Klassenkampf, zur Rolle der Deutschen Arbeits-front in der nationalsozialistischen Ordnung der Arbeit"，in：Hans Mommsen(Hg.)，*Herrschaftsalltag im Dritten Reich. Studien und Teste*，Düsseldorf：Schwann/Patmos，1988. S.153।

［82］Wolfgang Spohn，*Betriebsgemeinschaft und innerbetriebliche Herrschaft*，S.175।

［83］Ronald Smelser，*Robert Ley：Hilters Mann an der "Arbeitsfront". Eine Biographie*，Paderborn：Schöningh，1989，S.122।

［84］自由工会 1933 年 4 月 9 日给政府的声明，见 Willy Müller，*Das soziale Leben im neuen Deutschland unter besonderer Berücksichtigung der Deutschen Arbeitsfront*，Berlin：Verlag der VDI，1938. S.39。

［85］Robert Ley，*Deutschland ist schöner geworden*，Berlin：Mehden，1936，S.258।

［86］参见 Wolfgang Spohn，*Betriebsgemeinschaft und Volksgemeinschaft*，S.131；Ronald Smelser，*Robert Ley*，S.130—132。

［87］这份命令全文收录在 Hans-Gerd Schumann 一书的附录中，见 Hans-Gerd Schumann，*Nationalsozialismus und Gewerkschaftsbewegung*，S.168—170。

［88］Ibid.।

［89］*Völkischer Beobachter*，5. Mai 1933；13. Mai 1933.连续报道工会干部贪污。

［90］Konrad Repgen/Hans Bomms(Hg)，*Akten der Reichskanzlei*，Bd.2，München：Oldenbourg，1999，Dok. Nr.213. S.789।

［91］*Völkischer Beobachter*，9. Juli 1933. S.1।

［92］*Reichsgesetzblatt.* I(1933). S.191।

［93］Joseph Goebbels，*Vom Kaiserhof zur Reichskanzlei. Eine historische Darstellung in Tagebuchblättern*，6. Auflage. München：Eher，1934. S.299।

［94］没收工会财产对后来成立的德意志劳动阵线意义重大，因为即使在经济危机期间，工会的财产(包括银行)仍然很可观，这对后来劳动阵线迅速扩大提供了物质条件。实际上直到 1937 年 12 月官方才出台了一份法律，认可劳动阵线获得自由工会的财产。参见：Ronald Smelser，*Robert Ley*，S.134.注释 42。

［95］1933 年 6 月 24 日基督教工会加入德意志劳动阵线，希尔施—敦克尔施工会在五月初的几天内自动一体化了，1933 年 6 月 15 日经济和平协会也自动一体化了。

［96］这份倡议书的全文收录在 Tilla Siegel 著作的附录中，Tilla Siegel，*Industrielle Rationalisierung unter dem Nationalsozialismus*，Frankfurt a. M.：Campus-Verlag，1991，pS.157—158。

[97] *Völkischer Beobachter*, 7/8. Mai 1933, S.1.

[98] *Arbeitertum*, 15. Mai 1933.

[99] Tilla Siegel, *Rationalisierung*, S.100; Hans-Gerd Schumann: *Nationalsozialismus und Gewerkschaftsbewegung*, S.76.

[100] 莱伊的讲话全文分3期刊登在《民族观察家报》上,见 *Völkischer Beobachter*, 8, 9, 10, Juni 1933;讲话的要点另外也在《工人》上刊登出来,见 *Arbeitertum*, 15. Juni 1933. S.10。

[101] *Völkischer Beobachter*, 10. Mai 1933. S.1.

[102] 根据1931年底官方数据,三大主要工会(自由工会、基督教工会和希尔施—敦克尔施工会)共有64个协会。见: *Statistisches Jahrbuch für das Deutsche Reich 1932*, Berlin. S.556。

[103] Michael Schneider, *Hakenkreuz*, S.168.

[104] Tilla Siegel, *Leistung und Lohn*, S.39.

[105] "Anordnung des Führers der in der DAF zusammengeschlossenen Arbeiterverbände und Leiters der NSBO. Walter Schuhmann, vom 15. Mai 1933", in: *Schulthess' Europäischer Geschichtskalender*, Bd.74, 1933. S.129.

[106] *Reichsgesetzblatt* I 1933, S.285.

[107] Ibid..

[108] Ibid., S.520.

[109] *Die Deutsche Arbeitgeber-Zeitung* v. 21.5. 1933.

[110] *Der Deutsche Unternehmer* v. 4.6. 1933.

[111] 《法西斯体制研究》中将该词翻译为"德国工业全国协会",笔者认为译为"德国工业全国行业协会"意思更清楚,因为"Stand"是行业的意思,而且企业主更名正是为了迎合纳粹的"行业结构"思想,因此有必要把"行业"翻译出来。参见:朱庭光主编:《法西斯体制研究》,第196页。

[112] 一次是在1933年7月2日在党卫队和冲锋队高级领导人前,一次是在柏林国家行政长官前。参见:Hans-Gerd Schumann, *Nationalsozialismus und Gewerkschaftsbewegung*, S.90。

[113] Tilla Siegel, *Leistung und Lohn*, S.39.

[114] Ronald Smelser, *Robert Ley*, S.144. 1933年9月12日穆霍死亡,死因说法不一。

[115] Ibid., p.148.

[116] Tilla Siegel, *Rationalisierung*. S.160—161; Timothy Mason, *Sozialpolitik*, S.115—116.

[117] 转引自 Martin Broszat, *Der Staat Hitlers: Grundlegung und Entwicklung seiner inneren Verfassung*, München: Deutscher Taschenbuch-Verlag, 15 Aufl., 2000, S.193.

[118] Tilla Siegel, *Leistung und Lohn*, S.42.

[119] Ibid., S.43.

[120] *Gesetz zur Ordnung der nationalen Arbeit*,第 1 条,见附录一。

[121] Tilla Siegel, *Leistung und Lohn*, S.74.

[122] Ibid., S.84.

[123] *Gesetz zur Ordnung der nationalen Arbeit*,第 5 条,见附录一。

[124] Gesetz zur Ordnung der nationalen Arbeit,第 9 条,见附录一。

[125] 孟钟捷:《德国 1920 年〈企业代表会法〉发生史》,附录二,第三部分"企业代表组织的任务与权限",第 366—374 页。

[126] Tilla Siegel, *Leistung und Lohn*, S.51.

[127] Werner Mansfeld, *Kommentar*, S.314.

[128] Ibid., S.11、18.

[129] *Gesetz zur Ordnung der nationalen Arbeit*,第四部分"社会荣誉审判",见附录一。

[130] Werner Mansfeld, *Kommentar*, S.80—82.

[131] *Völkischer Beobachter*, 17. Januar 1934. S.1.

[132] Werner Mansfeld, *Kommentar*, S.71.

[133] 转引自 Wolfgang Spohn, *Betriebsgemeinschaft und Volksgemeinschaft*, S.80,注释57。

[134] 目前为止对纳粹信任代表会选举进行研究的有: Wolfgang Zollitsch, "Die Vertrauensratswahlen von 1934 und 1935. Zum Stellenwert von Abstimmungen im 'Dritten Reich' am Beispiel Krupp", *Geschichte und Gesellschaft* Jg. 15 (1989), S.361—381.该文以克虏伯为例对 1934 年和 1935 年信任代表会进行分析;Klaus Wisotzky, *Der Ruhrbergbau im Dritten Reich. Studien zur Sozialpolitik im Ruhrbergbau und zum sozialen Verhalten der Bergleute in den Jahren 1933 bis 1939*, Düsseldorf: Schwann, 1983, S.104—109.该文研究了鲁尔矿区工人的信任代表会选举; Martin Rüther, *Arbeiterschaft in Köln 1928—1945*, Köln: Janus Verlagsges, 1990, S.174—216.该作者对科隆地区的信任代表会选举进行了非常详细的研究; Matthias Frese, *Betriebspolitik im Dritten Reich*, S.175—192.该书主要研究对象是西部重工业企业;Matthias Frese, "Nationalsozialistische Vertrauensräte", *Gewerkschaftliche Monatshefte*, Jg. 43 (1992), S. 281—297; Wolfang Spohn, *Betriebsgemeinschaft und Volksgemeinschaft. Die rechtliche und institutionelle Regelung der Arbeitsbeziehungen im NS-Staat*, S.77—98.沃尔夫冈·施伯的观点陈旧,只是依据劳动阵线领导人的说法认为 1934 年信任代表会选举情况的糟糕,马丁·吕特、沃尔夫冈·措里施和马提亚斯·弗利茨利等用个案研究提供了详细的地区或企业选举

结果,但到目前为止尚无人对全国信任代表会选举进行研究。此外,这些学者基本上都是从选票的角度进行研究,而很少从候选人的角度进行研究,也许是因为资料缺失的原因,无法对候选人的情况作介绍,因此也无法得出具体的候选人得票率,只能从赞成票、反对票和无效票的角度进行分析。

[135] Martin Rüther, *Arbeiterschaft in Köln 1928—1945*, S.177.

[136] Klaus Wisotzky, *Der Ruhrbergbau im Dritten Reich. Studien zur Sozialpolitik im Ruhrbergbau und zum sozialen Verhalten der Bergleute in den Jahren 1933 bis 1939*, S.106.

[137] Martin Rüther, *Arbeiterschaft in Köln 1928—1945*, S.180.

[138] 只有2%的企业需要成立信任代表会,涉及不足50%的就业者。参见 Wolfgang Spohn, *Betriebsgemeinschaft und Volksgemeinschaft*, S.67, 注释 20。参见 Willy Müller, *Das soziale Leben*, S.27.

[139] Matthias Frese, *Die Betriebspolitik im Dritten Reich*, S.181.

[140] Klaus Behnken (Hrsg.), *Deutschland-Berichte der Sozialdemokratischen Partei Deutschlands 1934—1940*, Jahrgang 1934, S.36—42.

[141] Martin Rüther, *Arbeiterschaft in Köln 1928—1945*, S.180.

[142] Wolfgang Zollitsch, "Die Vertrauensratswahlen von 1934 und 1935", S.369.

[143] Klaus Behnken (Hrsg.), *Deutschland-Berichte der Sozialdemokratischen Partei Deutschlands 1934—1940*, S.36—42.

[144] Ibid., S.181. 这里列举的数字都是 200 人以上企业的信任代表会选举情况。

[145] Michael Schneider; *Unterm Hakenkreuz*, S.509.

[146] Martin Rüther, *Arbeiterschaft in Köln 1928—1945*, S.184.

[147] Ibid..

[148] Ibid., S.182.

[149] Klaus Behnken (Hrsg.), *Deutschland-Berichte der Sozialdemokratischen Partei Deutschlands 1934—1940*, S.136.

[150] Michael Schneider, *Unterm Hakenkreuz*, S.510—511.

[151] "新开始"小组是从共产党和社民党左翼中产生的,原先的宗旨是要重新统一社民党和共产党,后来改为寻求社民党的领导权,最后被社民党融合。

[152] Klaus Behnken (Hrsg.), *Deutschland-Berichte der Sozialdemokratischen Partei Deutschlands 1934—1940*, S.39.

[153] Michael Schneider, *Unterm Hakenkreuz*, S.510.

[154] Günter Morsch, *Arbeit und Brot. Studien zu Lage, Stimmung, Einstellung und Verhalten der deutschen Arbeiterschaft 1933—1936/37*, Frankfurt a. M.; Lang,

1993，S.65.

[155] Klaus Behnken (Hrsg.)，*Deutschland-Berichte der Sozialdemokratischen Partei Deutschlands 1934—1940*，S.429、29.

[156] Ibid.，S.35、34.

[157] Martin Rüther，*Arbeiterschaft in Köln 1928—1945*，S.192.

[158] "Aus dem Lagebericht der Staatspolzeistelle Aachen an das Geheime Staatspolizeiamt in Berlin"，in: Herbst Michaelis/Ernst Schraepler(Hg.): *Ursachen und Folgen*，Bd. 9. S.689—690.

[159] Martin Rüther，*Arbeiterschaft in Köln 1928—1945*，S.184,注释 66.

[160] "Aus dem Lagebericht der Staatspolzeistelle Aachen an das Geheime Staatspolizeiamt in Berlin".

[161] Matthias Frese，*Betriebspolitik*，S.181；Christopher Rea Jackson，*Industrial labor between revolution and repression: Labor law and society in Germany*，*1918— 1945*，p.987.

[162] 转引自 Wolfgang Spohn，*Betriebsgemeinschaft und Volksgemeinschaft*，S.81，注释 59。

[163] Wolfgang Spohn，*Betriebsgemeinschaft und Volksgemeinschaft*，S.81.

[164] "Vertrauensmann muss Vorbild sein"，*Der Angriff* 8.4. 1935.

[165] Martin Rüther，*Arbeiterschaft in Köln 1928—1945*，S.177，注释 39。

[166] 转引自 Wolfgang Spohn，*Betriebsgemeinschaft und Volksgemeinschaft*，S.81—82。

[167] Ibid.，S.82—83.

[168] Ibid.，S.83,注释 63。

[169] Ibid.，S.83—84.

[170] Wolfgang Zollitsch，"Die Vertrauenswahlen von 1934 und 1935"，S.376.

[171] Klaus Behnken (Hrsg.)，*Deutschland-Berichte der Sozialdemokratischen Partei Deutschlands 1934—1940*，S.546.

[172] Michael Fichter，"Aufbau und Neuordnung: Betriebsräte zwischen Klassensolidarität und Betriebsloyalität"，in: Martin Broszat u. a. (Hg.)，*Von Stalingrad zur Währungsreform. Zur Sozialgeschichte des Umbruchs in Deutschland*，München: Oldenbourg，1988，S.469—549；此处是 S.475。

[173] Martin Rüther，*Arbeiterschaft in Köln 1928—1945*，S.200；Rüdiger Hachtmann，"Arbeitsmarkt und Arbeitszeit in der deutschen Industrie 1929 bis 1939"，*Archiv für Sozialgeschichte* (1987)，S.191.

[174] Martin Rüther，*Arbeiterschaft in Köln 1928—1945*，S.199—200.

［175］Ibid., S.204.

［176］Ibid., S.210.

［177］Ibid., S.205—206.

［178］Ibid., S.210—211.

［179］Ibid., S.201—202.

［180］Werner Mansfeld, *Kommentar*, S.154.

［181］孟钟捷:《德国 1920 年〈企业代表会法〉发生史》,附录二,第二部分"企业代表组织的结构",第 15 条,第 355 页。

［182］《民族劳动秩序法》,第一部分"企业领袖和信任代表会",第 7 条,见附录一。

［183］Mathias Frese, *Betriebspolitik*, S.194.

［184］Wolfgang Zollitsch, "Die Vertrauenswahlen von 1934 und 1935", S.367.

［185］Klaus Behnken (Hrsg.), *Deutschland-Berichte der Sozialdemokratischen Partei Deutschlands 1934—1940*, S.440.

［186］Wolfgang Zollitsch, "Die Vertrauenswahlen von 1934 und 1935", S.367.

［187］Matthias Frese, *Betriebspolitik*, S.212.

［188］Michael Prinz, *Vom neuen Mittelstand zum Volksgenossen. Die Entwicklung des sozialen Status der Angestellten von der Weimarer Republik bis zum Ende der NS-Zeit*, München: Oldenbourg, 1986. S.222—223.

［189］Christopher Rea Jackson: *Industrial labor between revolution and repression: Labor law and society in Germany, 1918—1945*, p.1012.

［190］Michael Prinz, *Vom neuen Mittelstand zum Volksgenossen. Die Entwicklung des sozialen Status der Angestellten von der Weimarer Republik bis zum Ende der NS-Zeit*, S.223.

［191］Ibid., S.224.

［192］转引自 Christopher Rea Jackson, *Industrial labor between revolution and repression: Labor law and society in Germany, 1918—1945*, S.1023. 另参见 Matthias Frese, *Betriebspolitik*, S.207。

［193］Matthias Frese, *Betriebspolitik*, S.202—206.

［194］Ibid..

［195］转引自 Matthias Frese, *Betriebspolitik*, S.219.

［196］*Reichsgesetzblatt.* I. S.335.

［197］Ibid..

［198］转引自 Wolfgang Spohn, *Betriebsgemeinschaft und Volksgemeinschaft*, S.88.

［199］Wolfgang Zollitsch, "Die Vertrauensratswahlen von 1934 und 1935", S.375.

［200］转引自 Wolfgang Spohn，*Betriebsgemeinschaft und Volksgemeinschaft*，S. 91，注释 88。

［201］Ibid..

［202］Matthias Frese，*Betriebspolitik*，S.186—187.

［203］转引自 Christopher Rea Jackson，*Industrial labor between revolution and repression: Labor law and society in Germany*，*1918—1945*，pp.994—996.

［204］Ibid..

［205］转引自 Wolfgang Spohn，*Betriebsgemeinschaft und Volksgmeinschaft*，S.92.

［206］*Reichsgesetzblatt*. I. S.282.

［207］*Reichsgesetzblatt*. I. S.358.

［208］Matthias Frese，*Betriebspolitik*，S.190.

［209］Christopher Rea Jackson，*Industrial labor between revolution and repression: Labor law and society in Germany*，*1918—1945*. pp.1017—1018.

［210］Ibid，p.209.

［211］这是一个宗教组织,纳粹上台后曾受到严厉打击。

［212］转引自 Christopher Rea Jackson，*Industrial labor between revolution and repression: Labor law and society in Germany*，*1918—1945*，pp.1027—1029.

第四章 在改造中的重生：
被占时期的企业代表会复兴运动

本章讨论被占时期企业代表会复兴运动的历史。这里提出的问题是：战败后，德国人为何以及如何重建企业代表会体制？煤钢企业的改造如何成为企业代表会体制重生的机遇？

本章分为三节。第一节展现盟军占领初期德国企业代表会重建运动的整体情况，以此揭示"零起点"中历史记忆、当下使命与未来展望之间的纠结关系及其对劳资协调机制的影响。第二节着重讨论占领军政府的立法行动，以此说明战后企业代表会体制重建中的外来因素及其影响的双重性。第三节分析英占区推行"鲁尔方案"的前因后果，以此梳理战后企业代表会体制重建的新动力。

第一节 盟军占领初期的企业代表会重建运动

在纳粹统治时期，企业代表会体制被取缔，企业内部的劳资共决让位于民族共同体名义下的"企业领袖"独裁，企业代表会体制让位于信任代表会体制。二战结束后，一切仿佛回到了"零起点"。然而德国的劳资关系重塑却不是从零开始。历史记忆、当下使命与未来展望彼此纠结在一起，构成了一幅朦胧的企业代表会复兴画面。

一、战争结束前的重建目的之争

其实早在1945年前，关于企业代表会复兴的设想已经出现。这些设

想同工会重建的方案混杂在一起,大致形成了两派意见:[1]

一派可被称作"传统派",希望延续魏玛时期的工会掌控企业代表会的权力模式,通过自上而下地重建集权式工会,来构造企业代表会复兴的组织基础。持这一想法的人是流亡英国和瑞典的工会联盟高层以及一些地方工会领导。他们虽然痛恨纳粹政权取缔工会联盟的做法,但对"德意志劳动阵线"(DAF)的组织形式颇感兴趣。1940年,流亡伦敦的工会代表提出"德意志劳动阵线的组织模式必须被视作所有雇员团体重建一个统一组织的开端",其领袖威利·德尔考(Willi Derkow)希望在DAF这一粗糙的基础上"修饰一下,给它一个正确的内涵"。资深的工会领导者、魏玛时期工会联盟执委弗里茨·塔瑙也对集权式的工会设想表示支持,因为它能够在"决定命运的过渡时期,更好地维护秩序,并且适应教育目标以及工会和国家利益"。共产党工会的赫伯特·瓦恩克(Herbert Warnke)虽然不赞同继承DAF,但同意把DAF作为重建工会的起点。

另一派可被称作"革新派",希望打破传统的工会与企业代表会之间的权力关系,通过自下而上的方式,让企业代表会成为重建工会的组织细胞。他们大多流亡美国、瑞士和法国,战前均为地方工会的领袖。他们一方面受到流亡地工会运动传统的影响,正如美国的"民主德国委员会"(Council for a Dermocratic Germany)所言,他们要求"确保地方组织的伟大特殊生命力,正如英美工会那样";另一方面,他们又深感战前工会联盟的集权特征是工会运动分裂的直接原因,所以瑞士的工会代表团强调捍卫"民主自治"的原则。他们希望克服"德意志工人阶级的分裂",以企业为中心,"在大众运动的基础之上"推动"国家的民主化",以便"在(德意志)倾覆之前拯救德意志民族"。

两种"未来构想"都建立在经验解读的基础上,但都不是老调重弹,而是提出了一些新观念。"传统派"在承认纳粹体制的道德缺陷后,以DAF的实践历史来证明集权式工人运动的合理性。"革新派"从民主自治的角度,着力论证分权与自下而上的重建模式对工人运动形成内在统一的作用。

由此,两种观念形成了不同的历史认知和价值判断,以致企业代表会的重建目的从一开始就出现了分裂迹象。"传统派"继续把企业代表会视作工会"伸长的臂膀"或"企业中的桥头堡",企业代表会重建只能被置于工会重建的意义框架中得以理解。"革新派"把企业代表会复兴与工会运动的民主化,乃至德国社会的民主改造结合起来,企业代表会体制将被寄予更高的期待。在企业代表会重建运动中,这种观念之争将会持续发挥着影响。

除此之外,我们还应考虑抵抗运动的一些想法。早在 1943 年,克劳骚集团(Kreusau)在其提出的德国新秩序设想中,便谈论过"真正有效的共决"。"白玫瑰"的呼吁书曾强调"工人阶级必须通过一种理性的社会主义,从最低等的奴隶制状态中被解放出来"。抵抗运动者虽然都不是工会运动的领导层,而且不少人后来都牺牲在纳粹政权的魔爪之下,但他们的思考路径超越了简单的利益团体政治范畴,站在了更高的社会政策层面上,对后来的决策者也不乏一种提示。[2]

二、企业代表会自发重建浪潮

尽管流亡者团体之间的目的之争尚未得出结论,然而行动往往先于辩论。当战争接近尾声时,企业代表会自发重建的浪潮已经出现。

企业代表会最初是以不同面目重现于世的。在盟军攻入德国之前,汉堡已经出现了不少非法的工人组织。[3]这是由所谓"魏玛老兵"(die Weimarer Veteranen)建立起来的。他们在 1933 年前便是工会成员,大多担任过企业代表会委员。这些人"在(德国)投降后,由于其年龄和经历,并没有显示出革命骚动的迹象,但仍然马上发现了实现工人运动之阶级要求的契机"。[4]1944 年 12 月中旬,在被解放地区成立的第一个企业代表会出现在考尔夏德(Kohlscheid)。[5]1945 年 3 月,在苏联红军占领的东部各地,大量"反法西斯小组"(Antifas)成立。春天,博世公司成立了一个名为"企业代表会"的工人组织。[6]盟军发起总攻时,斯图加特的一些企业陆续成立了"工人代表会"(Arbeiterrat),到 6 月,该地出现了150 个"企业委员会"(Betriebsausschuss)。此外还有若干"临时企业代表组织"(provisorische Betriebsvertretungen)。[7]

企业代表会主要出现在城市中,以五金工业为主,但也包含其他行业。据社会民主党流亡者弗里茨·艾伯哈德(Fritz Eberhard)的报告,斯图加特的所有五金公司都成立了企业代表会,其中包括博世、戴姆勒—奔驰这样的大企业。

此时的企业代表会均非选举产生,参与组建的力量五花八门。有的是由魏玛时期的企业代表会成员自觉组成,如在戴姆勒—奔驰的一家分厂,曾长期担任企业代表会委员的 5 名共产党员和一名社民党员在 5 月 18 日组建企业代表会。有的是由地方工会领袖促成,如 1933 年前曾担任工会联盟木工工会集体合同谈判负责人的马尔库斯·施莱歇尔(Markus Schleicher)就是其中一位。有的是由工人公举的中间人士,如威廉·卢克夏德尔(Wilhelm Luckscheider)这位曾经的警察被推举为一家企业代表会的主席。一些资本家也参与了组建工作,但其结果通常被工人们蔑称为"野工人代表会",因这些组织居然还吸收了原来的纳粹党员,并且延续着"企业领袖—追随者"的纳粹模式。[8]

第一批企业代表会委员存在着明显的代际特征,经历相似。据当时统计,大部分企业代表会成员属于德国工人运动的"老兵",亦即出生在世纪之交,魏玛时期已是工会成员。例如在斯图加特的五金工业中,80%的委员超过 40 岁。在波鸿的五金工业中,125 人出生在一战前,比例高于 80%;128 名委员参加过工会,其中 73%的人属于工会联盟。这些人没有流亡国外,由于专业缘故而被免除兵役,从事本职劳动。这种个人特征与经历决定了他们更多基于 1920 年企业代表会体制的实践经验,首先考虑政治立场与工会归属的差别,其次才关注工人权利问题,而不会考虑被流亡者团体所津津乐道的工会重建与国家复兴等使命。因此,研究者发现,当时大概只有 10%左右的企业代表会委员才继续保持着政治上的积极性。[9]

正因如此,人们对这些企业代表会的期望同它们的实际作用之间存在着巨大的落差:

一方面,与这一轮企业代表会重建浪潮几乎同步发生的工会重建,延续着战前的争议问题,即对企业代表会的功能颇为看重。如 1945 年 5 月 25 日汉堡的社会主义自由工会(Sozialistische Freie Gewerkschaft)主动与市政当局讨论重建企业代表会事宜,并且强调企业代表会的选举及其职能规范对工会重建具有决定性的意义;[10]5 月 31 日成立的符腾堡工会联盟也很快着手控制当地一盘散沙的企业代表会复兴运动,"自上而下"的调控运动被其领导人视作组织重建的前提;[11]相反,比勒菲尔德的情况倒符合"革新派"的设想,在那里,14 个企业代表会联合发起集会,商定地区工会的组建原则,甚至喊出了"不要无秩序,而是重建和社会主义!"这样的口号。[12]

另一方面,新生的企业代表会大多致力于"鸡毛蒜皮"的事务。例如:(1)清扫废墟。废墟有两个含义:建筑废墟与纳粹残余。卡塞尔的一个企业代表会从成立之初起就忙于这两件事。[13](2)承担救济。鲁尔地区的企业代表会这样写道:"企业代表会的主要工作是重建救济体制,通过重建食堂来满足人们的食欲……人们设法购买水果,与其他企业一起制造商品,设法购买马铃薯。我们两次获得 2 000 公担的马铃薯。它们都是由我们自己装卸的,此外还有烟草……我们的一名同事负责发放乳脂,尽管只有半马车……在企业中,我们为矿区生产机器,运送铁丝与钻头。同矿区的联系也是通过企业代表会的,此外还包括买卖。"当时有报道说,企业代表会的 70%工作都是一些日常生活之事,它们的办公室更像一个"发放日常用品的中转站"。[14]

也有个别例外者。如在多特蒙德,由共产党员恩斯特·福韦尔克(Ernst Vorwerk)领导的名为"反法西斯小组"的企业代表会施行了比较激进的措施,赶走了技术专家,甚至要求占领工厂,流露出"完全控制权"的想法。[15]

三、摇摆不定的占领军当局

面对这场企业代表会自发重建浪潮,占领军当局不可能无动于衷。然而出于各种功利主义考虑,它们的立场摇摆不定,在支持与反对之间徘徊。

占领初期,盟军对致力于稳定生产、安定社会与积极参与非纳粹化行动的各种企业代表会均表欢迎。1945 年 3 月,苏联红军指挥部曾表态支持东部解放区的企业代表会重建工作,并要求德国共产党员积极参与其中。[16]4 月 5 日，在红军的默许下，德国共产党公布《关于在红军占领的德国领土上德国反法西斯战士工作条例》，其中要求工人和职员成立的"企业小组"成为"企业中的反法西斯力量"。[17]一名企业代表会委员后来愉快地回忆了他同苏联红军之间的合作："企业中没有经理，然后来了共产党员拉本(Raben)。红军获得了所有一切。……然后我被他建议任命为企业负责人。……企业代表会的主要任务是建设(企业)，对私人予以照顾，建立食堂"。这段合作期被他称之为企业代表会的"伟大时代"。[18]法国占领军对斯图加特的工会积极分子并不信任，但仍然同意他们成立企业代表会，以"维护企业内部的稳定与秩序，促成军事当局与民政机构之间的相互信任"。[19]英国占领当局通过"北德煤炭控制局"(North German Coal Control)，要求企业代表会的权限只能限于"讨论与双方利益相关事务中，如健康、安全、福利、教育、住房问题"，但不能涉及"工资与劳动时间"。[20]

　　然而情况很快发生变化，占领军当局纷纷做出政策调整。5 月 18日，多特蒙德的英军禁止任何反法西斯小组活动。几天后，英军自行组建了一个企业代表会，由其任命主席。[21]同月，法占区也开始推行限制措施，由共产党员卡尔·布雷姆(Karl Brehm)领导的反法西斯小组因其激进活动而被法国人解散。[22]6 月 10 日，苏军在柏林任命一个八人委员会(即企业工会领导组织)，由其控制所有东占区的工人组织。[23]6 月 13 日，柏林的盟军管制委员会制定了一份限制企业代表会活动的法令。该法令要求各企业重新选举代表，并缩减规模，要求企业代表会只能讨论企业的内部事务，它不但无权过问工资和劳动时间，也不得把相关资料提供给任何工会组织。[24]6 月 18 日，苏占区在公开广播中，首次表态支持成立企业层面的工会组织，但出人意料地忽略了企业代表会。[25]到 7 月 31 日，苏占区干脆宣布解散所有企业代表会，要求"从企业工会领导组织建立之时开始，原有的企业代表会与反法西斯的企业代表会的职能都被一并取缔"。[26]美军虽然没有明文禁止，却要求各地"确保工人组织不会借用幌子为纳粹或军事行动服务，或准备采取敌视占领军的意图与行为"。[27]

盟军态度的转变主要取决于三方面的考虑：

第一，保障安全。占领军对德国社会的"妖魔化"心理根深蒂固，如美国参谋长联席会议第 1067 号指令（JCS1067）第 4 条第 b 款竟然严禁"（士兵）与德国官员和平民结交"。[28]在这种心理作祟下，先解散德国现存的所有政党和团体，而后防备企业代表会便是意料之中的结果。

第二，保障生产。为了尽快获得赔偿，同时维护正常的生产秩序，占领军需要对企业代表会的活动进行规制。如比勒菲尔德的一家缝纫机厂，7 人组成的企业代表会在"不清楚是否能够完成领导企业任务"的情况下，仍然坚决"反对现存董事会，并发出威胁"，致使董事会主席愤然离职。当地经济法庭在向市长的申诉中就指责这种夺权行为虽然是"一个未曾预料到的个体行为"，但却有可能无法"按照盟军机构的订单要求"完成任务。[29]此外，随着战争的结束，军备企业的停产必然造成大量工人失业，然而停产企业中的企业代表会却有可能成为社会动荡的组织者，这使占领军不得不提前预防。[30]在东部，由于逃跑的企业主较多，苏军需要尽快恢复无主工厂中的生产秩序，所以一开始主要借助了企业代表会的力量。但只要工厂走上正轨，苏军便出于实际考虑，不愿意让企业代表会继续插手生产和经营。[31]

第三，保障控制力。战后世界格局的转变让占领军当局必须考虑工人组织的政治倾向。早期成立的企业代表会大多由左翼政党成员组成，而且他们摒弃了战前的意识形态分歧，采取了团结一致的态度。这种态势让西方占领军感到不满。在汉诺威，英占区便借口维护社会秩序，取缔了共产党领导的企业代表会。[32]美占区的最高领袖克莱将军（Clay）也时刻关注工人运动中的左倾动向。[33]对苏占区而言，企业代表会的左倾却又是不够的。[34]事实上，它并不欢迎企业代表会提出的关于经营自由与劳动自治的若干要求。在苏联控股的公司中，企业代表会从一开始就没有得到这些权利。因此，解散企业代表会是苏占区加强集中控制的必要手段。[35]

在西占区，这种抵制态度到 7 月初却再次发生了动摇。三个西方占领区曾颁布有关工业关系的第 1 号令，宣布将重建工会和企业代表会，[36]但只有美占区履行了诺言，发布《关于工人代表选举的公告》，要求企业内部的工人组织在3月内完成选举，作为"重建自由与民主工会的第一步"。[37]11月，英国占领军当局允许煤钢工业中的企业代表会参加社会与福利事务的共决。

这次态度变化取决于两个因素。从内部而言，英美两国的工会向占领军政府施压。美国工联访问美占区后，督促军方尽快重建德国工人组织，以掌控工人运动的方向，为"防共"做好准备。英国矿工工会代表团在访问杜塞尔多夫后，也表态支持企业代表会重建运动，这是工党政府不得不考虑的建议。

从外部而言，德国社会涌动着的"企业代表会情结"也让西方盟军不得不正视德国人的要求。在这一时期，几乎所有党派都对企业代表会运动表示了关注。6月，共产党、社民党与基督教民主联盟先后在柏林发出呼吁。共产党提出"保障劳动者反抗企业主专制与无耻剥削的权利。在所有企业、办公部门与机构中，自由、民主地选举产生工人、职员与公务员的企业代表组织"；社会民主党提出"重新规划社会权利。自由、民主地设计劳动权。在经济领域中成立企业代表会"；新组建的基督教民主联盟吸纳了不少原基督教工会高层，故而经济改革的思想颇受欢迎，不仅成立宣言提出了"人必须成为中心"的口号，而且之后通过《阿伦纲领》正式追求"经济民主"。此外，对于经济发展的悲观心理也让一些资本家希望同工人合作。自由民主党主席弗朗茨·布吕歇(Franz Blücher)公开承认："假如工业家们不再迅速提升自身，自愿同经济与社会思想的伟大革新合作，那么大工业的思想……便将消逝"——这种伟大革新还包括满足"劳工们的合法要求"。[38]与此同时，德国的媒体纷纷指责盟军的政治禁令根本无助于德国政治的民主化。[39]对于普通的企业代表会委员而言，恢复1920年法更是他们的主要期待。11月，达姆斯塔特一家企业的新当选委员在首份呼吁书中写道："德国的1920年《企业代表会法》是我们今天仍然支持的法规"，而且"这一点是大多数站在魏玛延续性立场上的职工代表所认同的"。[40]

占领军立场的变化得到了工会的欢迎。其中，符腾堡工会联盟颇为积极,向美占军要求"在所有企业举行企业代表会选举"。[41]但美军对德国工会运动仍然存有疑虑,而且试图继续控制选举进程,故而要求即将举行的企业代表会选举必须遵循以下 5 个原则:(1)只有在 25% 以上的雇员要求选举的前提下,才能举行;(2)企业代表会委员的任期为 3 个月;(3)工人和职员合并选举;(4)候选人必须得到 5% 以上的雇员联合推举,且按照首字母排序;(5)选举过程必须得到地方劳动部门的监督,任何工会不得干涉。[42]在此影响下,出现了各式各样的企业章程。[43]

然而出乎占领军意料之外的是,战后第一次大规模的、正式的企业代表会选举(1945—1946 年之交)却让左翼政党成为最大受益者。在鲁尔区,当选者中共产党员的比例高达 40%,远远超过魏玛时期。在柏林,一家机械厂的企业代表会成员居然都是左翼。不过,与魏玛时期相同的是,这次选举吹散了此前彼此合作的气息,重新恢复了充满党派斗争的氛围。各党派均组织了大型动员大会。一名年轻的矿工海因茨·塔费尔(Heinz Tafel)坦承,这次选举几乎"把 5 000 人分为 10 个团体"![44]

尽管企业代表会选举得到了合法名义,然而关于企业代表会的使命和行动原则仍然付之阙如,以至于在实践中,各种认识同时存在,矛盾继续积累。

第一层矛盾反映在历史认知与未来构想之间。早在 1945 年前,对于工人运动历史的不同解读,已经造成了流亡工会领导者之间的意见不合。不仅如此,流亡者与国内派系之间、工会政治家与党派政治家之间也存在着认识差异。自上而下与自下而上的不同方案使得企业代表会体制与工会重建运动形成了极为复杂的纠结关系:企业代表会体制的重要性不言而喻,但其角色继续成为争论不休的话题,并且直接影响到复兴运动本身。

第二层矛盾反映在企业代表会的实践与占领军当局的目标之间。一些企业代表会从最初的"鸡毛蒜皮"到开始要求更多的共决权,而占领军当局则希望它们继续保持原样,如 1945 年 11 月,一名英国官员就直言不讳地要求德国人首先关注恢复生产的问题——工作、衣服与住房,而不是政治使命。这种冲突在实质上反映了人们在不同文化背景与历史环境中对企业代表会体制的认识差异。

第三层矛盾反映在企业代表会与资本家之间。尽管一些工人曾宣布1920年《企业代表会法》业已过时,但在新法未出台前,不少企业代表会仍然以此作为它们的行动准则。如博世高层就发现,新当选的企业代表会委员们十分自然地行使人事共决权,而这恰恰是大多数资本家所不愿意接受的现实。此外,工人代表特别积极地参与"非纳粹化",抵制前纳粹分子进入企业的态度,也激化了双方矛盾。

第四层矛盾反映在企业代表会与新生代工人之间。当选的企业代表会委员多为战前工会成员,阶级斗争意识强烈,而年轻一代却成长于纳粹时期,既对政治有着负面印象,又对工会一无所知,以至于在选举行为与投票期望之间缺乏此前的紧密联系。[45]

一系列矛盾的出现,让人们急切盼望把这场自发的企业代表会复兴运动推向法制化道路。这一天很快来到了。

第二节　企业代表会法制化的尝试与失败

在1949年前,德国的政治主权掌控在盟军手中。因此,德国人只能把企业代表会法制化寄托于占领军政府。然而后者的立法实践并不顺利,且最终仍以失败告终。本节的主要问题是:盟军为什么在企业代表会法制化的问题上举棋不定?

一、法制化的呼声与盟军困局

在盟军改变态度后,德国人对企业代表会的法制化充满着希望,甚至曾有过一次失败的立法尝试。1945年9月12日,由600多名代表参加的图林根企业代表会大会提出了一份《企业代表会法草案》。10月10日,该草案得到州管理局的批准,并在10月22日公之于众。同一天,苏占区管理局也批准了该法。这是1920年后出现的第一部《企业代表会法》。[46]

该法充分考虑到战后的特殊局势与占领当局的顾虑。它既规定"企业代表机构的活动是名誉性的"(第7条),又要求企业代表会"协同参与德国国民经济的重建与企业内部的赔偿,在企业成员中,清除纳粹的企业领导机构,根绝纳粹主义与帝国主义的思想,在企业向和平生产转型、降低某些隐藏着的法西斯主义的、反动的资本家们在当前重新生产战争商品的企图"(第 10 条 a),并保证"与自由的德国工会联盟在企业中的工会小组紧密联系、共同工作"(第 10 条 h)。[47]然而时隔不久,苏联占领当局却以维护现有秩序为名又否决了该法。

于是,在 1945 年底至 1946 年初的德国社会,人们看到了一幅颇为滑稽的画面:一方面,战争已结束,第三帝国灰飞烟灭,另一方面,纳粹政府于 1934 年颁布的《国民劳动秩序法》却依然有效,而且直到 1946 年 11 月底才被盟军管制委员会第 40 号令取缔;一方面,在盟军的允许下,西占区各地纷纷举行企业代表会选举,另一方面,对于企业内部劳资关系的法律规制却依然付之阙如——若深究起来,似乎主张"企业领袖—追随者"模式的《国民劳动秩序法》因未被废除,应该仍有法律效力。工人对此多有抱怨。[48]

事实上,盟军并非对这种颇为尴尬的局面视而不见、能而不为,而是它面临着多重难题。占领初期的任务繁杂,企业内部劳资关系问题远非最为紧急。如在盟军管制委员会最初的 12 个管理局中,甚至都没有设立劳动部门。[49]这是其一。其二,盟军意见彼此相左。从前文可见,在德国人的努力下,西占区的态度有所变化,而苏占区却仍然固守底线。其三,盟军占领体制阻碍着统一政策的出炉。盟军管制委员会内部的争议只是反映了占领体制的一方面弱点,另一方面,作为最高权力机构的盟军管制委员会与实践性的占领军政府之间又形成了"剪不断理还乱"的关系。[50]其四,关于企业代表会体制的内外认知存在较大差异。且不论德国社会对企业代表会体制仍然产生争议,更何况盟军统治者们的本国历史经验与现存体制并没有与企业代表会相通之处,他们自然会举棋不定。值得注意的现象是,在此前相关条例的法令中,美军从未用过企业代表会这一术语,而只是使用中性化的词语——工人代表组织。

不过,盟军当然也明白,这种拖延策略显然无法长久。1946 年 2 月,美军的一份内部报告便对现状提出了批评。这份报告指出,占领当局没有认识到,企业代表会的复兴同德国工人运动的传统及魏玛历史息息相关。进一步而言，假如企业代表会的职能缺乏法律规范，那么工人将被资本家所欺压，德国的工人运动更有可能被共产党所吸引。[51]美占领当局对图林根法的回应是其动力之一，但也作为对苏占区社会化方案的回应。[52]不久后公布的第一次企业代表会选举结果似乎验证了这种警告。

二、1946年《企业代表会法》问世

1946年4月10日，盟军管制委员会颁布第22号令，即《企业代表会法》。4月17日，该法生效。该法的前史可以追溯到1945年8月17日成立的"劳动法、工会与劳动关系委员会"。这是盟军管制委员会人力部成立的一个工作组，负责为所有占领区起草一部工会法。

1946年1月初，上述工作组递交了两份不同的草案，以供讨论。四方都没有考虑过恢复1920年法的可能性，它们的争议焦点有三：第一，是否需要强制性地成立企业代表会？法方表示同意，其他代表则坚持自愿原则，最终文本强调自愿；第二，企业代表会成员的组成是由劳方单独决定，还是由劳资双方共同决定？英法支持后者，美苏支持前者，最终文本强调共同决定权；第三，未来的企业代表会拥有多大的决策权？法方根据本土出现的"企业委员会"(comitées d'entreprise)，希望扩大企业代表会的权限，让雇员参加所有决策，而其他代表则希望限制权力，英国人甚至认为，完全不能赋予雇员在监事会中的投票权。最终文本否决了法方想法。[53]

1946年《企业代表会法》只有13条[54]，但言简意赅，层次分明，规定了企业代表会成立的目的(第1条)、选举原则和程序(第2—4条)、职能(第5条)、运行规则(第6—10条)、适用范围和生效时间(第11—13条)。若把它同1920年《企业代表会法》作比，除去因时间紧迫略显简单外，其特色较为明显，特别是在于以下五个方面：

首先，它把企业代表会体制理解为工人组织的法制化，而非承担保障工人权益和企业发展双重使命的劳资协调机构。它规定，企业代表会的目的是为"保障单个企业中工人与职员的职业利益、经济利益与社会利益"(第1条)，并未包括1920年法所要求的"支持企业主完成企业目标"(第1条)。

其次,从第一点出发,它要求企业代表会保持同工会之间的紧密关系,如允许工会"参与组建筹备小组、参加企业代表会选举小组,并从涉及企业中的工人与职员名单中提出企业代表会的候选人名单"(第 4 条第 2 款),又要求企业代表会"将其使命同被批准的工会相互合作"(第 7 条)。这些表述同 1920 年法对两者关系不涉一词形成鲜明对比。

接次,它继续采用了企业代表会的名称,却没有分割工人和职员的整体性,并一再把"工人与职员利益"归并在一起论述。

再次,它突出反映了德国被占时期的权力关系与社会背景。例如:当企业代表会的行动"违背占领当局的目的"时,军事占领当局便有权将其解散(第 10 条);非纳粹化运动直接成为企业代表会的使命,这包括它不能接受"前德意志劳动阵线执委会成员或纳粹党党员"(第 2 条第 2 款),它必须"与当局合作,减少军工生产,对公共与私人企业推行非纳粹化"(第 5 条第 5 款)。

最后,它着重保障工人们的社会共决权,而在经济共决权和人事共决权方面含糊其词,仅仅允许企业代表会成员"可参加企业监事会组织的会议"(第 6 条)。

总体而言,该法同 1920 年法相比,既有发展,又有后退,既有现实性一面,又反映了政治现状,而且更大程度上是把 1920 年法与英国特色相结合的产物。对此,德国舆论毁誉参半。东占区工会联盟(ADGB)的副主席赫伯特·瓦尔克公开表示,该法超越了 1920 年法,体现了"民主意识权利的改进,企业代表会的民主行动得到了独立"。[55]而一些企业代表会则做出了完全负面的评价,认为"应该最为严厉地拒斥这种形式的法律","进步的工会人士要求的不是行动的权利,而是在企业、生产和分配以及整个经济中的明确共决权"。持相对中立立场的西占区工会联盟更关注接下去的行动问题。在资方看来,该法不如 1920 年法严厉,拥有"延伸的能力"。几个企业主甚至联合决定,不能单独同企业代表会进行任何形式的协商。[56]

三、1946 年《企业代表会法》的实践与停滞

1946 年法是由盟军管制委员会颁布的"框架方针",在当时被视作

一部抽象的原则性法令，不能立即付诸实践。就当时的德国政局而言，彼此分裂的占领区需要在州宪法中表述相关思想，并筹备一部具体法规。

为此，德国人迅速行动起来。个别州的宪法首先肯定了企业代表会体制，如黑森州宪法第 36 条明确提出共决权："在实施（经济）领导措施中，工会与企业主代表被国家赋予相同的共决权。"[57]巴伐利亚州宪法第 175 条规定"在所有经济调查中，雇员在同其相关的事务和企业中，拥有共决权，对该企业的领导和管理拥有直接影响力。为此目的，根据一部特殊法律，建立企业代表会"。同样，巴登—符腾堡州宪法第 23 条规定："工人和职员有权平等地与企业主一起在工资和劳动条件的规范以及整个生产力的经济发展中共同发挥作用。"[58]

随后，美占区的黑森州、巴登—符腾堡州、不莱梅州，法占区的符腾堡州，英占区的下萨克森州、北威州等 8 个州都提出了《企业代表会法》。[59]各地法规详略不等，表述也存在差异。其中，黑森州的《企业代表会法》（1946 年 5 月 26 日）是比较完备的一部。它宣布自己是根据第22 号令与黑森州宪法起草的。但事实上，该法明显建立在 1920 年法的基础之上，例如它规定企业代表会的目的是"为保障雇员相对于企业主的共同经济利益，支持企业主完成企业目标，在工会的协助下，在所有（5 人以上的）企业与机构中选举企业代表会"（第 2 条）；企业代表会不仅有"在社会问题上的共决权"（第 34、35 条），还具有"在经济问题上的共决权"（第 52—54 条），其中包括查看企业的收支报表、派 2 名代表参加监事会会议，具有咨询投票权等。唯一的例外是要求企业代表会"有权也有义务同当局在阻止军事合同、保障宪法上共同合作"（第 31 条）。[60]历史经验的影响力在此可见一斑。

1946 年法让工会也活跃起来。在占领军政府的压制下，直到 1949年前，德国工会运动仍然没有建立起统一组织，而且在占领区中各行其是，根据自己的理解来制定企业代表会选举的策略及其使命。1946 年 4月 12 日，达姆斯塔特工会制定了企业代表会选举条例，把企业代表会选举和教育工作视作自己的重要任务。8 月 11 日，巴登工会委员会表示，企业代表会选举必须完成工会的目标,即"维护雇员利益,特别把同纳粹主义和军国主义的斗争视作自己的使命"。11 月 26 日,北方马克区工会委员会提出把企业代表会在企业领导上的共决权视作自己的重要目标。苏联占领当局在针对图林根州《企业代表会法》的内部报告中,认为该法"并没有让企业主失去权利",企业代表会也并未由此获得领导企业的资格。这种态度带动了苏占区左翼力量的立场,例如柏林的社民党高层希望在魏玛经验的基础上来理解和执行第 22 号令。[61] 12月,当战后第一场罢工发生在汉诺威后,五金工会协调下的劳资协议便确定了企业代表会在三方面的共决权,即(1)确定岗位、解职、代替、控诉和工资薪水;(2)企业重建、确定生产计划和引进新的劳动方式;(3)获悉所有与劳动关系及雇员劳动相关的企业发展进程。[62] 1946 年 1月 26—27 日,英占区工会委员会决定全力执行《企业代表会法》,协助完成选举,支持其使命。3 月 1—2 日,巴登工会联盟会议决定为企业代表会等工人组织成立中央领导机构。5 月 2 日,莱茵—普法尔茨工会联盟除了准备建立企业代表会领导机构外,还希望进一步重建企业代表会的法律基础。[63]

为协调争议,从 1946 年起,各占领区的各级工会联合召开跨占区工会大会,企业代表会工作就是其中的重要议题。1946 年 12 月 18—19日,在汉诺威举行的第二次跨占区工会决议呼吁:"在管制委员会第 22 号令的基础上,以企业代表会形式缔结合适的企业协商体制。"1947 年 8 月7—9 日,第五次跨占区工会大会公布《企业代表会工作条例》,正式把企业代表会视作工会的重要执行机构,制定了企业代表会的选举原则及其在经济、人事和福利问题上的共决权。它规定,企业代表会的选举与运行属于工会领导的事务;在工会的建议下,雇员产生一个选举委员会,由其提出候选人名单;企业代表会的共决权首先通过工会、职工以及企业代表会的活动得到保障。这种共决权包括:在社会与个人问题上,监督实施集体合同,促进劳动时间规范、计件工资的计算与支付、劳动保护、创立与领导工厂福利组织;在经济问题上,介入生产方式、劳动方式与核算方式的确立中,查看发展报告,参加监事会会议。[64] 从内容上而言,该条例也参照了 1920 年法的相关规定,比黑森州《企业代表会法》的条款还要细化,并着重强调了工会与企业代表会之间的关联。[65]

在苏占区,全德工会联盟(FDGB)为选举制定了详细的工作方案,提出了选举条例。1947 年 3 月 5 日,大柏林分会的企业代表会部专门制定了"1947 年企业代表会的任务和企业代表会选举的准备及实行",其中特别强调把柏林经济的民主化、实现《没收法》和争夺完全共决权放在首位。[66]

在德国社会对企业代表会体制的具体内容讨论正酣时,盟军却出人意料地再次泼来了冷水。1947 年 5 月 17 日,美占区最高指挥官克莱否决了北威州的社会化决议和黑森州宪法中的共决条款,并同英占区最高指挥官罗伯森(Robertson)一起搁置了各州起草的《企业代表会法》。[67] 5 个月后,苏占区改组成立"企业领导机构"(BGL),作为已经成立的工会联盟(ADGB)的下属组织。[68] 11 月,全德工会联盟(FDGB)的企业代表会部连续两次同苏联占领当局举行会谈,却无果而终,根本没有达成有关企业代表会共决权的任何协议。苏方将领认为,不可能让所有企业都完成选举章程,因而拒绝对 1947 年选举表态。到 1948 年 11 月 11 日,全德工会联盟终于决定,苏占区不再选举任何企业代表会。[69] 法占区没有反对企业代表会体制,但它主要是农业区,企业代表会的普及率本来就不高。

盟军态度的转变既同当时德国国内的政局演变息息相关,也再次反映了盟军同德国社会之间的认识冲突。

众所周知,从 1946 年起,围绕德国的统一之路,东西占区之间已经发生了数次交锋。在这种背景中,企业代表会及其蕴含的"德国问题"便成为颇为敏感的议题。它一则牵涉到盟军对德国未来的掌控力,如黑森州《企业代表会法》那样明显反映德国历史经验、并试图摆脱盟军影响的法令自然不会得到允许。在东西夹击之间,当时的德国社会并无希望走上"第三条道路"。其次,它直接关系到各占领区内部工人运动的政治倾向。尽管企业代表会仅仅是企业内部的劳资协调机构,但自魏玛起,它就从来不是一个单纯的经济机构,而是一直处于权力交往之中,此时也不例外。

在当时渴望变革的社会氛围中,企业代表会选举的左倾趋势愈发明显(见表 4.1 和 4.2)。对此,克莱就十分清醒,下令不能让共产党通过企业代表会选举找到更多发挥影响力的机会。[70]与此相似,苏占区的 7 月选举结果表明,在当选者中,40%是无党派人士,56%才归属德国共产党。这让苏联也产生了戒心。[71]随后两年的柏林选举更让苏联人失去了耐心(见表 4.3)。于是,搁置法令便成为最佳选择。最后,也是最为重要的原因在于,西方盟军希望在统一问题尘埃落定之后再来考虑劳资关系的协调。所以,1947 年 9 月 5 日,克莱冠冕堂皇地表示,军事当局不会允许地方立法来改变工业管理模式,因为这种变化将会影响到整个德国。他认为,相关问题应交由未来的统一国会来处理。[72]同此类似的处理还反映在美占区拒绝成立劳动部门。

表 4.1   鲁尔地区企业代表会选举(1946—1949)   (单位:%)

	社民党	共产党	基民盟	无党派
1946 年	36.8	38.8	14	10.4
1947 年	33	31	31.5	4.5
1948 年	36(41)	33(32)	20(17)	11(10)
1949 年	43	27	18	12

资料来源:Christoph Kleßmann, "Betriebsräte und Gewerkschaften in Deutschland, *1945—1952*", in: Heinrich August Winkler, *Politische Weichenstellungen im Nachkriegsdeutschland*, *1945—1953*, Göttingen: Vandenhoeck und Ruprecht, 1979, S.44—73;此处是 S.65.

表 4.2   北威州企业代表会选举情况(1947 年,单位:%)

	共产党	社民党	基社盟	基民盟	无党派
煤矿业	30.54	41.19	1.51	14.06	12.69
五金业	36.13	38.27	0.26	8.28	17.06
公共服务业	20.78	40.45	—	19.10	19.67
化工业	17.64	36.97	0.84	16.81	27.73

资料来源:Gloria Müller, *Mitbestimmung in der Nachkriegszeit. Britische Besatzungsmacht-Unternehmer-Gewerkschaften*, Düsseldorf: Schwann, 1987, S.207.

表 4.3　柏林企业代表会选举结果(1947—1948 年,单位:张)

	统一社会党	社民党	基民盟	自由民主党	无党派	总　计
1947	4 301	1 659	124	18	7 296	17 547
1948	4 100	1 894	107	7	13 453	19 561

资料来源:Kurt Laser, "Zu einigen Fragen der ostdeutschen Betriebsrätebewegung 1947/48", in: Richard Kumpf, *Gewerkschaften und Betriebsräte im Kampf um Mitbestimmung und Demokratie 1919—1994*, Bonn: Rohl-Rugenstein, 1994, S.162.

　　占领军政府与德国社会在劳资协调机制上的认识差异始终成为双方交流的障碍。在苏占区,尽管对企业代表会的工作赞赏有加,[73]但这种缺乏组织性的运动是无法被苏方接受的。早在 1946 年 7 月 25 日,苏占区宣传部门便强调过统一工会运动的重要性。[74]更何况,实际的选举结果表明,受到苏联人支持的德共(统一社会党)并没有在选举中获胜。由此,苏占区最终取缔企业代表会体制,应是情理之中的结果。反过来,在西占区,美、英两国同样无法接受德国模式的企业代表会体制。美国工会虽然认识到"防共"的重要性,但是经济自由主义的传统也让它不得不承认企业代表会体制所宣扬的"共决""不是一个合适的工会目标"。[75]当时由工党执政的英国政府也对企业代表会体制"有所保留",因为它既缺乏对国家权力的规范,[76]又没有保证工会的控制力。英方的人力管理处处长卢斯的一席话颇能说明问题。他在 1947 年 11 月 13 日对杜塞尔多夫的工会成员演讲中指出:"你们的工厂委员会(即企业代表会——引者注)不是从工会运动中产生的……(它们)是依靠本身的权利,根据一项法令并在该项法令的……培植下建立起来的,因而在你们面前提出了一个问题,要在你们的组织上进行移花接木。"[77]

　　正是在这种对德国未来预期的冲突和对德国历史的不解中,企业代表会法制化的第一次尝试无疾而终。此后,苏占区再也没有出现过企业代表会选举。不过,西占区的企业代表会运动仍然沿着原来的轨道前行,如双占区工会代表会仍然在 1947 年 11 月 6 日的高层讨论中提出了企业代表会在鲁尔区的控制权问题,次年 8 月 3 日把"执行《企业代表会法》"作为工会的主要使命之一。地方政府也不愿放弃原来的想法,如巴登州在1948年9月24日依然通过了一部建立企业代表会的条例。[78]这些做法最后都被西方占领军所压制,没有付诸实践。不过,问题在于,建立企业代表会体制始终是此时德国各阶层的重生目标之一。当黑森州坚持在1948年5月26日推出《企业代表会法》时,30万名当地工人参与了庆祝活动。[79]

当然,企业代表会的实践活动并没有随着立法进程的停滞而消失。在黑森州的达姆斯塔特,71%的受访者表示他们的企业中仍然建有企业代表会。在针对"您认为,企业代表会是否有必要?"一类的问题时,41%的受访者回答"绝对必要",32%认为"很有必要",17%选择"毫无必要",10%"不知道"或不做回答。倘若企业规模增大,这一比例变得更让企业代表会体制支持者感到惊喜,因为在拥有501名雇员以上的大企业中,超过80%的受访者欢迎企业代表会,而且满意度达到69%![80]

从1945—1946年之交企业代表会第一次选举开始,战后企业代表会复兴运动进入到第二阶段。该进程一波三折。盟军的回心转意曾促成了1946年法的出现,却不曾想在一年之内又出尔反尔,浇灭了各地立法的热情。不过,德国民众没有放弃重建企业代表会体制的决心,机会很快出现在英占区。

第三节　英占区企业代表会体制的新方向

全德范围内的企业代表会体制立法活动偃旗息鼓,但其个别实践却未曾停止过。尤其在鲁尔区,历史记忆、变革渴望与英军困境集合在一起,形成了一种合力,走上了一条"并不合法"的企业代表会法制化道路。本节的问题是:为什么在英占区出现了企业代表会法制化的可能性? 英占区企业代表会体制的独特性是什么?

一、鲁尔区出现的改革契机

鲁尔区是魏玛时期劳资矛盾最为激烈的地区之一。在那里,重工业资本家一直坚持家长制的作风,而五金工会与矿业工会却是工会运动中组织率最高、斗争性最强的基层机构。这种"针尖对麦芒"的劳资关系在被纳粹政府压制了 14 年后，再次凸显为当地的主要社会问题。在这里，历史记忆既得到再一次的重视，又在新的政治环境下得到释读：

一方面，在企业代表会复兴运动中，鲁尔区工人对企业代表会体制的革命属性寄予厚望。正因如此，该地区企业代表会选举中的左倾趋势最为明显，德共的得票率几率上升，革命气息蔓延。与此同时，那些地区的工人们几乎都站在了"从下至上"重建工会运动的立场上，把企业代表会的共决权视作主要的斗争目标。[81]

另一方面，战后出现的新局势迫使一些现实的资本家不得不做出让步。在 1945 年 8 月 2 日通过的《波茨坦会议公告》中，第 12 条规定："在实际可行之范围内，德国经济应早日分散，以消灭目前经济力量因'卡特尔''辛迪加''托拉斯'及其他垄断办法而造成之过分集中现象"。[82]英占区正是非纳粹化的重点区域。1945 年秋，莱茵—威斯特法伦煤矿辛迪加的 44 名代表和钢铁煤矿业的 116 名领导者被逮捕。11 月，英军占领政府接手克虏伯。到 12 月，它已控制住所有的钢铁企业。[83]为了避免企业被肢解的命运，鲁尔区的一些资本家决定先行一步，通过取得工人的谅解，来保住现有企业模式。在他们看来，魏玛时期的企业代表会体制正是可以借助的力量。

1945 年 12 月底，科勒克纳（Klöckner）工厂的监事会主席卡尔·雅勒斯（Karl Jarres）主动在同企业代表会的谈判中提出：(1)工会与企业代表会的信任者参加董事会，拥有与其他经理相同的权力；(2)监事会所信任者才能组成董事会。这两点事实上已经超越了 1920 年《企业代表会法》的规定，扩展了经济共决权。[84]杜伊斯堡铜厂在其经理库斯（Kuss）的努力下，也试图同该厂工人达成类似协议。[85]

不过，渴望企业代表会法制化的鲁尔工人们并没有简单地复制历史记忆，随意接了企业主递来的橄榄枝，而是同整个德国社会的革命转型联系在一起。1946 年 1 月 11 日，科勒克纳工厂企业代表会主席致信英占区工会主席汉斯·伯克勒尔（Hans Böckler），建议后者出面劝说资方，要求劳资双方在监事会和董事会中都拥有对等决定权。[86]伯克勒尔曾在战前担任过国会议员,拥有丰富的政治斗争经验。他立即抓住这一机会,在 3 月召开的英占区第一届工会大会上,公开把科勒克纳个案上升到整个工人阶级在战后德国政治生活中获得共决权的目标。他说:"我们必须在各领域中获得彻底平等的待遇,不仅在个体经济机构中,不仅在商会中,还应该在整个经济领域中……此外的想法是:(雇员)代表进入公司的董事会和监事会中。"[87]这一点后来被英占区第一届工会大会决议所接受。该决议要求在企业内外都应保证工会成员的共决权,特别是第 8 点强调"会议认为,特别紧急的事是,通过创建一部新的《企业代表会法》,来确立这种基础。新的《企业代表会法》必须不仅重新恢复企业代表组织的权利——这些权利保留在 1920 年老的《企业代表会法》中——而且还应该保卫符合民主改造国家与重建经济要求的企业代表会之权利。这些权利体现在企业代表会在企业的所有社会事务和劳动权事务上的共决,体现在生产和分配合同中的负责协作与共决。"[88]到 8 月下旬,英占区工会决心首先实现非垄断化领域中的共决发展。在当时通过的决议中,出现了下列表述:"工会认为重要的是:雇员代表应该同雇主代表平等地进入公司的监事会机构和控制机构中。雇员代表的选择交由工会处理,其标准是,至少有 2 名代表来自于企业代表会。"[89]这是二战后企业代表会体制复兴运动中首度出现的新目标。10 月 15 日,伯克勒尔再度公开表示,雇员阶层应有权参与到钢铁工业的重建中,并有权参加董事会与监事会的会议。[90]

与此同时,改造鲁尔区与维护稳定正成为困扰英军占领当局的一对矛盾。鲁尔区是军工企业集中的地方,对其进行非纳粹化和非垄断化的处理是战争结束前盟军的既定政策。但是,如何推进这些计划,却是大伤脑筋之事。一方面,鲁尔区的煤钢康采恩势力极大,几乎垄断了一半以上的褐煤生产,拥有 55% 的矿业公司;另一方面,鲁尔区的煤钢企业彼此相连,财产关系错综复杂。一言以蔽之,任何非纳粹化改造都不会是一次轻松的事情。更糟糕的是,如何在改造之外仍然保证该地区的就业率和社会稳定,英军并没有任何周详方案。事实上,1945—1946 年之交,英占区正陷入巨大的经济困境中。[91]以钢铁生产为例,1945 年英占区的钢铁产量为 27.2 万吨,而此前一年则高达 2 200 万吨![92]不仅如此,由于企业停顿,失业率高企不下,英占区也面临着混乱威胁。1946 年 11 月 19 日,汉诺威便爆发了战后第一次大规模的罢工运动。[93]

此外,对于正大力推进国有化改革的工党政府而言,既要维护国内外改革方向的一致性,又应保持西占区政策的统一性,也是颇费周折的难题。正因如此,1946 年 10 月 25 日,英国外交大臣贝文曾宣布支持德国人拥有基础工业的所有权——换言之,他同意鲁尔区实行大工业国有化改革;[94]然而仅仅 10 周后,一直陷入经济困境的英占区同美占区组建双占区,而美方代表克莱的反对意见让英方不得不就此搁置国有化方案,转而考虑其他可能性。

上述三股力量集结起来,终于在 1946—1947 年之交促成了一份针对鲁尔区煤钢企业的劳资协调方案,即"鲁尔方案"。

二、鲁尔方案

鲁尔方案的直接推动者是由英方成立的北德钢铁控制局(North German Iron and Steel Control)。北德钢铁控制局成立于 1946 年 8 月,是英占区为没收与控制煤钢企业而设置的机构。10 月 15 日,该机构下设一个信托管理处(Treuhandverwaltung),其任务是控制与清偿康采恩。海因里希·丁克尔巴赫(Heinrich Dinkelbach)是该管理处的负责人。

丁克尔巴赫出身工人家庭,14 岁起在一家铁厂担任职员,后升至联合钢厂(Vereinigte Stahlwerke,这是魏玛时期的钢铁康采恩)董事会主席。纳粹时期,他曾担任过钢铁全国经济领袖,但同纳粹党保持了一定距离。事实上,他是天主教徒,深受基督教社会主义思想的影响。[95]英军占领鲁尔区后,他经过审查,重新得到重用。

丁克尔巴赫是非垄断化与企业管理制度民主化的积极支持者,对科勒克纳工厂出现的新现象非常感兴趣,同时也支持伯克勒尔提出的某些想法。因此,在 1946 年底,他主动邀请伯克勒尔率领工会代表团会谈,协商在拆卸康采恩的同时推动劳资协调机制进一步改革的可能性。这是工会求之不得的结果,因而后者很快给出了积极回应。

1946 年 11 月 30 日,北德钢铁控制局拿出了第一份拆卸方案。12 月

14日,丁克尔巴赫与伯克勒尔进行了第一轮会谈。拆卸方案计划从老的康采恩中首先分离4家铁厂,由它们转变为独立企业。丁克尔巴赫应允在新厂监事会中吸纳劳资对等代表。在此基础上,伯克勒尔进一步提出,董事会内也应该为劳方提供一个特殊职位。对此,丁克尔巴赫没有马上答应,而是希望工会拿出一份具体方案。不过,事实上,丁克尔巴赫已经默认了伯克勒尔的想法。他在会后给北德钢铁管理局的报告中,便有意为雇员参与共决的体制进行辩护,认为此举"并非让工人们获得了特殊权利,而是让他们可以在这个监事会范围内发挥共同作用"。[96]

1947年1月17日,伯克勒尔向丁克尔巴赫递交了工会草案,其中要求:(1)钢铁公司的监事会由11人组成,5人由股东选举产生,5人由企业代表会派遣(应该包括工会代表),主席由信托管理处所任命的中立者担任;(2)董事会包括技术经理、销售和财政经理、劳动经理各一名,他们必须由监事会选举产生,但劳动经理的人选不得违背企业代表会与工会的意见。这就是"鲁尔方案"。它充分体现了工会对"企业民主"的设想。[97]

丁克尔巴赫把这份建议转给鲁尔区的资本家们,要求他们在24小时内予以回应。[98]此前已有此意的科勒克纳监事会主席雅勒斯完全接受这一方案。他表示"为了适应已经变化的时代条件,实践中的平等——亦即'资本与劳动'之间的平等权利,同时也包括平等义务——应该予以实施"。[99]相反,一直有抵触情绪的好希望炼钢厂(GHH)经理劳歇(Reusch)和希尔伯特(Hilbert)等人则致信伯克勒尔,表示不能接受这种"不合适的"方案。他们认为,这种改革脚步"将摧毁150年以来逐步成长起来的企业",忽视了自然与技术条件。[100]2月6日,持反对意见的康采恩代表又在杜塞尔多夫聚会,继续对工会方案表示抵触。[101]

然而改革之箭已在弦上,丁克尔巴赫与英方都对工会草案表示支持。不久,丁克尔巴赫在工会草案的基础上,同工会签订了"鲁尔方案"。该方案的最大特点在于:它比1946年法更接近德国传统,而且更具革命性,因为它极大改变了企业内部劳资权力的对比关系,赋予企业代表会成员更多的共决权。

三、鲁尔方案的实践

"鲁尔方案"颁布后，劳方受到了极大鼓舞。伯克勒尔在公开演说中，这样概括该方案的现实意义：

> "我们谈到工人在作出决定时应享受平等待遇，并非是空喊口号。我们想争取这种平等是有其最紧迫和最现实的理由的。我们毕竟生活在二十世纪这个充满前所未有的事件的时代里。工人再也不愿容忍任人摆布的境遇了。必须记住，两次大战及其产生的后果把我们德国经济的缺陷完全暴露了出来。把我国人民和全世界引入两次大战并造成如此可怕后果的，并不是一个好的领导——不管是政治领导还是经济领导。既然我们总是被迫承认德国的雇主阶级目光短浅、顽固不化，既然我们下定决心不再被引进我刚才说到的那种可怕的情景中去，因此我们迫切要求在这方面取得我们的权利。正因为我们认识到这一点，我们决不会象我们雇主那样心胸狭窄、顽固不化、目光短浅。"[102]

为更好地推行该方案，工会特地制定了一份企业协商模式草案。[103]该草案把 1946 年《企业代表会法》与"鲁尔方案"综合了起来，着重强调了两方面的内容：第一，工会在企业代表会选举、组织和运行中的领导作用（第 3 条）；第二，企业代表会的共决权应该推广到"所有问题的规制"（第 1 条）。

第一家被拆卸出来的上豪森铁厂便按照该模式，成立了一个新董事会。该董事会由一名技术经理、一名商业经理和一名"社会经理"（Sozialdirektor）组成。我们不知道该厂为何不接受"劳动经理"这一称呼，但"社会经理"这一概念也并非新创，它曾出现在魏玛时期。这名"社会经理"是由原杜伊斯堡科勒克纳主管理处的企业代表会主席担当。随后被分离的三家工厂也大体如此。

当然，尽管得到了英占区和信托管理处的支持，尽管存在被拆卸的巨大压力，但由于部分企业主的抵触心理，鲁尔方案并没有轻而易举地付诸实践。事实上，在 1947 年的 42 场有关企业协商模式草案的争议中，有 31 场最后演变为罢工，参加者有 2 431 人，损失的工作日高达 6.6

万天。[104]

到 1948 年 4 月,煤钢企业完成拆分后,按照"鲁尔方案"与工会制定的企业协商模式运作的企业共 24 家,[105]它们都是鲁尔区大型企业非垄断化后的分厂,其中包括蒂森、Arcelor 等。

10 月 30 日,新工厂的企业代表会与劳动经理在温特(Witten)召开碰头会,仔细讨论了拆卸进程中出现的各种企业协商章程。1947 年 7 月,波鸿钢厂签订的企业协商章程当时被视作一种典范。它规定:(1)钢厂的工人监事与董事会的劳动经理都由工会任命;(2)企业代表会协助集体合同、工资合同及其他协商的实施;(3)企业代表会有权平等参加生产计划、人事变动、培训教育、事故预防、工厂福利、工资计算等一系列决策会议;(4)劳资双方各出两名代表组成企业仲裁委员会,负责解决企业代表会与企业主之间的矛盾,如若无法解决,再由地方劳动法庭来解决。[106]劳方希望,这一章程能够得以推广到鲁尔区的所有企业中。1948 年 1 月 30 日,英占区工会向占领军政府递交了一份有关"钢铁工业新秩序"的建议案,希望推动矿区社会化。[107]

然而令劳方感到失望的是,他们的想法虽然得到丁克尔巴赫的支持,但却没有得到北德钢铁管理局的同意。后者强调,如波鸿钢厂这样的企业协商章程只能适用于 1947 年以来被拆卸的钢铁工业中,而不能延伸到其他行业。显然,英方并不愿意在纸面上推行一种有别于 1946 年法的共决模式。

英方小心谨慎的态度也得到了部分观察家的认可。1948 年 4 月 30 日,《科隆回声》(Kölnischer Rundschau)上发表了题为《企业中的政治:从企业章程的文本出发》一文,对鲁尔方案进行了一些批评。这位作者虽然赞赏鲁尔方案创造企业内部和平的努力,但认为企业代表会的共决权不能过大,以免让职工代表组织的职能等同于董事会。[108]

在此情况下,工会不得不把主要精力首先投诸于对企业代表会委员人选的控制上。在 1948 年 11 月的一份内部报告中,双占区工会联盟特别讨论了"企业代表会与企业工会团体之间的斗争"问题。它强调"我们必须关注的问题是,只有真正的工会人士才能进入企业代表会组织中,使之遵循工会原则和条例"。[109]

1947 年初"鲁尔方案"的出台，是战后企业代表会复兴运动的第三阶段。它是全国性立法实践被搁置后的意外收获。困顿于非垄断化、企业民主化与社会维稳之间的鲁尔区煤钢企业，在无奈之下找到了一条改革之路。只不过这条道路既局限于参加非垄断化的钢铁工业，又隅于一地，而且还未能成为纸面生效的法令。所以它仍是一条尚无未来的新路而已。

小　　结

被占时期的企业代表会重建运动时刻处在历史记忆、当下使命与未来展望之间的互动纠结中。迅速勃兴的企业代表会组织证明了 1945 年并非德国历史发展中的"零起点"。然而盟军之间的矛盾却割裂了企业代表会体制重建的统一性，盟军的犹豫心理也阻止了企业代表会重新法制化的步伐。但是，德国人的坚持和劳资关系的现实性问题又迫使盟军不得不推出了 1946 年《企业代表会法》，从而为企业代表会重建运动带来了希望。尽管这条法制化道路最终又由于盟军的怀疑态度而暂时受阻，不过重燃希望的德国人仍然达成了"鲁尔方案"，率先开辟了二战后企业代表会重建的新方向。当然，由于被苏占区彻底抛弃，自此之后，企业代表会体制主要成为西占区及其之后建立的联邦德国所特有的劳资关系机制之一。

注　释

[1] 以下资料若无特别注明，均引自 Siegfried Mielke, Peter Rütters, "Die Deutsche Arbeitsfront（DAF）: Modell für den gewerkschaften Wiederaufbau? Diskussion in der Emigration und in der Gründungsphase der Bundesrepublik Deutschland", in: Hans-Erich Volksmann, *Ende des dritten Reiches-End des zweiten Weltkriegs. Eine pers-*

pektivische Rückschau，München：R. Piper，1995，S.675—708.

［2］Heinz Oskar Vetter(Hrsg.)，*Vom Sozialistengesetz zur Mitbestimmung. Zum 100. Geburtstag von Hans Böckler*，S.401—402.

［3］Siegfried Mielke，*Organisatorischer Aufbau der Gewerkschaften 1945—1949*，Köln：Bund-Verlag，1987，Dokument 77，S.331.

［4］Klaus-Dietmar Henke，*Die amerikanische Besetzung Deutschlands*，München：Oldenbourg，1995，S.623—624.

［5］Werner Milert & Rudolf Tschirbs，*Die andere Demokratie. Betriebliche Interessenvertretung in Deutschland*，1848 *bis 2008*，S.335.

［6］Wolfram Wassermann，*Akteure für Demokratie in der Arbeitswelt*，Münster：Westfälisches Dampfboot，2002，S.27.

［7］Michael Fichter，"Aufbau und Neuordnung：Betriebsräte zwischen Klassensolidarität und Betriebsloyalität"，S.486—487.

［8］Ibid.，S.486、488—489.

［9］Karl Lauschke，"In die Hände spucken und ran! Arbeiterschaft und Betriebsräte während der Nachkriegsjahre Zugleich ein Literaturbericht"，*Tel Aviver Jahrbuch für deutsche Geschichte*，B.XIX(1990)，S.313—338；此处是 S.323—324.

［10］Siegfried Mielke，*Organisatorischer Aufbau der Gewerkschaften 1945—1949*，Dokument 78，S.333—334.

［11］Siegfried Mielke，"Der Wiederaufbau der Gewerkschaften：Legenden und Wirklichkeit"，in：Heinrich August Winkler，*Politische Weichenstellungen im Nachkriegsdeutschland*，1945—1953，Göttingen：Vandenhoeck und Ruprecht，1979，S.79.

［12］Wolfgang Uellenberg-van Dawen，*Gewerkschaften in Deutschland von 1948 bis heute. Ein Überblick*，München：Olzog，1997，S.92—93.

［13］Karl Lauschke，"In die Hände spucken und ran! Arbeiterschaft und Betriebsräte während der Nachkriegsjahre Zugleich ein Literaturbericht"，S.317.

［14］Ibid.，S.317—318. S.317—321.

［15］James A. Diskant，"Scarcity, Survival and Local Activism：Miners and Steelworkers，Dortmund 1945—8"，*Journal of Contemporary History*，V. 24，N. 4 (1989)，pp.547—573；此处是 p.553.

［16］Bernd Bonwetsch, u.a.(Hrsg.)，*Sowjetische Politik in der SBZ 1945—1949. Dokumente zur Tätigkeit der Propagandaverwaltung（Informationsverwaltung）der SMAD unter Sergej Tjul'panov*，Dokument 1，Bonn：Verlag J. H. W. Dietz Nachfolger，1997，S.5.

[17] Christoph Kleßmann, "Betriebsräte und Gewerkschaften in Deutschland, 1945—1952", in: Heinrich August Winkler(Hrsg.), *Politische Weichenstellungen im Nachkriegsdetuschland, 1945—1953*, S.58.

[18] Alxander von Plato, *Der Verlierer geht nicht leer aus*, Berlin: Dietz, 1984, S.107—108.

[19] Michael Fichter, "Aufbau und Neuordnung: Betriebsräte zwischen Klassensolidarität und Betriebsloyalität", S.490.

[20] Werner Milert & Rudolf Tschirbs, *Die andere Demokratie. Betriebliche Interessenvertretung in Deutschland, 1848 bis 2008*, S.341.

[21] James A. Diskant, "Scarcity, Survival and Local Activism: Miners and Steelworkers, Dortmund 1945—8", p.553.

[22] Michael Fichter, "Aufbau und Neuordnung: Betriebsräte zwischen Klassensolidarität und Betriebsloyalität", S.491.

[23] Matthew A. Kelly, "The Reconstitution of the German Trade Union Movement", *Political Science Quarterly*, V.64, N.1(1949), pp.24—49; 此处是 p.26.

[24] Wolfgang Uellenberg-van Dawen, *Gewerkschaften in Deutschland von 1948 bis heute. Ein Überblick*, S.94.

[25] Siegfried Suckut *Die Betriebsrätebewegung in der Sowjetisch Besetzten Zone Deutschlands(1945—1948). Zur Entwicklung und Bedeutung von Arbeiterinitiative, betrieblicher Mitbestimmung und Selbstbestimmung bis zur Revision des programmatischen Konzeptes der KPD/SED vom „besonderen deutschen Weg zum Sozialismus"*, S.162.

[26] Ibid., S.172.

[27] Siegfried Mielke, "Der Wiederaufbau der Gewerkschaften: Legenden und Wirklichkeit", S.81.

[28] Jean Edward Smith(ed.), *The Papers of General Lucius D. Clay Germany 1945—1949*, Bloomington: Indianna Univeristiy Press, 1974, pp.52—53.该法令的后续发展,可参见沈辰成:《从改造到自省:战后美国对德反亲善政策探微》,黄山书社 2015 年版。

[29] Christoph Kleßmann und Georg Wagner, *Das gespaltene Land: Leben in Deutschland 1945—1990. Texte und Dokumente zur Sozialgeschichte*, München: Verlag C. H. Beck, 1993, S.94.

[30] Wolfgang Uellenberg-van Dawen, *Gewerkschaften in Deutschland von 1948 bis heute. Ein Überblick*, S.76.

[31] Siegfried Suckut, *Die Betriebsrätebewegung in der Sowjetisch Besetzten Zone*

Deutschlands（1945—1948）. *Zur Entwicklung und Bedeutung von Arbeiterinitiative，betrieblicher Mitbestimmung und Selbstbestimmung bis zur Revision des programmatischen Konzeptes der KPD / SED vom „besonderen deutschen Weg zum Sozialismus"*，S.160—162.

［32］ Barbara Marshall，"The Democratization of Local Politics in the British Zone of Germany：Hannover 1945—47"，*Journal of Contemporary History*，V.21，N.3(1986)，pp.413—451；此处是 p.432.

［33］ 克莱文件，CC13081，in：Jean Edward Smith，*The Papers of General Lucius D. Clay. Germany 1945—1949*，Vol.1，p.47.

［34］ 可参见孟钟捷：《寻求黄金分割点：联邦德国社会伙伴关系研究》，第 84 页。

［35］ Fred Klinger，"Betriebsräte und Neuordnung in der sowjetischen Besatzungszone. Zur Kritik eines politischen Mythos"，in：Rolf Ebbighausen，Friedrich Tiemann，*Das Ende der Arbeiterbewegung in Deutschland?*，Opladen：Westdeutscher Verlag，1984，S.341.

［36］ Gloria Müller，*Mitbestimmung in der Nachkriegszeit. Britische Besatzungsmacht-Unternehmer-Gewerkschaften*，S.86.

［37］ Siegfried Mielke，"Der Wiederaufbau der Gewerkschaften：Legenden und Wirklichkeit"，S.81.

［38］ 以上参见孟钟捷：《寻求黄金分割点：联邦德国社会伙伴关系研究》，第 85—86 页。

［39］ *The Observer*，27.5.1945，in：*Isaac Deutscher：Reportagen aus Nachkriegsdeutschland*，Hamburg：Junius，1980，S.31—33.

［40］ Siegfried Mielke &. Peter Rütters（Bearb.），*Quellen zur Geschichte der deutschen Gewerkschaftsbewegung*，Bd.7，Köln：Bund-Verlag，1991，S.237.

［41］ Siegfried Mielke，*Organisatorischer Aufbau der Gewerkschaften 1945—1949*，Dokument 184，S.610.

［42］ Ibid.，Dokument 186，S.619.

［43］ 参见"Betriebsvereinbarung Fa. Lorenz AG. Berlin-Tempelhof，vom 21. Juli 1945"，in：Siegfried Suckut，*Die Betriebsrätebewegung in der Sowjetisch Besetzten Zone Deutschlands*（1945—1948）. *Zur Entwicklung und Bedeutung von Arbeiterinitiative，betrieblicher Mitbestimmung und Selbstbestimmung bis zur Revision des programmatischen Konzeptes der KPD/SED vom „besonderen deutschen Weg zum Sozialismus"*，S.601—602.

［44］ 以上参见孟钟捷：《寻求黄金分割点：联邦德国社会伙伴关系研究》，第 86 页。

［45］ Karl Lauschke，"In die Hände spucken und ran! Arbeiterschaft und Betriebsräte während der Nachkriegsjahre Zugleich ein Literaturbericht", S.324—330.

［46］Hans-Joachim Krusch，"Einheitsgewerkschaften，Betriebsräte und Neuaufbau Deutschlands nach der Befreiung vom Faschismus"，in：Kumpf，Richard，*Gewerkschaften und Betriebsräte im Kampf um Mitbestimmung und Demokratie 1919—1994*，S.18—36，此处是 S.28。

［47］Jürgen Peters，*Montanmitbestimmung. Dokumente ihrer Entstehung*，Dokument 8，S.45—49。

［48］Werner Milert & Rudolf Tschirbs，*Die andere Demokratie. Betriebliche Interessenvertretung in Deutschland*，*1848 bis 2008*，S.360。

［49］这 12 个管理局是：陆军、海军、空军、政治、运输、经济、财政、赔偿、交付与归还、内务与交通、法律、战犯与流亡难民以及人力军事。后来到 1945 年 8 月 17 日，盟军管制委员会才在人力部下设立了针对劳动关系的委员会。

［50］关于这一点，可参见徐之凯：《大国合作的试验：盟军对德管制委员会研究》，黄山书社 2015 年版。

［51］*Paper of Paul R. Porter*，in：Dennis Merrill，*Documentary History of the Truman Presidency. V3. United States Policy in Occupied Germany after World War II. Denazification，Decartelization，Demilitarization and Democratization*，University Publications of America，1995，pp.205、209、218。

［52］Werner Milert & Rudolf Tschirbs，*Die andere Demokratie. Betriebliche Interessenvertretung in Deutschland*，*1848 bis 2008*，S.361。

［53］Veit Schell，*Das Arbeitsrecht der Westzonen und der jungen Bundesrepublik. Eine Betrachtung der Entwicklung des Arbeitsrechts in den westlichen Besatzungszonen und der Bundesrepublik Deutschland für die Jahre 1945 bis 1955*，S.139—140；Gloria Müller，"Historischer Kompromiß oder halber Sieg? Zur Entstehungsgeschichte der Mitbestimmung bei Eisen und Stahl in den Jahren der britischen Besatzung(1945—1948)"，in：Rudolf Judith(Hrsg.)，*40 Jahre Mitbestimmung. Erfahrungen. Probleme. Perspektiven*，S.19—40，此处是 S.23—24；Gloria Müller，*Mitbestimmung in der Nachkriegszeit. Britische Besatzungsmacht-Unternehmer-Gewerkschaften*，S.86—94；Edwin F. Beal，"The Origins of Codetermination：Reply"，*Industrial and Labor Relations Review*，V.11，N.4(1958)，pp.619—622；此处是 p.620。

［54］详见附录二。

［55］Christoph Kleßmann，"Betriebsräte und Gewerkschaften in Deutschland，1945—1952"，S.54—55。

［56］Gloria Müller，*Mitbestimmung in der Nachkriegszeit. Britische Besatzungsmacht-Un-*

ternehmer-Gewerkschaften，S.95—98.

［57］Jürgen Peters，*Montanmitbestimmung. Dokumente ihrer Entstehung*，Dokument 10，
S.54—55.

［58］Hans Pohl und Wilhelm Treue，*Mitbestimmung. Ursprünge und Entwicklung*，
S.47—48.

［59］Siegfried Mielke，*Organisatorischer Aufbau der Gewerkschaften 1945—1949*，Doku-
ment 216，S.702.

［60］Jürgen Peters，*Montanmitbestimmung. Dokumente ihrer Entstehung*，Dokument 28，
S.136—140.孟钟捷:《寻求黄金分割点:联邦德国社会伙伴关系研究》,第 90 页。

［61］Siegfried Suckut，*Die Betriebsrätebewegung in der Sowjetisch Besetzten Zone
Deutschlands*（*1945—1948*）. *Zur Entwicklung und Bedeutung von Arbeiterinitiative*，*be-
trieblicher Mitbestimmung und Selbstbestimmung bis zur Revision des programmatischen
Konzeptes der KPD/SED vom „besonderen deutschen Weg zum Sozialismus"*，S.443.

［62］Gerd Siebert，"Die Bewegung in der BRD für ein fortschrittliches Betriebsrätegesetz
und das Betriebsverfassungsgesetz von 1952"，in: Richard Kumpf，*Gewerkschaften
und Betriebsräte im Kampf um Mitbestimmung und Demokratie 1919—1994*，
S.37—49，此处是 S.39.

［63］相关原文可参见 Siegfried Mielke，*Organisatorischer Aufbau der Gewerkschaften
1945—1949*. Dokumente 163、189、94、116、234、220、221，S.549、634、369、422、
742、711、713.

［64］Jürgen Peters，*Montanmitbestimmung. Dokumente ihrer Entstehung*，Dokumente 14、
23，S.77—78、101—106.

［65］孟钟捷:《寻求黄金分割点:联邦德国社会伙伴关系研究》,第 90 页。

［66］Siegfried Suckut，*Die Betriebsrätebewegung in der Sowjetisch Besetzten Zone
Deutschlands*（*1945—1948*）. *Zur Entwicklung und Bedeutung von Arbeiterinitiative*，*be-
trieblicher Mitbestimmung und Selbstbestimmung bis zur Revision des programmatischen
Konzeptes der KPD/SED vom „besonderen deutschen Weg zum Sozialismus"*，S.446；
Kurt Laser，"Zu einigen Fragen der ostdeutschen Betriebsrätebewegung 1947/48"，
in: Richard Kumpf，*Gewerkschaften und Betriebsräte im Kampf um Mitbestimmung
und Demokratie 1919—1994*，S.145—162，此处是 S.150.

［67］Edwin F. Beal，"Origins of Codetermination"，*Industrial and Labor Relations
Review*，V.8，N.4(1955)，pp.483—498；此处是 p.493；Potthoff，Erich，*Der Kampf
um die Montan-Mitbestimmung*，S.54.

［68］Christoph Kleßmann，"Betriebsräte und Gewerkschaften in Deutschland，1945—

1952", S.58—59.

［69］Kurt Laser, "Zu einigen Fragen der ostdeutschen Betriebsrätebewegung 1947/48", S.152、162.

［70］John Gimbel, *The American Occupation of Germany. Politics and the Military, 1945—1949*, Stanford: Stanford University Press, 1968, p.235.

［71］Siegfried Suckut, *Die Betriebsrätebewegung in der Sowjetisch Besetzten Zone Deutschlands (1945—1948). Zur Entwicklung und Bedeutung von Arbeiterinitiative, betrieblicher Mitbestimmung und Selbstbestimmung bis zur Revision des programmatischen Konzeptes der KPD/SED vom „besonderen deutschen Weg zum Sozialismus"*, S.447.

［72］John Gimbel, *The American Occupation of Germany. Politics and the Military, 1945—1949*, pp.233、235.

［73］如1947年2月12日，萨克森州政府在其经济报告中指出，企业代表会不仅"可以组织资本主义赢利，让民主与社会主义的机构获得更多利益"，而且还能够通过卓有成效的教育工作，"让青年人认识到纳粹的错误理论，转变到民主的思想世界中"。见Christoph Kleßmann und Georg Wagner, *Das gespaltene Land: Leben in Deutschland 1945—1990. Texte und Dokumente zur Sozialgeschichte*, S.92—96.

［74］Bernd Bonwetsch, u.a., *Sowjetische Politik in der SBZ 1945—1949. Dokumente zur Tätigkeit der Propagandaverwaltung (Informationsverwaltung) der SMAD unter Sergej Tjul'panov*, Dokument 13, S.55.

［75］William H. McPherson, "Codetermination: Germany's Move toward a New Economy", *Industrial and Labor Relations Review*, V.5, N.1(1951), pp.20—32；此处是p.20.

［76］Peter Hubsch, "DGB Economic Policy with Particular Reference to the British Zone, 1945—9", in: Ian D. Turner, *Reconstruction in Post-war Germany. British Occupation Policy and the Western Zones 1945—1955*, Oxford: Berg, 1989, pp.295—296.

［77］［英］迈克尔·鲍尔弗等：《四国对德国和奥地利的管制，1945—1946年》，安徽大学外语系译，上海译文出版社1995年版，第392页。

［78］Siegfried Mielke, *Organisatorischer Aufbau der Gewerkschaften 1945—1949*, Dokumente 274、285、296, S.830、858、883.

［79］Hans-Joachim Krusch, "Einheitsgewerkschaften, Betriebsräte und Neuaufbau Deutschlands nach der Befreiung vom Faschismus", in: Richard Kumpf, *Gewerkschaften und Betriebsräte im Kampf um Mitbestimmung und Demokratie 1919—1994*, S.18—36, 此处是S.32.

［80］Anneliese Mausolff, *Gewerkschaft und Betriebsrat im Urteil der Arbeitnehmer*,

S.127—129、133.

[81] Gloria Müller, "Historischer Kompromiß oder halber Sieg? Zur Entstehungsgeschichte der Mitbestimmung bei Eisen und Stahl in den Jahren der britischen Besatzung（1945—1948)", S.21.

[82] 王绳祖等编选:《国际关系史资料选编(17 世纪中叶—1945)》(修订本),法律出版社 1988 年版,第 882 页。

[83] Horst Thum, *Mitbestimmung in der Montanindustire. Der Mythos vom Sieg der Gewerkschaften*, S.27—28.

[84] Volker R. Berghahn, *The Americanisation of West German Industry，1945—1973*, Leamington Spa: Berg, 1986, S.216.

[85] Ronald F. Bunn, "The Federation of German Employers' Association: A Political Interest Group", *The Western Political Quarterly*, V.13, N.3(1960), pp.652—669; 此处是 p.667.

[86] Erich Potthoff, *Zur Geschichte der Montan-Mitbestimmung*, S.2.

[87] Volker R. Berghahn, Detlev Karsten, *Industrial Relations in West Germany*, Oxford: Berg, 1987, p.174.

[88] Jürgen Peters, *Montanmitbestimmung. Dokumente ihrer Entstehung*, S.15.

[89] Erich Potthoff, *Zur Geschichte der Montan-Mitbestimmung*, S.4.

[90] Jürgen Peters, *Montanmitbestimmung. Dokumente ihrer Entstehung*, S.16.

[91] 参见 Robert W. Carden, "Before Bizonia: Britain's Economic Dilemma in Germany, 1945—46", *Journal of Contemporary History*, V.14, N.3(1979), pp.535—555.

[92] Potthoff, Erich, *Der Kampf um die Montan-Mitbestimmung*, S.22.

[93] Gloria Müller, *Mitbestimmung in der Nachkriegszeit. Britische Besatzungsmacht-Unternehmer-Gewerkschaften*, S.159—160.

[94] Volker R. Berghahn, Detlev Karsten, *Industrial Relations in West Germany*, p.175.

[95] Walter Cordes, Erwin Rheinlaender: "Mitteilung-Nachruf für Dr. Heinrich Dinkelbach", in: *Schmalenbachs Zeitschrift für betriebswirtschaftliche Forschung*, 1967, S.674—675. Gloria Müller, *Mitbestimmung in der Nachkriegszeit. Britische Besatzungsmacht-Unternehmer-Gewerkschaften*, S.114—115.

[96] Gloria Müller, *Mitbestimmung in der Nachkriegszeit. Britische Besatzungsmacht-Unternehmer-Gewerkschaften*, S.133.

[97] Horst Thum, *Mitbestimmung in der Montanindustire. Der Mythos vom Sieg der Gewerkschaften*, Sp.32—34.

[98] Volker R. Berghahn, Detlev Karsten, *Industrial Relations in West Germany*, p.178.

［99］Jürgen Peters，*Montanmitbestimmung. Dokumente ihrer Entstehung*，Dokument 15，
　　　S.79—80.

［100］Ibid.，Dokument 15，S.81.

［101］Erich Potthoff，*Zur Geschichte der Montan-Mitbestimmung*，S.7.

［102］转引自迈克尔·鲍尔弗等：《四国对德国和奥地利的管制，1945—1946 年》，第
　　　393 页。

［103］见附录三。

［104］Gloria Müller，*Mitbestimmung in der Nachkriegszeit. Britische Besatzungsmacht-
　　　Unternehmer-Gewerkschaften*，S.179—192、164—172.

［105］Walter Müller-Jentsch，*Geschichte der Mitbestimmung*，载 http://www.boeckler.de/
　　　163_90105.html，2010 年 8 月 31 日。

［106］Jürgern Peters，*Montanmitbestimmung. Dokumente ihrer Entstehung*，Dokument 25，
　　　S.112—116.孟钟捷：《寻求黄金分割点：联邦德国社会伙伴关系研究》。该书只统计
　　　到 1947 年。

［107］Erich Potthoff，*Zur Geschichte der Montan-Mitbestimmung*，S.11.

［108］Gloria Müller，*Mitbestimmung in der Nachkriegszeit. Britische Besatzungsmacht-
　　　Unternehmer-Gewerkschaften*，S.188—194.

［109］Siegfried Mielke，*Organisatorischer Aufbau der Gewerkschaften 1945—1949*，Doku-
　　　ment 378，S.1151.

第五章 在曲折中的前进：
企业代表会的二元体制(1951—1952)

本章讨论企业代表会实现法制化的曲折进程。这里提出的问题是：1946 年的第 22 号令如何发展？二是鲁尔方案如何续存？

本章分为四节。第一节探讨"鲁尔方案"走向 1951 年《煤钢共决法》的动力问题，以此展现社会各阶层在政治格局转变后相互斗争所产生的巨大影响力。第二节勾勒 1952 年《企业组织法》出台的历史背景，以此说明企业代表会法制化的目标分歧。第三、四节分别介绍两种体制的实践历史，以此反思它们的长短优劣。

第一节 从"鲁尔方案"到 1951 年《煤钢共决法》

在被占时期的德意志，鲁尔区的钢铁企业由于推行"鲁尔方案"，不自觉中成为当时唯一公开推行企业代表会体制的典范。然而随着联邦德国的成立，国际格局与盟军态度的进一步变化，使得这种一时一地的临时性举措面临着何去何从的难题。是否可以在全国范围内推广企业代表会体制？鲁尔区的企业代表会体制是否可以得到普及？这两个不同层次的问题成为了联邦德国建立初期社会政策领域中的焦点问题，吸引着社会各阶层参与讨论，最终为 1951 年"对等共决"模式的企业代表会体制铺平了道路。

一、权力格局的变动

1949 年后，劳资关系调整的外部政治环境出现了一些变化，从而对

"鲁尔方案"的继续运行产生了复杂影响。

　　首先,盟军权力逐渐退出劳资关系的协调领域,但在一定范围内又保留着重要的影响力。建国初期,联邦德国虽未获得完全主权,不过西占区军事领袖们却在 1949 年 3 月 1 日已声明,他们将把劳资关系的规制权交还给德国人。[1]不久,麦克洛伊(McCloy)成为美国驻德占区高级专员。这位阿登纳的远亲[2]似乎对德国人也有着某种理解。12 月 16 日,他在同阿登纳的会谈中,提出不再延续克莱的拖延政策,而将在第二年的 4 月 1 日批准黑森州的《企业代表会法》。[3]另一方面,根据《基本法》第 130 条,双占区管理部门仍然继续存在,有权取消联邦政府的任何错误决定,这便对阿登纳政府的社会政策形成了钳制。

　　其次,新政府表态关注劳资关系,但受到诸多功利主义目标的牵制。在《基本法》的讨论中,由于货币改革的影响,社会化方案被否决。作为平衡,《基本法》最后承诺将实行"劳动立法"。[4]9 月 20 日,阿登纳在国会中公开表示,德国的劳资关系将建立在一个现代基础之上。[5]值得一提的是,新内阁设立了劳动部长一职,由此前双占区劳动管理局局长、天主教工会运动的同情者安东·施托希(Anton Stoch)担任。[6]此外,10 月 19 日,基民盟党团还向国会递交了一份改革方案,特别强调了共决权这一目标。[7]以上种种表态与人员安排,无一不反映了新政府重视劳资关系、摸索协调机制的决心。

　　然而在当时的政治背景下,阿登纳政府需要考虑的问题却远不止于此,以至于劳资关系最终不得不被置于极为纠结的权力网络中才能得到考虑。这表现在:第一,如何保持联合内阁的统一意见? 阿登纳内阁是由基民盟/基社盟与自由民主党联合组成的,各方在劳资关系上的立场并不一致。顾此失彼的决策显然不利于维持统治。第二,如何获得地方选举的胜利? 阿登纳领导的基民盟/基社盟虽然成为全国选举中的多数派,但在地方选举中不占优势,尤其是鲁尔区所在地北莱茵—威斯特法伦州,支持鲁尔方案的社民党牢牢掌握着政权。只有保证地方选举的胜利,阿登纳内阁才能切实有效地推行中央决策。第三,如何让国家崛起的策略获得利益团体的支持? 建国初期,阿登纳竭力恢复联邦德国的正常地位,其中尤以重整军备为主。但这一策略若无广大民众的支持,尤其是工人运动的利益代表工会的赞成,只能是不可企及的梦想。由此,劳资协调机制的构想又同取悦工会的策略联系在一起。[8]正因以上种种功利目标的驱使,阿登纳内阁在随后的机制构思中表现出决断与踌躇的双重心态。

再次,劳资利益团体相继完成了最高层次的组织化,便于对劳资协调机制的筹划施加有效干预。1949年10月13日,西占区三个工会在慕尼黑实现合并,成立"德国工会联盟"(以下简称"DGB")。在成立大会上,DGB通过了《慕尼黑方案》,声明将更为积极地参加社会转型,尤其在经济领域中将努力实现工会成员在"所有人事、经济和社会问题中,在经济领导与经济规划中,实现共决权"。[9]一个月后,全国层面上的"企业家协会联合会"成立,它是后来"德国企业家协会联邦联合会"(以下简称"BDA")的前身。时任主席的瓦尔特·雷蒙德(Walter Raymond)尚属对劳资合作关系颇感兴趣的资本家。他曾公开表示:"我们正处在一个转折点上,老的原则即将崩溃,新的原则必须发展起来。我们不知道这种发展将把我们引导向何方,但是我们已经决定采取更为严肃的合作态度"。[10]不过作为BDA会员单位的德国工业联邦协会(以下简称"BDI")却聚集着众多怀有家长制传统观念的重工业家们,其中最出名者莫过于其主席贝格(Berg)。贝格多次指责"鲁尔方案",要求恢复自由经济时代的原则。[11]重新成立的劳资利益团体与各自立场相近的政党保持着紧密联系,而且还同政府官员互有往来。这种复兴的利益团体政治必定会对劳资关系的变革产生影响。

最后,国会内外的较量再次成为政治运作的基本规则。根据1949年8月的选举结果,基民盟/基社盟与自由民主党联合成立第一届内阁,但它们在国会中仍然将面对强大的社民党反对派。此外,非政治力量也有着不可小觑的影响力,尤其是教会,如1949年基督教的埃森大会发表声明,督促政府重建经济制度;波鸿的天主教大会也正式要求在劳资之间实行伙伴平等权的要求,宣称经济共决权是"上帝希望维持之秩序的自然权利",这一要求甚至得到了教皇庇护十二世的支持。[12]相反,在内阁中,财政部长艾哈德(Ludwig Erhard)还没有把共决接收到他的市场经济构想中。他坚信"共同发挥作用是自由市场经济的基石,但是共决却属于计划经济"。由此,他并不赞成"鲁尔方案",更勿论去扩展它。[13]

正是在这种复杂的权力格局中,"鲁尔方案"的未来问题摆在了大众面前。

二、取代"鲁尔方案"的立法争议

在权力格局的变动下,"鲁尔方案"的合法性受到了巨大冲击。它本是盟军占领当局处置拆卸企业的手段之一,但在盟军决定归还劳资关系规制权(1949 年 3 月)、停止拆卸(1949 年 10 月)和颁布第 27 号令(1950 年 5 月 20 日)后,"鲁尔方案"实际上面临着续存、扩大还是被兼并的不同发展道路。然而在其命运没有尘埃落定前,社会各阶层都有机会施加影响。这便形成了 1949—1950 年有关"鲁尔方案"的立法争议,其中内阁和劳资利益团体成为这场争议的主角。我们可按时间顺序把这场立法争议划分为三个阶段。[14]

第一阶段从建国初期到 1950 年 4 月,可被称作制度化的摸索期。在此期间,内阁与劳资利益团体均亮出了自己的底线,彼此进行了初步的试探性交锋。

在内阁中,阿登纳主张尽快筹划一部《企业组织法》来代替"鲁尔方案"。阿登纳看到了"鲁尔方案"续存背后的政治危机:一方面,美方并不中意"鲁尔方案",多次以撤资和 1950 年 4 月恢复黑森州《企业代表会法》相威胁;[15]另一方面,工会与北威州的社民党政府则以延长"鲁尔方案"来取悦地方选民,从而对基民盟/基社盟的地方选举形成威胁。[16]这种双重危机使阿登纳不得不多次把共决权问题列为内阁讨论的重要议题,并随时把讨论情况向麦克洛伊汇报。如在 1950 年 1 月初的信中,阿登纳除了应允在 4 月 1 日之前向国会递交立法草案外,还要求美方拒绝批准黑森州或不来梅的《企业代表会法》,以免使中央政府陷入被动局面。[17]在 2—3 月的 6 次内阁会议上,阿登纳还表现出颇为着急的心态,催促内阁尽快拿出立法草案,并及时同美方沟通。[18]

但在肩负起草使命的劳动部长施托希看来,循序渐进与劳资自治才是正途。1949 年 11 月 15 日,工会联盟主席汉斯·伯克勒尔与 BDA 的两名代表雷蒙德和汉斯·比尔施泰因(Hans Bilstein)已举行过会谈。资方的两名代表一向醉心于魏玛时期出现的"工厂共同体"思想,因而并不排斥劳资合作的可能性。由此,双方很快达成共识,决定创建一个圆桌会议方式,来讨论细节问题,并最终缔结一项中央协议。在此情况下,从1949年11月29日内阁决定由劳动部负责起草《企业组织法》开始,施托希在每次内阁会议上均持"时机尚未成熟"的态度,主张由劳资利益团体首先达成协议,然后才能由政府在此基础上实施相关立法。他认为,只有劳资双方均考虑到取代"鲁尔方案"的必要性,才能更为有效地建立起劳资协调机制。这一思想事实上正是施托希亲近工会立场的表现。1950年4月28日,施托希在工会联盟的报刊《劳动的世界》(*Welt der Arbeit*)上这样写道:"我们正处于这样的时代中:在这一时代里,我们民族怀有良好愿望的所有力量,都随着工会的合理要求而来。失业必须得以消除,新的秩序必须由此而诞生。旧的不合理必须消失,新的不合理不能再出现。经济中的雇员阶层必然得到符合其人类愿望的权利地位"。[19]

　　由于施托希的抵制,阿登纳迅速立法的愿望落了空。相反,由于施托希的坚持,内阁最终支持劳资利益团体在劳动部代表[20]的参与下共同讨论未来的共决权问题。这便是两次哈滕海姆(Hattenheim)圆桌会议。

　　1950年1月9—10日,第一次哈滕海姆会议举行,这是魏玛末期以来劳资双方最正规的高层会谈。劳方代表要求扩大鲁尔方案。在资方代表中,一些人经历过魏玛和纳粹时期,对"中央工作组模式"[21]情有独钟,如格哈德·埃尔德曼便曾担任过 VdA 与 BDA 的秘书长,也曾是中央工作组的成员,因此能理解劳方提出的共决想法;但另一些人却坚决抵制社会伙伴关系,如 BDI 的贝格,他始终认为,一个公司由两个船长来掌舵是不可想象的。[22]资方代表之间的争议决定了这场谈判很难达成预期目标。双方最终达成的协议既表达了相互合作的愿望,也挑明了彼此存在的分歧。这些分歧包括:第一,企业代表会的共决权与工会之间的关系。工会强调,企业代表会应接受工会领导。资方反对这种安排。第二,解决企业代表会与资本家之间矛盾的机构。工会认为应该由工会的地区组织来解决,资方倾向由公共机构来仲裁。第三,企业代表会的共决权范围。工会要求实现经济共决,资方则以各种理由予以拒绝。[23]由此可见,劳资利益团体之间的主要争议在于:企业代表会是否具有经济共决权? 工会是否有权介入企业内部的劳资关系中? 会后,劳资利益团体事实上互不让步,各自在内部筑起高墙。[24]

第二次哈滕海姆会议在3月30—31日举行。由于此时已是美方威胁批准地方性《企业代表会法》的截止日期前(4月1日),内阁对此相当重视。劳动部长不仅亲自督促伯克勒尔与麦克洛伊见面,坦承仓促立法的危害性,而且还同黑森州的劳动部长会晤,希望地方政府暂缓推行企业代表会体制,以便构建全国范围内的统一制度。[25]此外,资方为了谈判顺利,还撤换了持坚决反对立场的贝格。然而这些准备工作仍然未能换取谈判双方的相互谅解。工会提出的"对等共决"与"由工会任命工人监事"的两个想法不能被资方所接受。在会后发布的决议中,双方表示在原则上同意高于企业层面上的共决,亦即集体谈判,但对工会参与企业内部的共决实践却只字未提。4月4日,BDA向阿登纳表示,鲁尔方案是一个不可接受的共决模式,它将使德国经济受到单方面的影响。[26]

4月7日,失去等待耐心的美方终于取消了对于黑森州和巴符州的立法限制。这便标志着占领时期出台的地方性《企业代表会法》拥有了合法性。它成为立法争议第一阶段转向第二阶段的标志。

第二阶段从4月初到7月28日《企业组织法》草案公布,可被视作制度化的碰撞期。在此期间,无论是内阁之中,还是内阁与劳资利益团体之间,抑或劳资利益团体之间,都形成了尖锐的观念碰撞,并都试图寻求舆论的支持。

在内阁中,由于劳资利益团体未能按时达成妥协目标,坚持"循序渐进"和"劳资自治"立场的劳动部长受到了同僚们的批评。总理继续以保证地方选举为由督促劳动部尽快拿出草案;代表自由民主党利益的马歇尔计划部部长也以联盟利益为要挟;[27]经济部长艾哈德(Erhard)甚至已迫不及待地两次要求自行起草相关法案。[28]

与此同时,"鲁尔方案"适用对象的归属变化再次打乱了劳动部长的计划。5月20日,盟军管制委员会颁布了第27号令,即关于改造德国煤钢企业的命令。它为联邦德国继续推行拆卸垄断企业提供了新的法律基础。该法令宣称旨在"根除经济权力过度集中的现象,阻止战争潜力的发展"。它在附录中罗列了不同类型的垄断企业:A类针对的是已经解散和重新改造的老康采恩;B类针对的是同样面临解散命运的煤炭企业;C类是同老康采恩没有存在实际联系的矿业公司,它们的规模在鲁尔区同类型企业中占到45%左右;D类针对的是此前3年从老康采恩中分离出来的钢铁企业。存在争议的问题在于:倘若A、B、D三类企业适用"鲁尔方案",那么C类企业是否可以跟进呢?[29]更为棘手的问题在于,该令宣布把被占期间拆分的煤钢企业重新归还给德国,换言之,这些曾实行"鲁尔方案"的企业现在适用于德国法律,而当时的德国法律并不支持"鲁尔方案"的对等共决模式![30]这样一来,不仅立法速度必须加快,而且还迫使劳动部不得不会同利益相关部门(如经济部、内政部、马歇尔计划部等)"共同协商"草案内容。这对于一直以来持亲近工会立场的劳动部长而言,不啻为一种打击。不过即便如此,施托希仍然坚持让劳资利益团体继续谈判,以避免冲突。[31]

对劳资利益团体而言,美方批准黑森州《企业代表会法》的举动也具有极为重要的意义,它标志着企业代表会法制化的道路已经敞开。4月14日,工会联盟顺时而动,发表了《关于重新组织德国经济的计划》,要求实现企业内外的平等共决权。5月中旬,国会陆续收到了来自社民党(代表工会联盟)、基民盟/基社盟(代表基督教工会)和自民党(代表资方)的3份立法建议。它们都希望针对所有的企业,但彼此在工人监事人数和选择方式上有所区别。社民党方案不仅要求延续"鲁尔方案"(即1/2工人监事席位),还提出让劳方代表平等地参与到其他工商业机构与半政府机构中。基民盟/基社盟方案要求劳方在监事会中的席位从1/2减少到1/3,而且监事会中的工人代表应由工会、企业代表会和职工共同选举产生。自民党方案也要求劳方在监事会中只能拥有1/3席位,工人监事应由职工选举产生。[32]

同1920年《企业代表会法》相比,上述3份方案都出现了许多新想法,特别反映在监事会中的劳方代表数量明显增加,而且覆盖面也广。但就这 3 份方案而言，它们之间的差别也很明显。工会方案最激进，不仅要求完全平等，而且还试图将企业内部的共决权扩大到社会领域中；基督教工会的方案其次，它赞同工会联盟所提出的工会与企业共决之间的关联，但不追求完全平等；资方的方案完全排斥工会的影响力。

面对不同设想，阿登纳比较倾向于本党提出的方案。他在 5 月 12 日、5 月 16 日和 5 月 23 日的内阁会议上，多次暗示劳动部应以该方案为基础，推出政府草案。但施托希仍然坚持自己的立场，并致信总理，"立法措施务必等到劳资双方达成协议后再行颁布"。[33]

正是在施托希的坚持和亲自主持下，5 月 23—24 日（波恩）和 7 月 5—6 日（玛丽亚·拉赫修道院〈Maria Laach〉），劳资利益团体举行了两次圆桌会议。双方虽然在企业之外成立劳资协调组织以及共决权的延伸问题上达成共识，但在最关键的工人监事比例问题上仍然存在分歧。最后的会议决议这样写道："在认识与社会共决权问题上——其中，哈滕海姆已经对承认共决权这一点达成了原则上的一致立场——双方对其实施都没有意见，但在股份公司的监事机构的组成、首先是在相关机构内部的咨询对象上，双方协会仍然存在各自想法。"[34]

对此，劳资双方都从不同渠道向政府施加压力。伯克勒尔向总理提出，现在是联邦德国创造一种"符合时代之经济秩序"的时机。天主教福利大会也发表了共决声明，对工会联盟表示支持。相反，代表资方立场的《莱茵水星报》(*Rheinische Merkur*)则声明，共决在德国会引发一条"危险的错路"。[35]

不同方案之间的巨大差距，连同劳资利益团体谈判的接连失败，终于让内阁和施托希本人失去了等待的信心。7 月 28 日，劳动部向内阁递交了筹划已久的《关于规范企业内部劳资关系新秩序草案》，即《企业组织法草案》，这标志着立法争议的第二阶段结束。

第三阶段从 1950 年 7 月 28 日起到 1950 年末，可被视作政府自行立法期。在此期间，内阁完全抛开了劳资利益团体，自行筹划草案。

从 7 月 28 日到 12 月 1 日，内阁围绕《企业组织法草案》共讨论了 8 次。[36]各部官员对草案表述内容和方式提出了意见，如适用企业的范围是否应包含国有企业,企业代表会的职能是否应包含工作岗位的安置、调整与解除,工会是否有权决定参见监事会的企业代表会成员名单等,劳动部也曾递交过劳资利益团体对草案的意见,但内阁并未予以理会。10月17日,工会联盟发表声明,指责旧康采恩及其同情盟军试图破坏德国经济新秩序与民主化的进程。11月20日,经济部长艾哈德明确告知工会联盟上层,共决问题必须由国会来决断。[37]

从1949年底到1950年底,短短一年间,围绕如何取代"鲁尔方案"的问题,内阁与劳资利益团体之间多次交还往复,从最初的谨慎接触,到互不相让的针锋相对,最终关上了对话大门。然而立法目标并未由此终结,更大规模的浪潮还将席卷重来。

三、三方协调机制与1951年法的出台

在1950年的立法争议中,劳动部长施托希试图构建起劳资协调中的三方机制:政府与劳资利益团体通过协商方式达成妥协。然而在当时的政治背景下,急于求成的总理阿登纳并不接受这种安排,而新近复兴的劳资利益团体又各持己见、拒绝让步,结果使三方机制陷于瘫痪,进而让劳动市场中的不安情绪更为激烈:一方面,政府的劳动立法显得一意孤行,缺少认同感,另一方面,劳资内部的激进势力不断增强。当劳动部公布草案时,工会联盟主席伯克勒尔曾表示,愿意把监事会中的工人代表比例减少到1/3,但希望资方接受这些代表的提名权由工会掌控,并接受地区工商业协会领导。然而这一让步并未得到资方的积极响应。[38]于是,工会内部的革命派反对同资方妥协的声音越来越响。7月18日,工会联盟执委会甚至宣称将"为了实现雇员在经济中的共决权而使用工会的斗争手段"。[39]最终,伯克勒尔也不得不表示,劳方不会同资方继续谈判。[40]与此同时,从11月起,BDI的势力在BDA中越来越大。BDI主席贝格多次发表演说,指出共决权并非工人所需,而只是"来自于工人运动中的官僚主义思想"。这种说法还越来越得到鲁尔资本家们的积极支持。[41]

令劳方更为揪心的现实问题还在于:即便它不再要求普及"鲁尔方案",退而求其次,让政府单独为煤钢企业共决准备特别法令(1950年11月,工会联盟首次提出这一想法[42]),阿登纳政府也无法贸然答应,因为

根据第27号令,煤钢领域依然属于盟军管辖范围。

在这种情形下,工会决心动用罢工手段来实现自己的目标。五金工会发出了"你们的权利处于危机中!"的号召,要求那些"希望保留与改造共决权的人为此而奋斗"。[43]1950年11月29—30日,五金工会举行公开投票,97.87％的工人同意举行罢工,以维护煤钢共决模式。1951年1月17—19日,矿区工会也以92.8％的赞成率批准举行罢工。[44]面对总理阿登纳提出的指责——"罢工手段不是一种合适的民主方式",工会主席伯克勒尔坦承劳方的担忧,并表示工会联盟不仅考虑到现时代的经济秩序所需,而且还希望保卫劳动者的人权,因为"德国的民主……不仅在于政治领域中,而且还应该通过把民主制度引介到经济发展和经济组织中来得到意义深远的弥补"。[45]1月8日,北威州的社民党州政府还公开要求中央政府满足工会的共决要求。[46]这在事实上构成了联邦德国建立以来第一次大规模的社会危机。

对于阿登纳而言,工会意见并非毫不重要。在当时他所推行的"向西靠拢"政策上,工会联盟比社民党更倾向于政府立场,伯克勒尔也在多个场合支持阿登纳的外交方针。且不论劳方此举背后是否存在讨好之嫌,但即便这是一种政治性的讨价还价,阿登纳也不得不考虑如何回应工会联盟的要求。[47]

被逼无奈的阿登纳最终只能重启三方谈判机制。他在1月10—11日和1月17日分别同劳资利益团体的高层会晤。由于伯克勒尔的崇高威望,工会很快选出了代表,并提出了基本要求,即把"鲁尔方案"保留下去,并扩展到化学工业中。同工会的统一立场相比,资方内部的分歧比较严重,资方代表一度难产,而且也有人坚决反对谈判。如BDI主席贝格不仅在1月4日指责劳方发起罢工是违法行为,甚至于1月18日致信总理,指责政府太过迁就劳方。结果该信竟然被劳方代表发现,险些造成谈判流产。[48]

1月19日和1月25日,总理两次亲自主持劳资利益团体的圆桌会议。通过两次会谈,在总理的竭力斡旋下,劳资双方终于达成了以下共识:第一,必须对原来适用于"鲁尔方案"的煤钢企业专列一部法律,以延续对等共决模式的企业代表会制度;第二,这部法律在现阶段只能局限于煤钢行业中的部分大企业;第三,监事会中的劳资代表应对等分配,各 4 名代表,然后双方各自推举一名中立者,最后已产生的 10 名监事再共同推举一名中立者,这样便形成 4∶4∶3 的比例;第四,工会(尤其是 DGB)有权对监事会中的工人代表候选人名单提出建议。这就是未来 1951 年《煤钢共决法》的立法基础。[49]

在随后的内阁会议上,面对联盟政党代表们的各种指责,如工会行为违背民主原则、共决权影响所有权原则、共决影响企业生产效率、社会化倾向会使外国资本退缩等,总理一改此前的专断作风,不断强调劳资协调才是政府法令的基础。他认为:首先,煤钢共决只是特殊经济领域中的现象而已,影响不大;其次,既然罢工威胁已经存在,则必须通过寻求双方相互理解的可能性,来消除它所带来的负面作用。他一方面对自由民主党的反对派们表示,"(《煤钢共决法》)并无输赢之分,因为人们必须在协调不同意见的基础上才能前进。现有的反对意见应该置于未来的展望中得到理解";另一方面,他也回绝了社民党试图延伸共决权的要求(如化学工会主席于 1 月 26 日的来信所言)。[50]

1 月 29 日,工会取消了罢工计划。同日,工会联盟的联邦委员会批准了波恩谈判结果。阿登纳也在同日发表广播讲话,强调"新秩序仅仅适用于这两个基础原料工业中"。[51]两天后,《法兰克福汇报》以"内阁,仅仅是共决的公证人吗?"为题,点出了三方机制在这次社会大危机中取得的卓越成果。[52]

此后,劳资利益团体之间的争议虽然继续存在,但总理的斡旋活动成功避免了谈判崩溃的结果。尤其在法案三读之前,总理先后同基民盟国会党团、自由民主党国会党团和工会联盟执委会进行了座谈,以寻求各方在法案具体条文上的妥协。[53]与此同时,他还坚决抵制了国际组织与 4 个西欧国家的施压。[54]与此同时,资方曾通过各种途径向盟军表达反对意见,但都被盟军驳回。[55]

1951 年 4 月 10 日,《煤钢共决法》在联邦国会和联邦议会分别通过,成为"鲁尔方案"的合法替代品。[56]

四、1951 年《煤钢共决法》的结构与内容

《煤钢共决法》全名为《关于雇员在矿业公司与钢铁生产工业监事会与董事会中共决权的法令》,共分 4 部分 15 条。[57]

第一部分(1—2)是"总则",亦即对《煤钢共决法》适用的范围作了法律上的界定。它针对的是具有独立法人资格的、煤钢生产领域的,且雇员总数超过 1 000 人的股份公司或有限责任公司。该法特别规定,若同其他民法相冲突,则以民法条款为准。

第二部分(3—11)是"监事会"条款,即对监事会的组成、企业代表会的选举以及监事会的运行做出规范。它规定监事会一般由 11 人组成,股东与劳方各 5 名,再由双方通过提名和匿名选举产生第 11 名监事。劳方代表来自于企业代表会和工会,须包括工人和职员各一名,且应听取工会的意见。若注册资本和雇员人数超过一般规则,监事会规模也可增加到15 或 21 名,其组成原则不变。

第三部分(12—13)是"董事会"条款,即对董事会的委任和劳动经理的产生等程序做出说明。它规定董事会受监事会领导,劳动经理则由监事会选举产生。劳动经理与其他经理拥有相同权力,其目的是"将其使命同整体机构紧密联系起来"。不过它并未详述劳动经理的权利。

第四部分(14—15)是"总结"部分,对该法的生效期间和相关授权做了规定。该法不仅针对原来已经实行"鲁尔方案"的煤钢企业,还适用于未来从盟军控制下解放出来的相应企业。它还要求在两个月内尽快举行首次监事会成员选举。

从"鲁尔方案"到《煤钢共决法》,表面上是一次"无心插柳柳成荫"的结果,事实上却是德国劳资协调机制发展历史延续性的表现。如果说"鲁尔方案"体现了盟军拆分德国大企业的政治策略恰好同德国工人运动中的历史记忆相合拍的话,那么在联邦德国建立后,随着权力格局的变动,"鲁尔方案"的消逝本在情理之中。然而在工会联盟的坚持下,并得到了部分政府官员的支持(先是劳动部长施托希,后是总理阿登纳),取代"鲁尔方案"的立法争议最终演变为煤钢共决模式的法制化。更为重要的是,

在这些个人因素之外,我们还发现了三种文化/制度因素的联合作用:

第一,历史记忆。对于当时的多数人而言,继承魏玛时期企业代表会机制这一民主遗产,似乎已成为不言而喻的使命。因为即便在争论最为激烈的时期,舆论焦点并非在是否需要企业代表会的问题上,而是在企业代表会应拥有哪些职能的问题上。这表明,在社会认同度上,联邦德国建立初期已不同于魏玛共和国初期。就这一点而言,历史记忆的形成及其影响力反映了当时社会的民主化水平。

第二,西方民主运行机制。与第一点直接相系的特征是,立法争议虽然在内阁、劳资利益团体之间的不同平台上交错展演,但西方民主的基本规则却得到了严格遵守。即便在最危急时刻,当工会决心以罢工手段来实现目标时,它也是以公投方式来决断罢工与否,而内阁也只是以劝诫而非军事镇压的方式来压制罢工。这对于当时刚刚走上西方民主道路的联邦德国而言,不可谓不是一种进步。

第三,劳资协调的三方机制。从总理阿登纳的前后变化来看,三方机制经历了十分曲折的发展道路。对于社会问题的解决,三方机制既可以避免政府专断,又着力培养社会的自治能力。三方机制早在魏玛时期便已出现,现在则开始走上正轨,成为煤钢共决法制化的最终决定力量。

不过,《煤钢共决法》并不是一部适用于全体企业的劳动法规。企业代表会体制也仅仅在部分大型煤钢企业中获得了合法身份。从企业代表会体制的历史角度来看,1951 年体制的最大贡献在于提供了德意志人继续奋斗的目标。

第二节 1952 年《企业组织法》的出台

1951 年《煤钢共决法》所确立的企业代表会体制不是一种普适性的制度,影响范围有限。从制度变迁的角度来看,全面取代 1920 年企业代表会体制的法律应是一年之后的《企业组织法》。为什么煤钢共决模式没有顺势扩大,而是由另一种形态的新模式成为普适性的制度? 该制度又具有哪些特征? 这是本节力图回答的问题。

一、对于新法规的不同期待

正如前文所言,1951 年《煤钢共决法》的出台并非阿登纳政府的既定方针。直到 1950 年底,内阁与国会劳动委员会的工作重点都是起草一部新的劳动法规,来延续 1920 年《企业代表会法》。然而在工人运动的压力下,内阁才临时决定对"鲁尔方案"所涉及的行业做出规范。因此,当1951 年法通过后,内阁自然重新回归到新法规的制定工作中。不过此时,由于 1951 年企业代表会制度的示范效应,劳资利益团体对于新法规的期待已然发生变化,争议变得更为激烈。

对于劳方而言,1951 年法"不是胜利,而是(通往胜利的)第一步"。早在 1951 年法的国会辩论中,社民党议员科赫(Koch)就曾提出把该法延伸到控股公司,不过最终被国会否决。[58]在 1951 年 5 月的《劳动与自由》(Arbeit und Freiheit)上,社民党公布了劳方对于未来劳动法规的"批判性思考"。它提出了 4 点要求:第一,1951 年法的适用范围应扩大到更多企业形式,如有限资本公司、家庭资本公司与控股公司;第二,1951 年法还应扩大到那些雇员人数在 300—1 000 人之间的企业;第三,进入监事会的雇员代表之选举不应区分工人和职员;第四,第 11 名监事的人选不应由监事会选举产生,而应通过企业大会选举产生,在个别情况下,监事会中的雇员代表可占多数。[59]工会联盟在 6 月 5 日致信总理,仍然希望把 1951 年法的适用范围扩大到化学工业中。[60]7 月 22 日,新当选的工会联盟主席克里斯蒂安·费特(Christian Fette)在就职演说中,虽然表示会重塑"社会伙伴关系",却信誓旦旦地要把煤钢共决模式推广到化学、铁路和邮政行业中。[61]与此同时,除了北威州、下萨克森州和汉堡外,其余各州均出台了地方性的《企业代表会法》。其中,莱茵—普法尔茨州的《企业代表会法》最接近煤钢共决模式。11 月,工会联盟在给经济部长艾哈德的信中,便以莱茵—普法尔茨州的《企业代表会法》为例,要求予以推广。[62]

相反,对于资方而言,1951 年法完全是"野蛮罢工"的结果,未来的新法规应起到拨乱反正的作用。5 月 10 日,BDI 主席贝格发表演说,公开要求政府把重工业视作德国经济复兴的依仗力量。一些资本家们甚至还多次指责阿登纳主导下的三方协调机制就是魏玛时期强制调解机制的复活。[63]即便如 BDA 主席雷蒙德那样的支持劳资合作的领导者,也不欢迎 1951 年企业代表会体制的无限扩大。在 1952 年 2 月 1 日的汉堡演说中,他提出,现有的共决争议建立在劳资双方自行其是的错误思维之中,尤其是工会扩大了共决的范围,以致让战前工会政治家纳夫塔利的经济民主思想有可能沦为官僚性的强制合作模式。[64]自由民主党的国会党团拒绝接受任何延伸 1951 年法的决定,而是要求国会迅速出台一部普遍适用的保守性法规。[65]

对于劳资利益团体的不同期待,政府又会作何反应呢?

二、"单向度的"立法进程

十分奇怪的是,与 1951 年不同,立法进程在 1952 年似乎成为一种"单向度的"立法进程。在内阁中,劳动部长与其他阁僚之间的冲突并未发生。相反,各部部长几乎达成了默契,反对劳方提出的一系列扩展要求,拒绝在化学工业、公共服务行业中推行煤钢共决模式。[66]在内阁与劳资利益团体之间的交往中,内阁并未继续使用三方机制,而倾向于用说服的方式让工会接受既成事实。8 月 8—9 日,工会高层与阿登纳在瑞士举行会谈。阿登纳希望在重新武装和舒曼计划等方面取得工会支持,所以在谈判中迂回往复,既不肯定也不否定工会的诉求。9 月 4 日,新一轮会谈在波恩举行,总理甚至接受了跨企业层面共决的要求。不过,工会仍然觉得前景比较悲观。[67]果不其然,到 11 月 14 日与 28 日,政府代表两次同工会代表以及 4 名企业代表会主席会谈,向他们说明中央立法同地方性《企业代表会法》之间的差别。[68]对此,工会虽然多次表示抗议,却从未付诸于实际的反对行动。

之所以会形成这样的局面,大致同以下原因有关:

首先,内阁成员中普遍存在着一种弥补资方的心理,尤其是总理阿登纳特别强调"缩减煤钢特殊法令的想法是符合内阁立场的"。[69]劳动部长此时仅仅希望对《煤钢共决法》做出必要的补充,而非无限制地扩大适用范围。[70]为了保证联盟政府的稳定性,阿登纳希望新法规能够获得资方的支持。对阿登纳来说,社会政策仅仅是外交政策与防务政策的辅助品,在 1951 年法已经实现社会稳定的情况下,他并不愿意继续向工人做出让步。[71]

其次,工会高层同政府之间缺乏直接联系的渠道。在 1951 年法通过之前,具有崇高威望的伯克勒尔因心脏病突发而去世。克里斯蒂安·费特作为其生前好友,被临时推举为工会联盟的主席。费特虽然拥有较长的工人运动经验,但在同政府的交往中,尤其是同阿登纳的个人联系之间,根本无法同伯克勒尔相提并论。[72]由此,工会失去了对政府施压的最好途径。

最后,工会高层的错误策略使之又错过了抗争的最佳时机。实际上,在 1951 年法通过后的两个月间,出现过一次罢工浪潮,席卷联邦德国各大城市,约 250 万人参加。[73]然而费特等人却寄希望于 1953 年大选可以改变不利的政治格局,故而迟迟不愿继续使用罢工的威胁手段。[74]结果这种策略不仅"远水救不了近火",而且后来也被证明是极大的败笔。

在这种情形下,尽管社民党与一部分倾向劳方的基民盟国会党员表示反对,但国会仍然在 1952 年 7 月 19 日以 195 票赞成、139 票反对、7 票弃权的结果,通过了《企业组织法》,并于 10 月 14 日公布于世,11 月 14 日实施。[75]

该法颁布后,工会表现出极大的愤怒之情。7 月 19 日,它向工人们发出了紧急呼吁书。呼吁书指责该法是"德意志联邦共和国民主发展中的黑暗时刻"。工会联盟主席费特在给阿登纳的信中,指责该法的起草者意图"埋葬统一的工会运动",引发"工会与企业代表会的分裂",并威胁用"工会斗争的措施来创立一项统一的、进步的企业组织法"。五金工会指责该法是"德国资本家们与其争执盟友们公开向工会挑衅而引发的战斗"。工会联盟的官方杂志《源泉》(Quelle)宣称,"所有关于《企业组织法》是劳资之间立场妥协的产物的报告都是错误的。该法之所以必须得到修改,就是因为它十分清楚地直接反对工人"。[76]印刷业工会立即组织了大罢工。下萨克森州的工会主席赫尔曼·贝尔曼(Hermann Beermann)在市民广场上发言强调:"工会的义务与使命是建立民主的基础。如果没有工会,就不会有民主的联邦共和国,如果没有工会,也不可能维持它(指联邦共和国——引者注)的长久统治。我们要动员起来,准备斗争,为了社会安全、经济平等和进步的《企业组织法》。"[77] 10 月,受此牵连,费特下台,工会联盟选举瓦尔特·弗莱塔格(Walter Freitag)为新主席。1953 年,工会联盟提出了"选出一个更好的联邦国会"的口号,动员工人们在 1953 年大选中来改变现状,只是最终仍以失败告终。[78]

三、1952 年《企业组织法》的结构与内容

1952 年《企业组织法》共分 6 部分 92 条。[79]

第一部分(1—5)是"总则",亦即对《企业组织法》的适用范围和相关概念作了法律上的界定。其中规定:该法是企业代表会成立的法律依据;它适用于所有的独立企业;该法意义上的雇员指的是一般意义上的工人和职员,负有领导责任的高级雇员、从事公益性活动者及企业主亲属被排除在外。特别值得一提的是,该法还强调它不会影响劳资利益团体的正常使命。

第二部分(6—45)是"企业代表会",分 4 章来论述企业代表会的"组成与选举"、"任期"、"内部事务"和"工厂大会"。同 1920 年《企业代表会法》相比,它出现了以下几个方面的突破:第一,拥有选举权者的年龄从 24 岁下降到 21 岁,在本企业的就业期限从 6 个月延长到一年;第二,企业代表会的最大规模从 30 名增加到最多 35 名,但少数职业团体的代表人数却从 8 人减少到 6 人;第三,允许 18 岁以下的雇员选举青年代表,青年代表有权参加关于青年雇员事务的讨论;第四,企业代表会成员的任期从一年延长到二年;第五,在 100 名雇员以上的企业中,企业代表会应同企业主达成特别协议,在劳动时间内进行工作。与此类似,由企业代表会召开的特别企业大会应该在劳动时间内举行。

第三部分(46—48)是"联合企业代表会",针对拥有数家工厂的企业。该部分比 1920 年《企业代表会法》的相关规定简单,原因是当时拥有类似结构的大型企业已遭拆分,数量极少。

第四部分(49—77)是"雇员的合作与共决",分 5 章来论述"总则"、企业代表会在"社会事务"、"人事事务"和"经济事务"上的共决职能,以及"雇员在监事会中的参与"。在这些规定中,引人注目的条款包括:第一,

在总则中，企业主与企业代表会之间的合作在"共同为企业的生存及其雇员的整体福利而努力"外，还肩负着"同企业相关的工会与企业主代表会合作"的使命。不仅如此，总则还特别要求，企业主与企业代表会"应该远离那些有可能损害劳动与企业和平的任何事务。特别是企业主与企业代表会不能采取任何工业斗争的手段针对对方"，这就是所谓的"和平义务"。第二，不仅再次确认企业代表会在解雇保护上的权利，而且还对"正常的解雇行动"做出界定，减少模糊概念。第三，要求在 100 名雇员以上的企业中成立经济委员会，确保经济事务的信息沟通。该经济委员会的一半代表由企业代表会成员担任。第四，雇员在监事会中的参与模式从 1920 年法的 2 名企业代表会成员变为 1/3 雇员代表。雇员代表的候选名单由企业代表会与雇员协商提出，并由雇员全体大会通过选举产生。

第五部分(78—80)是"惩罚条款"，对任何违背该法者实行罚款或监禁。与 1920 年法相比，该法的惩罚力度有所不同，例如罚款最高额度从 2 000 马克增加到 5 000 马克，最高刑期仍然为一年，但一般情况均为 6 个月。

第六部分(81—92)是"介于过渡期的条款"，对相关情况进一步做出说明。它特别排除了适用于 1951 年《煤钢共决法》的那些企业，但应允将来用一部特别法规来规范公共服务行业中的共决要求。它还特别强调在生效之日起，各州立法中的所有企业代表会条款均应废止。

总的来看，1952 年《企业组织法》在选举规范、适用范围和权利设定等方面都沿袭并突破了 1920 年《企业代表会法》。这是对 20 年代共决模式的极大推进。但是同 1951 年《煤钢共决法》相比，它不仅降低了雇员参与监事会的比例，而且还取消了"劳动经理"一职，显然更偏向于资方的利益。若进一步来看，该法一方面表露出同劳资利益团体之间的密切联系，另一方面却通过鼓励雇员直接参与共决的方式，有意识地割断了雇员同企业代表会、企业代表会与工会以及雇员与工会之间的直接联系，在事实上削弱了工会在企业中的影响力。

1951 年企业代表会体制的出现，虽然为联邦德国的工人运动树立了一个似乎近在咫尺的目标,但事实却证明,在当时的政治环境下,这只能是一个遥不可及的幻想而已。相对而言,1952年企业代表会体制比较现实,但其立法进程却明显体现出偏向资方的色彩,这是它遭到劳方抵制的主要原因。

不过,尽管1952年体制曾遭到非议和反对,但在德国的企业代表会体制发展史上,它却是值得一书的里程碑式的成就。在1920年体制沉寂近30年之后,它首次在全国范围内恢复了企业代表会的合法性,并极大拓展了企业代表会的规模和功效,尤其是提高了监事会中雇员代表的比例。此外,就当时的影响而言,1952年体制远远大于1951年体制。

第三节　1951年企业代表会体制的实践

《煤钢共决法》于1951年6月7日正式颁布实施。本节将从发展概况、职能发挥与社会效应三部分来勾勒该法的实践成就。四份调查报告为我们提供了1951年法在50—60年代的实践情况:威廉·H.麦克费尔森(William H. McPherson)发表的《实践中的共决》(1955年),[80] 布鲁门塔尔(W. M. Blumenthal)发表的《德国钢铁工业中的共决:一份实践的报告》(1956年),[81] 奥托·诺劳(Otto Neuloh)的报告(1960年),[82] 库尔特·比登考普夫(Kurt Biedenkopf)的报告(1970年)。[83]

一、发展概况

《煤钢共决法》颁布后,其修改与补充的历史展示了劳资利益团体之间的争夺战,也反映了当时社会环境的变化。

20世纪50年代是1951年企业代表会体制发展的第一阶段,其主要特征是对原法进行必要的补充和完善。

1951年法颁布后不久,由于1952年法的影响以及盟军合并部分煤钢企业的结果,使得煤钢共决模式的适用范围无法稳定下来。据统计,1951年6月符合1951年法适用对象的企业有105家,其中包括34家钢铁公司和71家矿场。但许多煤钢企业都试图搭上1952年法的便车,采取了按兵不动的策略。实际上,早在国会讨论1951年法适用对象时,基民盟议员、资方利益代表格哈德·施罗德(Gerhard Schröder)便要求,不要把控股公司(Holdinggesellschaft)计算在内。这一点被国会接受。[84]如此一来,到1952年1月底,经济部发现,仅有7家煤矿企业和8家钢铁企业实施了1951年企业代表会体制,即将实施的公司也只有33家,其总和还不到总数的一半。[85]

即便在1952年法尘埃落定后,关于煤钢共决模式是否可以延伸到新出现的控股公司,雇员监事与雇员董事究竟如何产生等问题仍然在劳资利益团体之间引发争议。一些企业采取了妥协态度,如科勒克纳工厂尽管改制,却仍然遵守煤钢共决。但另一些企业的做法便引发了巨大争议,如1953年曼内斯曼(Mannesmann)公司案例。该公司是一家钢铁托拉斯,原属1951年法的适用对象,1953年6月26日,该公司举行监事会选举。根据1951年法的规定,雇员监事由工会和企业代表会协商推举产生。但该公司的董事会主席提出,由于曼内斯曼经过改组,已成为股份公司,不再直接供应钢铁原材料,而是进行二级产品销售,故而其适用法律应从1951年法转为1952年法。事实上,这位董事会主席曾在纳粹时期积极拥护领袖—追随者模式,是煤钢共决的坚定反对者。他认为,根据1952年法的规定,雇员监事应由雇员全体大会选举产生。这场争议又获得了重工业利益集团的支持。一位女股东乘机以此为由向杜塞尔多夫的地方法院上诉,要求判处原选举无效。12月21日,杜塞尔多夫地方法院判定,曼内斯曼公司适用1952年法,但原选举有效。显然,这是一个模棱两可的判决结果。矿业工会与五金工会在多特蒙德召集450家企业代表会开会,对判决表示抗议。资方也感到不满,同样对判决持尖锐的批判态度。同月,执政党的国会党团在安东·萨贝尔(Anton Sabel)议员的领导下,成立了控股公司共决问题小组,其基本立场就是反对政府起草任何形式的修正条例。次年4月1日,工会主席瓦尔特·弗莱塔格(Walter Freitag)则致信总理阿登纳,明确要求把共决权延伸到控股公司。[86]

内阁也注意到这些争论。故而从1951年12月14日起,劳动部便着手准备修订该法,并邀请相关部门共同参与讨论。[87]1952年7月4日,内阁对监事会第11人的人选问题达成一致,决定由积极的公务员充当。[88]但在其他问题上,劳动部长与其他阁僚再次形成了对峙局面。前者希望尽快进行补充立法,并赋予工会以提名权,而后者反对1951年企业代表会体制的"不当延伸"。[89]这种争论让劳动部的补充草案直到1954年1月8日才得完成。2月4日,劳动部、经济部、内政部、司法部和财政部联合召开了协商会议。

三方协调机制开始发挥作用。2月4日,阿登纳亲自同劳资利益团体的领袖会面,了解双方的立场分歧。6月1日,内阁决定由总理致信工会联盟主席,告知政府草案已在原则上把煤钢共决模式延伸到控股公司,并将尽快递交国会。[90]9月23日,草案终于在内阁中得到通过。[91]

正当该修正案准备在国会中审读时,却发生了意想不到的劳歇风波。赫尔曼·劳歇(Hermann Reusch)是上豪森好希望铁厂董事会主席。该厂同样经历了改组,从一家纯粹的煤钢企业变为控股公司。1955年1月11日,劳歇在该厂全体雇员大会上明确拒绝接受把共决权延伸到控股公司的法案,并把1951年法斥责为"工会野蛮勒索"的结果。[92]这一言论引发了劳方的巨大愤慨。1月15日,新希望矿区举行了为期24小时的罢工。[93]1月19日,矿业公司决定在1月22日举行50万人以上的罢工(实际人数达到82万)。1月29日,矿业公司发现所有岗位都处于停滞状态。工会联盟的汉堡大会上随后提出了"日益加强民众的反抗运动,让西德的阶级斗争尖锐化"的口号。这场风波让内阁左右为难。代表资方的部长们指责工会用政治化的罢工来反对民主制度,代表劳方的部长们认为应该同工会保持良好关系以服务于当时的外交政策,比较中立的部长们觉得内阁应同劳歇一类的资本家保持距离。最后,内阁通过激烈的辩论通过了以下政府声明:

"针对目前矿工们因反对某位企业主关于共决权言论的罢工,联邦政府不予置评。个别部长的言论只能是私人观点。煤钢企业的共决法是一种合适的法律,其维护与执行的义务由所有参与者分担。此外,联邦政府已经在几月之前开始准备规范控股公司共决权的法令。目前并无必要通过罢工手段来确保共决。矿区工会的主席在昨天(即 1 月 19 日)已经……宣布,矿区工会对 1951 年以来法定共决权的影响表示满意。联邦共和国努力实现整个德意志的自由与社会崛起。为了实现这一崇高目标,我们必须使内部和平为具有决定性意义的前提。对于内部和平的每一次威胁都会助长那些摧毁民主基本秩序的力量。我们可以看到苏占区的共产主义夺权者是如何幸灾乐祸的。因此,联邦政府认为,其义务在于对由于给别人的言论而引发的普遍性的罢工措施提出警告,因为这种罢工的结果必将由整个德意志民族来承担。"[94]

该声明十分明确地表达了政府的基本立场,即煤钢共决模式必将延伸到控股公司,但罢工是违背"和平义务"的做法。最终,工会停止了罢工,好希望铁厂也接受了共决权延伸的事实。

1956 年,《煤钢共决补充法》出台。该法又称"曼内斯曼法",因其同上文中的曼内斯曼案例颇有关联。该法规定,凡煤钢产品销售额在 50% 以上的非煤钢企业(即控股公司)是"(煤钢产品)占统治地位的企业",故而也应适用于 1951 年法。[95]在该法施行后,1951 年企业代表会体制的普及率开始迅速提高。到 50 年代末,劳动经理的数量已达到 110 个。

如果说第一阶段是针对某些煤钢企业有意躲避 1951 年企业代表会体制的行为,那么从 60 年代开始的第二阶段则是应对煤钢企业结构变化的现状,其主要特征是适用对象的大量减少。

50 年代末 60 年代初,德国的煤钢企业从单一产品的托拉斯转向康采恩与国际多边贸易公司的现象较为普遍,如克虏伯与弗利克(Flick)就主要发展汽车制造业,而好希望铁厂则集中于机械工具,曼内斯曼成为欧洲最大的管道生产商。不仅如此,像蒂森、克虏伯等公司的煤钢产品销售额也只有 40%,达不到《煤钢共决补充法》的要求。[96]一些企业在变化后要求摆脱 1951 年法,也有部分企业与工会签约,同意继续保留 1951 年法中的劳动经理一职,如赫施(Hoesch)、伊尔泽德(Ilseder)炼铁厂、克虏伯、科勒克纳等公司。据统计,到 60 年代末,劳动经理的数量减少到 70 个。[97]到 70 年代末,大约只有 60 万名雇员(2.6%)在相关企业中就业。[98]

工会并没有放弃继续推广煤钢共决模式的想法。后文将提到的1976年《共决法》在部分内容上满足了它的要求。1988年,它再次提出了修正案,希望进一步确保企业代表会在2 000名雇员以上的大型康采恩中的共决权。然而这一次却以失败告终。此后,适用1951年法的公司数量不断下降。到1992年,只剩下46家煤钢企业适用该法,其中只有两家康采恩——它们是曼内斯曼和科勒克纳的洪堡·道尔茨(Klöckner Humboldt Deutz)公司。[99]

二、职能发挥

1951年法并未对企业代表会职能做出独立规定,而是把它同一系列工人共决权联系在一起,其中主要的权利表现在两个层面:监事会与劳动经理。由此,调查者提出的相关问题是:工人代表是否能够在监事会中自由地阐发意见,尤其是反对意见? 劳动经理是否是维护工人利益的合理人选?[100]

在第一个问题上,我们可以得出两个结论:其一,工人代表进入监事会,并未造成明显的立场偏向。根据1951年法的规定,参加监事会的雇员代表除了企业代表会成员之外,另有一些人由工会指派或得到工会许可。在钢铁行业中,工会派出的代表一般为工会联盟(DGB)与五金工会高层执委。

在麦克费尔森调查的两家钢厂中,情况却并非如此。工会选择的代表是该钢厂的人事经理与一名自由主义的社会学家。他们都不是工会成员,但持同情工会的立场。这表明,工会在选择监事会成员的过程中,并不完全按照意识形态的原则。同样,根据1951年法的要求,监事会中的一位成员应为中立者,但当劳资双方无法达成一致时,资方有权选择中立者。1951年法通过时,工会活动家曾担心,这一规定有可能让中立者最终倒向资方,从而让劳方在监事会中失去影响力。然而调查却发现,资方并不能随意掌控中立者的立场,而且中立者也不一定会当选为监事会主席。在一家钢厂,调查发现,资方选择的中立者是州政府的高级公务员,但监事会主席却是该厂的劳动经理;另一家钢厂的中立者当选为主席,他是著名的国际财经学家,但严格遵守中立原则。因此,麦克费尔森认为,监事会中的劳资力量基本保持均衡。事实上,在 1952 年 7 月,内阁便任命劳动部的亨歇尔(Henschel)教授为埃森的褐煤工厂独立监事,劳动部的霍尔茨(Holtz)处长为莱茵—威斯特法伦电厂的独立监事。[101]据诺劳统计,在煤钢企业监事会总计 573 名雇员代表中,235 人是所在公司的企业代表会成员,235 人由工会派遣,103 人是第三方代表(见表 5.1)。

表 5.1　煤钢企业监事会中雇员代表的职业分布(1956 年,单位:%)

职　　业	比　　例
有经验的专业工人	26.5
受过培训的工人	0.6
商业职员	9.0
中等技术职员	10.0
团体一总计	46.1
各州和城镇高级公务员	4.5
其他公务员	4.0
法律人士	3.5
学术界人士	1.0
记者	1.0
经济审查官	1.6
团体二总计	15.6
领头的职员、经理等	16.3
董事会成员、专业工人和工会职员	22.0
团体三总计	38.3
总计	100

资料来源:Otto Neuloh, *Der Neue Betriebsstil. Untersuchung über Wirklichkeit und Wirkungen der Mitbestimmung*, S.127.

其二,监事会中的工人代表可以畅所欲言,但并没有使监事会中的决策进程变得异常困难。工人监事通常关注工资调整、劳动条件、技术革新,甚至包括人力规划等问题。60 年代末,81％的煤钢公司的监事会曾讨论人力调整方针,而煤钢公司之外仅有 45％的企业监事会关注相同问题。在讨论和投票中,工人监事并非资方设想的阻碍方。麦克菲尔森就发现,监事会中的投票结果居然是惊人的统一,甚至在一家雇员占据多数席位的钢厂监事会中,资方的所有提案也都顺利通过。一位企业代表会主席坦言,投票结果从来都不是 6：5,而是 8：3。一位受访的高级职员是这样告诉调查者的:"请不要以为雇主可以控制监事会。假如中立代表表现出任何偏向雇主的倾向,雇员可以向主席提出要求。雇主甚至不能保证他所任命的代表总是立场一致。而与此同时,雇员代表一般会步调统一。假如所有的雇员代表——而不是少数代表——都是本工厂的雇员,情况还会更好。在实践中,德国工会联盟可以控制整个舒曼计划所涉及工业中的德国行业。您也许会由此想到,1933 年,纳粹就是如此掌控了所有的工会。假如这一场景应该再现的话,那么新的独裁者就会立即控制钢铁行业。"这样的论述或许有点言过其实,不过有一点可以值得肯定,那就是监事会并不是劳资矛盾尖锐爆发的场所。

受访的劳资代表都认为,通过讨论来达成妥协是一种值得推广的经验。比登考普夫调查委员会也指出,监事会的决定通常是一致的。雇员代表的大多数意见可以获得通过。1964—1968 年间,72％的企业只碰到过一次必须由中立主席投票决定监事会意见,12％的企业偶尔发生,仅有6％的企业发生过两次以上。之所以会出现这种情况,关键问题在于雇员代表的能力有限。一位在企业中工作超过 30 年的监事会成员表示,最大困境就是寻找有能力者。连工会联盟高层官员也曾经承认,"包括我在内,(当选的雇员监事)都是滥竽充数的"。

比登考普夫委员会还发现了劳资双方在监事人选方面的某些差异。例如在是否应该让工会代表进入监事会问题上,劳资双方始终存在不同意见。又如关于监事会席位的分配,资方倾向于多数选举原则,而一些小工会则要求采用比例选举原则来保护少数群体的利益。再如关于预选还是直选问题上,资方倾向于直选,而工会联盟则认为企业代表会具有更好的判断力,并且能符合工会的要求。[102]

在第二个问题上,调查者的结论是由雇员代表选择的劳动经理基本完成了他的使命,维护了工人利益,协调劳资关系。人们发现,劳动经理确实在某些方面维护了雇员利益，如他可以在董事会中表达雇员的意见。诺劳曾对此问题做过一次访谈，发现 64％的受访者认可劳动经理是雇员代表，6％的人将之视作企业主的代表，21％的人认为二者兼而有之。当然，这种权利建立在劳动经理的个人能力及其背后的工会力量支持的基础上。事实上，人们对劳动经理的期待并不完全相同（见表 5.2）。但总体而言，企业主十分清醒地认识到 1951 年法带来的新格局。一家钢厂的雇主坦诚说道："您可以想象其他成员会真的反对他（劳动经理——引者注）吗？ 他的背后有工会、企业代表会和雇员们支持他！ 假如他无法理解钢厂的需求或者他表现得更为政治化，那么情况会更糟糕"。

表 5.2　对于"劳动经理的主要任务是什么？"的回答(1956 年)

回　　答	人　　数	比例(％)
1. 社会与人事事务上的仲裁者	341	46.5
2. 雇员代表	138	18.8
3. 在关注企业状况的前提下成为工人代表	26	3.6
4. 社会、技术和商业任务	28	3.8
5. 商业和技术任务	20	2.7
6. 其他	65	8.9
7. 不知道	98	13.4
8. 没有立场	17	2.3

资料来源：Otto Neuloh, *Der Neue Betriebsstil. Untersuchung über Wirklichkeit und Wirkungen der Mitbestimmung*, S.154.

不过，比登考普夫委员会仍然对劳动经理的产生提出了这样的意见："虽然劳动经理在法律上规定为董事会成员，但是为了避免给人以实际上具有特别地位的印象，劳动经理也应该以与其他董事会成员一样的方式（得到）任命。"[103]

三、社会效应

1951 年法的社会效应主要表现在四个方面：

第一，它对企业内部劳资关系的影响。总体而言，这种模式对工业关系产生了良好作用。布鲁门塔尔的报告发现，煤钢企业中的共决机制比想象得更为平稳,因为它并没有摧毁任何企业,也没有摧毁工业的发展。共决对工业关系产生了良好影响:"劳工在公司监事会中的存在促成了一种合作精神,并让他们理解德国劳动关系中所缺乏的那种相互需要。对于工会而言,共决是值得教育的价值观。它促使工人发展并训练一批能够很好理解工人与公司问题的领导者团体。进一步而言,如果这些人能够融入到管理过程中,他们也会成为企业良好发展的支柱。"他还证明,在共决的影响下,煤钢企业的罢工与停工活动明显减少。比登考普夫委员会的调查指出,监事会中的共决并没有把劳资对立带到企业的决策层。相反,它增加了合作。它把这一发现概括为"在利益冲突存在的情况下进行的融入",对等原则消除了合作障碍。

第二,它对企业经济发展的影响。调查者认为,该模式并未使相关企业丧失活力性。相反,它还能更好地促进合理化,增加生产能力。比登考普夫委员会指出,"内部劳工代表,通常是企业代表会主席,很在意保留和增加它们机构的效率。其目标经常是针对高工资和高就业的"。即便为此而花费较长的讨论时间,但它对企业发展无疑是值得的。

第三,它对工人的影响。首先,从实际工资与福利的角度来看,煤钢工人的收入获得大幅提高。据统计,从1947年英占区开始推行企业代表会体制后,煤钢工人的收入一直高于其他工业工人,并且差距不断拉大。1947年3月,钢铁工人的小时工资比其他工业工人的工资高12%,到1953年11月,双方差距拉大到30%。1951年3月,煤炭工业推行共决制后,采煤工人的平均工资比其他工业工人高27%,到1953年11月,差距拉大到31%。在1955年,超过工业平均工资的行业集中在煤钢领域中(见表5.3)。同样,在1950—1955年间,钢铁工业每小时工资的增幅高居所有行业的榜首,超过50%。其次,企业代表会在一定程度上减缓了企业的裁员速度。这一点特别体现在70年代经济动荡时期。据统计,在整个高炉和能源企业中,企业代表会一共保护了443个岗位上的881名工人免受失业之苦。[104]最后对于青年工人而言,企业代表会是提供再教育和岗位培训的重要中介。更为重要的是,这种模式在心理上对工人

表 5.3　联邦德国工业部门每小时的平均工资　(1938—1955 年，单位：芬尼)

年份	所有	工业								
		钢铁	金属制造	硬煤	化工	玻璃	造纸	纺织	食品	制衣
1938		103.0	91.2		81.8	67.3	66.2	59.9	53.4	57.8
1948	111.6	116.3	105.9		101.6	100.2	89.2	73.6	79.5	74.3
1949	129.0	140.2	125.4	158.1	127.3	117.6	112.2	95.1	94.0	88.1
1950	140.7	155.0	142.0	183.8	146.2	137.3	127.7	122.4	122.1	132.8
1951	161.7	179.9	163.9	198.7	169.8	156.4	154.5	140.3	137.3	150.2
1952	174.5	203.5	176.8	209.5	180.0	163.6	159.4	146.3	147.8	156.2
1953	182.2	212.8	184.7	213.0	189.4	170.7	167.5	154.6	155.4	162.9
1954	186.8	220.6	189.3		192.7	175.2	174.8	157.8	160.5	169.8
1955.8	199.6	234.2	198.7	231.3	201.3	186.0	185.8	168.0	171.3	177.3

资料来源：W. Michael Blumenthal, *Codetermination in the German Steel Industry. A Report of Experience*, p.76.

产生了积极作用。几乎所有的受访者都对共决给予了正面评价。人们首先认为"共决意味着共同负责",在心理上增强了雇员对于本企业的归属感。不少受访者用"我们的工厂"来表达意见。

人际关系也随之变化。一位受访者这样说道:"以往人们对于阶级差别感到不满。而这是现在最大的进步。如今,工厂内部充满了一种共同体感。当我从 POW 营地回来时,老板做的第一件事就是让我坐下,跟我谈天。要是以前,我必定是站在那里,拿着我的帽子鞠躬呢!如今,培训和做工的地方多了和善,少了区别。监察员也时常同工厂代表谈论更多的东西。"另一位工人认为,共决的最大意义在于让工人被看作了"人"。由于企业代表会有权参与解雇和转岗等人事政策制定,所以雇员的工作安全感也相应提高。在 1956 年的访谈中,研究者发现,雇员对企业代表会的满意程度因工作环境的变化而有所不同,但总体而言,认为企业代表会"好"的比例(57.2%)远远超过"不满意"的比例(19.5%)。

第四,它对工会发展的影响。1951 年法并没有赋予工会直接领导企业代表会的权力。但是由于企业代表会成员进入监事会的名单需要工会批准,所以两者之间的联系仍然十分紧密,并反过来对企业代表会选举发挥了作用,如 1951 年五金工会成员的当选率达到 87.3%,[105] 1955 年降到 78.1%,此后从 1955—1987 年的当选率均在 81% 以上。[106] 当然,工会也发现,企业代表会作用的加强容易产生所谓"企业自私主义"的负面影响。到 80 年代初,关于 1951 年企业代表会体制的续存问题又曾引发了新的争议。这同样起源于企业转型而导致的法律适用性困境。1981 年 4 月 8 日,国会通过修正案,规定煤、钢、铁、轧钢等企业的雇员共决模式至少保持 6 年不变。[107]

1951 年法的实践历史基本呈现了一幅正面图景。企业代表会的对等共决作用获得了多方肯定。自此,这种模式的企业代表会体制就成为劳方竭力普及的方案。比登考普夫委员会调查报告中的结论和建议,也在一定程度上为 70 年代改革运动指出了方向。

第四节　1952 年企业代表会体制的实践

《企业组织法》于 1952 年 11 月 14 日生效。本节将从发展概况、职能发挥与社会效应三部分来勾勒该法的实践成就。60 年代初，汉斯·伯克勒尔基金会曾对拥有 200 名雇员以上的 500 家企业进行了调查，最后由布卢默(O.Blume)发表《企业组织法的形式与真实》[108]（1964 年）一书。这份调查报告基本上反映了 1952 年体制在 50 年代的实践情况。此外，由于企业代表会的选举成为一种普遍的企业活动，因此工会加大了对相关选举结果的统计与分析，这为我们留下了大量真实可靠的研究史料。

一、发展概况

1952 年企业代表会体制是一种全国性和普适性的劳动法规，适用于 5 名雇员以上的所有企业——已适用于 1951 年企业代表会体制的煤钢企业除外。在立法进程中，争论比较多的公共服务行业（如铁路和邮政）的共决问题后来通过 1955 年 8 月 5 日的《联邦个人代表组织法》(Bundespersonalvertretungsgesetz)得到解决。[109]该法的部分条款在 1972 年《企业代表会法》中被删改，一部分适用对象（如大型企业）后来归属于 1976 年《共决法》。[110]2004 年 5 月 4 日，《三分之一参与法》(Drittelbeteiligungsgesetz)最终取代该法。[111]

在 20 世纪 50—60 年代，1952 年体制的发展存在两大特点：

第一，整体发展缓慢。该法起初只针对上位公司（即康采恩），但到 1952 年底，只有 4 家康采恩推行企业代表会体制。1952 年 8 月 29 日起，该法适用于矿业公司，11 月 10 日起扩大到铁厂，直到 1954 年 2 月才推广到全境。[112]在 1953 年，符合该法适用范围的 111 920 家企业中，仅有 23 212 家企业按时举行企业代表会选举，仅为总数的 4.8%。它们选举产生了 14.25 万名企业代表会成员，为雇员总数的 8.7‰。到 1968 年——这是 1952 法修正之前的最后一次选举年——符合该法适用范围的企业共有 142 672 家，其中 24 902 家企业按时举行企业代表会选举，比例略有上升，但也仅为 5.7%。它们选举产生了 15.25 万名企业代表会成员，为雇员总数的 8.5‰,这一比例甚至比 1952 年还要低(详见表格 5.4)。

表 5.4　企业代表会委员的选举情况(1953—1968)

年份	举行企业代表会的企业总数	企业总数	举行企业代表会选举的企业比例(%)	举行企业代表会选举的雇员比例(‰)	当选者为DGB 成员	当选者为DAG 成员	当选者为其他工会成员
1953	23 212	111 920	4.8	8.7	83.9		16.1
1959	24 236	134 000	5.5	8.5	81.9	3.4	13.7
1961	24 948	144 329	5.8	8.6	82.2	3.4	13.6
1963	23 568	140 000	5.9	8.2	82.1	3.7	13.3
1965	23 713	142 672	6.0	8.2	82.7	3.4	13.2
1968	24 902	142 412	5.7	8.5	83.1	3.0	13.4

资料来源:Klaus Armingeon, "Trade Unions under Changing Conditions:The West German Experience, 1950—1985", *European Sociological Review*, V.5, N.1(1989), pp.1—23;此处为 p.5,表格 3。此处引用时有删减。

第二,行业发展不均衡,个别行业与大型企业中的普及率较高。五金行业的发展比较稳定,1957 年举行企业代表会选举的五金行业有 7 400 家,到 1968 年增加到 7 750 家,企业代表会人数从 4.25 万人增加到 5.25 万人。在五金行业和电力行业中,符合该法适用范围的企业总数为 4 万家,雇员总数在 1970 年达到 500 万人,其中约 8 000 家成立了企业代表会,比例为 20%。而这 8 000 家企业的雇员总数多达 350 万,覆盖了 70% 以上的同行就业者。另一统计也显示,85% 的企业代表会拥有 11 名代表,这表明这些企业的规模至少在 600 名雇员以上。[113]

1952 年企业代表会体制同 1920 年体制存在着惊人的相似,即整体普及率不高,但在五金行业中较为普遍。导致这种现象出现的主要原因,仍可追溯到劳动法的法律属性中。劳动法是魏玛时期出现的法律种类,但到 60 年代为止,法学界对于劳动法与民法之间的关系问题仍然缺乏明确界定。雇主或股东作为企业的所有者,在民法意义上,无需向雇员出让管理权。在这一意义上,不仅企业代表会干涉福利、人事与经济事务的权利涉嫌违法，连雇员的监事身份都是可被质疑的。

1967 年，不来梅劳动法庭主席盖尔佩林（Galperin）教授便讨论了有关企业代表会共决权的一系列法学问题，如：企业主有义务准时、完整地向企业代表会汇报企业计划中的措施及其后果，但这是否意味着企业主丧失了决策自由权？ 企业代表会与企业主达成"劳资协调方案"（Sozial-plan），其中牵涉到企业停产、转型等条件下的雇员重新安排，包括大规模解雇后的赔偿、再培训以及解雇通知期限等，但这是否意味着企业主必须执行这份"劳资协调方案"？ 对于这些问题，盖尔佩林都给出了否定的回答。在他看来，企业代表会的共决权虽然值得欣赏，但在民法上却是违法的，因而企业主可以选择接受或拒绝企业代表会的建议。不过，他也强调，劳动法庭有权对相关争议做出决断，以调解建议的方式介入其中。[114]

事实上，这种司法意义上的争论不仅让法官们很难做出决断，也为那些不愿意接受企业代表会体制的资本家们提供了借口。与此相关的是，1952 年法的惩罚措施虽然比 1920 年法略微严厉，但在实际操作中仍然面临执行难的困境。

二、职能发挥

1952 年法规定，企业代表会的最终目标是"为企业的生存及其雇员的整体福利而努力"。那么在企业发展的过程中，企业代表会是否实现了这一使命呢？ 换言之，企业代表会在福利、人事与经济事务中的参与程度究竟有多少？

70 年代初的一次针对 1952 年企业代表会体制的调查，曾经给出了一个令人十分沮丧的结果。在受访者中，45％的人说不清楚共决的领域；27％的人认为，共决没有为他们带来任何利益，或者认为企业代表会的工作完全停滞；60％的人根本不知道企业代表会正在推行的任何项目。[115]

尽管如此，其他调查仍然表明，企业代表会在福利事务上的参与程度最高。绝大多数企业代表会成员对福利共决表示满意，在日常劳动时间、休息时段、工资支付方式和时间、救济方式的改变等问题上，企业代表会的介入比较成功。略微引起不满的是企业福利组织的工资份额没有达到企业代表会成员的设想,学徒工接受职业教育的机会太少。[116]

企业代表会在人事事务上的参与程度相对较低。所谓人事事务,主要指雇佣、转岗与解雇决定。在通常情况下,雇主与企业代表会在人事问题上的协商都能以相互妥协的方式解决问题。例如当科隆的一家企业被迫关闭下属工厂时,经过雇主与企业代表会的协商,雇主一共拿出了 870 万马克作为对失业员工的过渡、培训、补偿与困难补助等费用,企业代表会则协助雇主完成遣散任务。[117]当然,这些情况并不普遍。在 1959 年底 1960 年初,矿区兴起了解雇风潮。在一些企业中,企业代表会递交的"劳资协调方案"(Sozialplan)都得到了企业主的采纳,停产矿区的失业者在 50—60 岁之间可以拿到 325—400 马克/月的补偿金。然而在莱茵—威斯特法伦亚矿区却没有出现相同的情况,2.3 万矿工在没有任何补偿金的情况下失去了工作。[118]在布卢默调查的 500 家企业中,只有 3 家企业代表会曾经参加过人员解雇的共决讨论。[119]

企业代表会在经济事务上的参与程度最低。1952 年法曾经要求 100 名雇员以上的企业成立"经济委员会",以保障企业代表会与雇主之间充满信任,确保经济事务的信息沟通。这个经济委员会由雇主和企业代表会任命的代表对等组成,每月召开会议一次,有权审阅相关经济文件,要求负责经理或专家解释相关事务。(第 67、68 条)然而到 60 年代初,只有 40% 的符合条件的企业还保留经济委员会,6% 的企业从来没有成立过,而且还认为这种机构并非必需。[120]在这一问题上,甚至连一些法律专家也认为,企业代表会在市场与技术进步方面没有共决权,而应该将主要精力集中于劳资关系方面。[121]

三、社会效应

1952 年法的社会效应反映在三对关系中:[122]

首先,企业代表会与工会的关系。对于当选企业代表会成员的分析,是解答企业代表会与工会关系的切入口。1952 年法曾被工会视作联邦德国民主改革历史上的最大失败,原因就在于该法切断了企业代表会与工会之间的联系。工会不能像在煤钢企业中那样派遣工会成员加入企业代表会或作为雇员代表参加监事会。工会原本希望社会民主党能够赢得1953年大选,以期废除1952年法。但是大选结果却让工会十分失望。基民盟/基社盟的支持率从31.0%上升到45.2%,进一步巩固了执政党地位,而社会民主党却从29.2%下降到28.8%。在这种情况下,工会只能转而努力去适应1952年法。

凭借魏玛时期参加企业代表会选举的经验,工会联盟很快找到了控制企业代表会的途径。1955年,五金工会通过了所谓的"工会小组行动计划",由后来担任主席的奥托·布伦纳(Otto Brenner)出任新成立的工会小组部部长。这个计划的目标是广泛成立工会小组。当时,奥托·布伦纳提出的口号是"不再存在没有工会小组的企业!"。在1960—1967年间,成立工会小组的企业数量翻了一倍,从53 273家增加到121 565家。工会小组的主要任务正是通过拟定工会所能接受的候选人名单,来影响企业代表会选举,以增强工会的直接影响力。1956年,五金工会第四次大会任命弗里茨·施特罗特曼(Fritz Strothmann)专职负责企业代表会选举。当月刊发的工会杂志声明指出:"我们可以通过建立强大的工会小组来很好地反对企业代表会同工会分离的倾向。工会小组可以让人们牢记工人属于五金工会"。此外,工会联盟还通过其他辅助手段,加强对企业代表会成员的训练,如1954年成立的"汉斯—伯克勒尔社团"负责培训监事会中的雇员代表,"共决基金"资助青年员工参加相关学习。1958—1959年间,工会联盟一共开设了32次8天课程,培训了874名企业代表会成员。

工会的努力没有白费。从1953年到1968年企业代表会的8次选举结果来看,[123]工会联盟(DGB)的代表当选率基本上维持在80%以上,其中1953年情况最高,达到83.9%,1959年选举最低,也有81.9%(见表5.4)。五金行业的情况更好(见表5.5)。另据布卢默的调查,98%以上的企业代表会主席是工会联盟成员;在3/4的企业中,工会执委被选入企业代表会中;96%的企业代表会主席同地方工会在工作方面保持紧密联系。在94个监事会的1 250名成员中,曾经担任过工会领袖的代表占28%。

表 5.5　五金行业中企业代表会委员选举情况(1951—1968)

年份	每千人中的五金工人比例(%)	每千名五金成员中的企业代表会成员比例(%)	隶属五金工会的企业代表会成员比例(%)	隶属 DAG 的企业代表会成员比例(%)	隶属其他公会的企业代表会比例(%)
1951	—	23.2	87.3	4.0	8.7
1953	—	22.1	83.4	5.1	11.5
1955	—	20.8	78.6	5.5	15.9
1957	—	21.9	81.7	4.9	13.5
1959	—	21.3	81.6	4.3	13.7
1961	10.1	21.3	82.2	4.3	12.9
1963	10.9	22.7	82.1	4.0	13.1
1965	10.9	22.4	82.6	3.6	12.9
1968	11.1	22.1	82.6	3.4	13.4

资料来源:Klaus Armingeon, "Trade Unions under Changing Conditions: The West German Experience, 1950—1985", *European Sociological Review*, V.5, N.1 (1989), pp.1—23;此处是 p.5,表格 4。此处引用时有删减。

其次,企业代表会与雇员的关系。布卢默的调查报告表明,在 50 年代,雇员对企业代表会制度的评价并不低。在他所调查的企业中,雇员参与企业代表会的选举率均在 80%以上。92%的人认为不能取缔企业代表会,80%的雇员认为企业代表会是不可或缺的。对此的解释一部分是经济上的原因,另一方面的回答是"避免雇主的专制与欺骗"、"雇主不能再为所欲为"。

不过,与此同时,雇员对于企业代表会的负面评价也没有消失。1954年,法兰克福的社会研究所曾经做过一次"曼内斯曼研究"。曼内斯曼是一家大型康采恩,原属 1951 年法的适用范围,后在 60 年代因其煤钢产品的销售额低于 50%而转为 1952 年法的适用对象。在大量访谈中,研究人员发现,雇员对企业代表会成员的官僚化趋势表示不满。雇员认为,企业代表会成员与管理层的关系较好,因而拥有某些普通雇员得不到的特权,例如获知企业运作的信息等。56%的受访者承认企业代表会成员具有能力,但只有 22% 的受访者曾经同他们直接谈话过。在被问道"谁是雇员利益的直接代表"时,曼内斯曼工厂的 1 176 名雇员中,31% 的人回答是企业代表会成员;24% 的人回答是监督员,21% 的人选择商业代表。正因如此,雇员一般通过选举的方式来表达他们的不满。1953 年,根据五金工会的统计,新当选为企业代表会成员的比例为 43.8%;1955 年,新当选者的比例提高到 43.9%。这表明,在短短两年时间内,企业代表会成员的更迭率至少在 40% 以上。

最后,企业代表会与资本家的关系。尽管 1952 年法受到了资方利益团体的影响,但并不是所有资本家都对它表示满意。企业代表会在中小企业受到的冷遇就表明,在资本家中,抵制企业代表会的情绪还十分普遍。总体而言,资本家的反对立场主要体现在两点:第一,企业代表会与工会之间的纠缠关系让资本家感到自己的利益随时会受到侵犯。80% 以上的企业代表会成员是工会成员,20% 以上的监事会成员曾经是工会执委,如此明显的工会倾向使得资本家对企业代表会是否能促进企业发展充满怀疑。第二,即便承认企业代表会能够促进企业内部的和谐,但资本家也不能接受企业代表会对经济事务的干涉,以防他们的"经济决策自由权"受到干扰。资本家的理由是,雇员缺乏必要的经济知识,无法承担相应的责任。1960 年,布卢默的调查报告恰好验证了雇主们的这种担忧。在 1 250 名监事会成员中,578 人是雇员代表,其中 61% 只有小学文化程度,3% 初中毕业,22% 高中或专科毕业,大学毕业者的比例仅为 14%。他们以往从事的职业是:28% 的人为体力劳动者,28% 是工会领袖,17% 是职员,7% 是自由职业者,6% 是技术人员,4% 是中央公务员,4% 是地方行政人员,4% 是银行经理人员,1% 是企业经理人员,1% 是退休人员。真正拥有经济学知识的雇员代表不到 10%。

在德国资本家圈子中,重工业界抵制企业代表会体制的趋向比较明显。早在 1951 年法通过之时,鲁尔区的曼内斯曼工厂监事会主席灿根(Zangen)就表示坚决反对。1955 年 1 月,重工业家代表劳歇在公开演讲中希望政府废除 1951 年法。但就整体而言,绝大多数资本家经过非纳粹化教育,且受到美国管理方法的影响,对企业代表会体制持有包容态度。

在 1949 年后,资方利益团体的报纸《企业家》(*Der Arbeitgeber*)便多次介绍美国的管理方法,公布美国的公司章程与人道关系。1953 年后担任德国雇主协会联合会(BDA)主席的汉斯·康斯坦丁·保尔森多次表示支持劳资和谐的制度。1956 年 11 月,他在 BDA 年会上强调"不能把工人只视作工人自身,而应该视作我们中间的一分子……工人也不应该把自己视作一个阶级,而应该视作公民的一部分"。

50—60 年代,煤钢工业之外的共决模式的实践活动既充满了令人欣悦的一面,又为将来的发展留下了继续开拓的空间。

借助 1952 年《企业组织法》,共决制突破了煤钢工业的行业束缚,进入到更为广阔的经济领域中,尤其在大企业中,企业代表会成立的比例突破了 70%。但是,在中小企业中,共决制仍然遭到了顽强的抵制,因而整体比例徘徊在 20% 左右。

1952 年法所构建的共决模式,既没有如工会设想的那样发展出一种所谓的"企业自私主义",也没有证实企业主的恐惧成为工会的"特洛伊木马"。事实上,企业代表会的选举完全掌控在工会联盟的手中,但其运行仍然以维持劳资和谐为目标。正因如此,1952—1972 年间,联邦德国的劳动冲突并不多。罢工人数最少的 1964 和 1965 年,全年只有 6 000 人参加罢工;人数最多的 1955 年,也只有 60 万人。[124]就罢工损失的劳动日而言,60 年代,联邦德国每 100 个人每年由于罢工而损失的劳动日仅为 23 天,瑞典为 40 天,日本为 147 天,英国为 223 天,意大利达到 1 305天。[125]当然,这一切并没有掩盖劳方对于 1952 年共决模式的不满足,也无法让人忽视企业代表会在人事与经济事务共决方面的缺憾。如何解决这些问题,也将是人们不得不面对的改革使命。

小　结

在短短的一年时间中,联邦德国出现了两种相互平行、互不隶属的企业代表会体制:1951 年企业代表会体制和 1952 年企业代表会体制。其共性在于：它们都延续了德国历史上的独特的劳资协调机制，表现出显著的历史延续性。

但是同此前制度相比，它们又是历史前进中的里程碑。它们超越了被占时期的"鲁尔方案"，建立在德国劳动法的体系中，且突破了地区限制。它们又不同于 1920 年企业代表会体制，或实现了"对等共决"，在董事会中增加了"劳动经理"一职，或增加了雇员监事的比例，注重青年雇员的利益代表。这些变化无疑同当时的一系列社会格局的转变密切相关：其一，联邦德国获得部分国家主权，自主调解劳动市场；其二，冷战加剧后，西方盟国转变统治策略，停止对德国垄断企业的拆卸和改造，转而实行扶持政策；其三，经历过纳粹统治和非纳粹化改造的德意志社会对于民主生活的渴望和尊敬，尤其是工人运动迸发出的立志塑造政治与经济新秩序的热情和决心；其四，劳资利益团体与政府之间不断磨合，逐渐形成劳动关系处理中的三方协调机制。

不过，由于两种体制前后相继的时间较短，其发生史之间存在着相互纠结的关系，以至于在当时的社会舆论中形成了"厚此薄彼"或"非此即彼"的印象。劳工阶层渴望继续扩大 1951 年企业代表会体制，使之成为一种普适性的劳动法；资本阶层勉强接受 1952 年企业代表会体制，拒绝做出任何改变。这种对峙情绪使得联邦德国建立初期的劳资关系十分紧张，以致制度前行的道路上显得颇为曲折。

然而就其实践而言，两种体制都取得了令人瞩目的成就。它们重塑了企业代表会的形象，在一定程度上发挥了预想中的职能，并在各种调查中获得了好评。不过，两种体制之间的张力依然存在，政治与经济形势的变化也不断提出挑战。企业代表会体制很快将迎来一个大变革的时期。

注　释

[1] Kalheinz Niclauß, *Der Weg zum Grundgesetz. Demokratiegründung in Westdeutschland 1945—1949*, Paderborn u.w.：Ferdinand Schöningh, 1998, S.169.

[2] 杨寿国：《阿登纳传》,上海外语教育出版社 1992 年版,第 39 页。

［3］联邦德国内阁讨论纪要，1949年11月29日，注释6，引自联邦德国档案馆网页（www.bundesarchiv.de），下同。

［4］第74条第12款，见戴学正等编：《中外宪法选编》，华夏出版社1994年版，第167页。

［5］Edwin F. Beal, "Origins of Codetermination", p.129.

［6］Hans Limmer, *Die Deutsche Gewerkschaftsbewegung. Geschichte, Gegenwart, Zukunft*, München: Olzog, 1996, S.82—83.

［7］Erich Potthoff, *Zur Geschichte der Montan-Mitbestimmung*, S.15.

［8］可参见联邦德国内阁讨论纪要，1950年8月29日，注释57。

［9］Hans Limmer, *Die Deutsche Gewerkschaftschaftsbewegung. Geschichte, Gegenwart, Zukunft*, S.82—83.

［10］Volker R. Berghahn, *The Americanisation of West German Industry, 1945—1973*, Leamington Spa: Berg, 1986, pp.237—238.

［11］Ibid., p.188.

［12］Helga Grebing, *Geschichte der sozialen Ideen in Deutschland*, S.674、489；Erich Potthoff, *Zur Geschichte der Montan-Mitbestimmung*, S.13；Josef Oelinger, *Wirtschaftliche Mitbestimmung. Positionen und Argumente der innerkatholischen Diskussion*, S.21—23.

［13］Michael Schröder, *Verbände und Mitbestimmung. Die Einflußnahme der beteiligten Verbände auf die Entstehung des Mitbestimmungsgesetzes von 1976*, S.25—26.

［14］以下亦可参见孟钟捷：《寻求黄金分割点：联邦德国社会伙伴关系研究》，第100—104页。那里是一段简短描述，此处根据新材料进行了更为细致的分析。

［15］Christoph Kleßmann, "Betriebsräte und Gewerkschaften in Deutschland, 1945—1952", S.63，注释77。联邦德国内阁讨论纪要，1950年3月14日。

［16］联邦德国内阁讨论纪要，1950年3月28日。

［17］同上，1950年1月20日。

［18］这6次会议分别在2月28日、3月14日、3月17日、3月24日、3月28日、3月31日。

［19］同上，1950年2月28日，注释26。

［20］这位代表后来确定为劳动部国务秘书Wilhelm Herschel，他是劳动法专家，曾担任哈勒大学劳动权研究所所长。参见Karl Fitting, "Die Entwicklung der Mitbestimmung", in: Reinhart Barholomäi u.a.(Hrsg.), *Sozialpolitik nach 1945. Geschichte und Analysen. Festschrift Ernst Schellenberg*, Bonn-Bad Godesberg: Verlag Neue Gesellschaft, 1977, S.379。

［21］关于该模式的实践情况，可参见孟钟捷：《寻求黄金分割点：联邦德国社会伙伴关系研究》，第28—36页。

〔22〕Volker R. Berghahn, *The Americanisation of West German Industry*, *1945—1973*, pp.221—222.

〔23〕Werner Bührer,（Hrsg.）*Die Adenauer-Ära*. *Die Bundesrepublik Deutschland 1949— 1963*, München: Piper, 1993, S.89—92.会议过程参见 Gabriele Müller-List, *Montanmitbestimmung*. *Das Gesetz über die Mitbestimmung der Arbeitnehmer in den Aufsichtsräten und Vorständen der Unternehmen des Bergbaus und der Eisen und Stahl erzeugenden Industrie vom 21. Mai 1951*, Dokument.6, S.11—22.

〔24〕Ibid., Dokument.7、7a、8a、8b、9, S.23—30.

〔25〕联邦德国内阁讨论纪要,1950 年 3 月 24 日、3 月 31 日。会议过程同上,Dokument 11a, S.32—47.

〔26〕Volker R. Berghahn, *The Americanisation of West German Industry*, *1945—1973*, pp.222—223.

〔27〕联邦德国内阁讨论纪要,1950 年 4 月 21 日。自由民主党党代会于 1950 年 4 月 29— 30 日举行,共决权成为当时的主要议题。党代会的决议要求内阁中的自民党部长们 维护资方利益。参见 *Frankfurter Allgemeine Zeitung*,1950 年 5 月 3 日。

〔28〕艾哈德在 1950 年 2 月 21 日和 4 月 20 日两次致信阿登纳,要求自己起草法案。在 4 月 25 日的内阁会议上,阿登纳把艾哈德的草案给各部长传看。见联邦德国内阁讨论 纪要,1950 年 4 月 25 日。

〔29〕Horst Thum, *Mitbestimmung in der Montanindustire*. *Der Mythos vom Sieg der Gewerkschaften*, S.50—51.

〔30〕联邦德国内阁讨论纪要,1950 年 12 月 1 日,注释 34。

〔31〕同上,1950 年 5 月 12 日、5 月 16 日。

〔32〕William H. Mcpherson, "Codetermination: Germany's Move toward a New Econo- my", p.24; Volker Hentschel, *Geschichte der deutsche Sozialpolitik*, *1880—1980*, Frankfurt a. M.: Suhrkamp, 1983, S.249.3 份方案的比较研究见 E. Potthoff, *Der Kampf um die Montan-Mitbestimmung*, S. 74—75;原文见 G. Mueller-List, *Montanmitbestimmung*. *Das Gesetz über die Mitbestimmung der Arbeitnehmer in den Aufsichtsräten und Vorständen der Unternehmen des Bergbaus und der Eisen und Stahl erzeugenden Industrie vom 21. Mai 1951*, Dokument 37, S.153—161.

〔33〕联邦德国内阁讨论纪要,1950 年 5 月 23 日。

〔34〕相关谈判情况可参见联邦德国内阁讨论纪要,1950 年 5 月 31 日,施托希向内阁的汇 报。会议过程参见 G. Mueller-List, *Montanmitbestimmung*. *Das Gesetz über die Mitbestimmung der Arbeitnehmer in den Aufsichtsräten und Vorständen der Unternehmen des Bergbaus und der Eisen und Stahl erzeugenden Industrie vom 21.*

Mai 1951，Dokument 19，S.63—76；26a，S.115—130.

［35］Erich Potthoff，*Zur Geschichte der Montan-Mitbestimmung*，pp.16—17；Harry W. Jablonowski（Hrsg.），*Kirche und Gewerkschaft im Dialog. I. Mitbestimmungsdiskussion und Ansätze kritischer Solidarität*，S.25.

［36］它们分别是:7 月 28 日、7 月 31 日、8 月 11 日、8 月 25 日、8 月 31 日、10 月 27 日、11 月 21 日、12 月 1 日。

［37］Gabriele Müller-List，"Adenauer，Unternehmer und Gewerkschaften. Zur Einigung über die Montanmitbestimmung 1950/51"，*Vierteljahrshefte für Zeitgeschichte*，Jg. 33，H. 2（1985），S.288—309；此处是 S.289；Erich Potthoff，*Zur Geschichte der Montan-Mitbestimmung*，S.15.

［38］联邦德国内阁讨论纪要,1950 年 7 月 28 日。

［39］同上,1950 年 8 月 25 日,注释 3。G. Mueller-List，*Montanmitbestimmung. Das Gesetz über die Mitbestimmung der Arbeitnehmer in den Aufsichtsräten und Vorständen der Unternehmen des Bergbaus und der Eisen und Stahl erzeugenden Industrie vom 21. Mai 1951*，Dokument 28b，S.137—138.

［40］伯克勒尔的声明发表在 *Frankfurter Allegemeine Zeitung*，1950 年 8 月 26 日。

［41］Volker R.Berghahn，*The Americanisation of West German Industry*，*1945—1973*，pp.226—227.

［42］Horst Thum，*Mitbestimmung in der Montanindustire. Der Mythos vom Sieg der Gewerkschaften*，S.37.

［43］"*Aufruf zur Urabstimmung in der Eisen- und Stahlindustrie November 1950*"，In: Jürgen Peters，*Montanmitbestimmung Dokumente ihrer Entstehung. Dokument 32*，S.158.

［44］Erich Potthoff，*Zur Geschichte der Montan-Mitbestimmung*，S.17.

［45］"Briefswechsel Böckler/Adenauer"，in: Jürgen Peters，*Montanmitbestimmung Dokumente ihrer Entstehung*，Dokument 31，S.151—157.

［46］参见联邦德国内阁讨论纪要,1951 年 1 月 9 日。该要求刊登在 *Frankfurter Allegemeiner Zeitung*,1950 年 1 月 8 日。

［47］Rudolf Judith（Hrsg.），*40 Jahre Mitbestimmung. Erfahrungen. Probleme. Perspektiven*，S.42—43.

［48］联邦德国内阁讨论纪要,1951 年 1 月 24 日,注释 1。会晤内容见 G. Mueller-List，*Montanmitbestimmung. Das Gesetz über die Mitbestimmung der Arbeitnehmer in den Aufsichtsräten und Vorständen der Unternehmen des Bergbaus und der Eisen und Stahl erzeugenden Industrie vom 21. Mai 1951*，Dokument 68a.，S.211—217.

[49] "Richtlinien über die Mitbestimmung in der Kohle und Eisen schaffenden Industrie"，In：Jürgen Peters，*Montanmitbestimmung Dokumente ihrer Entstehung*. Dokument 33，S.160—164. 另见 G. Mueller-List，*Montanmitbestimmung. Das Gesetz über die Mitbestimmung der Arbeitnehmer in den Aufsichtsräten und Vorständen der Unternehmen des Bergbaus und der Eisen und Stahl erzeugenden Industrie vom 21. Mai 1951*，Dokument 79，S. 237；Dokument 93，S.259—267.

[50] 参见联邦德国内阁讨论纪要，1951 年 1 月 23 日、1 月 24 日、1 月 25 日、1 月 30 日。

[51] Erich Potthoff，*Zur Geschichte der Montan-Mitbestimmung*，S.18.

[52] *Frankfurter Allegemeiner Zeitung*，1950 年 1 月 31 日。

[53] 联邦德国内阁讨论纪要，1951 年 4 月 3 日。

[54] William H. Mcpherson，"Codetermination：Germany's Move toward a New Economy"，p.20.

[55] Erich Potthoff，*Zur Geschichte der Montan-Mitbestimmung*，S.18.

[56] 投票时，出现了 50 张反对票。国会讨论参见 G. Mueller-List，*Montanmitbestimmung. Das Gesetz über die Mitbestimmung der Arbeitnehmer in den Aufsichtsräten und Vorständen der Unternehmen des Bergbaus und der Eisen und Stahl erzeugenden Industrie vom 21. Mai 1951*，Dokument 146，S.410—415；Dokument 172a—175，S.471—479；Dokument 182，S.503—505；联邦议会的讨论 Dokument 183，S.524—526.

[57] 见附录三。

[58] Erich Potthoff，*Zur Geschichte der Montan-Mitbestimmung*，S.20.

[59] "Ein Erfolg?…Ein Erster Schritt"，In：Jürgen Peters，*Montanmitbestimmung Dokumente ihrer Entstehung*. Dokument 36，S.200—203.

[60] 联邦德国内阁讨论纪要，1951 年 6 月 12 日。

[61] 同上，1951 年 6 月 26 日，注释 79。

[62] 同上，1951 年 11 月 6 日，注释 11。

[63] Volker R. Berghahn，*The Americanisation of West German Industry*，*1945—1973*，pp.229—232.

[64] Ibid.，pp.239—240.

[65] 联邦德国内阁讨论纪要，1951 年 6 月 12 日。

[66] 同上，1951 年 6 月 12 日、11 月 16 日。

[67] Horst Thum，*Mitbestimmung in der Montanindustire. Der Mythos vom Sieg der Gewerkschaften*，S.121—130.

[68] 联邦德国内阁讨论纪要，1951 年 11 月 6 日，注释 11。

[69] 同上，1951 年 6 月 12 日。

[70] 同上,1952年1月15日。

[71] Gabriele Müller-List, "Adenauer, Unternehmer und Gewerkschaften. Zur Einigung über die Montanmitbestimmung 1950/51", S.308.

[72] 关于费特的个人经历可参见弗里德里希—艾伯特基金会的社会民主党资料库(AdsD-Archiv der Sozialen Demokratie), http://www. fes. de/archiv/adsd_neu/inhalt/nachlass/nachlass_f/fette-ch.htm, 2010年7月12日。费特与政府高层之间的关系,可参见 Kathlee A. Thelen, *Union of Parts. Labor Politics in Postwar Germany*. Ithaca and London: Cornell University Press, 1991, p.74.

[73] Richard Kumpf, *Gewerkschaften und Betriebsräte im Kampf um Mitbestimmung und Demokratie 1919—1994*, S.44—46.

[74] Wolfram Wassermann, *Akteure für Demokratie in der Arbeitswelt*, S.31.

[75] Hans Pohl, *Mitbestimmung. Ursprünge und Entwicklung*, S.62.

[76] Kathlee A. Thelen, *Union of Parts. Labor Politics in Postwar Germany*, S.17、77.

[77] Reinhard Jacobs, *75 Jahre Betriebsätegesetz, vom Betriebsrätegesetz 1920 zum Europabetriebsrat 1995*, S.31.

[78] [德]乌韦·安德森:《企业宪法和参与决定制》,载迪特尔·格罗塞尔主编:《德意志联邦共和国经济政策及实践》,晏小宝等译,上海翻译出版公司1992年版,第101页。部分译名经过调整。

[79] 见附录四。对于法律条文在司法上的解释,可参见 Veit Schell, *Das Arbeitsrecht der Westzonen und der jungen Bundesrepublik. Eine Betrachtung der Entwicklung des Arbeitsrechts in den westlichen Besatzungszonen und der Bundesrepublik Deutschland für die Jahre 1945 bis 1955*, S.156—169.

[80] William H. McPherson, "Codetermination in Practice".麦克费尔森是美国伊利诺斯大学劳动与工业关系研究所教授。他的报告针对两家鲁尔钢厂,调查时间在1953年春天,采访对象包括了中上层管理人员和企业代表会成员。

[81] W.M.Blumenthal, *Co-determination in the German Steel Industry: A Report of Experience*, Princeton: Princeton University Press, 1956.

[82] Otto Neuloh, *Der Neue Betriebsstil. Untersuchung über Wirklichkeit und Wirkungen der Mitbestimmung*, Tübingen: J. C. B. Mohr(Paul Siebeck), 1960.

[83] 1966年,SPD/CDU联合政府上台后,工会试图把煤钢企业中的共决模式推广到其他行业中,因而向政府施压。联合政府于是任命一个由库考普夫·比登普夫为主席的独立调查委员会,围绕煤钢共决的经济与社会影响递交了调查报告。这份报告完成于1970年。该报告的主体内容收录于 Wolfgang Streeck, "Guaranteed Employment, Flexible Manpower Use, and Cooperative Manpower Management: A Trend Towards Conver-

gence?" in: Tokunanga Shigeyoshi & Joachim Bergmann (Hrsg.), *Industrial Relations in Transition. The Cases of Japan and the Federal Republic of Germany*, Tokyo: University of Tokyo Press, 1984, pp.96—99.部分内容还收录于乌韦·安德森:《企业宪法和参与决定制》,第 111—116 页。

[84] Ulrich Borsdorf, "Der Anfang vom Ende? Die Montan-Mitbestimmung im politischen Kräftefeld der frühen Bundesrepublik(1951—1956)", in: Rudolf Judith(Hrsg.), *40 Jahre Mitbestimmung. Erfahrungen. Probleme. Perspektiven*, S. 41—61, 此处是 S.41.

[85] 联邦德国内阁讨论纪要,1952 年 2 月 1 日,注释 8。

[86] 同上,1954 年 1 月 29 日、4 月 25 日; Ulrich Borsdorf, *Der Anfang vom Ende? Die Montan-Mitbestimmung im politischen Kräftefeld der frühen Bundesrepublik (1951— 1956)*, S.45—52。

[87] 联邦德国内阁讨论纪要,1952 年 1 月 15 日。

[88] 同上,1952 年 7 月 4 日。

[89] 同上,1952 年 3 月 18 日、6 月 6 日。

[90] 同上,1952 年 6 月 1 日。

[91] 同上,1952 年 9 月 23 日。

[92] Ulrich Borsdorf, *Der Anfang vom Ende? Die Montan-Mitbestimmung im politischen Kräftefeld der frühen Bundesrepublik(1951—1956)*, S.53—54。

[93] 关于罢工进程,可参见 Richard Kumpf, *Gewerkschaften und Betriebsräte im Kampf um Mitbestimmung und Demokratie 1919—1994*, S.40—42、114。

[94] 联邦德国内阁讨论纪要,1955 年 1 月 20 日。

[95] 原文见德国司法部网站,http://bundesrecht.juris.de/montanmitbestgergg/BJNR007070956.html, 2010 年 8 月 20 日。

[96] http://akj.rewi.hu-berlin.de/alt/zeitung/99/2/10.htm, 2010 年 5 月 2 日。

[97] Volker R. Berghahn, Detlev Karsten, *Industrial Relations in West Germany*, p.197.

[98] Volker Hentschel, *Geschichte der deutschen Sozialpolitik, 1880—1980*, S.310.

[99] http://akj.rewi.hu-berlin.de/alt/zeitung/99/2/10.htm, 2010 年 5 月 2 日。

[100] 以下资料若无特别说明,均引自四份调查报告:William H. McPherson, "Codetermination in Practice"; W.M.Blumenthal, *Co-determination in the German Steel Industry: A Report of Experience*, Princeton: Princeton University Press, 1956; Wolfgang Streeck, "Guaranteed Employment, Flexible Manpower Use, and Cooperative Manpower Management: A Trend Towards Convergence?" in: Tokunanga Shigeyoshi & Joachim Bergmann(Hrsg.), *Industrial Relations in Transition. The*

Cases of Japan and the Federal Republic of Germany，pp. 96—99；Otto Neuloh，*Der Neue Betriebsstil. Untersuchung über Wirklichkeit und Wirkungen der Mitbestimmung.*

［101］联邦德国内阁讨论纪要，1952 年 7 月 4 日。

［102］乌韦·安德森：《企业宪法和参与决定制》，第 113—114 页。

［103］同上。部分译名有所改动。

［104］Else Fricke，"Die Feuer verlöschen doch! Wirksamkeit und Grenzen der Montan-Mitbestimmung bei Betriebsstillegungen am Beispiegel der Ilseder Hütte"，in：Rudolf Judith（Hrsg.），*40 Jahre Mitbestimmung. Erfahrungen. Probleme. Perspektiven*，pp. 111—130，此处是 p. 118.

［105］Klaus Armingeon，"Trade Unions under Changing Conditions：The West German Experience，1950—1985"，in：*European Sociological Review*，V. 5，N. 1（1989），pp. 1—23；此处是 p. 5，表格 4。

［106］Kathleen A. Thelen，*Union of Parts. Labor Politics in Postwar Germany*，p. 80，表格 11.

［107］Horst-Udo Niedenhoff，*Mitbestimmung in der Bundesrepublik Deutschland*，S. 22.

［108］Otto Blume，*Normen und Wirklichkeit einer Betriebsverfassung*，Tübingen，1964.该文的摘录后收于 Gerhard Leminsky，*Probleme der Betriebsverfassung*，S. 585—589.

［109］原文见德国司法部网站，http：//bundesrecht.juris.de/bpersvg/index.html，2010 年 8 月 21 日。

［110］参见后文。

［111］原文见德国司法部网站，http：//bundesrecht.juris.de/drittelbg/，2010 年 8 月 25 日，附录七。

［112］Erich Potthoff，*Zur Geschichte der Montan-Mitbestimmung*，S. 21.

［113］Wolfram Wassermann，*Akteure für Demokratie in der Arbeitswelt*. S. 38.

［114］Hans Galperin，"Die Mitbestimmung der Betriebsräte in wirtschaftlichen Fragen und bei der Aufstellung von Sozialplänen"，*Der Betriebs-Berater*，Jg. 22（1967），S. 469—472.

［115］Franz Josef Stegmann，*Der soziale Katholizismus und die Mitbestimmung in Deutschland*，*Vom Beginn der Industrialisierung bis yum Jahr 1933*，S. 10.

［116］Wolfram Wassermann，*Akteure für Demokratie in der Arbeitswelt*. S. 36.

［117］Hans Galparin，"Die Mitbestimmung der Betriebsräte in wirtschaftlichen Fragen und bei der Aufstellung von Sozialplänen"，S. 470.

［118］"Die Betriebsräte und ihre Aufgaben in dieser Zeit"，S. 344、346.

[119] Wolfram Wassermann, *Akteure für Demokratie in der Arbeitswelt*, S.37.

[120] Ibid., S.37.

[121] Hans Galperin, "Die Mitbestimmung der Betriebsräte in wirtschaftlichen Fragen und bei der Aufstellung von Sozialplänen", S.470.

[122] 这一部分,若无特殊注明,均引自孟钟捷:《寻求黄金分割点:联邦德国社会伙伴关系研究》,第 114—119 页。

[123] 根据 1952 年法的规定,企业代表会的选举间隔应为 2 年。但由于种种原因,1967 年选举被推迟到 1968 年,1971 年选举被取消。

[124] 相应数据参见 Arthur M.Ross, "Prosperity and Labor Relations in Europe: The Case of West Germany", *The Quarterly Journal of Economics*, Vol.76, No.3. (Aug. 1962), p.351;石美遐:《市场中的劳资关系:德、美的集体谈判》,人民出版社 1994 年版,第 57 页。

[125] [德]卡尔·哈达赫:《二十世纪德国经济史》,扬绪译,商务印书馆 1984 年版,第 215 页。

第六章　在改革中的发展：
企业代表会体制的更迭

本章讨论 20 世纪 70 年代企业代表会制度出现的两次重大变革：1972 年《企业组织法》极大推进了 1952 年《企业组织法》的制度构想，1976 年《共决法》对企业代表会体制的适用对象及方法提出了新的要求。这里的问题是：为什么企业代表会体制的重大变革集中发生于 70 年代？变革之后的企业代表会体制出现了哪些新特征？本章共两节，分别讨论 1972 年《企业组织法》与 1976 年《共决法》的出台历史及其实践活动。

第一节　改革年代的新气息：1972 年企业代表会体制

1972 年企业代表会体制是联邦德国历史上所谓"改革年代"的重要产物。在当时，政府为什么启动 1952 年《企业组织法》的修订工作？新《企业组织法》在哪些方面超越了旧体制？它的实践活动又如何？这是本节试图回答的问题。

一、"更多民主！"

20 世纪 60 年代末 70 年代初，联邦德国的政治与经济发展进入到大变革时期，这恰好为启动企业代表会体制的改革提供了适宜土壤。这些变化体现在以下三个方面：

第一，社会民主党在战后首次进入内阁，并进而负责组阁，由此掀起了联邦德国政坛的改革风潮。

　　1949 年后，保守党联盟政府依靠阿登纳的强势与艾哈德的经济理念，在内政外交方面推行谨慎的改革路线，把持政权长达十余年之久。然而从 60 年代初起，随着教会影响力的下降、社会经济的停滞以及党内的活力减退，基民盟/基社盟的吸引力开始衰减。[1]

　　相反，接连选举不利、长期充当反对派的社会民主党却重新崛起。1959 年，社民党调整目标，在《哥德斯堡纲领》中提出了"民主社会主义"的概念，并将之同"西欧的基督教伦理、人道主义和古典哲学"结合在一起。[2] 这种战略调整不仅让社民党迅速扭转了党员人数不断下降的颓势，从 1955 年的 58.5 万人增加到 1960 年的 65 万，并且成功地在 1961 年大选中取得了初步胜利，国会席位数量比此前两次大选翻了一番（91 席）。事实上，在 1960 年到 1975 年间，社民党的党员人数与国会席位均呈稳步增长态势。[3] 到 1966 年 12 月，基民盟/基社盟被迫同社民党组成"大联合政府"，结束了保守党垄断政坛的局面。1969 年 3 月，社民党人古斯塔夫·海涅曼（Gustav Heinemann）当选为总统。同年 9 月，社民党联合自民党在国会中取得了微弱多数的席位，于联邦德国历史上第一次成为执政党，维利·勃兰特（Willy Brandt）出任总理。3 年后，社民党与自民党的"小联合政府"再次取得选举胜利，并把执政权一直保留到 1982 年。

　　这种此消彼长的趋势既归功于社民党所确立的改革派面目，又进一步促动它继续维护与推动这种有效的"笼络选民的策略"。早在《哥德斯堡纲领》中，社民党就宣称"民主社会主义力求建立一种新的经济制度和社会制度"。[4] 1969 年，社民党在竞选中提出了"成功、稳定、改革"的口号。勃兰特上任后，又在政府声明中强调其政策具有"连续性和革新特征"，并许诺"更多民主"。[5] 在这种情况下，以改革为核心的政治浪潮在 70 年代贯穿始终，从而为劳资关系的进一步发展提供了坚实的政治保障。

　　第二，长达 15 年的"经济奇迹"结束，联邦德国的经济发展进入到跌宕起伏的过渡期，从而改变了劳资相互接近的物质基础。

　　联邦德国建立后，利用朝鲜战争提供的发展契机，发挥社会市场经济体制的制度优势,完成了令人瞩目的经济腾飞。在50年代,联邦德国国民生产总值平均每年增长7.5%,增速位列主要资本主义国家中的第二名,仅次于日本。到1960年,联邦德国的国民生产总值一跃成为仅次于美国的资本主义世界第二经济大国。[6]高达5%—8%的经济增长率让资本家愿意在经济问题上对雇员做出一定让步,也让雇员为了继续享受经济发展带来的好处而愿意放弃阶级斗争的想法。1956年11月,BDA主席伯尔森在年会上提醒资本家们,必须努力把工人阶层视作自己的一分子,"(因为)他们同我们的生活习惯并无二致"。在此后的演说中,他还多次表示愿意同工会合作,继续维护联邦德国的社会秩序:"请同我们一起主动地追求实现我们带有内在普遍特性与目的意义的社会秩序。不要斗争,让我们合作;不要对立,让我们一起行动!"[7]同样,在劳方那里,也出现了类似的亲近尝试。1959年,社民党的《哥德斯堡纲领》即为一例。1963年,工会联盟颁布了《杜塞尔多夫纲领》,在提出一系列具体目标的同时,一改1949年《慕尼黑纲领》中的革命倾向,认同了既定的经济制度,即"以竞争为导向的计划原则"。[8]

然而从60年代中期开始,联邦德国的经济发展开始滑坡。1966年的国民生产总值实际增长率仅为2.9%,工业生产增长率为1.2%,失业率虽然还保持在0.5%的低水平上,但就业人数首次缩减。[9]尽管此后不久,经济增速有所回升,但从1973年起,由于世界范围内的经济危机爆发,国民经济再次遭遇困境,1968—1975年间的经济增速仅为3.8%,到1976—1982年间更降低到2.5%。[10]更令人担忧的是,根据官方统计,1967年失业率首次超过2%,到1974年达到2.6%。[11]这种局面迅速改变了劳资之间的心理平衡,对立情绪重新被点燃。BDI主席贝格当选为BDA主席是资方立场转向强硬的标志之一。50年代初,贝格便是企业代表会体制的最出名的反对者。出任BDA主席后,贝格多次对越来越明显的"社会主义的庞大国家"提出警告。他认为,"那些要求获得更多共决权的人必须清楚,我们成功的经济秩序变革将由此跟随这种变化而变化。所谓平等共决是同私人所有制、竞争、愿意承担风险和能力等(要素)不相匹配的,而这些都是我们经济秩序的基础。它也同经济自由和个人自由不相符合"。他的态度鼓励了一批保守派资本家。《企业家》杂志公开把"煤钢共决"指责为"一种机能障碍"，它使得"市场经济体制……整个地失去了效力"。巴伐利亚雇主协会的一位执委在工业年会上表示，将采取行动来抵制任何共决模式"这种庞然巨物"，以避免它对德国及其下一代人的威胁。劳方则对日益恶化的经济形势忧心忡忡，尤其是由此带来的权利威胁提高警惕。化学、造纸业和制陶业工会早在1965年便坦言："在广大领域中，尽管生产提高很快，雇员的数量却在不断减少。当前，大量企业都对引发就业与雇员及其家庭经济安全的巨大危险视而不见。经济扩张并不能把结构危机的可能性排除在外。煤矿业的例子表明，这样的变化威胁到雇员已经获得的权利。没有行之有效的共决权，他们就会在毫无保护的前提下面对这些危险。"

第三，煤钢企业出现了重大的结构性变化，使对等共决模式的续存与发展引发争议。

50年代中期后，煤钢企业的垄断化（康采恩化）对《煤钢共决法》的适用性提出了挑战。正如前文提及，1956年的《煤钢共决补充法》便是为了应对煤钢企业集中合并成立联合控股公司的趋势。只要煤钢产品的营销额高于50%，该联合控股公司仍然适用于1951年企业代表会体制。然而到50年代末60年代初，煤钢企业中的对等共决实践依然遭遇瓶颈：一方面，垄断趋势明显，如在矿业中，公司数量从1962年的226家下降到1972年的125家，[12]另一方面，煤钢企业从单一产品的托拉斯转向国际多边贸易的康采恩，如从事汽车制造的克虏伯与弗利克，成为欧洲最大管道生产商的曼内斯曼等。由于全凭企业自觉，政府缺乏有效干预，以至于仅有赫施、伊尔泽德炼铁厂、克虏伯、科勒克纳几家康采恩与五金工会签订协议，继续实施对等共决，劳动经理的总数下降了40个之多。[13]

面对这种结构性变化的现实情况，劳资利益团体都面临着战略抉择的契机，而且都存在着强大的内部张力。

对于劳方而言，推广煤钢共决模式一直是共识，如1959年的社民党《哥德斯堡纲领》提出"民主制要求雇员在企业和整个经济中实行共决。雇员必须从经济奴仆变成经济公民"，[14]1963年的工会联盟《杜塞尔多夫纲领》要求"雇员的对等共决必须在所有经济、社会和人事决断中得到保障。它必须适用于私人、公共和共同制的企业中"。[15]但在企业结构不断变化、有关法律适用性问题的争议日益明显后,一些激进派便主张立即扩展1951年法的适用范围,甚至突破企业代表会的共决模式。1965年,化学、造纸业和制陶业工会在多特蒙德集会,要求全面实施煤钢共决模式。在会上,工会联盟主席路德维希·罗森贝格(Ludwig Rosenberg)表示"没有理由对完全共决权延伸到其他经济部门(的趋势)提出控诉——整个方向只是不契合这些先生而已"。会后,工会联盟出台行动方案,公开宣布:"雇员在劳动岗位、工厂、企业和整个经济领域中的共决,必将填补政治民主。企业代表会与人员代表会必将在所有经济、社会和人事决策中进行共决。工会在企业和管理中的权利必将得到扩展。所有大型企业必须设立劳动经理和平等组成的监事机构。在这些大企业的所有技术独立的工厂团体和企业部门中,必须建立咨询会和经理室,以负责共决。"3年后,这份方案就成为工会递交的修正草案。[16]

　　与此同时,五金工会的教育主管、社民党国会议员汉斯·马特赫费尔(Hans Matthöffer)提出让雇员直接参加共决,亦即所谓"劳动场所的共决"(Mitbestimmung am Arbeitsplatz)。其方案是让雇员们在企业代表会之外另行选举产生劳动代表,组成共决团体。该方案在工会联盟1968年和1971年大会上都经过了热烈讨论,最后因高层反对才不得不作罢。这表明,一方面,在当时劳方的改革方案中,企业代表会体制仍然具有重要意义,另一方面,按照煤钢共决模式,改革与扩展1952年企业代表会体制已成为劳方的基本诉求。1968年3月,工会联盟向国会递交申请,希望把煤钢共决制扩展到所有企业中。次年,社民党在其竞选纲领中,也把修正1952年《企业组织法》作为主要内容。

　　此外,工会扩大共决的诉求还得到了基督教社会主义者的支持。60年代末,教会人士再次讨论了共决在社会伦理中的作用。福音教会委员会在其研究报告中提出,1952年企业代表会体制在监事会的组成方面应接受进一步改造,劳资代表的比例应该从4∶8变为5∶7。[17]

　　对于资方而言,反对扩展煤钢共决模式也是一种共识。资本家们把劳方的这些想法都归结为动摇"经济宪章基础"的"冷酷社会主义"。南巴伐利亚纺织工业主席奥托·福格尔（Otto Vogel）指责"把煤钢共决试验扩展的想法是对德国经济生活的显而易见的犯罪行为"。资方指责工会联盟的 1968 年草案将"最终威胁到德国经济的效率"。[18]但是在具有革新思想的资本家或青年一代看来，抵消劳方扩展共决权的做法可以更为温和与积极。BDA 高层提出了一份为工人储蓄 312 马克的计划，试图用财富分配方案来应对工会的变革方案。五金工业雇主联合会主席霍斯特·克纳普（Horst Knapp）表示愿意接受共决扩展的改革。代表自由派资本家利益的自民党甚至接受了社民党的方案，与其联合组阁。与劳方不同的是，资方利益团体的矛盾并未轻易地得到解决。正因如此，BDA 主席、保守派贝格不得不在 1971 年沮丧地表示"德国的企业主精神从未如今天这样糟糕"。

劳资关系的制度变革已经箭在弦上。究竟是如资方所言，共决制应该回到原点，还是如劳方所言，更应启动新一轮改革？在 60 年代末的联邦德国，这种对峙气息成为学生运动之外另一个引人关注的焦点。

二、比登考普夫委员会与改革方案的出台

联邦政府并非无动于衷。事实上，早在保守党的最后一届内阁执政时期，关于是否改革以及如何改革的问题，已经成为内阁的关注对象。1966 年 12 月 13 日，基辛格总理成立了由库尔特·汉斯·比登考普夫（Kurt Hans Biedenkopf）为主席的"评估共决至今为止所取得之经验的专家委员会"（Sachverständigenkommisiion zur Auswertung der bisherigen Erfahrungen bei Mitbestimmung），简称"比登考普夫委员会"（Biedenkopf-Kommision）。由于存在争议，国会直到 1967 年 6 月 14 日才予以批准。11 月 30 日，基辛格亲自为该委员会的工作定下了基调："评价至今为止（该体制）的经验，进一步思考该领域共决的基础"。[19] 1968 年 1 月 24 日该委员会开始工作。[20]

该委员会共 9 人。主席比登考普夫时任鲁尔大学的校长，是德国民法、商法、经济法与劳动法的专家。库尔特·巴勒尔斯坦特（Kurt Ballerstedt）是波恩大学的法学教授。埃里希·古腾贝格（Erich Gutenberg）

是享誉德国学界的企业经济学家。哈拉尔德·尤尔根森(Harald Jürgensen)主要从事国民经济学研究。威廉·克莱勒(Wilhelm Krelle)是波恩大学的政治经济学教授。恩斯特—约阿希姆·麦斯特麦克尔(Ernst-Joachim Mestmäcker)自1960年起便担任联邦经济与技术部的法律专家顾问。鲁道夫·莱茵哈特(Rudolf Reinhardt)研究民法。弗里茨·福格特(Fritz Voigt)是国民经济学家和交往学家。汉斯·维尔格劳特(Hans Willgerodt)是制度经济学派的成员。除了比登考普夫在政治上属于基民盟成员外,其他专家均无党派身份。从该委员会的组成来看,联邦政府主要想从经济效益和法律适用性角度来讨论企业代表会体制的拓展问题。

比登考普夫委员会主要针对62家煤钢企业与373家运用1952年法的公司展开调查。到1970年1月,比登考普夫委员会递交了最终评估报告。正如上一章所言,该报告事实上反映了煤钢共决的实践情况。但其结论或许更为重要。该委员会认为:其一,1951年企业代表会体制获得了较好的实践效果,因而可以推广到其他行业中;其二,必须对1952年《企业组织法》进行修正,扩大雇员的共决权,增强工会与企业代表会之间的联系。[21]它最后写道:"雇员在企业机构中的共决并非政治上决定的,而是历史所赋予的,而且在内容上是重要的。……进一步而言,它并未如资方代表所言,加大了监事会运作的困难性,……而是达成了一致多数。"

比登考普夫委员会的报告出台时,正值社民党与自民党的"小联合政府"组成不久。挟改革誓言上台的勃兰特却未乘势出击,而是出人意料地按兵不动。原来,根据社民党与自民党组阁前的秘密协议,共决问题不会在短期内进行大规模修改。因此,勃兰特最终接受了比登考普夫委员会的第二个建议,对1952年《企业组织法》进行修正。由于未到解密期,我们至今还不清楚该法修正过程中的权力往来。

1971年11月,该修正案在国会中以264∶212得到通过,即为1972年《企业组织法》。

三、1972年《企业组织法》的结构与内容

1972年《企业组织法》[22]于1972年1月15日颁布。此后,该法经

历过数次修改,其中包括 4 次重大修正,即 1974 年 1 月 18 日《关于保障企业代表组织成员的职业培训法》、1985 年 4 月 26 日《职业促进法》、1988 年 7 月 13 日《关于企业中青年代表与学徒代表教育法》和 1988 年 12 月 20 日《关于修改企业组织法、领导职员的代表小组与保障煤钢共决法》。最近的一次条文修改发生在 2009 年 7 月 29 日。

该法原有 132 条,到 80 年代末还剩下 124 条,其中 1952 年《企业组织法》的第 76 条、第 77 条、第 77a 条、第 81 条、第 85 条和第 87 条仍然生效。这些条款主要针对企业代表会进入监事会的比例,以及将煤钢企业排除之外的规定。这表明,1972 年企业代表会体制大体上延续了 1952 年体制的法律框架,确立的是 1/3 共决权,即"参与共决权",而非煤钢企业中的"对等共决权"。

从具体条文而言,该法共分 6 部分:

第一部分(1—6)是"总章",对企业代表会体制的相关概念和关系作了界定。同 1952 年法不同的是,该法为"领导职员"参加企业代表会选举提供了可能性,即允许通过法院判决、或领导职员的比例、或年薪领取方式来决断其选举权和被选举权。此外,令人瞩目的规定还体现在第 2 条中。该条特别规范了劳资利益团体之间的合作关系,并要求工会可以在"企业生产没有处于紧急时刻,没有违背必要安全准则或遵守企业机密"的前提下,在"咨询企业主或其代表"的情况下,派遣代表进入企业。这一规定事实上为工会自由进出企业打开了大门。

第二部分(7—59)是"企业代表会、企业大会、总企业代表会与康采恩企业代表会",分为 6 节。同 1952 年法不同的是:(1)该法对企业代表会的总人数不再做出限定,当雇员人数超过 9 000 名时,企业代表会人数随着雇员人数的增加而按比例递增;(2)企业代表会的任期从 2 年延长到 4 年;(3)假如企业主违背法律义务,则工会与企业代表会都有权向劳动法庭申诉;(4)允许企业代表会在成员人数超过 9 人时,再行选举产生企业小组,来充当企业代表会的领导机关,而且可按比例产生全职委员;(5)允许雇员中的青年、学徒工和残疾人选举代表,参加企业代表会的所有会议,负责咨询相关事务;(6)用康采恩企业代表会来应对企业结构的转型。

　　第三部分(60—73)是"青年人—学徒工代表组织"。这一部分是1972年法完全创新的内容,主要为了应对当时出现的就业者年轻化的趋势。根据统计,从1967年到1970年,25岁以下的就业者比例从12.7%上升到18.6%,其中20岁以下者从5.6%变为7.7%,到1974年,这两个比例分别增加到28.3%和12.5%。[23]此外,在钢铁工业中,学徒工的比例在1974年为3.7%,此后一路攀升,到1985年已经翻了一番,约为6.3%。[24]这一部分的条款事实上覆盖了企业代表会选举所较易忽视的群体。青年人—学徒工代表组织按照企业代表会的选举方式每两年选举一次,有权派遣代表参加企业代表会会议,并有权要求中断对自己不利的企业代表会决议。

　　第四部分(74—113)是"雇员的共同作用与共同决定",分为6节。第一节"一般条款"提出了劳资协商的两个新方式:(1)要求企业主与企业代表会每月至少共同出席一次协商会,共同处理争议问题;(2)要求由企业主和企业代表会成员对等组建调解机构,并由中立者担任该机构的主席,负责用多数议决形式来裁定劳资纠纷。此外,它在后来的修正案中还增添了"在特殊情况下对学徒工的保护"条款。第二节"雇员的共同作用与申诉权"特别把处理申诉的权利交付给企业代表会。第三节列举了企业代表会在社会事务中的共决权,若同1952年法作比较,增加了住房、工资绩效计算等方面的作用。第四节"塑造劳动岗位、劳动进程与劳动环境"是企业代表会的新职能,特别要求企业主在相关事务变动之前准时告知企业代表会。第五节"人事事务"不仅细化了解雇的合法程序,而且还特别增加了关于"职业教育"的条款,要求企业主和企业代表会合作,加强职业教育的规范实施,以增强雇员们面对职业风险时的防范能力。第六节"经济事务"比1952年法更细致地规定了经济委员会的组成与职能。值得注意的是,在该法规定中,经济委员会的规模有所减少,并且特别规定"其中至少有一人是企业代表会成员",而且还允许企业代表会通过其成员的多数投票,来决定把经济委员会的任务转交给企业代表会的下属组织。这实际上加强了企业代表会的作用。此外,该节还规定了在企业改变期间,企业代表会与企业主之间应达成"强制性的劳资协调计划",以保证遭解雇者的合法利益。

第五部分(114—118)是"对于独立企业代表会的特殊条例"。该法不同于 1952 年法，一次性地规范了远洋航行和航空企业中企业代表会的作用，而不是留待将来起草另一部法律。

第六部分(119—132)是"惩罚与罚款条例"。该法特别对泄密行为做了详细规范，同时把公共事业机构排除在适用范围之外。

总体而言，从条文中，我们可以看出 1972 年法具有以下五大特征：第一，适应社会与经济结构的变化，如对于康采恩企业代表会的规范，以及对于劳动岗位变化或经济效益下降时被迫裁员行为的监控与补偿；第二，增强企业代表会体制的作用，尤其体现在企业代表会在经济事务中的干预权大大增加；第三，进一步保障了个体雇员的参与决定权，如青年人、学徒工与残疾者都获得了单独组建利益团体、参与共决的权利；第四，考虑到特殊行业的情况，在一部法律上涵盖了远洋航行和航空企业的共决问题；第五，加强了工会对于企业代表会的领导权，既在适当情况下要求企业向工会打开大门，又要求企业代表会的共决行动必须同相应工会协商处理。

四、1972 年企业代表会体制的实践

1972 年《企业组织法》颁布后，社会各界的评价不一。对于工会而言，它显然并非理想的终点，因为"对等共决"仍然没有得到普及。对于一些资本家来说，它或许是"令人讨厌的、毫无意义的、浪费金钱的"。在一些乐观的社会政策学家看来，该法是一次"伟大的、面向未来的成功投掷"，因为它将保证劳动生活的人道化，最终将演化为劳资关系变革历史上的一座"丰碑"。[25]也正是在这种众说纷纭中，1972 年企业代表会体制的实践拉开了帷幕。

1972 年法实践的总体特征是：

社会关注度逐年增强。根据 1952 年体制的设计，企业代表会选举一般要耗费整年时间，而 1972 年体制主要集中于 3 月 1 日到 5 月 31 日之间进行，故而社会舆论的焦点比较集中。如在 1975 年选举时，几乎所有的政党都参与其中，企业共决问题成为各党派竞相表态的政治领域，甚至

在教堂布道中,一些神父居然也扮演起鼓动者的角色。[26]

雇员们参与企业代表会选举的积极性被点燃。在 1972 年和 1975 年的选举中,雇员的参选率均在 80％以上,达到了战后顶峰。在矿区与能源行业中,1975 年的参选率甚至超过了 85％。[27]

建立企业代表会机制的企业数量逐年增多。据统计,70 年代依法建立企业代表会体制的企业数量呈上升趋势,从 1968 年的 24 902 个增加到 1981 年的 36 307 个。虽然就比例而言,成立者仍然维持在总体数量的 5.5％左右,但它所覆盖的人数总量却已突破了 10％,维持在 11.5％左右(见表 6.1)。从具体行业来看,建筑业、矿区与能源业、木业、皮革业因受到经济危机的影响,企业倒闭数量增加,故而建立企业代表会体制的企业数量呈减少趋势;而化学业、造纸业、制陶业、金融业、五金业这些快速发展的行业却出现了相应的增长态势。[28]

表 6.1   企业代表会委员的选举情况(1972—1987)

年份	举行企业代表会的企业总数	企业总数	举行企业代表会选举的企业比例(％)	举行企业代表会选举的雇员比例(‰)	当选者为 DGB 成员	当选者为 DAG 成员	当选者为其他工会成员
1972	29 298	173 670	5.9	9.8	77.6	3.0	18.9
1975	34 059	191 015	5.6	11.4	77.5	3.1	18.9
1978	35 294	194 455	5.5	11.5	78.1	3.3	18.1
1981	36 307	199 125	5.5	11.6	77.5	3.4	18.6
1984	35 343	190 193	5.4	11.6	77.4	3.0	19.0
1987	34 807	189 292	5.4	11.4	76.6	2.8	20.0

资料来源:Klaus Armingeon, "Trade Unions under Changing Conditions: The West German Experience, 1950—1985", *European Sociological Review*, V.5, N.1 (1989), pp.1—23;此处是 p.5,表 3。此处引用时有删减。

若我们进一步考察 1972 年企业代表会体制的职能发挥情况,则可以发现喜忧参半的局面:

其可喜之处在于该体制的一些创新措施起到了预想中的作用。企业代表会对于就业环境人道化的介入职能很好地反映在克虏伯的一家铁厂中。

1972 年后,该厂成立了一个"人体工程学委员会"(Ergonomieausschüsse),由负责劳动安全、劳动效率、劳动健康、人事部门、技术部门以及企业代表会的成员对等组成。所谓"人体工程学",指的是符合人道的劳动方法,其目标是让劳动世界变得更安全。人体工程学委员会有权审查所有的投资和修缮决议,并对相关问题提出解决建议。到 1974 年为止,它一共解决了 224 个人体工程学问题,其中 46% 的解决方案获得了雇员们的满意评价。该委员会还每年举办一系列劳动科学知识讲座,引导劳动者发现与解决工作中的安全问题。此外,该委员会还会同劳动保护与事故研究联邦机构合作,对劳动条件下人体疲劳情况展开研究,提出了换班调解、实行 14 天工作日－8 天休息日制度等建议。[29]

另一个例证反映了企业代表会在劳动岗位增减方面的作用。70 年代中期,深受经济危机打击的大众公司希望通过裁员的方式来减轻压力,但根据 1972 年《企业组织法》的规定,它不能随意在一月之内解雇 50 名以上的雇员和年长者。为此,大众管理层与企业代表会达成了一种所谓"中线就业政策",协商决定劳动岗位的增减问题。双方同意,只有在保障新工人能够得到安全与持久的劳动岗位时,才能签订雇佣合同。此外,资本家资助企业代表会推行雇员的再培训计划。1976 年初,大众准备在美国开设分厂。为避免海外投资对国内就业岗位的冲击,企业代表会迫使董事会答应把投资计划缩小为一个加工厂,推迟实现完全生产的实现,并保证美国生产的汽车不在欧洲销售。这一劳动方案持续到 1985 年,确保了 6 000 个劳动岗位。[30]

然而,令调查者担忧的是,这些职能的发挥并不具有普遍性,劳资之间的信任感并不如想象得那样强烈,企业代表会不得不依靠反复的谈判来实现既定目标。一份来自第一线的报告虽然肯定了企业代表会在解雇保护与职业培训方面的作用,但其结论却认为整个体制的实践性亟待变革。该报告对路德维希港的 BASF 裁员行动进行了调查。1975 年,由于受到经济危机的影响,该企业不得不采取减员措施,其主要方式是把合同工变更为短期工。根据资本家的计划,短期工数量将达到 1 万名,占到全体雇员总数的 20%。企业代表会根据法律规定,适时地介入其中,同企业主展开了激烈辩论。企业代表会认为,分红费用高于公司花费,以及资方试图通过短期工方案降低企业代表会的影响力,才是问题的关键。资方则强调营业额锐减带来的财政压力,并试图挑拨雇员同企业代表会之间的矛盾。双方经过几轮协商后,才达成了两点共识:临时工必须得到毛收入的90%—95%,并且应保证14天的职业培训时间。调查者最后认为,BASF的个案表明,1972年法并未实现劳资之间的真正平等,资本家的权力仍然需要在公正的基础上得到改造。[31]一些研究者的结论更为悲观:"从实践的角度来看,企业代表会在(企业)规划进程中的参与,可以说,根本没有存在过,即便存在,也十分有限","大多数企业代表会都没有参与事先规划,即便参加的企业代表会也只能表现出忧虑感,而没有实际行动"。[32]

让我们再进一步考察1972年企业代表会体制的社会效应,还会发现一些颇为有趣的现象:工会与企业代表会之间的联系得到加强。与1952年法不同,1972年法多次提到工会,并明确规定了工会对于企业代表会及其相关职能的指导作用。这些条款既使企业代表会选举成为各种工会及其背后的政治势力相互角逐的舞台,又让雇员们意识到工会与企业代表会之间合作的重要性。在所有工会中,工会联盟(DGB)自然是最大的胜利者,如在1972年选举中,它获得了77.6%的席位,到1975年上升到80%(见表6.1)。在所有行业中,工会联盟的传统领地(如五金行业)更取得了超过83%以上的席位(见表6.2)。这种局面同企业代表会成员的政党身份比例相符,如在1975年的当选者中,隶属于社民党者占52.3%,基民盟者只有5%,自民党者为0.1%,右翼政党(如NPD)则受到工人阶层的根本性排斥。

资本家对企业代表会的态度随着时间的发展而有所变化。1972年法施行初期,资本家一般采取拖延策略,试图去禁止或影响企业代表会的选举。如在木工和艺术创作领域中,中小企业居多,组织关系比较传统,故而资本家的控制力较强,成立企业代表会的企业数量很少。又如在服务行业中,工会组织率原本就低,资本家更容易鼓励非工会成员当选企业代表会委员,一家商店主管便宣称:"立法者并未要求,企业代表会成员必

表 6.2 五金行业中企业代表会委员选举情况(1972—1987)

年份	每千人中的五金工人比例(%)	每千名五金成员中的企业代表会成员比例(%)	隶属五金工会的企业代表会成员比例(%)	隶属 DAG 的企业代表会成员比例(%)	隶属其他公会的企业代表会比例(%)
1972	12.5	22.6	81.4	2.5	15.7
1975	13.9	22.6	83.3	2.3	14.0
1978	13.6	21.2	84.5	2.1	12.8
1981	13.3	20.8	83.1	1.9	14.4
1984	14.2	20.7	83.3	2.0	14.0
1987	13.7	20.4	82.4	1.7	15.2

资料来源:Klaus Armingeon, "Trade Unions under Changing Conditions: The West German Experience, 1950—1985", *European Sociological Review*, Vol. 5, No.1(1989), pp.1—23;此处是 p.5,表 4。此处引用时有删减。

须同时是工会成员。因此,我们就请求商店中非工会会员能够尽可能地100%地参加选举,或为选举做好准备。新当选的企业代表会委员应该是我们职工中的中层,换言之,他应该在工会会员与非工会会员之间同样保持重要关系⋯⋯我们认为,这样的新企业代表会才能符合一种充满信任的相互工作。"[33]再者,企业代表会运行所消耗的工作费用较高,尤为引起工厂主的警惕。据统计,企业代表会委员每人每年的平均花费为 179马克;在雇员为 500 人企业中,相关花费总计为 8—9.5 万马克;雇员人数在 5 万人以上的大型企业则为此耗资 150—180 万马克![34]

然而到 1975 年时,不少资本家对企业代表会所扮演的所谓"社会缓冲器"(sozialer Puffer)角色持更为积极的态度。在一个名为《企业组织法》1 000 天"的讨论会上,化学康采恩汉克尔公司(Henkel)的一名董事坦言:"假如《企业组织法》还不存在,它就必须被创造。"[35]研究者还发现,企业代表会成员的个人能力与资本家的意愿之间的关系形态,决定了企业代表会体制的实践效果(见表 6.3)。[36]在中小企业中,人们通常看不到最糟组合(专制型资本家与消极型企业代表会),但也很少看到最佳组合(融入型资本家与自由型企业代表会)。在更多情况下,双方勉强维持着原有的生产方式,而这样既不利于企业生产与管理生产的更新,也没有真正实现工会所追求的"人道化"的方案。

表6.3　不同的资本家和企业代表会类型

资本家	企业代表会
专制型	消极型
专制—父权主义型	关怀型
合作型	伙伴型
融入型	自由型

企业代表会在女性工人与外籍工人中的影响力持续上升。从整体水平来看,企业代表会选举中的女性当选率从1972年的13.4%上升到1975年的15%,在木业、艺术和纺织业中,女性委员的比例甚至超过45%。这种现象成为当时妇女解放运动的重要组成部分。此外,外籍工人的当选率也从1.8%上升到3%左右,总数在5 000人左右。这个数字虽然不大,却是当时欧共体中唯一赋予外籍工人共决权的显著成果。[37]

然而在普通雇员的眼中,企业代表会的共决实践并不都是完美的。他们对70年代后半期日趋严重的官僚化趋势感到不满。普通雇员认为:(1)企业代表会没有真正认识到劳动组织新形式所带来的特殊问题,而这些问题却同普通雇员有着直接联系;(2)企业代表会也没有理解非熟练工人与女性工人的具体要求;(3)企业代表会成员拥有太多的个人爱好与企业之外的政治追求,从而降低了他们与普通雇员之间的接触程度;(4)企业代表会不能提供必要的企业发展信息。[38]这种不满情绪使得企业代表会仍然未能建立起它同普通雇员之间行之有效的个人联系。

最后应该指出的是,劳动经理一职的关注焦点随着时间的推移,也不断发生转移。在"鲁尔方案"到1951年煤钢共决法实践初期,劳动经理主要关注企业中的福利政策,如建立工人住房、进行生活用品救济、加强事故预防等。在1957—1974年间,劳动经理转而关注人事问题和劳动管理,致力于岗位创造规划、需求导向培训等。1974年后,劳动经理主要关注企业策略,参加人事规划和劳动结构改造、思考技术革新的影响等问题。[39]

1972 年《企业组织法》是 70 年代改革时期劳资关系领域中的第一个革新成果。它首先得益于左翼政党的上台执政,因为这使经济民主化有可能跟上政治民主化的步伐。其次,经济形势的变化与工业结构的变动让 1951—1952 年期间建立起的企业代表会体制遭遇危机,劳资双方在延伸与取消共决模式的问题上形成对峙,从而让经济民主化成为引人关注的大众话题。最后,由于"小联合政府"中的结盟协议,比登考普夫委员会提出的煤钢共决模式延伸方案被暂时搁置。从这一点而言,1972 年法属于政治妥协的产物。

1972 年企业代表会体制极大发展了 1952 年企业代表会体制。它积极应对 60 年代以来企业结构变化的现实,不仅在组织设计上建立"康采恩企业代表会",而且还更有利于企业代表会保护劳方免受因企业变动而带来的各种负面影响,保障"人道化"的劳动条件。它更为重视企业代表会的功能,有意识地增加企业代表会在经济事务上的共决权。最为重要的是,它使企业代表会与工会之间的联系变得更为制度化,实现了工会长久以来使企业代表会为其在企业中"伸长臂膀"的目标。正因如此,工会越来越把企业代表会视作一种共存机制和稳定力量。不过,1972 年法也构建了一种同企业代表会体制平行的共决机制,即个体雇员(如青年工人、学徒工或残疾者)的参与共决权。这种机制本是为了弥补企业代表会体制的不足,但在发展中却逐渐扩展,反而对企业代表会体制形成了某种威胁。这在 80 年代后的发展中表现尤为明显。

1972 年企业代表会体制的实践虽然并非乏善可陈,但它存在的一系列问题仍然是此前企业代表会体制发展历史上的老现象。法律刚性不足以至于成立企业代表会的企业比例始终很低,企业代表会成员的知识与能力缺陷以至于难以实现设想中的人道化保障目标,劳资之间的此消彼长关系依旧以至于双方缺乏信任来共同推动企业代表会体制的合理运作。在此情况下,1972 年企业代表会体制的后续发展很快成为改革时期重新凸显的焦点问题。

第二节　扩展还是超越？1976 年企业代表会体制

20 世纪 70 年代是联邦德国持续改革的十年,劳资协调机制的变化正是其中的重要环节。在 1972 年《企业组织法》颁布后不久,1976 年《共决法》便接踵而至。对于雇员共决的目标而言,该法的意义不言而喻。然而对于企业代表会体制来说,这部法律究竟意味着扩展还是超越呢?

一、进一步改革的呼声

按照比登考普夫委员会的报告,煤钢共决模式并未影响企业的经济运行,故而值得推广。但是在自民党部长们的坚决抵制下,由社民党人勃兰特领导的"小联合政府"不得不退而求其次,用 1972 年《企业组织法》来部分满足制度变革的要求。尽管如此,进一步改革的呼声仍然不绝于耳。

这种情况有其特殊的时代背景。一方面,"小联合政府"并没有很快扭转经济发展中的颓势,而且随着 1973 年世界性经济萧条的爆发,不得不面对更为严重的失业问题。1969 年,勃兰特政府上台时,联邦德国的失业率保持在 0.9%,而到 1974 则攀升到 2.6%,1975 年失业者总数达到 107.4 万,是 1951 年以来的最高峰。而在失业者中,25 岁以下的青年人增长迅速,从 1970 年的 18.6% 增长到 1974 年的 28.3%。[40]

另一方面,经济结构仍在持续变动中。随着转型与康采恩化,煤钢企业的数量不断减少,其中矿场从 1970 年的 486 家减少到 1974 年的 430 家,基础原料生产厂家从 11 590 家减少到 11 243 家。然而与此同时,大型企业的资本拥有量与雇佣人数却呈上升趋势。据统计,德国最大 10 家工业的资本拥有比重从 1971 年的 18.2% 上升到 1975 年的 23.4%,就业人数比例从 17.9% 上升到 20.8%。[41]

这两种变化让工会越来越重视劳动岗位的保护问题。它既希望保障就业率,以维持工会的强大影响力,又希望工人阶层在竞争日趋激烈的现代工业世界中获得"更人道化"的待遇。为此,1972 年五金工会召开了一个题为"未来的任务:生活的质量"的国际会议。工会不再仅仅关注被动适应政治、经济和技术发展的问题,而是要求"为了提高生活质量而发展技术"。[42]11月14日,五金工会主席公开表态,要求新的联邦政府必须在共决问题上做出明确表态。[43]工会联盟后来将其概括为"劳动人道主义"方案,其中要求:进一步改善劳动条件,加强劳动保护,研究和解决采用新技术所带来的有害于职工身心健康的新问题,使劳动符合人道主义的精神,符合人的尊严。工会提出,企业应设置符合人道的劳动岗位,以保证职工的收入,保护职工免受职业疾病的侵扰,安全生产,减少过度紧张,提供相互交流的机会,减少夜班和倒班制度,增加休息时间,缩短劳动时间,减少劳动定额,摆脱人对机器的依附,消除单调的、带有强制性的生产活动等。[44]到1975年,工会联盟主席海因茨·奥斯卡·费特尔(Heinz Oskar Vetter)在汉堡大会上再次要求政府推动制度革新,保证劳动者的身心健康。[45]

二、争议与立法

1972年11月19日,国会新大选加强了联盟政府的力量,社民党成为国会中的最大党团。在社民党的国会党团中,工会成员比例高达53.4%,其中绝大部分是工会联盟成员。这显然提高了工会的发言权。

在工会的强大压力下,社民党不得不做出了积极回应。勃兰特于1973年1月18日的政府宣言中郑重承诺:"我们将在这次立法周期中,在雇员共决的意义上,进一步发展《企业组织法》……在这里,我们的出发点是劳资之间的权利平等和均衡原则。"该想法在内阁中遭到了自民党部长们的批评,但社民党人的决心没有被动摇。在1973年的党代会上,社民党在决议中提出把对等共决模式作为自己的主要目标。[46]

从1973年1月新内阁成立到1976年3月《共决法》问世,其中大致上经历了三个阶段[47]:

第一阶段从1973年1月到1974年3月,劳资利益团体及其相关政党各自形成改革方案,由联邦政府居中协调,产生两个立法草案。

社民党/工会联盟、基民盟/基社盟和自民党的各自想法主要存在以下两方面的争议:

第一,共决条款的适用类型。社民党/工会联盟希望共决法适用于所有类型的公司,基民盟/基社盟和自民党却要求把1951年《煤钢共决法》

的适用对象与1972年企业组织法的适用对象排斥在外,而且对雇员人数有所规定(2 000人以上)。

第二,监事会的组成比例。社民党/工会联盟的方案是对等共决模式,建议股东与雇员的比例为4：4,然后由双方各自在工会与资本家利益团体中选择第5名代表,最后由10名代表共同选择第11名中立者。这一模式完全是1951年《煤钢共决法》的翻版。基民盟/基社盟建议股东与雇员的分配比例为7：5。这一方案也超越了1952/1972年《企业组织法》所规定的1/3共决模式。自民党提出了两个想法:一要求股东、雇员和上层管理人员(即所谓"领导职员")的比例为6：4：2;二要求三方比例是4：4：2。两个方案都试图通过保障上层管理人员的共决权,来实现股东掌控实际统治权的目标。[48]

1月19日,联邦政府公布了第一份草案。这份草案明显是上述想法的妥协产物:(1)共决条款适用于所有雇员人数超过2 000人的公司,同时适用于包括上述公司在内的康采恩,但排除适用于煤钢共决的公司,除此之外的公司适用于1972年法;(2)在监事会的组成方面,以20人为基本模式,即10名股东代表和10名雇员代表,其中雇员代表包括7名企业雇员和3名企业所在工会之代表;监事会主席由选举产生,劳资代表各推荐一名正副主席的候选人;监事会主席拥有2票决定权;雇员代表由选举产生;特别引人关注的是有关"领导职员"的规定;(3)在董事会的组成方面,监事会根据简单多数原则产生董事,凡遭到劳资代表多数反对的人数须进行第二轮选举。

对此,工会联盟与职员工会的态度不一。2月16日,工会联盟主席团在声明中指出"妥协方案在关键点上都驳回了工会要求"。与此相反,职员工会却表扬它是"在通往雇员在大企业中对等共决之路的重要突破之举"。

相比之下,资方利益团体的立场既迅速,也比较一致。1月23日,BDA和BDI就在共同声明中批判该草案是"敌视市场经济的,削弱德国经济的国际影响力"。

1974年2月20日,联邦政府根据上述批评意见,提交了第二份草案。这份草案并没有做出根本性修改,而只是在适用公司的人数方面做了调整。至于工会联盟反对的"领导职员"之角色或监事会主席在表决僵局中的决定性作用等,实际上都没有发生变化。

第二阶段从 1974 年 4 月到 12 月,第二份政府草案接受咨询和听证。

4 月 5 日,第二份草案被递交给联邦议会。在联邦议会中,基民盟/基社盟所执政的州政府代表占据多数议席。在他们看来,这份草案存在各种问题,例如选举程序违背《基本法》所规定的自决权,少数群体的利益不能得到保障,企业外雇员代表的产生程序超出雇员的控制之外,监事会主席的权力在实践中很难操作。尽管如此,联邦议会仍然同意联邦政府把草案递交给国会进行一读。

恰在此时,5 月 7 日,勃兰特因为间谍案下台,联邦政府不得不进行重组。工会抓住机会,在同一天公布了一份要求更多共决的声明。在此压力下,5 月 17 日,新总理施密特不顾自民党的反对,果断在其政府宣言中强调将致力于实现"劳资之间的平等和均衡"。

6 月 20 日,政府草案进入国会接受一读。社民党与自由党由于是联盟政党,对草案持支持态度,而基民盟/基社盟代表则指责草案违背《基本法》中有关财产权、结社自由权的规定。

对于双方争执不下的问题,国会的劳动和社会委员会决定举行听证会,邀请各方代表对至今为止存在的共决实践进行讨论。这样的听证会一共举行了 4 次,劳资利益团体的领袖和宪法专家都被邀请发言。总体而言,劳资利益团体的意见并无本质变化,值得关注的是宪法专家的意见。大部分法学家都不认为草案违背财产权的规定,但在结社自由问题上存在争议。一些人认为,对等共决剥夺了股东的权利,从而违背了工资协议自由权;只有两位教授支持工会联盟的立场。

从 1975 年 1 月到 1976 年 3 月是第三阶段,劳资利益团体进行了最后的努力,而联邦政府也加大斡旋力度,最终在修订部分条款的基础上,促成国会通过法案。

正如《明镜》周刊所言,针对政府草案与听证会出现的各种意见,劳资利益团体形成了所谓的"共决战场"。5 月底,工会联盟召开大会,重申自己的立场。10 月初,它又请来一批宪法学家,论证对等共决模式与基本法相互一致。与此相对,代表资方利益的自由民主党希望进一步敲定监事会主席的决定权。

12 月 5 日,执政的社会民主党和自由民主党达成了关键的妥协:第一,监事会主席可以在解散企业的讨论僵局中拥有两票决定权;第二,倘若股东代表多数反对,监事会主席便无法当选;第三,监事会主席不能轮流当选;第四,必须清晰界定所谓领导职员的概念;第五,必须保障少数群体;第六,雇员人数少于 8 000 名的企业实行直接选举制;第六,无需按照煤钢共决模式来设置劳动经理,而是由董事会的一名成员来负责相关事宜,雇员代表可以对此人选提出建议,但没有否决权。在此基础上,联邦政府形成了第三份草案。

这份新草案在社民党内部遭到了工会高层的批评,但仍然以 8∶5 的结果通过。基民盟/基社盟的党团会议则顺利通过该草案。3 月 18 日,国会以大比例优势批准该法。在 22 张反对票中,一人为社民党,21 人为基民盟/基社盟议员。

三、1976 年《共决法》的结构与内容

1976 年 7 月 1 日,《共决法》正式实施。次年,联邦政府连续 3 次颁布了针对不同康采恩类型的选举条例。最近一次修正完成于 2004 年 10 月 12 日。

该法共 41 条,分为五部分。[49]

第一部分(1—5)是"适用范围",规定雇员人数超过 2 000 人的股份公司、股份两合公司、有限责任公司、具有独立法人资格或企业合作社与经济合作社的矿业公司。它把对等共决模式推广到煤钢企业之外的大型公司中。1951 年法主要覆盖煤钢企业,1952/1972 年法则包含了所有煤钢企业之外的公司。1976 年法却把煤钢企业之外的大型公司单独列出,在那里推行煤钢共决模式。因此,1976 年法在本质上融合了 1951 年法和 1952/1972 年法的适用对象。

第二部分(6—29)是"监事会",对监事会的建立和组成、监事会成员的任免、监事会的内部秩序、权利与义务作了详细说明。它规定监事会由

股东和雇员的代表对等组成。不过在雇员代表中,工人、职员和上层管理人员(领导职员)都必须拥有同其在雇员中人数相等比例的代表(第11条)。这实际上既考虑到雇员利益的分裂性,也符合当时的就业结构。据统计,工人比重已从50年代初的51%下降到1975年的42.9%,而职员比重则从20.6%上升到42.9%。[50]此外,在监事会主席和副主席的选举中,第一次选举按照简单多数原则进行,若无法达成结果,则举行第二次选举,而在这次选举中,由股东代表单独选举监事会主席,雇员代表单独选举监事会副主席。这样便保证了股东代表对监事会主席职位的垄断性。同时,监事会主席在发生合法代表组织授权机构成员名单争议时拥有两票表决权,而副主席却没有这种权利。这种规定主要是为了维护监事会的正常运行,以免发生拖延不决的现象。值得关注的内容还包括委托人选举制。

第三部分(30—33)是"法定组织机构",主要针对劳动经理的产生与权利作出了规定。1976年法要求在大型企业中设立劳动经理,保证它与其他高层管理人员拥有相等权利。不过与1951年法不同的是,该劳动经理不是由监事会中的雇员代表单独选举产生,而是由监事会通过简单多数原则选举产生,这样就保证了劳动经理人选"在同总机构的最紧密的理解之中行使他的使命"(第33条),以维护企业的稳定和生产发展。

第四部分"远航航运"(34),规定了特殊行业的共决方式。这一规定延续了1972年《企业组织法》的内容。

第五部分"过渡条款与结束条款"(35—41),对共决模式的推广方式与时间点做了说明。

总体而言,1976年共决法的主要特点在于:

第一,保证了工会的影响力。1952年法完全排除了工会的作用,1972年法则开始恢复工会的作用。1976年法延续了这种发展,明确规定工会有权自行选择企业之外的代表进入监事会。在特殊情况下,工会还有权向劳动法庭申诉,要求宣布雇员的监事会成员选举无效。

第二,注重雇员的直接共决权,而对企业代表会的作用并未加以特别强调。在该法中,监事会中的雇员代表由雇员直接选举或通过委托人制度选举产生,或由工会直接派遣代表加入,并未提及企业代表会的角色。该法仅有一处提到企业代表会,即企业代表会有权对雇员监事的人选提出异议。

第三,与1951年《煤钢共决法》不同,1976年法中的劳动经理没有独特地位,也同监事会中的雇员代表没有明确关联。[51]

四、违宪争议

从1976年《共决法》的内容来看,工会想法并没有完全被接受。相反,自民党方案中的一些因素——如雇员代表分为工人、职员和上层管理人员(领导职员)——却被吸纳到法律中。然而即便如此,自由党议员与一些资本家却仍感不满。

资方的主要不满在于对等共决与基本法所保障的私有财产不可侵犯的权利之间的冲突问题。这一点在立法过程中已被一些法学家所提出,此时则再次成为舆论的焦点。证券持有者保障联合会(Schutz für Wert-papierbesitz e.V)首先提出,《共决法》违宪。对此,各地法院的判决也出现不同。有6个州法院和一个州高级法院不认同这个联合会的想法,但汉堡州法院却认为,《共决法》有可能允许属于2—3个工会的雇员加入监事会,从而违背了基本法第9条第3款的规定。

与此同时,BDA下属的9个公司和29个企业家联合会也在1977年联名上书联邦宪法法院,控告1976年法违宪。资方认为,1976年法的适用范围(第1条第1款)、监事会中股东与雇员代表人数对等(第7条第1款)、监事会主席的选举(第27条)、监事会中的投票程序(第29条)、公司合法代表组织成员的任命(第31条)、任命劳动经理作为具有平等权利的上层管理人员(第33条)所组成的对等共决模式,是对下列基本法条款的粗暴干涉:财产权(第14条第1款)、结社的自由权(第9条第1款)、自由选择贸易、职业权(第12条第1款)、个性发展权(第2条第1款)与结社权(第9条第3款)。资方控告1976年法将颠覆联邦德国的社会市场经济体制。这便是轰动一时的违宪争议。[52]

1979年3月1日,最高宪法法院作出如下判决:

第一,法院确立了判决的原则。

首先,法院认为,需要进一步调查雇员是否因为 1976 年法的缘故,而在公司中的影响力得到扩展。现在仅仅从法律的角度而言,法院无法判定雇员已经取得了平等权,或者超越了这种平等权。因为在监事会的第二次选举中,一般由股东选举产生的监事会主席具有两张投票权,而且在雇员代表中还存在着工人、职员与上层管理者(领导职员)的区别。此外,雇员的共决还需要通过企业代表会来实现。法院指出,立法者希望达到的对等共决目标不能作为实际效果来看待。

其次,法院认为,现在还无法准确估计这种共决模式在将来会产生怎样的效果。假如劳资双方愿意相互信任,则该模式所制造的工作氛围或许会更好。虽然法院并不完全赞同立法者的乐观估计——后者认为,1976 年法对于私人企业和整体经济的行动能力而言,并不会产生任何不利影响——但是这并不导致法院必须判定 1976 年法违宪。

最后,法院认为,违宪审查的标准是看个人权利与基本法是否由于立法者扩大共决权的倾向而受到侵犯。但是基本法并不包含任何直接约定,来确保某种特定的经济制度或经济生活安排的具体宪法原则。相反,基本法把组织经济的权力交给立法者,后者可以通过民主方式来做出决定。这种立法权不能被任何对于基本法的诠释所限制。因此,目前的争论不是关于这个国家的经济体制是否遭到了倾覆,而是关于个体公民的权利是否遭到了侵犯。

第二,根据上述原则,法院的判决是,《共决法》的第 7 条、第 27 条、第 29 条和第 31 条与基本法保持一致。这是因为:

首先,这些条款既没有侵犯股东的财产权,也没有侵犯公司的财产权。相反,法院认为,立法者已经充分界定了财产权的内容与限制。监事会的组成结构虽然削弱了股东的决定权,但是相关规定充分考虑到财产拥有者与社会之间的关系,让股东获得了更为广阔的社会关系,并产生了显著的社会功能。再者,《共决法》的条款并没有让公司无法运行,它只是让监事会中的决策进程变得更为复杂而已。

其次,结社权并没有遭到侵犯。大型公司的内部情况比基本法所设定的社会模式要复杂得多,但即便如此,《共决法》所设定的企业内部机制没有让自治团体不可接受。该法要求增减工会代表的规定,也没有同至今为止运行正常的《公司法》产生冲突,相反,工会代表通常能保证具有一定素养,从而改变雇员代表的狭隘立场。最后,自由结社与集体谈判权也没有遭到侵犯。所有规定都没有改变集体合同谈判的章程,从而使集体合同谈判机制无法运行。它们也没有限制自由结社的权利。

第三,关于劳动经理的条款需要独立审查。它根本没有侵犯基本法,因为劳动经理的义务、功能与任命程序都十分清楚地包含在法律文本中。至于1976年法所涉及的公司范围问题则牵涉到这些公司的法律形式与雇员人数,而不是该法所造成的结果。[53]

最高宪法法院判决后,资方虽然心有不满,但不再抵制《共决法》。对等共决模式随即在煤钢企业之外的大型公司中推广开来。

五、1976年《共决法》的实践

1976年《共决法》付诸实践后,学术界作过一些调查。[54]根据这些调查报告,我们发现,该法的实践效果比较复杂,对其所涉及的公司及雇员也产生了截然相反的影响。

首先,1976年法扩大了对等共决模式的适用范围,但该模式的影响力仍然有限。该法主要针对2 000人以上的煤钢企业之外的大型公司,由此涉及480家大型企业(1976年),其中57.5%是股份公司,39.4%是有限责任公司,3.2%为其他形式。仅从数量上来看,这些公司连同煤钢企业一起总计500家左右,是1951年法适用范围的数倍以上,但却只是德国企业总数的1/100,因而对整个工业关系的影响力有限。不过,它牵涉到380万员工,影响也不小。再者,股份公司与有限责任公司的监事会作用并不相同。在股份公司中,监事会有权任命管理层、审查财务报表、控制管理层的人事变化,因而1976年法对于监事会的结构安排有利于对等共决模式的实践;相反,在有限责任公司中,主要决策机构是股东大会,它有权阻止监事会的决议,因此监事会的对等共决模式在实践中可能毫无意义。

其次,1976年法构建了监事会中的对等共决模式,从法理上而言,有利于保护雇员利益,但在实践中并不必然得到雇员的理解。在1981年对大型汽车工业的访谈中，居然有 23% 的受访者不认为共决对个人有好处。[55] 此外，对等共决模式也容易引发雇员利益同企业发展之间的矛盾。雇员参与监事会的工作，并且拥有对等的投票权，在一定程度上使劳动成为与资本相对等的生产要素，从而影响到企业的雇佣政策与人力管理。例如在 1984 年，企业代表会参与了哥兰蒂（Grundig）电力公司的合理化方案讨论，保证被迫失业的工人得到为期两年的免费培训机会。不伦瑞克的大众公司的工人代表还成功地介入到技术引进的工作中。不过，由于监事会中的雇员代表不少还是工会成员，有可能重复当选。事实也是如此，在 250 家股份公司中，工会代表只有 50—75 名，不少人身兼数家公司的监事会成员。因而一旦出现罢工现象，这些雇员代表的立场便比较尴尬：究竟是代表雇员利益，参与罢工，还是作为监事会成员，代表公司利益，抵制罢工？进一步而言，如同其他模式中一样，对等共决模式中的雇员代表虽然有机会当选监事会主席，但其知识和能力储备严重不足。

同样，在资本家看来，为了维护企业发展的权利，有时必须突破共决带来的制度性牵制。一份对董事会成员的调查发现，对共决的平均认可率只有 53%，而且企业规模越小，认可率越低。[56] 一位电力行业的管理者如此坦言：“我只做那些我认为是必要的事情，即便这些措施意味着破坏规则。假如他们（企业代表会成员）不喜欢这些措施，他们可以告我。”在这里，雇员也发现了《共决法》的缺陷：该法并没有赋予雇员参与决策的权利，而只是获取管理信息的权利。相应的权利规范保留在 1972 年新《企业组织法》中，但正如上一节所言，1972 年法也只是保障了雇员代表在福利问题上的共决权，而在经济和人事问题上仍然缺乏必要的权利支持。由此，我们可以理解一位企业代表会成员为什么会承认，“我们得到的唯一工具就是《企业组织法》中的一些条款，而我们还不得不持续地同法律的局限性做斗争。”

最后，劳动经理的职务安排有利于沟通雇员与管理层，但他也有可能为维护企业的整体发展陷入内心矛盾之中。1976 年法重新恢复了劳动经理的职务，使之介入到企业的长期投资、合理化与生产计划制定等工作中，从而成为稳定企业劳资关系的阀门。然而与 1951 年法不同的是，劳动经理并不一定代表雇员利益。根据《共决法》的规定,劳动经理由监事会成员根据多数投票原则选举产生。由于雇员代表的利益是分裂的(工人、职员和上层管理人员),由股东选举产生的监事会成员在无法达成共识的情况下还拥有第二张投票权,因此,在1976年法所覆盖的大型企业中,劳动经理的人选通常偏于中立。统计表明,公共服务工会在52家企业中掌控了39名劳动经理,矿产与能源工会在11家企业中掌控了3名,五金工会在184家企业中只掌控了14名劳动经理,化学工业在77家企业中掌控了2名劳动经理,而其他工会都未能产生自己人。在1982年5月《法兰克福汇报》上刊登的33位劳动经理中,就有15人全职或部分时间在公共部门工作。而在另一些公司中,我们看到股东代表联手,通过监事会主席的第二张投票权,来否决立场偏左者的提名,如巴伐利亚的Leverkusen公司。更有甚者,五金企业家协会总联合会主席居然被股东代表任命为MAN公司的劳动经理!这种格局造成劳动经理时常陷入一种矛盾之中。一位劳动经理曾这样说道:"尽管劳动经理依靠的是工会与企业代表会的信任,但是假如人们认为可以希望他完成劳工的每一种要求与希望,则是错误的。任何没有看到这种期望与能力之间存在张力的人,都将不能认识到,作为经理部门的人员,劳动经理在法律上属于管理层……因此必须在整体上代表公司利益。"

对于1976年法,雇员的评价比较矛盾。一些人持乐观态度。他们或认为,企业代表会因此而得到增强,并可以进一步保障自己的劳动岗位不受威胁;或猜测此举至少可以改善企业代表会的作用。1981年初的一份访谈表明,49.5%的人相信对等共决模式会继续扩大,52.5%的人赞成该模式。另一些人却相对悲观。一份针对电子工业的调查结果显示,近一半的受访者认为对等共决模式应该"可以做得更好",31.1%的受访者认为现有实践"不够好"。[57]如果我们来看雇员对共决所产生的客观变化之评价(见表6.4),我们会发现,即便雇员承认对等共决模式更多照顾了雇员利益,但他们仍然期待它做得更好。同样,即便雇员认为1976年法在经济领域中的作用不大,但他们也愿意它发挥更大作用。这一点似乎可以表明,雇员把对等共决模式过于理想化了。

表 6.4 雇员对共决发生的客观变化之评价以及未来期待(1981 年)

内 容	已经发生的变化		期待发生的变化	
	数量(个)	频率(%)	数量(个)	频率(%)
在经济上更好发挥作用	7	12.1	24	41.4
更少罢工等	8	13.6	24	41.4
更多经济民主	14	24.1	22	37.9
更多雇员利益	23	39.7	36	62.1
限制企业家长制作风	18	31.1	21	36.2
更少经济危机	7	12.1	30	51.7
更多社会正义	21	36.2	26	44.8
对盈利分配的影响力	4	6.9	23	39.7
对生产规划的影响力	7	12.1	27	46.6
不知道	9	15.5	1	1.7
没有回答	5	8.6	6	10.3
总计	123	—	240	—

资料来源:Hans Diefenbacher & Hans G.Nutzinger(Hrsg.),*Mitbestimmung*:*Theorie*,*Geschichte*,*Praxis. Konzepte und Formen der Arbeitnehmerpartizipation*,Band 1,S.206.

对于 1976 年《共决法》的评价随着时间的发展而发生了一些变化。1986 年,多特蒙德的社会研究机构曾认为它毫无作用,不过是一个"信息法"而已。但到 20 世纪末,由贝特尔斯曼(Bertelsmann)基金会与汉斯—伯克勒基金会联合组成的共决委员会却认为共决有利于经济转型。从整体上而言,该法在大型公司中的实践活动能够在一定程度上保障雇员权益,但正如联邦宪法法院的判决所言,它并不是为了真正实现对等共决,甚或超越平等来实现工人掌控管理权的目标。

对于企业代表会体制而言,该法所起作用则更为复杂。从本质上而言,企业代表会体制是一种间接民主的制度。而 1976 年《共决法》却鼓励直接民主,似乎有超越企业代表会体制之嫌。但是从实际效果来看,企业代表会体制并未因此而被旁落。事实上,工会仍然通过企业代表会来选择雇员监事的人选,而工人们通常也会把选举目标落在企业代表会的委员身上。这一现象既是企业代表会体制发展的结果,又成为企业代表会体制进一步扩展的起点。

小　结

　　经过 20 世纪 70 年代的改革,联邦德国的企业代表会体制完成了更迭的目标,尤其体现在以下两个方面:其一,对等共决模式在 2 000 人以上的大企业中得以实施;其二,企业代表会的经济职能获得扩展。这两点十分有效地应对了经济大萧条和工业结构变化所带来的主要冲击,既保证了联邦德国劳资关系的相对稳定性,又在一定程度上为其实现低速经济增长奠定了基础。据统计,到 70 年代末,在联邦德国的 2 280 万名雇员中,大约有 450 万名雇员(19.6%)在 484 家执行 1976 年《共决法》的企业中就业,100 万名雇员(4.3%)在执行 1952 年《企业组织法》的企业中就业,这些雇员都属于 1972 年新《企业组织法》的覆盖范围。此外,60 万名雇员(2.6%)在执行 1951 年《煤钢共决法》的企业中就业。上述 610 万名雇员在公司层面上有权直接参与共决。另有 1 010 万名雇员(43.9%)在公司层面上没有直接共决权,而只能通过企业代表会在企业层面上间接参与共决。340 万名国营企业雇员和公务员(14.8%)适用于 1972 年新《企业组织法》。只有 320 万名雇员(13.9%)完全被排斥在任何共决模式之外,既无法直接参与共决,也无权建立企业代表会。[58]

　　在企业代表会体制的更迭中,劳资双方都充分表达了自己的意见,并产生了程度不一的争论,且通过政治施压的方式反映在内阁争议和国会讨论中。这种资本主义民主的运作方式对于制度革新的进程而言,不失为积极的推动力。

　　然而,也正是由于这种权力互动关系的阻碍,使得劳资协调机制的变革并非一帆风顺,而且往往沦为拖延策略的最好借口。从 1970 年比登考普夫委员会报告出台,到 1972 年《企业组织法》颁布,再到 1976 年《共决法》的面世,不仅彼此内容存在巨大差异,而且无法同瞬息万变的经济形势保持同步，以至于每次改革都给观察者们留下了"不彻底"的印象。由此，当面对 80 年代经济形势的再度变化、1990 年后两德统一完成以及经济全球化速度加快的新局面时，企业代表会体制的再度革新便是情理之中的结果。

注 释

[1] 吴友法：《德国现当代史》，武汉大学出版社 2007 年版，第 336 页。

[2]《德国社会民主党纲领汇编》，第 70 页。

[3] Franz Neumann, *Daten zu Wirtschaft- Gesellschaft- Politik- Kultur der Bundesrepublik Deutschland 1950—1975 (mit Vergleichszahlen EG-Länder und DDR)*, Baden-Baden：Signal-Verlag, 1976, S.380、373.

[4]《德国社会民主党纲领汇编》，第 71 页。

[5][德]苏珊·米勒、海因里希·波特霍夫：《德国社会民主党简史(1848—1983)》，赵敬钦等译，求实出版社 1984 年版，第 250 页。

[6] 吴友法：《德国现当代史》，第 342 页。

[7] Volker R. Berghahn, *The Americanisation of West German Industry, 1945—1973*, p.241.

[8] Hans Limmer, *Die Deutsche Gewerkschaftsbewegung. Geschichte, Gegenwart, Zukunft. Ein kritischer Grundriß*, S.112—113.

[9] 卡尔·哈达赫：《二十世纪德国经济史》，第 211 页。

[10] Werner Abelshauser, *Deutsche Wirtschaftsgeschichte seit 1945*, München：Verlag C. H. Beck, 2004, S.297.

[11] Franz Neumann, *Daten zu Wirtschaft- Gesellschaft- Politik- Kultur der Bundesrepublik Deutschland 1950—1975 (mit Vergleichszahlen EG-Länder und DDR)*, S.36.

[12] Ibid., S.258.

[13] 此处若非特别注明，均可参见孟钟捷：《寻求黄金分割点：联邦德国社会伙伴关系研究》，第 123—124 页。

[14]《德国社会民主党纲领汇编》，第 78 页。

[15] Hans Limmer, *Die Deutsche Gewerkschaftsbewegung. Geschichte, Gegenwart, Zukunft. Ein kritischer Grundriß*, S.114.

[16] Michael Schröder, *Verbände und Mitbestimmung. Die Einflußnahme der beteiligten Verbände auf die Entstehung des Mitbestimmungsgesetzes von 1976*, S.71—72.

[17] Harry W. Jablonowski(Hrsg.), *Kirche und Gewerkschaft im Dialog. I. Mitbestimmungsdiskussion und Ansätze kritischer Solidarität*, S.58、89、95、139—140.

[18] Werner Tegtmeier, "Werkstatt für der dritten Weg", In: www. boeckler. de/163_73749html, 2010 年 6 月 12 日。

[19] Werner Tegtmeier, "Werkstatt für der dritten Weg".

[20] 关于比登考普夫委员会的相关资料参见维基百科 http://de. wikipedia. org/wiki/Biedenkopf-Kommission, 2013 年 6 月 10 日。

[21] 比登考普夫的报告收录于 *Mitbestimmung im Unternehmen*. Bericht der Sachverständigenkommission zur Auswertung der bisherigen Erfahrungen mit der Mitbestimmung. BT-Drucksache VI/334, 1970. 该报告的部分内容可参见 Wolfgang Streeck, "Guaranteed Employment, Flexible Manpower Use, and Cooperative Manpower Management: A Trend Towards Convergence?"乌韦·安德森:《企业宪法和参与决定制》。

[22] 参见附录五。

[23] Franz Neumann, *Daten zu Wirtschaft- Gesellschaft- Politik- Kultur der Bundesrepublik Deutschland 1950—1975 (mit Vergleichszahlen EG-Länder und DDR)*, S.38.

[24] Georg Merz, *Das Ausbildungswesen in der Eisen- und Stahlindustrie. Ein Beitrag gegen die Jugendarbeitslosigkeit*, S.144.

[25] Wolfram Wassermann, *Akteure für Demokratie in der Arbeitswelt*, S.92.

[26] Wolfgang Schneider, "Betriebswahlen 1975: eine zusammenfassende Darstellung", in: Otto Blume(Hrsg.), *Normen und Wirklichkeit einer Betriebsverfassung*, S.600.

[27] Ibid., S.601、609.

[28] 具体数据可参见 Ibid.。

[29] Dieter Bogatzki, "Die Arbeit der Ergonomieausschüsse bei den Fried. Krupp Hüttenwerken(FKH)", in: Otto Blume(Hrsg.), *Normen und Wirklichkeit einer Betriebsverfassung*. S.640—644.

[30] Wolfgang Streeck, "Guarateed Employment, Flexible Manpower Use, and Cooperative Manpower Management: A Trend Towards Convergence?" in: Tokunanga Shigeyoshi & Joachim Bergmann (Hrsg.), *Industrial Relations in Transition. The Cases of Japan and the Federal Republic of Germany*. pp.83、87—91.

[31] Heinrich Kemmler, "Berichte zus der Praxis", in: Otto Blume(Hrsg.), *Normen und Wirklichkeit einer Betriebsverfassung*. S.636—640.

[32] Nobert Altmann, "Company Performance Policies and the Role of the Works Council", in: Tokunaga Shigeyoshi, Joachim Bergmann(edited), *Industrial Relations in Transition. The Cases of Japan and the Federal Republic of Germany*, p.268.

［33］Wolfgang Schneider, "Betriebswahlen 1975: eine zusammenfassende Darstellung", S.604.

［34］Hans Pohl und Wilhelm Treue, *Mitbestimmung. Ursprünge und Entwicklung*, S.90.

［35］Wolfram Wassermann, *Akteure für Demokratie in der Arbeitswelt*, S.47.

［36］参见 Rainer Brötz, u.a., "Betriebsräte und Humanisierung der Arbeitsbedingungen in Klein- und Mittelbetrieben", *WSI-Mitteilung*, No.5(1982), S.296—305.

［37］Wolfgang Schneider, "Betriebswahlen 1975: eine zusammenfassende Darstellung", S.606—607.

［38］Nobert Altmann, "Company Performance Policies and the Role of the Works Council", p.274.

［39］Günter Geisler/Alfred Heese, "Die Institution des Arbeitsdirektors. Erfahrungen und Überlegungen zu einem Funktionswandel in der Stahlkrise", in: Rudolf Judith (Hrsg.), *40 Jahre Mitbestimmung. Erfahrungen. Probleme. Perspektiven*, S.179—201, 此处是 S.180.

［40］Franz Neumann, *Daten zu Wirtschaft- Gesellschaft- Politik- Kultur der Bundesrepublik Deutschland 1950—1975(mit Vergleichszahlen EG-Länder und DDR)*, S.37、39; Werner Abelshauser, *Deutsche Wirtschaftsgeschichte seit 1945*, München: Beck, 2004, S.289.

［41］Franz Neumann, *Daten zu Wirtschaft- Gesellschaft- Politik- Kultur der Bundesrepublik Deutschland 1950—1975 (mit Vergleichszahlen EG-Länder und DDR)*, S.258、263.

［42］Kathleen A. Thelen, *Union of Parts. Labor Politics in Postwar Germany*, pp.185—186.

［43］Michael, Schröder, *Verbände und Mitbestimmung. Die Einflußnahme der beteiligten Verbände auf die Entstehung des Mitbestimmungsgesetzes von 1976*, S.88.

［44］石美暇:《市场中的劳资关系:德、美的集体谈判》,第 35 页。

［45］Hans Limmer, *Die Deutsche Gewerkschaftsbewegung. Geschichte, Gegenwart, Zukunft. Ein kritischer Grundriß*, S.117—118.

［46］Michael Kittner, *Arbeits- und Sozialordnung. Ausgewählte und eingeleitete Gesetztexte*, Frankfurt a. M.: Bund-Verlag, 24. Auflage, 1999, S.929.

［47］以下内容,若不特别注明,资料均来自于 Michael Schröder, *Verbände und Mitbestimmung. Die Einflußnahme der beteiligten Verbände auf die Entstehung des Mitbestimmungsgesetzes von 1976*, S.108—268.

［48］Volker R. Berghahn, Detlev Karsten, *Indstrial Relations in West Germany*, pp.204—205.

［49］参见附录六。

[50] Werner Abelshauser, *Deutsche Wirtschaftsgeschichte seit 1945*, S.307.

[51] 关于这一点,参见 Christoph Hott, *Mitbestimmung und Arbeitsmarkt. Eine institutionenö-konomische Analyse der Mitbestimmung in der Bundesrepublik Deutschland*, S.171—174 的分析。

[52] 孟钟捷:《寻求黄金分割点:联邦德国社会伙伴关系研究》,第 134—137 页。

[53] 1 BvR 532 und 533/77, 419/78 und 1 BvL 21/78,转引自 Volker R. Berghahn, *The Americanisation of West German Industry, 1945—1973*. 附录 4, pp.249—254.

[54] 最主要的调查报告主要是 Herbert Wiedemann, "Codetermination by Workers in German Enterprises", *The American Journal of Comparative Law*, V.28, N.1(1980), pp.79—92; Ulrich Bamberg, u.s.w., *Praxis der Unternehmensmitbestimmung nach dem Mitbestimmungsgesetz 76. Eine Problemstudie*, Düsseldorf: Hans-Böckler-Stiftung, 1984. 以下引文若不特别指出,均出自这两份调查报告。另参见孟钟捷:《寻求黄金分割点:联邦德国社会伙伴关系研究》,第 137—140 页。

[55] Leo Kißler, *Die Mitbestimmung in der Bundesrepublik Deutschland. Modell und Wirklichkeit*, S.89.

[56] Hans Pohl und Wilhelm Treue, *Mitbestimmung. Ursprünge und Entwicklung*, S.85.

[57] Hans Diefenbacher & Hans G. Nutzinger (Hrsg.), *Mitbestimmung: Theorie, Geschichte, Praxis. Konzepte und Formen der Arbeitnehmerpartizipation*, Band 1, S.181—182、193—194.

[58] Volker Hentschel, *Geschichte der deutschen Sozialpolitik, 1880—1980*, S. 310; Wolfgang Streeck, "Guaranteed Employment, Flexible Manpower Use, and Cooperative Manpower Management: A Trend Toward Convergence?" p.102; Hans Pohl und Wilhelm Treue, *Mitbestimmung. Ursprünge und Entwicklung*, S.78.

第七章 在新时代中的摸索：90年代以来的企业代表会体制

本章讨论20世纪90年代以来企业代表会体制在面临一系列时代新问题时的困境、争议和改革。两德统一、欧洲一体化趋势加强和全球化进程加速，都向德国企业代表会体制提出了新挑战。这里的问题是：企业代表会体制如何实现东扩，以实现劳资关系的统一？90年代中期后，企业代表会体制的发展存在哪些问题，引发了哪些争议？对此，德国又提出了哪些改革措施，其效果如何？

本章分为三节。第一节概述德国东部地区企业代表会体制的重建与实践，以揭示企业代表会体制东扩的动力、阶段特征及其同西部体制之间的异同点。第二节讨论企业代表会体制发展所面临的当代困境，以厘清企业代表会体制争议中的焦点问题。第三节勾勒90年代末以来的关于企业代表会体制改革的设想与尝试，以展示它的未来发展方向。

第一节 90年代中期前东部的企业代表会体制

1990年10月3日，两德统一，德国历史翻开了新的一页。在统一前后，联邦德国的企业代表会体制为何能够迅速地在东部建立起来，并得到了多数劳资群体的认同？其重建进程经历了哪些阶段？它的实践同西部企业代表会体制之间存在着哪些异同点？这是本节需要回答的问题。

一、重建的历史条件与现实前提

企业代表会体制得以迅速在东部建立起来,首先得益于三个历史条件:

第一,被占时期,东部地区曾有过短暂的企业代表会实践历史,它构成了东部工人运动中不可抹去的历史记忆。东部是德国本土最先受到盟军攻击的地区,最早的一批企业代表会便重现在东部城市中。在此基础上,战后的第一部地区性《企业代表会法》也出现在东部的图林根州(1946年)。然而这些努力最后以失败告终。1947年10月,苏占军当局下令取缔企业代表会,将之改组为"企业领导机构",并归属于全德工会联盟(ADGB)。不久,跨占区工会大会以失败告终。自此,企业代表会体制在东部消失。尽管如此,战前与战后初期的那些经验却未曾被彻底抛弃,它们保留在东部工人的意识中,等待时机成熟,重新付诸实践。

第二,民主德国40年的企业管理留下了特殊的影响,它构成了东部工人运动中不得不面对的历史惯性。一方面,工人群体在东德人口中的比例高达79%,统一社会党的宣传口径让工人拥有较高的自我认知,因而"工人在企业中当家作主"的意识可以迅速转换为支持企业代表会重建的坚强决心。另一方面,科层制的官僚结构把企业职工划分为不同等级,即企业层面的工会官员(BGL)、公司层面的工会官员(AGL)、企业中的信任者(Vertrauenleute)与普通工人(Arbeiter)。其中,普通工人与企业管理缺少关联,而工会官员与管理层多为相互支持的关系。这种交往经验既促发了普通工人借助企业代表会体制重构来改变命运的希望,又直接决定了最初企业代表会的基本结构。[1]

第三,联邦德国企业代表会体制的运行历史及其成功宣传使东部工人运动找到了直接模仿的对象。尽管存在各种不足,但是在同其他资本主义国家的比较中,联邦德国的企业代表会体制仍然显示出它在协调劳资关系、稳定社会方面上的优势。这种优势成为东部重建进程中必须注重的经验财富。此外,冷战期间,强大的宣传攻势进一步美化了这种劳资协调机制,从而使东部工人群体在统一后找到了具体变革的制度目标。

企业代表会体制能够在东部地区重建,还必须归因于当时的现实环境。这首先表现在东部政权的迅速瓦解在短时期内留出了巨大的政治真空,以致企业代表会体制的建立成为可能。1989 年底的政治风潮很快影响到工会运动。一方面,在工人们的压力下,东部的全德工会联盟(ADGB)被迫改组。11 月,东部全德工会联盟与西部工会联盟(DGB)谈判。1990 年 3 月,西部工会联盟与民主德国政府谈判。最终,东部全德工会联盟宣布以西部工会联盟为模板,推行民主化,并要求企业工会组织(BGL)能够在企业内部发挥共决作用。[2]另一方面,一部分工人已经发起了独立工会运动,他们在 170 家工厂成立了基层组织,并定期举行 150 人左右的集会,设立信访站,甚至召开全国代表大会。[3]无论是从上而下还是从下而上的工会改革运动,显然都把企业代表会体制视作"救命稻草"。

其次,统一提供了企业代表会制度东扩的政治基础。根据 1990 年 5 月 18 日东西德国政府签订的《关于货币、经济和社会联盟的条约》,"在民主德国地区同时引入符合社会市场经济的劳动法制度和全面的社会保障制度"(第 4 点)。7 月 1 日,1951 年企业代表会体制、1952—1972 年企业代表会体制和 1976 年企业代表会体制正式被一并引介到东部。[4]

最后,劳资利益团体的迅速东扩为企业代表会体制的重建奠定了组织保障。从历史上来看,任何一次企业代表会体制的发展都需要得到劳资利益团体之间的相互协作,这一次也不例外。在东部的全德工会联盟改组失败,于 1990 年 9 月 14 日解散后,西部的工会联盟迅速跟进。其下属各工会采取了不同策略,如化学工会与采矿工会要求完全更换东部工会的领导层,公共服务与交通业工会、食品与餐饮工会持紧密合作态度,五金工会则经历了从合作到取代的转变过程。[5]但无论何种方式,西部工会的东扩行动都取得了显著效果。到 1991 年底,DGB 在新州建立起 5 个州级机关,为柏林和勃兰登堡成立了专门的工作小组,此外还包括了 30 个县级机关与大量维护工人权益的组织。新州参加 DGB 的雇员人数超过 400 万,组织率超过 50%,远远高于西部(30%)。[6]在个别工会中,组织率则更高,如公共服务与交通业工会高达 60%,化学工业达到 70%,邮政工会甚至超过了 73%。[7]与此同时,资方利益团体(如 BDA)也在

1990年底建立起来。[8]不过,同 DGB 相比,BDA 的覆盖率很低。据统计,从 1989 年到 1996 年,BDA 在西部的覆盖率为 80%,而在东部只有50% 左右。[9]尽管如此,BDA 仍然吸引了东部大型企业的投资,其中包括了汽车制造业、机械与电子工业等聚集着众多劳动力的行业。[10]只有劳资利益团体同时建立起来,企业代表会体制的东扩才拥有组织保障。1990—1991 年间,工会提出了"维持社会统一"的口号,制定了提高东部工人的生活水平与劳动水平的方案,并积极投入东部企业代表会成员的培训工作。[11]反之,资方利益团体也愿意接受熟悉的企业代表会体制。BDA 主席弗里茨—海因茨·希默尔莱希(Fritz-Heinz Himmelreich)在1990 年 2 月的访谈中坦言:"假如没有《企业组织法》,那么企业之间的差异还将更大……美国式的资本主义对自由市场的理解并不被我所接受。"他认为在迅速变化的技术革命面前,德国模式是一个很好的防御策略。[12]

二、企业代表会体制的东扩进程

从 1989 年底起,东部地区企业代表会体制的重建进程大致可分为两个阶段:

"自发"是第一阶段(从 1989 年底到 1990 年底)的主要特征。在政治制度的转型过程中,企业层面的工人行动并不多。一些研究者指出,1989年的风潮不是一场"生产者革命",而是一场"消费者革命",因而大多数工人们持漠不关心的态度。[13]如受访者回忆说:"我不积极。我远离他们。我的工作同时也让自己与游行保持距离","我只是在工作","我们甚至都没有谈论这些事情"。但是由于政治与经济形势的迅速变化,原有的工会组织解体,新的劳资利益团体尚未建立,东部工人被迫参与到一场自发的"企业管理革命"中去。正是由于这场转型的自发性,所以当时出现的企业代表会彼此各异,目标分歧较大:[14]

(1)一些人照搬了西方模式,主张企业代表会为劳资和谐与企业发展服务。这些企业代表会成员大多由投资方和管理层协商决定。

(2)一些人对原有的劳资关系采取了完全否定的态度,要求获得对于企业的"完全控制权",如柏林钢厂的一家企业代表会就投票决定开除企业经理和决策层。一位妇女代表接受采访时指出:"管理层试图否定工人们提出的企业代表会候选人名单。他们竭力证明这些候选人是不恰当的,因为他们希望从老的工会领袖中挑选候选人。管理层不喜欢同反对管理利益的工人代表打交道。"特别是在五金工业中,雇员选举产生了3名"控制者"(Kontralleute),由其掌控企业的管理权,甚至有权否决董事会的决定。这些企业代表会成员的主要目的是在转型期间保证工作岗位。

(3)一些人虽然看到了资方存在的必要性,但反对原工会官僚继续成为企业代表会成员。他们要求工会实现进一步民主化改革,加大工人代表的参与比例。学者们发现,在一些企业中,即便工人们并不清楚"什么是企业代表会",但他们仍然明确反对工会官僚的当选。1989年10—11月间,大约有100万名工人拒绝支付工会会费。

(4)一些人相对消极,既不反对也不支持转型,而是希望保留现状。在不少企业中,当选的企业代表会主席仍然是原来的企业工会主席。在勃兰登堡的一家钢厂中,大约有50%以上的原信任者和75%以上的企业工会官僚转而成为企业代表会成员。一家农场公司的企业代表会成员在后来的访谈中承认,原信任者参与了该公司企业代表会的决策过程。此外,不少工人对企业代表会选举缺乏兴趣,如在另一家汽车制造厂中,只有不到19%的工人参与了企业代表会选举。

到第二阶段(1990年底到1994年初),"适应"与"制度化"是主要特征。在1990—1991年之交,由于裁员高峰的到来,自发性的企业代表会重建浪潮戛然而止。1990年7月1日,两个德国结成"经济与货币同盟",这标志着东部地区进入企业大量破产的阶段。到1994年底,大约有1.4万家国营企业实现了私有化,大约有3 600家企业破产,东部失业人数达到371万。[15]一家东部公司在1990年6月还拥有58家工厂3万名工人,但在一年多后却只保留了5家工厂与一万名工人。[16]在这种情况下,东部地区的企业代表会必须学会适应西部制度的运行规则,即一方面同管理层合作,保障企业的正常运行,另一方面在各种威胁面前保护工人的合法权益。与此同时,当西部劳资利益团体实现东扩后,企业代表会选举的制度化进程也拉开了序幕。在该阶段,东部地区共举行了3次独立的企业代表会选举。为适应不断变化的企业改革现状,这3次企业代表会选举出来的代表均只有一年任期,与西部正在推行的企业代表会任期有所不同。1992年6月20日,柏林举行了一次企业代表会大会,122名代表来自70个企业和研究所(其中东部64个,西部6个),代表10.7万名雇员。此外,另有50名工会政治家参加。大会对东部企业代表会的发展提出了批评,但在全国范围内并未引起关注。[17] 1994年后,全德范围内的企业代表会实现统一选举,东部体制的特殊时期结束。

通过上述两个阶段,东部地区的企业代表会体制既完成了组织重建,也在思想上完成了所谓的"政治制度与政治文化的转变"。

三、1994年前东部企业代表会体制的实践特征

1994年前,东部企业代表会体制在实践上既存在同西部体制的共性,也表现出它的独特一面。

同西部类似,东部企业代表会的成立比例不高,且主要集中在大型企业中。据统计,西部成立企业代表会的企业比例约为15.5%,东部为13.6%。其中,在5—20名雇员的小型企业中,西部为7.8%,东部为5.6%。而在1 000人以上的大型企业中,西部为97%,东部为99%。[18]这表明,西部一直面临的中小企业的消极态度也是东部的主要问题。

东部企业代表会选举同样体现出工会的控制力。一些学者的调查发现,在21家雇员人数在1 000人以上的大型企业中,企业代表会主席来自工会指派代表的比例从第一次选举的10.8%上升到第三次的24.4%,而同时期的就业人数却在下降。[19]若把东西部企业代表会成员的总数相加,当选成员归属DGB的比例虽然有所下降,但在1994年继续维持在75%左右。[20]

但是东部企业代表会在3次选举中,规模不断缩小,当选成员的背景出现了较大变化。例如在于尔根·凯特勒(Jürgen Kädtler)等人的调查中,企业代表会总数减少到原来的54.3%,而职员与高技术雇员的当选率则从原来的1/3下降到1/5,30岁以下青年代表的比例也出现了一个波浪形的发展,从第一次的3.1%上升到第二次的5.8%,最后又下降到第三次的4%。[21]出现这种变化的主要原因是东部经济的转型造成了不少企业停产,大量人才流失,而青年工人又是首当其冲的解雇对象。这种现象

使东部企业代表会的结构有别于西部。

东西差别还体现在东部企业代表会的目标多元性中。在西部，经过多年实践，三种企业代表会体制虽然彼此还存在差别，但其目标大致统一，即在企业中承担双重使命，代表雇员利益实行共决，并保证企业内部的劳资协调。在东部，特殊的历史和现实背景使企业代表会不得不承担更多的额外使命，如稳定雇员情绪、宣布企业停产、筹划失业者名单等。当时的企业代表会出现了三种类型：

第一种企业代表会存在于那些被西部跨国公司完全接手，融入到世界或欧洲范围内的公司，或直接同西部投资者联系，采用联合经营方式，融入到西部市场的公司中，它们完全沿袭了西部模式。如一家萨克森的企业制造厂在被西部制造厂购买后，新成立的企业代表会聘请西部职工担任主席，邀请西部企业代表会成员来教授《企业组织法》，传授同管理层打交道的经验。再如柏林发电厂被阿西亚—布朗勃法瑞公司（ABB）公司收购后，选举产生23名雇员组成企业代表会，他们坚持通过合作来继续吸引西部投资者，以保证工厂能拥有新的商品市场，避免停产和解雇。这些公司的企业代表会虽然也批评管理层，尤其不满原来的管理人员留用，它们也批评工会的官僚性，但同管理层与工会之间的关系仍然保持着传统的合作关系，斗争性差。

第二种企业代表会存在于那些被托管局接手，完成从大型国营企业中的分离任务，正在等候西部投资者的公司中，它们更倾向于同管理层保持密切合作。例如一家东柏林的电子机械公司，新选举产生的企业代表会排斥了所有原来的工会成员，努力与托管局派来的管理者合作，加强对生产方针、制造改革以及管理模式的影响力，以吸引西部投资者。再如东柏林的奈尔斯公司（Niles），1993年前，它没有西部投资者。尽管该厂的企业代表会由一名原企业工会（BGL）主席领导，工会的组织率也高达70%，但企业代表会成员坚决反对工会的斗争政策，拒绝参加警告性罢工，以维护企业的正常生产。与上一种企业代表会相比，这些企业代表会与工会的联系少，斗争性更差。

最后一种企业代表会存在于那些获得托管局少量赔偿后、被迫进行大量裁员、毫无前途的公司中。这些企业代表会通常由原企业工会(BGL)成员担任主席,努力与管理层谈判,希望避免裁员。为增强斗争力量,它们同工会保持紧密联系,完全支持工会的警告性罢工政策。例如罗斯托克的两家电力工厂便成立了这种类型的企业代表会。五金工会主席和 DGB 主席都曾对工厂内部的斗争热情表示惊讶和钦佩。[22]

最终,东部企业代表会的作用被边缘化了。90 年代末,一些学者对东德企业的企业代表会体制进行了调查。他们发现,在东德企业中,领导权总是在管理方与企业代表会之间徘徊,缺少明确的界限。在不少企业中,《企业组织法》并未起到关键作用,柔弱的企业代表会与集权专制的管理方形成了一组关系,共决只具有象征性的意义。资本家通常否决企业代表会的共决要求,而企业代表会也不愿意积极争取。即便在大企业中,共决关系虽然逐步稳定下来,西部制度也逐渐得到贯彻,但调查者认为,这种制度"与其说是法律的结果,倒不如说是一个大家的共识而已"。[23]

本节简单讨论了企业代表会体制东扩的动力、进程与实践特征。

企业代表会体制在东部地区重建之前,已具备了必要的历史条件,并奠定了现实前提。被占时期的历史记忆、东德时期的交往经验与联邦德国的先行模板及其宣传构成了东部工人运动对企业代表会体制的向往。统一前短暂的权力真空、统一后奠定的制度基础与劳资利益团体的迅速东扩有助于企业代表会体制最终在东部付诸实践。

当然,企业代表会体制的东扩进程并非一蹴而就。从初期的自发茫然到后来的适应与制度化,既体现了当时社会环境的迅速变化,也反映了参与者学习与理解西部制度的心路历程。

在东扩中,企业代表会体制既表现出同现有体制的共性,也出现了东部的特性。企业代表会的基本功能、成立比例及其同工会之间的关系没有出乎研究者的意料之外。但人们发现,东部企业代表会的内部结构、实践目标与作用评价却出现了差异。接下去的问题是,这种差异是否会随着东西地区之间的融合而消失?抑或是继续存在,并在更大的时代潮流中成为企业代表会体制仍需正视的问题?

第二节 企业代表会体制发展的当代困境

两德加速统一的时代，也正是欧洲一体化与全球化进程日益显著的时代。从90年代初以来，德国不仅需要面对统一所带来的一系列问题，还不得不思考既有的民族国家管理机制如何实现跨国化，以至全球化的可能性。在这种背景中，人们更为清醒地认识到企业代表会体制发展中的当代困境。

一、时代挑战

90年代以来，德国的企业代表会体制面临着来自两德统一、欧洲一体化与全球化的时代挑战。

两德统一的喜悦并未延续多久，经济压力和悲观情绪旋踵而至。1990—1991年间，乐观的经济学家曾估计，西部机制的东扩很快会产生正面效应，帮助东部地区实现经济复兴。然而仅仅一年后，柏林的经济研究所便做出了悲观的预测。它认为，东部还将花费20年的时间才能达到西部水平。[24]这种悲观情绪随着东部地区的经济形势持续恶化而被越来越多的人所接受。由于私有化速度过快，计划有欠周详，到1994年底，托管局所欠债务高达2 564亿马克。[25]与此同时，大量东部工人失业，在1989—1992年间，东部地区的失业率高达40％。[26]尽管一些地区曾出现过高于西部的经济增长率，如图林根州在1992—1993年度的经济增长率达到25％，[27]但这种增长速度建立在西部的输血基础上，不仅无法长久，而且也不可避免地拖累西部经济。到1998年，东部地区的失业率达到19.7％，高于同时期全国平均水平（12％），经济增长率从1995年的5.3％降低到1998年的2.4％，均低于西部水平。[28]西部每年向东部提供的资金约占其国内生产总值的5％，5年共向东部输血7 740亿马克。[29]由于西部对东部商品和资本市场需求做了过高估计，以致供求安排失衡，反而影响了本地经济的发展。再加上1980年以来德国经济本来就处于低迷状态，以至于从横向比较来看，1980—2000年间的德国人均社会产值增长率（1.8％）低于美国（2.8％）、英国（2.3％）和法国（2.0％）。[30]

这种经济压力让东西部的劳资关系都出现了紧张化的趋势。在东部,由于无法满足原有承诺,按时提高工资水平,1993年爆发了规模浩大、时间持久的五金工人大罢工,约有25万名工人参加。在西部,同样由于工资增长要求得不到满足,30万名五金工人在1994年参与大罢工。[31]在这种局面中,企业代表会制度的东扩便成为人们质疑的对象。米夏埃尔·菲希特(Michael Fichter)认为两德统一并未解决东西部之间的张力。沃尔夫冈·塞贝尔(Wolfgang Seibel)也指出社会制度的转移并不成功,他这样写道:"统一的过程很清楚,(它)不仅仅是一次简单的把经济和政治制度从西德转移到东德。在西德,这些体制是深深嵌入到社会结构中的。而在东德,这种社会结构却并不存在。这些社会机制是被强制性的社会与政治行动所安置的。因此,我们没有理由认为,上述行动会让这些机制如同我们所熟知的那样在德国东部取得认同感。"[32]

与此同时,当欧盟实现更大程度上的人员、商品、资本和劳务的自由流通后,德国的劳资关系面临着双重考验。一方面,大量中欧与东欧移民涌入德国,以廉价劳动力的形式冲击了既有的德国工人福利。为此,建筑工会、媒体工会和五金工会都明确表态反对一体化的继续发展。[33]五金工会主席在第17届工会大会上表示,欧洲议会不会成为真正的立法机构,雇员权利倒有可能被联系的市场所威胁。[34]另一方面,德国公司找到了躲避企业代表会制度的绝佳契机,一些资本家用转移企业到中东欧的方法来威胁企业代表会成员就范。[35]再者,一些德国的外资企业或德国的跨国企业利用1996年《欧洲企业代表会法》,以更为松懈的制度框架来取代德国模式,[36]例如法国模式便把企业代表会局限在咨询性的共同作用中。[37]如此一来,德国的企业代表会制度便面临着一系列操作困境:它如何应对外籍工人大量涌入的现实? 它如何协调德国模式与欧洲模式之间的差异? 不少学者已经发现,跨国经济发展对德国企业代表会体制产生了巨大冲击,而德国还缺乏积极的回应措施。[38]

更为严重的挑战来自经济全球化。随着经济全球化的速度大大加快,国家之间的经济影响也大大加深。受到世界性经济衰退的影响,德国经济从90年代初便进入到周期性衰退中,到1993年跌入谷底,私人消费零增长,国家消费为负 1.3%,总投资及设备投资分别为负 6.0% 和负 15.5%,国内总产值增长为负 1.9%,社会总产值增长为负 2.4%。这是联邦德国历史上最严重的一次经济衰退,也是西方工业国家中经济衰退最严重的国家之一。[39] 在此背景下,德国企业竞争力的下降是否源于劳动力成本过高的问题引发了巨大争议,而该问题的隐含指向便是企业代表会体制的经济效益问题。

二、发展中的主要困境

面对新时代提出的三重挑战,连同此前实践中存在的各种问题,学术界展开了激烈讨论。[40] 这些讨论大致上勾勒出企业代表会体制在发展中的主要困境。

首先,企业代表会体制的覆盖率仍然不高,分布不均。自该体制出现以来,覆盖率始终表现为两大特征:总体水平很低,尤其是被该体制覆盖的雇员数量呈下降趋势;大小企业之间的差异十分明显,大企业成立企业代表会的比例大大高于中小企业。90年代以来,这种情况依然如此。

在80年代,由于企业结构变化,大企业关停转并的现象增多,导致中小企业数量激增,以至于企业代表会的绝对数量下降了 10%,企业代表会成员总数下降了 8%。[41] 90年代初,在大量东部企业采用企业代表会体制后,情况一度有所改观。1990—1994年间,全德范围内企业代表会总数增加了 7 000 个,增幅达到 21%(见表 7.1)。

表 7.1　企业代表会数量的变化(1968—1998)

年份	企业代表会的数量	年份	企业代表会的数量
1968	24 900	1984	35 300
1972	29 300	1987	34 800
1975	34 000	1990	33 000
1978	35 300	1994	40 000
1981	36 300	1998	36 000

资料来源:Wolfram Wassermann, *Akteure für Demokratie in der Arbeitswelt*, S.46.

然而如果仔细分析相关数据,我们会发现在这种增长现象的背后,覆盖率的基本特征仍然没有改观：一方面，西部企业代表会数量继续呈下降趋势，据统计，1990—1994 年间的下降幅度约为 8％；即便考虑到东部企业代表会数量激增的缘故，其增加幅度也未与同时期雇员增长相匹配，以致实际参与企业代表会实践的雇员数量不增反降，如在服务业中，1990—1994 年间企业代表会的数量增长 7.8％，而雇员总数增长 31.6％。另一方面，中小企业与大企业之间的差异继续存在。1996 年的统计发现，300人以上的企业全部成立了企业代表会，而 20 人以下的小企业正好相反（见表 7.2）。1998 年，劳动市场与职业研究所的报告指出，在其调查的9 000 家企业中，1 000 人以上的大企业成立企业代表会的比例达到 97％以上，而在 20 名雇员以上的小企业中，该比例只有 8％以下（见表 7.3）。

表 7.2   1996 年企业代表会与企业规模之间的关系

企业规模	成立企业代表会的企业在该规模企业中的比例（％）	就业人数在总就业人数中的比例（％）	成立企业代表会的企业在总企业数量中的比例（％）
1—4	20.0	0.0	0.3
5—20	35.8	1.1	9.7
21—100	51.8	21.1	59.8
101—299	89.1	24.2	20.0
300—1 000	100.0	28.9	8.5
1 001—2 000	100.0	11.2	1.2
2 001 以上	100.0	13.5	0.5
总　　计	62.6	100.0	100.0

资料来源：Alexander Dilger, *Ökonomik betrieblicher Mitbestimmung. Die wirtschaftlichen Folgen von Betriebsräten*, München und Mering：Rainer Hampp Verlag, 2002, S.88.

表 7.3   企业规模与企业代表会成立情况地区比较（1997 年，单位：％）

类型	所有企业	5—20 人	21—100 人	101—299 人	300—1 000 人	1 000 人以上
西部	15.5	7.8	37.7	80	92	97
东部	13.6	5.6	32.4	73	88	99

资料来源：Wolfram Wassermann, *Akteure für Demokratie in der Arbeitswelt*, S.79.根据原表重新计算做出。

如果再进一步分析 3 种企业代表会体制的具体情况,我们会发现它们的发展大致上也呈现出上述特征。1980 年底,实行煤钢共决体制的企业只剩下 31 家,覆盖雇员人数为 35.2 万人。两德统一后,1991 年企业数量增加到 46 家,覆盖雇员人数增加到 49.2 万人。但随着东部企业改制的推进,到 1994 年,企业数量虽然仅仅减少了一家,但其覆盖雇员人数迅速减少 30.7 万人。到 1996 年,受到 1951 年企业代表会体制覆盖的雇员总数维持在 40 万人左右,其中 10 万人是在煤钢企业之外的公司中工作。1976 年企业代表会体制的覆盖面从 1990 年的 522 家增加到 1995 年底的 719 家,覆盖人数从 450 万增加到 500 万,两者的增长率分别为 37.7% 和 11.1%。而根据工会联盟的统计,适用 1952/1972 年企业代表会体制的企业举行相应选举的比例已经从 1987 年的 83% 下降到 1994 年的 78%,企业代表会成员总数从 19.9 万名下降到 18.4 万名。[42] 从总体来看,企业代表会的覆盖率一直呈下降趋势,从 1981 年的 50.6% 跌落到 1994 年的 39.5%(见表 7.4)。

表 7.4 企业代表会覆盖率的变化(1981—1994 年,单位:%)

	1981	1984	1987	1990	1994
覆盖率	50.6	49.4	47.9	45.4	39.5

资料来源:Björn Hinderlich, *Betriebliche Mitbestimmung im Wandel. Ein britisch-deutscher Vergleich*, p.40.

其次,企业代表会体制的弹性依然存在问题。这牵涉到两个具体情况:第一,企业代表会成员进入监事会的比例是否得以维持? 第二,企业代表会是否具有适应时代转换需求的能力?

企业代表会成员进入监事会是 3 种企业代表会体制的核心内容。不管是对等共决还是 1/3 共决,都属于 20 世纪后半叶德国劳资协调机制发展中的重大成果。然而到 20 世纪末,调查者却发现两个并不令人振奋的现象:一方面,在企业代表会体制所适用的范围内,监事会中的共决覆盖率呈下降趋势,对等共决(1951/1976 年度)覆盖的雇员比例从 80 年代中期的 30.5% 下降到 90 年代中期的 24.5%,1/3 共决(1952/1972 年度)覆盖的雇员比例从 1984 年的 19％下降到 1998 年的 15％；另一方面,由于 5 名雇员以下的小企业增多,以及部分适用企业有意不为,因而到 90 年代中期,完全不享受任何共决体制的雇员比例已经从 50.6％增加到 60.5％,人数从 830 万人增加到 1 380 万人。[43]这种现象的出现固然有企业结构转型的原因,但是更大程度上体现了中小资本家对企业代表会成员进入监事会的担忧。分割企业或漠视企业代表会体制成为这些资本家的一种选择。

时代转换对企业代表会的工作重心也不断提出新要求。50—60 年代企业代表会体制关注工资水平,70 年代起改善劳动条件与确保工作岗位成为主要诉求。这些要求都反映在四部相关法律中。到 90 年代,由于人们的关注点更迭迅速,因而对企业代表会的要求也不断变化。从表 7.5 中,我们可以看到,在 90 年代后半期,人们对企业代表会在继续教育和劳动保障方面的期望呈快速增长态势。在这种情况下,四部法律中的相关规定显然无法跟上时代步伐,企业代表会的实践活动也往往无法及时跟进。

表 7.5　90 年代企业代表会行动重点的变化　　（单位:％）

重　点	1994—1997 年	1998—1999 年
社会福利方案	36	35
划分与企业部门	34	37
继续教育	18	46
新技术	39	46
新劳动时间形式	54	48
超时劳动	37	50
提高德国效率	58	53
劳动保障	24	51
德国劳动组织的变动	50	54
个人改造	67	57

资料来源:Wolfram Wassermann, *Akteure für Demokratie in der Arbeitswelt*, p.56.

与此相关的弹性问题还反映在德国模式如何面对欧洲化的现实困境

中。1996 年 10 月 28 日，欧盟出台《欧洲企业代表会法》。该法涉及位于德国的跨国公司以及域外德国公司。欧洲企业代表会体制源于德国模式，但其法律要求大大低于后者。1998 年底，德国有 318 家公司的 2 400 多家企业应该适用该法，但只有 69 家公司的 669 家企业成立了欧洲企业代表会，覆盖率仅为 27.8%。[44]在此，人们存在的疑惑是：假如欧洲一体化不断加强，那么究竟是德国模式继续推进，从而实现欧洲化，还是德国模式随着跨国公司的不断增加而衰减，最终被一个更简单的欧洲企业代表会体制所取代？

最后，企业代表会实践的效果往往与不同社会阶层的自我感受紧密联系在一起，缺乏客观性的评价体系，因而总是存在各种争议。

80 年代以来的历次调查虽然反映出人们对企业代表会体制基本表示满意，但不同社会阶层的满意原因是不同的。雇员在意的是企业代表会体制是否能够保障他们的劳动条件、工资水平和福利待遇，他们对经济共决的权利并不十分关心。工会在意的是企业代表会体制是否能够继续成为"工会在企业中的臂膀"，它关注企业代表会成员的工会倾向以及权利的实践情况，却对共决的经济效益缺乏实证性研究。资本家更在意企业代表会体制是否能够维持企业内部的和平局面，以便让它成为一种"生产要素"，但对该制度的社会效益漠不关心。

这种情况反过来便成为各方在批评企业代表会体制实践时总是产生争议的主要原因。雇员抱怨企业代表会体制无法保障他们在失业浪潮中的就业岗位，工会认为企业代表会选举中日益表现出脱离工会控制的趋势，资本家则指责共决明显影响到生产效率。[45]对此，一些社会学家也认为，现行调查都存在方法问题，并不客观。如特里尔大学劳动法和劳动关系研究所所长迪特尔·萨道维斯基（Dieter Sadowski）便指出，有关企业代表会与经济效率之间关系的调查仅仅集中于监事会的运行情况"并非是一种成功的方式"。[46]由此，学术界不断呼吁在政府主导下组建一个比较科学的评估委员会，来客观地看待企业代表会体制的实践效果。[47]

综上而言，加大覆盖率、增强实践弹性与建立客观评价体系等三方面应该成为未来企业代表会体制改革的基本方向。

　　本节从两个维度探讨了企业代表会体制的当代困境。一方面,这种困境反映在两德统一、欧洲一体化与全球化所带来的政治与经济形势的转换中;另一方面,时代挑战又进一步明确了企业代表会体制中的实践问题,使人们的关注点逐渐集中到三个方向上:即在现有体制中存在的覆盖率不高、实践弹性不强和评价体系主观化的弱点。

第三节　21世纪初企业代表会体制的新方向

　　到90年代末,企业代表会体制的发展问题变得越来越显性化,以致引发的争议逐渐增多,最终导致一系列调查报告和改革方案的出台。它们拉开了21世纪初企业代表会体制新发展的序幕。

一、1998年共决委员会报告

　　1995年10月,贝塔斯曼基金会与汉斯—伯克勒尔基金会共同创立了一个共决委员会(Kommission Mitbestimmung),率先尝试建立客观的评价体制,对企业代表会体制的历史与经验进行客观总结,并对未来改革方向提出建议。该委员会包含了劳资双方代表和政界的精英们,但主体工作是由社会科学家完成的,位于科隆的马克斯·普朗克研究所承担了调查、总结和写作的使命。

　　1998年4月22日,共决委员会通过了《提议:规划未来的共决》,并于5月19日公布。该报告共分为两大部分。第一部分是"概述",从企业代表会体制的历史、现状、经济效果、变化趋势、同集体谈判体制之间的关系、在监事会中的共决,以及国际化和欧洲化背景下的挑战等七方面进行了总结。值得关注的结论有:

　　第一,它认为,共决存在不同的历史源头,是"各种动机和各种兴趣相互妥协的产物,并且其自身也是历史发展进程的结果"。这从历史的角度驳斥了某些资本家把企业代表会体制同"冷酷社会主义"联系在一起的言论。

第二,它指出,尽管人们很难用精确的统计数据来说明企业代表会体制与德国经济繁荣之间的正向联系,但是"合作与信任关系一定是市场经济中的有效竞争优势"。事实上,从70—90年代的国际比较中,实行共决权的企业都取得了生产效率提高的经济效果。

第三,它承认,在现实发展中,企业代表会体制的确面临着越来越多的挑战,尤其表现在:(1)随着企业结构的变化,中小企业增多,"共决的空白区"扩大;(2)随着竞争节奏的加快和横向竞争的加剧,企业代表会体制带来的决策压力和劳动力花费会阻碍德国企业的快速发展。但是,它认为,"共决对于雇佣的影响以及共决在多大程度上可以解决雇佣危机等问题,在很大程度上取决于它所在的经济和政治背景"。它列举了数项违反法律规定但颇具合理性的解决手段,如在不同的公司结构中成立团体性企业代表会,让监事会成为公司中的实际决策机构,进一步提高企业代表会成员的能力和获取信息的渠道等。这便提出了进一步改革企业代表会体制的必要性问题。

第四,它的最终判断是,企业代表会体制是德意志民族的"组织文化",其核心是分散责任。虽然共决需要花费较长讨论时间,而且往往做出次要决策,但是它却能让决策过程尽量民主化,从而能纠正错误决策。

报告的第二部分是"提议",共决委员会共提出了26点发展建议。它认为"规划共决的使命必须被置于德国劳动关系体制去适应变化的市场、技术、组织结构与生活方式的背景中",即实现企业代表会体制的与时俱进和弹性化的目标,最终确保"一种合作式的、分化的、参与性的与充分获知信息的公司文化"。具体而言,企业代表会体制改革应在五个方面同时展开:(1)中小企业成立企业代表会的规定应予修改,并受到政府规制,以扩大企业代表会体制的覆盖面;(2)企业代表会体制的运行程序应予优化,简化雇员监事的选举程序,以缩短决策时间,减轻决策压力;(3)企业代表会体制与集体合同制之间的关系应予调整,以保证"工作场合协议"的有效性,增强劳资谈判的弹性;(4)德国模式与欧洲模式之间的联系应予加强,以创造一个跨国性的合作文化与认同感;(5)围绕在企业代表会体制上的争议应予规制,以使劳资利益团体和公众摆脱简单的讨价还价,找到一种适应环境变化的变革方式。

总体而言,共决委员会把企业代表会体制(共决制)视为德国经济秩序的一个中心支柱——即社会市场经济体制的基础——和一种"乐观理性的理想"。它坚信"这种力量会超越所有的政治和社会障碍,克服一切形式的算计,并最终让人认识到,成功的经济现代化必须包含人际关系的现代化,换言之,它必须建立在面向未来的合作文化之上。"[48]

二、施罗德政府的改革努力

在共决委员会提交报告的 6 个月后,社民党与绿党联合组阁,社民党政治家格哈德·施罗德(Gerhard Schröder)出任总理。这是自 80 年代初以来,社民党首次成为执政党。

尽管社民党与工人运动之间的联系有所松弛,[49]但其改革政党的面貌却未发生根本性变化。施罗德提出的竞选口号是"促进现代化与参与!"(Modernisierung und Beteiligung fördern!)企业代表会体制改革也是他促进民主决策结构改革的主要措施之一。

新政府计划在 2001 年推行共决制改革,其方案是:

首先,继续巩固企业代表会的组织基础,使之适应经济领域中的新变化。尽管企业结构持续变化分解了大型企业,摧毁了统一性企业代表会工作的组织基础,但是未来的企业代表会仍然应该保证其共决权,尤其应保证企业代表会在所有企业(也包括小企业)中建立起来,以保证《企业组织法》中所规定的雇员权利。不过,金融行业的企业代表会需严格遵守法律规定,不可随意破坏企业的发展。

其次,企业代表会的工作基础应与时俱进。它提出的要求包括:(1)加强企业代表会成员的培训力度;(2)增加中小企业中全职企业代表会成员的比例;(3)全职企业代表会成员应有权获得职业深造的权利;(4)不能阻止企业代表会的参与职能,但企业代表会成员应该努力同企业主之间建立现代沟通方式;(5)企业代表会应该同管理方拥有相同的权限,其作用应该跨越国界;(6)随着雇员结构的变化,企业代表会应随时增加新的职业团体(如妇女、外籍劳工、手工业者等)的参与比例。

再次,创造雇员的直接参与权。一部分素质高、自我意识强烈的雇员应该获得更多参与管理的机会。他们可以获得同企业代表会相等的参与权，如有权同企业代表会一起提名雇员监事的候选名单，共同参与企业代表会与资本家的讨论会等。

最后，企业代表会工作的关键内容是保障就业。失业者众多与合理化趋势仍在持续的残酷现实，要求《企业组织法》的改革必须使企业代表会体制有权避免或降低现代化所产生的负面影响。[50]

这些想法最终成为 2001 年施罗德政府修订 1972 年《企业组织法》的基础。这次修订是该法自出台以来的最大规模变动。概括来说，修改内容可分为三个方面：

第一，企业代表会结构的现代化。针对联合企业增多、就业形式多元化、青年员工数量激增的现实，修正案相应提出企业代表会结构更新的主张，其中包括：(1)企业代表会既可以在不同公司的联合企业中成立(第 1 条)，也可以建立部门或分公司代表组织(第 3 条)。(2)企业代表会的规模和全职代表的数量都有所增加，以分担企业代表会的工作，如在拥有 150 名雇员的企业中，企业代表会成员的数量从 5 名增加到 7 名；又如有权拥有 1 名脱产企业代表会成员的企业规模从原来的 300 名雇员降低到 200 名雇员；再如拥有 901—1 500 名雇员的企业中，脱产企业代表会成员的数量从原来的 2 名增加到 3 名等(第 40 条)。(3)拥有选举权与被选举权的雇员扩大到外勤人员、常驻外地者、超过 3 个月的临时工等(第 5、7 条)。(4)女性雇员的职业比例应充分反映在企业代表会的组成比例中(第 15 条)，(5)青年人与学徒工代表数量应相应提高，成立相应的康采恩青年人与学徒工代表组织(第 62 条)。

第二，企业代表会工作程序的简化与改善。针对现代企业发展与雇员诉权的实际情况，修正案不仅简化了企业代表会的选举程序(第 14 条 a、第 17 条、第 63 条)、使企业代表会有权获得现代化的信息手段与交流方式(第 40 条)，更重要的是让企业代表会诉权与雇员诉权之间建立互补关系——具体而言，修正案在保证企业代表会继续作为雇员诉权中介的地位之外，还赋予雇员直接诉权的权利(第 28 条 a、第 111 条)，同时雇员有权对企业代表会的工作内容提出建议(第 80 条第 2 款、第 86 条 a)。

　　第三,企业代表会的职能与时俱进,具有时代性。针对当代企业发展中劳资关系的新矛盾,修正案加强了企业代表会在就业岗位保障和雇员素质提高方面的共决权:(1)企业代表会在保障就业岗位方面具有咨询权,并有权要求企业主履行解释义务(第 92 条 a),它还有权批准或否决临时性的岗位调整(第 99 条);(2)企业代表会在实施企业职业就业措施方面具有建议权(第 97 条第 2 款),必须保证青年人—学徒工代表获得培训机会(第 70 条);(3)企业代表会有权提出促进妇女发展的计划,并对此做出相关的人事建议(第 80 条);(4)企业代表会与企业主应在安排社会福利计划方面进行充分协商,以满足雇员的要求(第 112 条);(5)企业代表会有权过问所有同环境相关的问题和调查(第 89 条),为企业的环境保护责任而服务;(6)企业代表会还应促进外国雇员的融入(第 80 条),督促企业主在全体大会上报告企业内部的民族融入情况(第 43 条),反对任何形式的种族主义与排外情绪。[51]

　　2001 年修正案并非企业代表会体制改革的终点。呼吁"共决现代化"的呼声从未停息过。2003 年 11 月,立场偏于资方的学术团体柏林公司治理中心(Berlin Center of Corporate Governance)公布了一份讨论文本,指出共决法进一步修改的必要性。该文本提出了下列 10 点想法:(1)对等共决虽然鼓励了工人参与,但极大降低了监事会的监督效率,因而共决改革实属必要;(2)共决还应该推动公司层面上的劳资妥协,以便让国内企业的管理变革更为轻松;(3)共决虽然没有在根本上阻止公司决策,但在个别问题上也曾是决策延缓的原因之一;(4)由于雇员代表缺乏专业素养和个人独立性,因而使得共决往往破坏监事会中的运行规则;(5)共决往往达成的结果是缺乏效率的妥协,以至于让公司战略与企业运行受到负面影响;(6)共决使得监事会过于庞大,以至于让专业讨论变得更为复杂,从而阻碍其发挥监管责任;(7)在那些国际公司中,共决便面临重大的合法性问题;(8)共决在面对全球化环境时缺乏应对效率;(9)共决权应从监事会转移到"咨询委员会"(Konsultationsrat);(10)该咨询委员会可以获知相关企业信息。[52]简言之,它希望改变对等共决模式,以提高德国公司在全球化竞争中的决策效率。

　　事实上，施罗德政府也有心继续推动德国模式的现代化。在其第二任上，施罗德政府完成了一次重大变革。这就是2004年5月18日通过的《三分之一参与法》(Drittelbeteiligungsgesetz)。该法共15条，分为三部分，其主体内容是规定监事会中的1/3代表应该是雇员（但排除领导职员）。它正式取代了1952年《企业组织法》，简化企业代表会的选举程序，覆盖雇员总数在500—2 000人之间的中型企业。[53]

三、劳资争议与2005—2006年比登考普夫委员会的调查报告

　　施罗德政府的改革措施在德国社会引发了巨大争议。2001—2004年企业代表会体制改革被劳方视作"扩权"，以适应现代化的结构变迁。相反，资方既看到了改革带来的机会，但又不放弃固有的批判立场。德国工业联邦协会(BDI)主席把"对等共决"视作"历史的错误思想"，希望《三分之一参与法》能够推广到所有企业中，但他同时认为企业代表会体制仍将削弱德国企业在全球化竞争中的实力。[54]就在该法启动当年，德国工业联邦协会成立了自己的"共决委员会"(Kommission der Mitbestimmung)，鼓吹彻底改革企业代表会体制。

　　这些争议一部分来源于劳资双方历来的认识分歧，另一部分则是对1998年共决委员会报告与2001—2004年企业代表会体制改革之间关系的误读。事实上，共决委员会报告更大程度上表现的是学术界的中立立场。它或许对施罗德本人或政府其他部长们产生过影响，但两者之间的直接联系还缺乏证据。不过，为了平息社会争议，施罗德政府最终决定再成立一个官方调查委员会，对企业代表会体制的实践做出评估，以决定：1976年企业代表会体制所代表的对等共决模式是否可以继续维持下去并实现扩展？抑或是用三分之一共决模式来取代它？

　　该委员会名为"德国公司共决现代化委员会"(Kommission zur Modernisierung der deutschen Unternehmensmitbestimmung)，由施罗德挑选的学术界、劳资双方各三名代表组成。学术界代表是基民盟资深政治家、劳动法学家比登考普夫，马克斯—普朗克社会研究所所长沃尔夫冈·斯特里克(Wolfgang Streeck)和联邦劳动法庭原庭长、法学家赫尔穆特·维斯曼(Hellmut Wißmann)。主席比登考普夫曾在60年代末领

导过类似的调查委员会,对企业代表会体制,尤其是对对等共决模式颇有好感,主张进一步扩大对等共决模式的适用范围。斯特里克与维斯曼多年从事企业代表会体制的研究,拥有丰富的学术经验。资方代表是国际商会主席曼弗里德·根茨(Manfred Gentz)、德国企业家协会联邦联合会主席迪特尔·洪特(Dieter Hundt)与德国工业联邦协会主席于尔根·图曼(Jürgen Thumann)。这三人基本上代表了资方利益团体内部的左中右三股势力。劳方代表是五金工会主席于尔根·彼得斯(Jürgen Peters)、服务业工会执委兼 RWE 动力公司整体企业代表会主席京特·莱皮恩(Günter Reppien)和德国工会联盟主席[55]米夏埃尔·松梅尔(Michael Sommer)。五金工会历来是工会运动中的激进成员,彼得斯也曾主编过 1951 年企业代表会体制形成历史的文件集,具有丰富的斗争经验。莱皮恩代表一线的企业代表会实践者。松梅尔则扮演着调解角色。

施罗德政府如此表述比登考普夫委员会的调查目的:"公司中的雇员参与构成了社会市场经济体制的核心要素,并且成为德国公司的一种文化。它现在面临着重要的挑战,这不仅是由于欧洲发展的缘故。因此,委员会的目的是为监事会中的雇员代表机制在未来的进一步发展提出方案,以便实现现代化,适应于欧洲环境,并把目前立法作为其出发点。委员会将分析欧洲范围内监事会中的雇员代表机制之情况,并在此基础上,评估德国机制的优劣点,特别是在欧洲与全球挑战的背景中。这种评估与对改革的实践性建议将成为该委员会的报告内容。"

2005 年底,施罗德政府下台,默克尔(Angela Dorothea Merkel)领导的保守党—社民党联合政府组成。但政治变动并未影响比登考普夫委员会的工作。次年 12 月 12 日,该委员会最终递交了长达 94 页的调查报告。[56]由于委员会中的劳资代表分歧较大,所以该报告是由学术代表单独完成的,同时附有劳资代表的各自意见。从这一角度而言,这次调查报告更多反映了学术界的想法。

报告的主要结论是"现有立法的根本性修订是没有必要的,由现存体制所提供的雇员利益的保障(措施)仍然适用"。学术代表把公司视作一种劳资双方共同工作的社会团体,因而企业代表会体制(共决制)就成为民主参与机制的代名词。虽然调查者承认，共决制的经济效益很难衡量，但他们强调 1976 年企业代表会体制的积极效果不应该受到质疑，因为没有证据表明它"使德国公司的竞争力受到伤害，阻碍了外国的直接投资，影响了资本市场的运作"。相反，该体制成为"协调不同利益、维护社会凝聚力的一种工具"。所以在从经典工业向知识资本生产企业转移的过程中，企业代表会体制应该得到继续发展。

为适应现代企业发展的需要，调查报告的主要建议是"让现有立法更简单，更具弹性"。学术代表认为：（1）应该根据实际情况，来决定监事会的规模和雇员代表的比例；（2）雇员监事人选应由企业代表会来决定；（3）增加监事会下级组织的决策权。

该报告部分得到了劳方的支持，但后者希望进一步简化雇员监事的选举程序，让外国雇员有权参加监事会，增加劳动经理的权重。与此相反，资方完全反对该报告，认为该报告对企业代表会机制进行的评价过于积极，因而无法消除目前立法中的矛盾和问题。

与以往不同的是，这份调查报告更多地反映了客观存在的社会争议，并试图对各种意见进行梳理。学术代表们除了在正式报告中罗列各方意见，还比较了欧洲各国企业代表会模式的差异，并列举了位于德国的跨国企业成立企业代表会的情况。在报告的结尾处，学术代表们认为，尽管企业代表会体制遭遇了各种挑战，但它"仍然将继续停留在德国的政治方案中"。

这一结论并非虚言。企业代表会体制的改革努力从未停歇。最近一次修正案于 2009 年 8 月 4 日通过，它对雇员含义做出了重新界定，把1972 年企业代表会体制的适用对象扩展到转型之后的公共服务行业的职员（例如私有化后的戏院雇员）和雇佣合同超过一定时期的临时工等。[57]该修正案同样引起了一些争议，但公共舆论基本持正面的评价立场，将之视作"立法者对……解决私有化所产生的实践问题第一次跨出了勇敢的一步"。[58]

在学术界努力摸索客观评价体系的基础上，联邦政府成为企业代表会体制改革进程的主要推动者。2006 年 8 月 30 日,新总理默克尔在纪念 1976 年《共决法》颁布 30 周年的大会上,开门见山地把共决权视作"社会市场经济的本质因素"。她对当时正在进行中的比登考普夫委员会调查工作表示支持,并批评了"某些企业家"对企业代表会体制的偏见。面对时代提出的各种挑战,默克尔建议提高企业代表会体制的弹性,以便它"拥有适应未来的能力"。[59]

正是在学界调查与政界改革的互动下,企业代表会体制业已在 21 世纪初显示出它的新方向。覆盖率增加与弹性增强成为主要的改革成果。与此同时,德国模式与欧洲模式之间的协调努力也已初见成效。或许美中不足的是,学界与劳资利益团体之间的认识尚未取得一致。不过企业代表会体制的发展历史已经证明,认识分歧与充分争议往往可以转换为进一步发展的动力。

小　结

本章对 20 世纪 90 年代以来企业代表会体制出现的新现象、面临的新问题与跨出的新发展进行了概要式的描述。

企业代表会体制的东扩成为 90 年代初的显著现象。两德统一的基本特征决定了这种形式的东扩是在短时期内完成的。然而东部地区重建企业代表会体制的进程仍然表现出这一历史运动的特殊性。自发性与制度化构成了前后相继的两个阶段,表现出东部工人运动对于企业代表会体制的独特期望与多元理解。1994 年后,东、西部地区的发展逐步协调,但企业代表会体制仍然带有不同的地区色彩,成为时代提出的挑战之一。

时代提出的其他两个挑战来自欧洲一体化与全球化进程。它们极大调整了德国企业的规模和结构,方便了跨国企业与外籍工人涌入德国,并直接导致企业代表会体制发展中的一系列困境:覆盖率不高、弹性不足以及客观性评价体系的缺失。这构成了世纪之交企业代表会体制改革的主要方向。

从 90 年代末起,学界不断讨论客观评价企业代表会体制实践价值与规划其未来发展方案的可能性。这种努力同联邦政府的改革意愿结合在一起,促成了 2001/2004 年企业代表会体制的重大变革。不仅如此,改革的新方向并未伴随政府更迭而被中止。恰恰相反,企业代表会体制作为20 世纪德国劳资协调机制历史发展的重大成果,不仅继续为保守党政府所接受,并且在解决时代困境的改革道路上不断获得新成果。就这一点而言,历时百年之久的企业代表会体制仍然焕发着青春的活力。

注 释

[1] 进一步的研究,可参见 Horst Bednareck, "Der FDGB, das, Gestz der Arbeit… 'von 1950 und Probleme der Mitbestimmung der Arbeiter und Angestellten in den ersten Jahren der DDR", in: Richard Kumpf, *Gewerkschaften und Betriebsräte im Kampf um Mitbestimmung und Demokratie 1919—1994*, S.50—62。

[2] 有关谈判的具体进程,可参见 Manfred Demmer, "Beispiele des Kampfes um Mitbestimmung und Demokratie in der Gewerkschaft", in: Richard Kumpf, *Gewerkschaften und Betriebsräte im Kampf um Mitbestimmung und Demokratie 1919—1994*, S.115—128。

[3] Linda Fuller, "The Socialist Labour Process. The Working Class, and Revolution in the German Democratic Republic", *Europe-Asia Studies*, Vol. 50, No. 3 (1998), pp.469—492;此处是 p.473。

[4] Leo Kißler, *Die Mitbestimmung in der Bundesrepublik Deutschland. Modell und Wirklichkeit*, S.51.

[5] Wolfgang Uellenberg-van Dawen, *Gewerkschaften in Deutschland von 1948 bis heute. Ein Überblick*, S.174—175.

[6] Hans Limmer, *Die Deutsche Gewerkschaftsbewegung. Geschichte, Gegenwart, Zukunft. Ein kritischer Grunriß*, S.149.

[7] Lowell Turner, *Fighting for Partnership. Labor and Politics in United Germany*, S.90、91、94.

[8] Ibid., S.40.

[9] Lowell Turner, "Introduction. Up Against the Fallen Wall: The Crisis of Social Partnership in United Germany", in: ders(edited), *Negotiating the New Germany. Can Social Partnership Survive?* p.4.

［10］Lowell Turner, *Fighting for Partnership. Labor and Politics in United Germany*, pp.48—81.

［11］Wolfgang Uellenberg-van Dawen, *Gewerkschaften in Deutschland von 1948 bis heute. Ein Überblick*, S.178.

［12］Kirsten S. Wever, "Renegoating the German Model: Labor-Management Relations in the New Germany", in: Lowell Turner(edited), *Negotiating the New Germany. Can Social Partnership Survive?* p.216.

［13］Jürgen Kädtler, Gisela Kottwitz, Rainer Weinert, *Betriebsräte in Ostdeutschland. Institutionenbildung und Handlungskonstellationen*, *1989—1994*, Opladen: Westdeutscher Verlag, 1997, S.34.

［14］以下资料若无特别注明,均引自孟钟捷:《寻求黄金分割点:联邦德国社会伙伴关系研究》,第 176—178 页。

［15］吴友法、黄正柏:《德国资本主义发展史》,第 636、641 页。

［16］Ulrich Jürgens, Larissa Klinzing, Lowell Turner, "The Transformation of Industrial Relations in Eastern Germany", in: *Industrial and Labor Relations Review*, Vol.46, No.2. 1993, p.232.

［17］Judith Dellhelm, "Ostdeutsche Initiative von Betriebs- und Personalräten-Kritik an bornierten Gewerkschaftsstrukturen", in: Richard Kumpf, *Gewerkschaften und Betriebsräte im Kampf um Mitbestimmung und Demokratie 1919—1994*, S.108—114,此处是 S.110。

［18］Wolfram Wassermann, *Akteure für Demokratie in der Arbeitswelt*, S.79, 表 1。

［19］Jürgen Kädtler, Gisela Kottwitz, Rainer Weinert, *Betriebsräte in Ostdeutschland. Institutionenbildung und Handlungskonstellationen*, *1989—1994*, S.46.

［20］Walfram Wassermann, "Betriebsräte im Wandel. Aktuelle Entwicklungsprobleme gewerkschaftlicher Betriebspolitik im Spiegel der Ergebnisse der Betriebswahlen 1994", in: *WSI-Mitteilungen*, Jg.49, H.5(1996), S.564—575;此处是 S.572, 表 1。

［21］Jürgen Kädtler, Gisela Kottwitz, Rainer Weinert, *Betriebsräte in Ostdeutschland. Institutionenbildung und Handlungskonstellationen*, *1989—1994*, S.42、54.

［22］Ulrich Jürgens, Larissa Klinzing, Lowell Turner, "The Transformation of Industrial Relations in Eastern Germany", pp.235—239.

［23］Wolfram Wassermann, *Akteure für Demokratie in der Arbeitswelt*, S.71—72.

［24］Ulrich Jürgens, Larissa Klinzing, Lowell Turner, "The Transformation of Industrial Relations in Eastern Germany", p.231.

［25］肖辉英、陈德兴:《德国:世纪末的抉择》,当代世界出版社 2000 年版,第 478 页。

[26] Peter Auer, "Institutional Stability Pays: German Industrial Relations under Pressure", p.24.

[27] 吴友法、黄正柏:《德国资本主义发展史》,第 637 页。

[28] 同上,第 637 页。

[29] 肖辉英、陈德兴:《德国:世纪末的抉择》,第 481、498 页。

[30] Werner Abelshauser, *Deutsche Wirtschaftsgeschichte seit 1945*, S.293.

[31] Lowell Turner, *Fighting for Partnership. Labor and Politics in United Germany*, pp.2—11、100—105.另可参见孟钟捷:《寻求黄金分割点:联邦德国社会伙伴关系研究》,第 188—191 页。

[32] Lowell Turner(edited), *Negotiating the New Germany. Can Social Partnership Survive?*, pp.7、33.

[33] Hans Limmer, *Die Deutsche Gewerkschaftsbewegung. Geschichte, Gegenwart, Zukunft. Ein kritischer Grundriß*, S.182.

[34] Jakob Moneta, "Europäische Gewerkschaften und Betriebsräte vor neuen Herausforderungen", Richard Kumpf, *Gewerkschaften und Betriebsräte im Kampf um Mitbestimmung und Demokratie 1919—1994*, S.63—78,此处是 S.63—65。

[35] Lowell Turner, *Fighting for Partnership. Labor and Politics in Unified Germany*, p.127.

[36] Peter Auer, "Institutional Stability Pays: German Industrial Relations under Pressure", p.27.

[37] 关于德法模式的比较,可参见 René Lasserre, "Mitbestimmung und Betriebsverfassung in Deutschland und Frankreich. Elemente eines historischen und soziologischen Vergleichs", in: Hans Pohl, *Mitbestimmung und Betriebsverfassung in Deutschland, Frankreich und Großbritannien seit dem 19. Jahrhundert*, S.23—40.

[38] Stephen J. Silvia, "Political Adaptation to Growing Labor Market Segmentation", in: Lowell Turner(edited), *Negotiating the New Germany. Can Social Partnership Survive?* pp.156—176.

[39] 肖辉英、陈德兴:《德国:世纪末的抉择》,第 496 页。

[40] 如 1994 年 10 月,美国康奈尔大学举办了"新德国的政治经济"讨论会,主题是"德国的社会伙伴关系是否可以继续生存?"会议成果收录于 Lowell Turner(edited), *Negotiating the New Germany. Can Social Partnership Survive?* 中。1995—1998 年间,艾伯特基金会、贝塔斯曼基金会和汉斯·伯克勒尔基金会对于企业代表会制度与企业经济发展之间的关系展开了大型调研。相关调研情况可参见庞文薇:《德国职工"共决权"何去何从?——对目前德国职工"共决权"讨论的一些思考》,《德国研究》

2006 年第 3 期。贝塔斯曼基金会与汉斯·伯克勒尔基金会的调查报告是 Bertelsmann Foundation and Hans-Böckler-Foundation，*Mitbestimmung und neue Unternehmenskulturen-Bilanz und Perspektiven：Bericht der Kommisiion Mitbestimmung*. Gütersloh：Verlag Bertelsmann Stiftung，1998。英文版是 Bertelsmann Foundation and Hans-Böckler-Foundation，*Co-determination and new corporate cultures. Survey and perspectives. Roport of the Co-determination Commision*。

［41］以下若无特别注明，均引自孟钟捷：《寻求黄金分割点：联邦德国社会伙伴关系研究》，第 185—188 页。

［42］Bertelsmann Foundation and Hans-Böckler-Foundation，*Co-determination and new corporate cultures. Survey and perspectives. Roport of the Co-determination Commision*，S.8—9.

［43］Ibid.，S.8—9.

［44］Ibid.，S.9—10.

［45］Wolfram Wassermann，*Akteure für Demokratie in der Arbeitswelt*，S.57—59.一些调查数据可参见 http://de.wikipedia.org/wiki/Mitbestimmung，2010 年 8 月 2 日。

［46］Dieter Sadowski：*Mitbestimmung-Gewinne und Investitionen*. Expertise für das Projekt "Mitbestimmung und neue Unternehmenskulturen" der Bertelsmann Stiftung und der Hans-Böckler-Stiftung. Verlag Bertelsmann Stiftung，Gütersloh 1997，S.45.

［47］例如对企业代表会在继续教育和培训方面的评估，可参见 Christine Zeuner，*Betriebliche Weiterbildung-ein neues Politikfeld für Betriebsräte. Ergebnisse aus dem FORCE-Projekt "Einflußmöglichkeiten von Betreibsräten auf die Weiterbildungspolitik ihrer Unternehmen im Rahmen des sozialen Dialogs"*，Berlin und Bonn：Bundsinstitut für Berufsbildung，1997. 这项研究得出的结论是：(1)企业代表会越大，越有可能设置一个专注于继续教育和培训的职位；(2)企业代表会存在的时间越久，越有可能专注于继续教育和培训，而新成立的企业代表会通常会关注其他问题；(3)倘若业已存在一种继续教育和培训的方案，或者企业已经达成相关项目，则它也会成为企业代表会的定期关注对象，因为这是一种"传统意识"；(4)康采恩的企业代表会兴趣越大，加盟工厂中的企业代表会也会受到影响；(5)劳动组织的变化和新技术的引进，会成为企业代表会对继续教育和培训施加压力的机会。

［48］Bertelsmann Foundation and Hans-Böckler-Foundation，*Co-determination and new corporate cultures. Survey and perspectives. Roport of the Co-determination Commision.*

［49］到 2007 年为止，已无一个工会领导人还属于社民党的联邦议会党团，地方的企业代表会成员也不再同时出任社民党地方支部副主席和社民党市议会党团成员。见［德］弗兰茨·瓦尔特：《德国社会民主党：从无产阶级到新中间》，张文红译，重庆出版社

2008年版,序言。

[50] Wolfram Wassermann, *Akteure für Demokratie in der Arbeitswelt*, S.83—89.

[51] Hans Böckler Stiftung, "Mitbestimmung im Betrieb. Die wichtigsten Änderungen in Betriebsverfassungsgesetz von 2001", in: http://www.boeckler-boxen.de/1660.htm, 2009年9月7日。

[52] Axel v. Werder, "Modernisierung der Mitbestimmung. Diskussionspapier." Berlin Center of Corporate Governance(BCCC), 2003年11月26日,见 http://www.bccg. tu-berlin. de/main/publikationen/Modernisierung% 20der% 20Mitbestimmung. pdf, 2010年1月19日。

[53] 法律原文见 http://bundesrecht.juris.de/drittelbg/, 2010年6月8日,见附录七。

[54] http://de.wikipedia.org/wiki/Mitbestimmung, 2010年8月2日。

[55] 2001年起,德国职员工会(DAG)并入德国工会联盟(DGB)中,成为联合服务业工会(VDG)的下级组织。

[56] 报告原文见"Kommission zur Modernisierung der deutschen Unternehmensmitbestimmung. Bericht der wissenschaftlichen Mitglieder der Kommission", in: http://www. bundesregierung. de/Content/DE/Archiv16/Artikel/2006/12/Anlagen/2006-12-20-mitbestimmungskommission, property=publicationFile.pdf, 2010年9月4日。

[57] 原文见 http://www. betriebsratswahl2010. de/betriebsratswahl2010/img/aktuelleaenderungen/arbeitnehmerbegriff.pdf, 2010年10月5日。

[58] Tilman Anuschek, "Betriebsratswahl 2010-Wichtige Änderung des Betriebsverfassungsgesetzes", in: http://www. anuschek-nord. de/main/2009/07/betriebsratswahl-2010-aenderung-betrvg, 2009年7月15日。

[59] Merkel, Angela: "Rede von Bundeskanzlerin Merkel anlässlich der Jubiläumsveranstaltung '30 Jahre Mitbestimmungsgesetz' der Hans-Böckler-Stiftung", in: http://www.bundesregierung.de/nn_774/Content/DE/Bulletin/2006/08/75-1-bk-hans-boeckler.html, 2010年5月8日。

结　语

　　本书纵向梳理了 20 世纪德国企业代表会体制的孕育、突破、消亡、重生、前进、发展与摸索的进程。在百年的历史演进中,这种具有德国特色的劳资协调机制为我们提供了三种纬度的思考方向,即在马克思辩证分析 19 世纪上半叶西方劳资关系理论的基础上:如何认识与评价企业代表会体制跌宕起伏中动力因素的多元性与不平衡性? 如何认识与评价企业代表会体制变迁与延续发展中的合理性与局限性? 如何认识与评价这种制度文化的民族性与普适性?

一

　　在企业代表会体制的不断变化中,存在着若干动力因素。我们大致可以把这些因素归入三类分析对象:观念、行动与反馈。

　　"观念"指的是围绕企业代表会体制演变而产生的各种思想及其交锋。19 世纪以来,德国社会形成了从左至右的劳资关系思想"光谱"。它们依次是:最具革命性的"(雇员)完全控制权"、复杂类型的"对等共决"(包含雇员直接共决)、简单类型的"对等共决"、复杂类型的"参与共决"(包含雇员直接共决)、简单类型的"参与共决"和最具传统型的"家长制"。可以说,在劳资权力分配的争议中,来自社会各阶层的思想家、政治家或利益相关者始终在"寻求黄金分割点"。任何一方的思想从未得到过一致认同,但也不会悄无声息地消失。它们构成了深厚的历史记忆,不断地出现在历史的不同阶段,而且往往形成各种形式的交锋,如在企业代表会体制的最初构建中,(雇员)完全控制权与家长制针锋相对;在企业代表会体制的重生中,简单类型的对等共决与简单类型的参与共决互不相让;在当代企业代表会体制的改革中,复杂类型的对等共决与复杂类型的参与共决又成为争辩焦点。观念交锋的结果往往是双方甚至多方之间的妥协,从而孕育出新的观念,如(雇员)完全控制权与家长制竞争的结果是1920年企业代表会体制所代表的简单类型的参与共决。各种历时性与共时性思想之间的复杂关联表明"观念"的多元、多变、永恒与交融的特点。由此,观念作为企业代表会体制不断变化的动力因素之一,呈现在历史画板上的图景,既非跳跃式的点状(图8.1),又非拔河式的线状(图8.2),而是滑移式的弧状(图8.3)。关于企业代表会体制的观念之弧既反映了历史演进中的思想合力,又提供了当下发展的各种可能性。

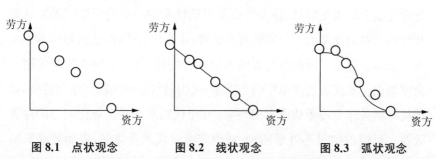

图 8.1　点状观念　　　　图 8.2　线状观念　　　　图 8.3　弧状观念

　　说明:从左至右的圈点分别代表以下观念:最具革命性的(雇员)完全控制权、复杂类型的对等共决(包含雇员直接共决)、简单类型的对等共决、复杂类型的参与共决(包含雇员直接共决)、简单类型的参与共决和最具传统型的家长制。

　　"行动"指的是围绕企业代表会体制演变而出现的各种法制化努力。它牵涉到行动主体与行动方式。在行动主体中,历届内阁与压力团体(尤其是劳资利益团体)之间的互动(哪怕是冲突)是逐步显性化的发展趋势。压力团体的制度设计只有通过内阁才能转化为立法草案,反之,内阁的立法草案只有通过压力团体才能转化为法律制度。由于德国个案的特殊性,在二战后的一段时间内,占领军政府也充当起行动主体。这使得企业代表会体制作为一种国内劳动法,也不得不面对国际交往所产生的各种不确定因素,如被占时期企业代表会复兴运动最终无法实现制度化即为一例。行动主体的多头存在既增加了行动成本,也影响到行动方式的选定。历次企业代表会的法制化可被分为平静与激进两种模式。相对而言,1952年《企业组织法》和1972年《企业组织法》属于平静模式,内阁充当了主要的推手;1920年《企业代表会法》、1951年《煤钢共决法》和1976年《共决法》属于激进模式,或劳方罢工在前,或国际压力随行,或资方申诉在后,内阁扮演着斡旋角色。从历史发展的轨迹来看,两种模式的趋同性越来越明显。换言之,在国家与社会之间的关系中,有规则的互动逐渐成为行动的准则。21世纪初以来的企业代表会体制改革似乎就反映了这种变化。

"反馈"指的是对企业代表会体制实践的感受和调查。这是经验性与实证性并存的行为,主要针对企业代表会的发展概况、职能发挥、社会效应和经济效率而展开。反馈形式包括自动和被动两种。自动反馈出现在企业代表会的成立数量、普及率以及当选情况中。被动反馈则需要调研和分析。被动反馈的参与者既有立法者,也有压力团体,还包括学术界人士。被动反馈重点既因参与者的不同而有差异,如工会调查比较关注工会成员在企业代表会选举中的当选率,又因时代精神的转变而有转换,如魏玛时期关注劳资矛盾爆发的频率,70年代以来关注企业代表会的经济效益。反馈的结果不外乎两种,或否定企业代表会体制,进而要求取消它,如1934年企业代表会选举结果迫使纳粹政府丢掉幻想,重起炉灶;或肯定企业代表会体制,进而提出改革的方向,如20世纪末共决委员会报告奠定了新世纪企业代表会体制革新的方向。

在分析企业代表会体制的发展原因中,观念、行动和反馈是相互独立、但彼此相系的三类因素。观念提供思想交锋,行动属于立法实践,反馈重在调查研究。一般而言,观念是行动的理论依据,行动是反馈的客观前提,反馈是观念的事实基础,由此形成了"观念——行动——反馈"的环形分析框架(图8.4)。如在二战后企业代表会体制的重建中,1920年《企业代表会法》构成了德国社会复兴企业代表会运动的历史记忆,它促使工会人士以主体姿态介入制度革新中,创建了对等共决模式的《鲁尔方案》,进而把这种实践上升到观念层次中,为1951年《煤钢共决法》的出台制造舆论。

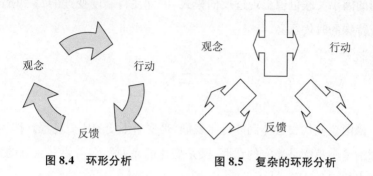

图 8.4　环形分析　　　　图 8.5　复杂的环形分析

　　然而在事实上,观念、行动与反馈之间的关系或许更为复杂(见图 8.5)。其一,观念有可能成为反馈的事实基础。在相当长时期内,一些调查总能发现(雇员)完全控制权与家长制在劳资双方中仍然各有市场,这恐怕同基于根深蒂固的偏见密不可分。而这种关系反过来就可能成为行动的障碍,无论是 1920 年《企业代表会法》还是 1952 年《企业组织法》都曾出现过这种立法僵局。

　　其二,行动有可能成为观念的理论依据。法制化行动虽然总是充满着各种争议,甚至偶尔爆发流血冲突或违宪诉讼,但每一次行动却能够强化甚至创造某些观念。在这一方面,1951 年《煤钢共决法》的出台恐怕是较佳例证。它使对等共决模式首次在德国合法化。此后争议焦点不再是对等共决模式是否应该存在的问题,而是应该如何存在以及存在于哪些企业等问题。

　　其三,反馈有可能成为行动的客观前提。60 年代末以来,对于企业代表会体制的调查研究越来越成为内阁所重视的国家行为。1972 年《企业组织法》和 1976 年《共决法》便建立在比登考普夫委员会的报告之上。21 世纪初,第二次比登考普夫委员会报告出台后,企业代表会体制的进一步变革恐怕也是指日可待。

　　综上所述,企业代表会体制之所以在历史上如此跌宕起伏,很大程度上是同各种动力因素纷繁复杂的作用分不开的。从宏观上而言,观念、行动与反馈之间形成的因果关联构成了制度变迁的普适性前提;从微观上而言,不仅是观念、行动与反馈自身存在着众多时代因素,而且它们彼此之间的因果关联也曾出现过反向模式,由此使得制度变迁的每一阶段都拥有特殊的时代意义。

二

德国企业代表会体制的百年发展,是变与不变的历史进程。作为"在每个情境中都既是稳定的东西,又是变化的东西",它需要马克思的辩证方法来认识与评价。[1]

企业代表会体制是与时俱进的,尤其是企业代表会的组织结构与功能设定最能反映不同时代的特征和要求。1920年企业代表会体制第一次赋予了雇员在企业中的共决权,从而被视作1918—1919年革命不可剥夺的革命成果。1951年企业代表会体制把雇员监事的人数从2人扩大为全体监事的1/2,并在董事会中设立工人经理,符了二战后德国社会筹建经济新秩序的心理诉求。1952年企业代表会体制在5名雇员以上的所有企业中推广了1/3共决模式,部分满足了工人运动对企业民主的基本设想。1972年企业代表会体制增加了全职企业代表会成员的比例,拉长了任职年限,并扩展雇员在社会事务中的共决权,尤其是"塑造劳动岗位、劳动进程与劳动环境"方面的参与程度。1976年企业代表会体制把对等共决推广到煤钢企业之外的大型公司中,回应了60年代末以来"更多民主!"的呼声。21世纪初的企业代表会体制改革则是用增加弹性的方式,赋予企业代表会在保障劳动岗位与职业培训方面的共决权,并给予青年人、残疾者和女性等少数群体以特殊照顾。

这些变化应被置于历史场景中才能得以理解。一方面,它们同20世纪德国历史发展中的民主化、人道化与平等化的客观趋势合拍。假如没有纳粹夺权,1920年企业代表会体制或许还能苟延残喘数十年;假如没有二战结束后的盟军管制,1951年企业代表会体制或许并无面世可能;假如没有60年代中期后社会批判运动的兴起,1972—1976年企业代表会体制的革新恐怕也遥遥无期。这些"反事实性的历史思考"[2]将有助于我们从制度革新的个案中脱离出来,看到宏大历史趋势的影响力。另一方面,这些变化之间的联系远比想象来得更为紧密。1951 年体制超越1920 年体制的结果同样反映出两者之间的继承关系,这不仅体现在具体的文本语言中,甚至也可以在实践者中找到惊人的相似点,如战后大部分企业代表会主席均是魏玛时期拥有丰富实践经验的企业代表会成员们。在这一点上,"各种社会制度在它们自己毕生的发展过程中,创造出它们所借以被变革的手段,并造成那些在最终鼓舞人们走向革命行动的需要"[3]。

不过,相异于马克思评价的事实是,企业代表会体制的变化并未最终走向革命行动。它的延续性特征使其自身不能否定自我,从而无法被理解为"革命的实践"。这种延续性至少表现在三个方面:(1)企业代表会之名;(2)企业代表会的任务,即承担既维护工人利益又保障企业生产目的的双重责任,换言之,它是"企业民主"和"经济和平"的双重承担者;(3)企业代表会的社会联系,即企业代表会成员应亲近工会立场。它们反映了德国历史上社会改良主义与工会运动的重要影响。[4] 19 世纪末以来,德国社会改良主义运动抛弃了阶级斗争的思想,以渐进改革为手段,建构起超阶级的国家观与民主观。由此,德国社会民主党遵循现实主义与实用主义的政治原则,一切以争取选民多数为依归。因而,它对放弃阶级斗争思想的企业代表会体制的支持自然是不足为怪的。对于德国工会运动而言,除了接受社会改良主义思想的影响外,它还需要随时维护自己的独立地位以凌驾于政党政治之上。为此,经济民主和企业民主便成为工会运动的重要砝码,让企业代表会成为"工会在企业中伸长臂膀"的想法在工会高层心目中根深蒂固。

企业代表会体制始终延续着妥协性的文化特质,以致无法摆脱理论的困境和行动的弱点。马克思说,"每一个社会中的生产关系都形成一个统一的整体"。[5] 在这一认识下,企业代表会体制解决劳资矛盾的能力显然可以受到质疑。从理论的角度而言,相互矛盾的两大阶级如何会放弃斗争思想? 在没有解决生产资料归属问题的情况下,任何形式的雇员参与模式必然只是一种形式平等。从实践的角度来看,企业代表会体制并未终结劳资冲突,而只是改变了劳资冲突的形式而已,劳资之间的对立和不信任感继续存在。在这一意义上,我们无法指望企业代表会体制去改变现有资本主义制度,并进而成为新社会制度的基础。

一言以蔽之,企业代表会体制存在的变迁能力与延续性特征,既反映了不同历史阶段的时代要求,也必须被置于具体的现实条件下予以分析和反思。它虽然努力追随时代发展的脉搏,但因其阶级特性,最终是无法超越自我的。

三

当企业代表会体制被视作德国资本主义模式的表现之一,甚至被列为"社会伙伴关系"的二元机制之一时,人们将在制度文化的层面上继续思考它的意义。其中隐含的重要问题是:这种德国特色的制度文化是否有可能被推广到其他国家? 在近年来企业代表会体制的改革争议中,这一问题尤为引发人们的讨论和反思。

在笔者看来,这一问题或许应分解为三个层次,即从可能性、局限性与方法性的不同角度进行讨论。

在可能性的层次中,我们主要面临三个问题:

第一,企业代表会体制所针对的社会现象是否已经消失? 换言之,劳资关系是否已经不再是当代世界的重要社会关系? 对此,答案恐怕是否定的。即便在全球化与技术革新的 21 世纪初,在生产关系出现革命性转折之前,劳资关系仍然是人们无法摆脱的客观现象。如马克思所言:"我的观点是把经济的社会形态的发展理解为一种自然史的过程。不管个人在主观上怎样超脱各种关系,他在社会意义上总是这些关系的产物。"[6]当前社会主义国家仍然接受了商品货币关系的普遍发展,接受了市场经济,因而也就不可能拒绝资本,拒绝资本与劳动的关系。[7]

第二,企业代表会体制产生所依赖的社会历史条件是否已不再存在? 从微观上而言,企业代表会体制在每次变化中都会面临不同的社会历史条件。换言之，即便在德国，社会历史条件也必须接受时代区分的前提，无法重现历史，更勿论其他国家。但从宏观上而言，"不同时代的同时代性"[8]问题仍然存在。当德国已告别工业时代初期的劳资关系紧张状态时，许多发展中国家却不得不仍然受困于相同类型的难题，如企业中家长制思想流行、政府监管缺位、工人运动的组织性较差等。甚至在某些发达国家（如法国），劳资冲突的频率之多、强度之大，也使得因推行企业代表会体制而获得相对稳定环境的德国显得鹤立鸡群。由此，该问题在微观上或许并无深意，在宏观上却能够得出否定的结论。

第三，企业代表会体制的核心方式是否属于德国特有？企业代表会体制的核心方式是"参与民主"，它是现代民主发展进程中的产物之一。在德国之外，其他资本主义国家也在推行不同形式的"参与民主"，如法国在其《商事公司法》中允许雇员选举适当代表参与董事会，美国采用雇员持股计划等。[9]在社会主义国家中，"参与民主"也是法律所承认的一种民主形式，如中国的《劳动法》写道："劳动者依照法律、法规规定，通过职工大会、职工代表大会或者其他形式，参与民主管理或者就保护劳动者合法权益与用人单位进行平等协商。"因此，以参与民主为主要实践方式的企业代表会体制本不应该限于德国一隅。

在局限性的层次中，我们应该仔细分析企业代表会体制中那些不具有普适性的特征。首先，以劳资妥协为目的的制度诉求无法适用于社会主义国家中的全民所有制企业与集体所有制企业。在这两种企业中，法律规定雇员拥有当家作主的权利，亦即允许雇员拥有"完全控制权"，这是同企业代表会体制的本质相对立的。其次，监事会高于董事会是德国不同于其他国家的企业管理结构，它决定了雇员监事存在及其比例的重要性。但在其他国家，照搬这一规定显然会毫无收获。

在方法性的层次中，我们可以关注企业代表会体制作为一种制度文化所表现出来的四种特质：即参与精神、创新意识、渐进思想和法团模式。参与精神指的是德国社会各阶层在不同程度上介入到企业代表会体制的形塑进程中，使之不仅仅作为企业管理的一种方式而已。创新意识指的是企业代表会体制的每次转型都蕴含着对于时代特征的敏锐观察与细致思考,哪怕是任期延长、人数扩充或惩罚加剧等小变化也反映了设计者的求变心理。渐进思想指的是企业代表会体制的发展需要具备充足耐心,德国模式在历史上出现的突破、革新、消亡、曲折、分化以致综合等历史充分证明了循序渐进对于制度构建的重要性。法团模式指的是企业代表会体制所赖以生存的利益团体政治结构。在德国历史中,劳资利益团体在"自我建设及自我协调"后,逐步学会了"把公民社会中的组织化利益联合到国家的决策结构中",[10]从而保证了社会的和谐与稳定。

倘若我们结合可能性、局限性与方法性的三维角度去反思德国企业代表会体制的百年历程,那么这种制度文化或许对正处于劳资关系社会转型期的当代中国而言,仍然具有一定的借鉴意义。我们可以进一步思考以下三个问题:第一,劳资关系的制度化究竟是否可以找到合适的"黄金分割点"? 第二,在这种制度文化的塑造中,国家与劳资利益团体之间究竟应该如何寻求恰当的社会分工? 第三,作为一种社会政策的劳资协调机制在多大程度上可以与经济政策同步,甚至起到正向的促进作用? 对此,笔者愿意继续思考,并同有志于此者合作,进一步去理解和解释现代市场经济中的那一个个奇妙而有意义的现象。

注 释

[1] [美]悉尼·胡克:《对卡尔·马克思的理解》,徐崇温译,重庆出版社 1989 年版,第63 页。

[2] 相关理论参见[德]亚历山大·德曼特:"反事实性的历史",载[德]斯特凡·约尔丹:《历史科学基本概念辞典》,孟钟捷译,北京大学出版社 2012 年版,第 163—165 页。

[3] 悉尼·胡克:《对卡尔·马克思的理解》,第 74 页。

[4] 参见 Ulrich Engelhardt, "Strukturelemente der Bundesrepublik Deutschland: Überlegungen zum Problem historischer Kontinutität am Beispiel der Betriebsverfassung", *Viertel-jahrschrift für Sozial- und Wirtschaftsgeschichte*, B. 69,(1982), S.373—392。

[5] 马克思:《哲学的评论》(节选),《马克思恩格斯选集》第 1 卷,第 142 页。

[6] 马克思:《资本论》第 1 卷,第 1 版序言,《马克思恩格斯全集》第 44 卷,第 10 页。

[7] 荣兆梓:《通往和谐之路:当代中国劳资关系研究》,中国人民大学出版社 2010 年版,

第 4 页。

［8］［德］保罗·诺尔特:"不同时代的同时代性",载［德］斯特凡·约尔丹:《历史科学基本概念辞典》,第 109—111 页。

［9］马建军、邱玉成:《西方国家职工参与公司治理制度及其对我国的启示》,《东北亚论坛》2003 年第 3 期。

［10］张静:《法团主义》,中国社会科学出版社 1998 年版,第 10、23 页。

附录

附录一　1934年《民族劳动秩序法》

（节选）

第一部分　企业领袖和信任代表会

第1条　领袖和追随者

在企业内,企业主是企业领袖,职员和工人是追随者,一同为推动企业目标、人民和国家的共同利益劳动。

第2条　领袖原则

(1) 在此法所规定的所有企业事务中,由企业领袖面对追随者作出决定。

(2) 企业领袖要负责追随者的福祉。追随者要在企业共同体内保持应有的忠诚。

第5条　信任代表会

在至少有20名职工的企业中,从追随者中选出信任人,负责企业领袖提出的建议。信任人在企业领袖的领导下与企业领袖一起组成企业信任代表会。

第6条　信任代表会任务

(1) 信任代表会的义务是,加深企业共同体内部的互相信任。

(2) 信任代表会的任务是提出建议措施,这些措施有利于提高劳动效率、制定和贯彻劳动条件、特别是企业规章的制定和执行,有利于执行和改善企业保障,加强所有企业员工之间、员工与企业之间的团结,为共同体成员的福祉服务。此外,信任代表会要致力于排除企业共同体的内部纠纷。在企业规章基础上作出处罚决定之前要听取信任代表会的意见。

第7条 信任人数量

(1)信任人的数量为:

20到49名职工的企业中	2人
50到99名职工的企业中	3人
100到199名职工的企业中	4人
200到399名职工的企业中	5人

(2)每增加300个职工增加一名信任人,信任人的数量不得超过10名。

第8条 个人条件

信任人应该年满25岁,至少在该工厂或企业中工作1年,在相同或者相似行业或部门至少从事2年工作。他必须拥有市民的荣誉权,加入德意志劳动阵线,有突出的模范性格,保证在任何时候都能义无反顾地为民族国家奋斗。

第9条 任命

(1)每年3月份,企业领袖在取得纳粹企业支部的领导人同意后,提出一份信任人及其候补人名单。追随者要立即通过秘密表决的方式对名单表态。

(2)如果企业领袖和纳粹企业支部领导人之间对推荐的信任人及其候补人不能达成一致意见,或者由于其他原因无法组成信任代表会,特别是追随者不同意名单,则允许劳动托事任命规定数量的信任人及其候补人。

第10条 信任代表会宣誓

5月1日国家劳动节当天,信任代表会成员在追随者前发誓,任期内只为由族民组成的企业和共同体的福祉服务,如谋私利则免除职务,在生活上和工作上做企业员工的榜样。

第 11 条　任期

信任代表会的任期一般从 5 月 1 日开始,到次年 4 月 30 日结束。

第 12 条　召集信任代表会

企业领袖按照需要召集信任代表会会议。如果一半信任人要求召开会议,则必须召开信任人会议。

第 13 条　名誉职务

(1) 信任人职务是一个无报酬的名誉职务,如果出于完成任务不得不耽误工作时间,必须支付其平常工资。必要的开支由企业领导层支付。

(2) 企业领导层要提供必要的设施、信息。

第 14 条　解除职务

(1) 信任人离开企业的同时,职务被废除,除自愿停职外。不允许解雇信任人,除非企业或者企业部门停产。

(2) 劳动托事可以因为专业和个人不足解除信任人的职务。由劳动托事向信任代表会提交书面通知解除信任人职务。

第 15 条　替补人

候补人按照名单顺序替代离职的信任人,如果替补人已经不在,则由劳动托事任命新的信任人。

第 16 条　向劳动托事起诉

如果企业领袖的决定不符合企业经济或福利状况,如果反对企业领袖关于劳动条件、特别是企业规章的决定,企业信任代表会的多数可以立即以书面形式向劳动托事起诉。企业领袖已经作出之决定的有效性不会因为起诉而受到阻碍。

第二部分　劳 动 托 事

第 18 条　劳动托事的地位

(1) 由劳动部长和经济部长、内政部长取得一致意见后确认的较大的经济领域,可以任命劳动托事。他们是国家公务员,由劳动部长监管,劳动部长与经济部长取得一致意见后决定他们的驻地。

（2）劳动托事服从政府的方针政策。

第 19 条　劳动托事的任务

（1）劳动托事必须维持劳动和平,为达此目的,他们必须:

a) 监管信任代表会的组成和运作,在产生纠纷时进行裁决;

b) 根据第 9 条第 2 段、第 14 条第 2 段和第 15 条任命和罢免企业信任人;

c) 在信任代表会起诉的时候进行裁决,可以在企业领袖取消决定时自行作出必要调节;

d) 出现符合第 20 条的故意解雇时作出决定;

e) 监督对企业规章(第 26 条)作出之规定的执行情况;

f) 在第 32 条的前提下制定准则和工资标准规章,并监督执行;

g) 根据第 35 条参与执行社会荣誉审判权;

h) 在国家劳动部长和国家经济部长的详细指示之后经常向政府汇报社会政策发展。

（2）国家劳动部长和国家经济部长可以在法律的框架内向劳动托事委托其他任务。

第 20 条　控制大规模裁员

（1）企业主必须要书面通知劳动托事,当他

a) 在少于 100 名职员的企业中解雇 9 个以上的职工。

b) 在至少 100 人职工的企业中解雇 10 个职员,或者 4 周内解雇 50 多人。

（2）劳动托事收到申请后在四周内作出决定,并只有在劳动托事批准的情况下解聘才有效。劳动托事的批准也可以有回溯效力。他也可以规定,解聘在收到申请后的最长 2 个月之后生效。

（3）如果企业主在第 2 款规定的时间内无法让职员满负荷工作,那么劳动托事可以允许企业主在企业中缩短劳动时间,一周工作时间不得低于 24 小时。

第 22 条　公共处罚

（1）如果经常违反劳动托事的书面规定,将被罚款,在特别严重的情

况下可以坐牢,或者既罚款又坐牢。只由在劳动托事的申请下才开始进行处罚。

(2) 受到公共惩罚的行为如果被视为损害社会荣誉,不会因为已被公共惩罚判决而被免除社会荣誉审判。

第 23 条　专家顾问组

(1) 劳动托事在其任务范围内任命一个专家委员会,专家委员会来自该区不同的经济部门,向劳动托事提出建议。四分之三的专家应该从劳动阵线提出的建议名单中选取。劳动阵线首先是推荐劳动托事管理区的企业信任代表会成员……其余四分之一的专家可以由劳动托事从其管理区任命其他适合人选。

(2) 如果通过国家法律对经济进行职业划分,德意志劳动阵线要在取得行业同意的情况下推荐需任命的专家。

(3) 劳动托事在个别情况下也可以任命一个有建议权的专家委员会。

第 24 条　专家发誓

专家在履行职责之前要通过劳动托事发誓,即根据自己的知识,不受派别影响地履行自己的职责。不谋求其他利益,只为民族共同体的福祉服务。

第三部分　企业规章和集体规章

第 26 条　企业规章义务

通常聘用至少 20 名职员和工人的企业要由企业领袖为企业追随者发布一份企业规章。

第 27 条　企业规章的内容

(1) 企业规章中包括以下劳动条件:

a) 每日劳动时间和休息的起止;

b) 提供劳动报酬的时间和方式;

c) 只要企业中有计件工作,(规定)计件工资的计算原则;

d) 罚款的方式、上限和收取罚款的规定;

e) 如果无法用法律解释,列出不按解雇期限解除劳动关系的原因。

（2）在企业规章中，除了法律要求的规定外，还可以对劳动报酬的多少以及其他劳动条件作出规定，此外还可以对企业秩序、职工在企业中的行为、事故预防等作出规定。

第 28 条　处罚

（1）只有在违反企业秩序和安全的时候才对职工进行处罚；罚款不得超过平均日工资的一半；情节特别严重的时候，罚款可以达到平均日工资的水平；是否使用处罚由劳动部长决定。

（2）处罚由企业领袖或经企业代表会讨论后由企业领袖的委托者执行。

第 29 条　效率工资原则

如果企业规章规定工人或者职员的劳动报酬，必须规定最低工资，此外也要考虑发放合适奖金的可能性，以用于（奖励）特殊成绩。

第 31 条　张贴企业规章和集体规章

（1）企业规章的印刷件及适用于企业的工资标准规章必须张贴在向企业员工开放的合适地方。

（2）如果不另行规定时间，企业规章在张贴的那天生效。如果企业职工提出要求，则要向他们发放企业规章的印刷本。

第 32 条　企业规章准则和单个劳动合同

（1）劳动托事可以在听取专家委员会的建议后制定准则，确定企业规章和单个劳动合同的内容。

（2）如果为保护辖区内某类企业的就业者而不得不制定最低劳动条件时，劳动托事可以在听取专家委员会建议后颁布书面的集体工资规章，第 29 条有效。集体工资规章中的规定作为最低劳动条件有法律约束力，企业规章中与之对立的规定无效。

（3）工资标准规章的方针由劳动托事公布。

第四部分　社会荣誉审判权

第 35 条　社会荣誉

每个企业共同体成员都背负责任，即履行他在企业共同体内按照他的地位所分配的义务。他要通过自己的行为来证明自己的尊严。特别是要时刻意识到要为企业事业奉献全部力量,使自己从属于整体福祉。

第36条　严重损坏社会荣誉

(1) 企业共同体要求的社会义务受到严重损害时,(其行为)将被视作违反社会荣誉之举,受到荣誉法庭的追究。这些行为包括:

a) 企业主、企业领袖或者其他监事会成员恶意利用追随者成员的劳动力或者侮辱其荣誉;

b) 追随者成员恶意伤害企业领袖威胁到企业劳动和平,特别是作为信任人,有意干涉非其任务范围内的企业领导事务,扰乱企业共同体内的共同体思想;

c) 企业共同体成员重复提出草率而毫无根据的投诉,向劳动托事提交申请,或者固执地违反劳动托事的书面规定;

d) 未经许可公开信任代表会成员的秘密任务、企业秘密或者商业秘密。

(2) 公务员和士兵不受荣誉审判权的约束。

第37条　失效

荣誉法庭的责任追究一年后失效。

第38条　处罚

荣誉法庭的处罚有:

(1) 警告;

(2) 二次警告;

(3) 罚款,不超过1万马克;

(4) 取消企业领袖(第1至3条)或信任人(第5条)资格;

(5) 撤离工作岗位,荣誉法庭可以规定一个期限,该期限可以与法定的或协议的解雇期限不同。

第41条　荣誉法庭

(1) 在劳动托事的申请下,由荣誉法庭对触犯社会荣誉者进行判决。在每个劳动托事的管理区域都要设立一个荣誉法庭。

(2) 荣誉法庭由一名法律公务员、一名企业领袖和一名信任人组成,法律公务员由国家司法部征得国家劳动部同意之后任命,作为荣誉法庭主席,企业领袖和信任人作为陪审法官。企业领袖和信任人由荣誉法庭主席从德意志劳动阵线按第23条标准提交的名单上提取,要按照名单上的次序提取,但是尽可能选择与被告相同行业的人。

第 43 条　劳动托事预先调查和申请

企业成员损坏社会荣誉的指控要随书面证明一起通知所在区域的劳动托事。一旦劳动托事通过指控或其他渠道得知严重损坏社会荣誉的事情,必须调查事实真相,特别是听取被控人的意见,决定是否要上诉荣誉法庭。劳动托事申请荣誉法庭介入的时候需要附上劳动托事的调查结果。

第 44 条　主席继续调查

荣誉法庭的主席必须自己采取或安排进一步调查。

第 45 条　荣誉法庭主席接到要求荣誉法庭程序介入的申请时,可以理由不充分为由退回。

第 46 条　荣誉法庭主席认为劳动托事的申请理由充分,则可以采取警告、二次警告、罚款至 100 马克。在作出判决之后的一周内,被告和劳动托事可以提起书面……上诉。

第 50 条　国家荣誉法庭

国家最高荣誉法庭的所在地为柏林。成员包括国家司法部取得劳动部同意后所任命的更高层法律公务员,其中一个是主席,另一个是陪审主席,此外还有一个企业领袖和一个信任人,另外还有一个由政府任命的人作为陪审主席。

第 51 条　国家最高荣誉法庭有权审查荣誉法庭的决定,不受荣誉法庭规定的约束,可以酌情更改(后者判决)。

来源:Dr. Rolf Dietz, *Gesetz zur Ordnung der nationalen Arbeit. Mit Durchführungsverordnungen und Ergänzungsbestimmungen*, München Berlin 1941. (邓白桦译)

附录二　1946年《企业代表会法》

（管制委员会第22号令）

第1条　为了保障单个企业中工人与职员的职业利益、经济利益与社会利益,在整个德国建立与实施企业代表会(体制)。

第2条　(1)企业代表会只能由实际工作于该企业的人建立;

(2)前德意志劳动阵线执委会成员或纳粹党党员均不能成为企业代表会委员。

第3条　(1)企业代表会委员的选举必须遵循民主原则,采取秘密投票方式;

(2)企业代表会委员最多可在任1年,不过允许连任。

第4条　(1)一家企业的工人和职员可以成立筹备小组,以提出企业代表会的组成建议以及执行企业代表会委员的选举。这些建议必须得到工人与职员的多数赞成后,方可实施;

(2)被批准的工会可参与组建筹备小组、参加企业代表会选举小组,并从涉及企业中的工人与职员名单中提出企业代表会的候选人名单。

第5条　(1)只要尚无其他法规或限制,企业代表会在原则上遵循下列使命,以保障涉及企业的工人与职员的利益:A)与企业主一起,在单个企业中,实施(集体)工资合同与内部企业规章;B)与企业主一起,以劳动保护为目的制定企业章程,包括事故预防、治疗护理、企业卫生以及其他劳动条件、规范安置与解雇(行为),听取意见;C)向企业主提出建议,改善劳动方式与生产方式,以避免失业;D)调查投诉内容,与企业主一起会谈,同工人、职员与工会一起在事故处理中合作,与商业监督官员、社会保险机构、劳动保护机构、劳动法庭以及其他机构合作,协调劳动争议;E)与当局合作,减少军工生产,对公共与私人企业推行非纳粹化;F)参与创建与领导福利组织,由其为企业职工的福利服务,其中还包括建立幼儿园、医疗护理所、运动场以及其他类似场所;

(2)在本法范围内,企业代表会根据唯一程序及其所遵循的规范来确定自己的使命。

第6条　(1)企业代表会或其代表有权在企业中举行集会,可邀请企业主或其指定代表参加,以让他们明白相关事务;

(2)企业主提供给企业代表会相应时段内所需所有物品,以供后者成功开展工作;

(3)企业代表会与企业主须协商决定企业代表会的报告和集会时间。在关于此类事务中,企业代表会成员可参加企业监事会组织的会议。

第7条　企业代表会将其使命同被批准的工会相互合作。

第8条　除了定期开会外,企业代表会必须至少平均在一个季度中召开一次大会,向企业工人与职员完整汇报工作情况。

第9条　企业主既不能阻止企业代表会在其企业中的建立,也不能对企业代表会的行动或其成员的行动施加负面影响。

第10条　一旦企业代表会的行动违背占领当局的目的或同本法相冲突,军事占领当局可以解散企业代表会。

第11条　本法条款也适用于在本法生效之前业已成立的企业代表会。

第12条　所有的德国法规若有同本法相违背者,则被取消,或根据本法进行修改。

第13条　本法在颁布之日开始生效。

资料来源:Jürgen Peters, *Montanmitbestimmung. Dokumente ihrer Entstehung*, Köln: Bund-Verlag, 1979, S.50—53.(孟钟捷译)

附录三 1951年《煤钢共决法》

(全名为《关于雇员在矿业公司与钢铁生产工业
监事会与董事会中共决权的法令》)

第一部分 总 则

第1条 本法所涉及的企业范围

(1) 根据本法的适用范围,雇员在以下企业的监事会以及合法成立的代表组织中具有共决权:(a)这类企业的最主要的生产目的是促进石煤、褐煤或铁矿的采掘,或者是为这些基础资源进行加工、焦化、干馏或压制服务,并且它们在矿业机构的监督之下;(b)钢铁生产企业主要指1950年5月16日盟军最高委员会第27号令(驻德盟军最高委员会公告,第299页)所列举企业,只要这些企业是第27号令意义上的"统一公司",或者以另一种形式继续生产而没有被没收者;(c)同前款所涉及之企业或根据盟军最高委员会第27号令必须被没收之企业相关的企业,若其条件满足条款a或主要产品亦为钢铁者。

(2) 本法只适用于第1款所列企业,其形式包括股份公司、有限责任公司或者拥有独特法人的矿业公司,一般人数在1 000人以上,或者是"统一公司"。

第2条 法律条款的不适用处

在第1条所列企业中,若本法条款同《股份法》、《有限责任公司法》、

《矿法与企业组织法》相违背处,则本法条款不适用。

第二部分 监 事 会

第3条 在有限责任公司与矿业公司中建立监事会

(1) 假如一家有限责任公司或拥有独特法人的矿业公司推动创建第1条意义上的企业,那么根据本法规章,必须建立一个监事会。

(2) 监事会的权利与义务适用于《股份法》的相关条款。

第4条 组成

(1) 监事会由11人组成,其来源是:(a)4名股东代表与另一名成员;(b)4名雇员代表与另一名成员;(c)另一名成员。

(2) 第1款所列之另一名成员不能包括:(a)工会或企业主联合会或这些联合会的高层组织的代表,或者同企业存在服务关系或商业关系的代表;(b)在选举前的最近几年曾经取得过条款a所列之地位;(c)现在正在企业中扮演雇员或雇主角色者。

(3) 所有的监事会成员都具有相同的权利和义务。他们同任何契约或指令毫无关系。

第5条[1] 企业代表会成员的选举

第4条第1款所列之监事会成员,通过法律、章程或公司合同的规定,根据规章或公司合同的指令,成立选举监事会成员的组织(选举机构)。

第6条 选举条例

(1) 第4条第1款所列监事会成员必须包括一名工人和一名职员,他们必须在企业的一家工厂中工作。该公司下属企业的企业代表会在咨询本企业之工会及其领导组织的意见之后,向选举机构提出候选者名单。在制定候选者名单时,应该把工人代表和职员代表各分一个选区。每个选区通过秘密投票选举产生分摊的成员。

(2) 两周之内,根据第1款选举产生的代表必须在通知选举机构之前,告知本企业所归属之工会及其领导机构。假如有充足理由怀疑当选者不能在监事会中共同促进企业福利与整体国民经济,每一个领导机构都可以在两周之内驳回企业代表会的申请。假如企业代表会以简单多数表决结果否决了上述要求,那么企业代表会或者领导组织——任何一方坚持立场者——都可以上诉联邦劳动部长[2];联邦劳动部长的判决是最终结果。

(3) 第 4 条第 1 款 b 所列成员中的 2 名,可以由领导组织在咨询该企业之工会与企业代表会的意见之后向选举机构提出候选人名单。领导组织根据其代表在企业中的情况提出建议;这些建议也应该以合适的方式顾及职工内部的少数团体。

(4) 第 4 条第 1 款 b 所列之另一名成员适用于第 3 款之规定。

(5) 选举机构必须考虑企业代表会与领导组织提出的候选人名单。

第 7 条[3]

第 8 条　另一名监事会成员的选举

(1) 第 4 条第 1 款 c 所列监事会之另一名成员,由选举机构在其他监事会成员的提名下通过选举产生。这一名单由监事会成员全体投票、根据多数原则而决定。他至少应该得到根据第 5 条、第 6 条选举产生的 3 名成员的赞同。

(2) 假如根据第 1 款规定,无法产生候选人名单,或者候选人不能被选上,那么必须成立一个协调委员会。该委员会由 4 名成员组成。根据第 5 条和第 6 条选举监事会成员的方式各选举产生 2 名成员。

(3) 在一个月内,这个协调委员会向选举机构提出 3 名候选人,由选举机构负责选举产生一名成员。假如建立在协调委员会建议基础上的选举由于重要原因而无法进行,特别是当任何一名候选人都不能对企业产生有利影响时,选举机关必须通过决议明确予以拒绝。这一决议必须说明理由。关于拒绝选举的资格问题由协调委员会向企业所在的州高级法院提请判决。在选举机构拒绝协调委员会提出的 3 名候选人名单之后,第二次提名也适用于前列规则(第 2 款到第 4 款)。假如法庭判决驳回选举的决定无效,那么选举机关必须选举候选人中的一名为正式成员。假如法庭判决驳回第二次选举的判决有效,那么就由选举机关自行选择另一名代表。

（4）假如根据第 2 款不能选举产生协调委员会成员，或者协调委员会的现有成员虽然接受了适时的邀请，却不能与会，那么只要 2 名成员可以协同工作，协调委员会（的工作）仍然有效。

第 9 条　15 或 21 名成员的监事会组成

（1）在一家名义资本超过 2 000 万马克的公司中，可以通过规章或者公司合同确定，监事会由 15 人组成。第 4—8 条规章同样适用，但是第 6 条第 1 款和第 2 款的工人代表为 2 名，第 6 条第 3 款所列雇员代表数量为 3 人。

（2）在一家名义资本超过 5 000 万马克的公司中，可以通过章程或者公司合同确定，监事会由 21 人组成。第 4—8 条规章同样适用，但是第 4 条第 1 款 a 和 b 所列成员各增加 2 名，第 6 条第 1 款和第 2 款的工人代表为 3 名，第 6 条第 3 款所列雇员代表数量为 4 人。

第 10 条[4]　做出决议的条件

只要监事会一半以上成员根据本法或规章出席会议，监事会便有权做出决议。《股份法》第 89 条第 1 款 4 同样适用。

第 11 条　《股份法》的适用

（1）第 5 条所列监事会成员适用于股份法第 87 条第 2 款、第 88 条第 4、5 款。[5]

（2）第 6 条所列监事会成员适用于股份法第 87 条第 2 款，同时适用的条令是，提出监事会候选人名单的机构也可以撤回他们的建议。

（3）第 8 条所列监事会成员名单的撤回，至少需要 3 名监事会成员的提案，并且通过法庭，根据重要的理由才能实行。

第三部分　董　事　会

第 12 条　董事会的委任

任命法定代表进入董事会或者撤除任命，均根据《股份法》第 75 条的规定,并通过监事会进行。

第13条　劳动经理的委任

(1)劳动经理是法定代表职业机构中的具有平等权利的成员。劳动经理必须得到根据第6条选举产生的监事会成员之多数赞成票方能产生。这一规定也适用于撤销劳动经理的委任。

(2)劳动经理与法定代表职业机构中的其他成员一样,将其使命同整体机构紧密联系起来。具体规范将由执行条例来说明。

第四部分　结　束　条　例

第14条　生效

(1)本法条例的生效:(a)针对那些在1951年12月31日尚未被盟军最高委员会第27号令所涉及的企业;(b)针对那些根据盟军最高委员会第27号令最终不受控制获得自由、并且获得自由的时间最迟不超过1951年12月31日的企业;(c)针对那些在盟军最高委员会第27号令基础上成立的"统一公司",并且成立时间最迟不超过1951年12月31日的企业;(d)针对现存仍然运行的其他企业,这些企业根据盟军最高委员会第27号令并不属于"统一公司",并且成立时间最迟不超过1951年12月31日的企业。

(2)根据第5、6条进行的首次监事会成员选举,应该在本法生效之后的两个月内进行。

第15条　授权

联邦政府授权,通过法律条文来规范:(a)适用本法规章的条例与公司合同;(b)进行第6条所列候选人名单之程序。

资料来源:Jürgen Peters, *Montanmitbestimmung. Dokumente ihrer Entstehung*, S.207—213.(孟钟捷译)

注　释

［1］第5条第2款在1965年9月6日的《股份法》实行令中被取消。

［2］现在是劳动与社会秩序部长。

［3］该条被1957年7月15日发布的关于更改股份法与共决法条款的法律而被取消。

［4］1957年7月15日关于修改股份法与共决法条款法对此进行了新的调整。

［5］第11条第1款已根据1956年8月7日法进行了修改（BGBl, I, S.797）。

附录四　1952年《企业组织法》

（节选）

第一部分　总　　则

第1条　企业代表会的成立应根据本法之规范。

第2条　工会与企业主联合会的使命不受本法影响。

第3条　只有在辅助企业或企业的一部分在地理上远离主要企业，或其运行区域和组织独立，才能被视作独立企业。

第4条　（1）本法意义上的雇员指工资与薪水领取者以及从事其职业训练之人。

（2）本法意义上的雇员不包括以下人群：a)承担领导责任的雇员，假如他们有权独立决定去雇用和解雇企业或工厂部门的雇员，假如他们具有一般代理权或代表权，或假如他们无须参加强制性职员社会保险，以及由于他们对于企业的存在与发展十分重要，企业主一般会邀请他们参加特殊的人事会议，听取他们的特殊经验与知识；b)那些从事职业的首要目标不是营利而是为了福利或宗教性质的人；c)那些从事职业的首要目标不是盈利而是为了身体康复、调整、道德提升或教育的人；d)与企业主同一家族、具有血缘关系或婚姻关系的亲属。

第5条　（1）本法意义上的工资获得者指的是以下这类雇员，即包括那些从事符合本人职业训练的工作之人、那些强制参加工伤保险之人——即便他们并未参加其他强制保险。那些在家庭内部工作的雇员也被视作工资获得者。

（2）本法意义上的薪水获得者指的是以下雇员，即那些根据薪水获得者保险法第 1 条第 1 款与保险机关所列必须参加强制保险的职业之人，即便他们并不一定要参加强制保险。那些处在薪水获得者培训中的雇员以及从事简单或常规工作的办公人员也应该被视作薪水获得者。

第二部分　企业代表会

第 1 章　组成与选举

第 6 条　所有 18 岁以上、且具有公民权的雇员都有权进行选举。

第 7 条　（1）所有 21 岁以上、且在企业中就业一年以上、具有德意志联邦国会议员选举权的雇员都有被选举权。假如绝大多数雇员与企业主之间达成协议，则可以免除就业一年以上与具有德意志联邦国会议员选举权的条款。

第 8 条　企业代表会应该在所有具有投票权 5 人以上的企业中建立起来，其中 3 名具有被选举权。农业与林业企业中，10 人具有投票权以上者应成立企业代表会，其中至少有 3 人具有被选举权。

第 9 条　（1）企业代表会的组成一般具有下列原则：

5—20 名具有选举权	选举 1 名代表
21—50 名	选举 3 名代表
51—150 名	选举 5 名代表
151—300 名	选举 7 名代表
301—600 名	选举 9 名代表
601—1 000 名	选举 11 名代表
1 001—2 000 名	选举 13—17 名代表
2 001—3 000 名	选举 15—19 名代表
3 001—4 000 名	选举 17—23 名代表
4 001—5 000 名	选举 19—25 名代表

5 001—7 000 名	选举 21—29 名代表
7 001—9 000 名	选举 23—31 名代表
9 000 名以上	选举 25—35 名代表

第 10 条　（1）假如企业代表会成员不少于 3 人,工资获得者与薪水获得者的比例应在企业代表会中体现出来。

（2）少数人职业团体应该在企业代表会委员的选举中获得最低保障:

50 人以下的职业团体	1 名代表
51—200 人	2 名代表
201—600 人	3 名代表
601—1 000 人	4 名代表
1 001—3 000 人	5 名代表
3 001 人以上	6 名代表

（3）假如少数人职业团体的人数少于 5 人,或者比例低于本企业雇员总数的 1/20,则应该不具有代表。

（4）企业代表会成员中的性别比例应同雇员的性别比例相称。

第 13 条　（1）企业代表会的选举采取秘密与直接的方式。

（2）假如企业代表会的成员多于一人,那么工资获得者与薪水获得者应各自选举自己的代表（第 10 条）,但是选举之前无须将两个职业团体分离,而应采取统一的选举方式。

（3）选举应同比例代表制原则相称;只有当提名被接受时,才允许采取多数投票原则。在企业代表会成员只有一名的企业中,该成员的选举通过多数票来表决。同样的方式也适用于只能选举产生一名代表的职业团体。

（4）雇员有权投票决定企业代表会成员的选举提名。每一个提名不得少于 1/3 该职业团体成员、且不得少于 3 名具有选举权成员的签字。在所有情况下,100 名职业团体成员的签名有效。

第 14 条　企业代表会应该最大可能地包含本企业内各行业的雇员代表。

第19条 (1)任何人不得阻碍企业代表会的选举。特别是任何雇员不得被限制他的选举权与被选举权。

(2)企业代表会的选举不得受到任何委员会或不利因素之负面影响,也不得受到任何许诺的正面影响。

(3)选举所需技术费用应该由雇主承担。劳动时间的损失应被视作行使投票权的正常结果……雇员在选举委员会中的行动不应被雇主作为降低工资的理由。

第20条 (1)假如雇员人数临时增加两倍,但不超过20人,且其中包括5名具有被选举权者,那么临时雇员应该通过秘密选举的方式选举产生1名代表,50名临时雇员以上者选举2名代表,100名临时雇员以上者选举3名代表……。

(2)凡拥有5名青年雇员以上的企业中,18岁以下的雇员应该选举1名青年代表。选举规则是:

5—50名青年雇员选举1名青年代表;

51—100名青年雇员选举3名青年代表;

100名以上青年雇员选举5名青年代表;

企业中16—24岁之间的雇员都可以被选举为青年代表。

(3)凡企业因特殊困难无法成立企业代表会,也可以根据集体合同来建立另一种雇员代表组织。假如集体合同或类似协议将会对其他州产生影响,则应获得最高国家劳动机构的认可。企业代表会办公室在企业中的存在时间应通过集体合同予以规范,并且与合同的有效期限相等。根据集体合同建立的雇员代表组织具有企业代表会的权利与义务。

第二章 任期

第21条 企业代表会成员的任期为两年。假如企业代表会已存在,任期从当选之日算起,同时也是上届任期的结束。

第23条 (1)若1/4以上雇员投票表示赞成,或企业主或企业中的工会代表提出要求,劳动法庭有义务以保护法律义务为由,或以无法完成法律使命为由,来判决某成员离开企业代表会,或判决是否应该解散企业代表会。企业代表会也可以要求其成员离职。

第 24 条　企业代表会成员应该在任期结束、雇佣关系结束、失去雇员信任并被告上劳动法庭或有足够理由被证明不能履行义务时,离开岗位。

第三章　内部事务

第 27 条　(1)企业代表会内部选举产生主席及其代表。假如企业代表会包括两个职业团体(第 10 条),那么主席及其代表不应同属于一个职业团体。

第 28 条　假如企业代表会有 11 名或更多成员,应在其中通过多数投票的方式选举产生 3 名委员会成员。同主席及其代表一样,委员会成员也应从工厂代表会中选举产生。这个代表会负责当前事务。工厂代表会必须包括企业代表会中的所代表的职业团体。

第 29 条　(2)……企业代表会主席可以要求召开会议。他决定会议日程,并掌控会议进程。主席必须通过有效通知与日程告知,来邀请企业代表会成员参加会议。

(3)在 1/4 以上企业代表会成员或全体雇员的要求下,主席必须召开会议,安排日程,并包括前者所要求讨论的内容。

(4)在企业主要求召开或被邀请参加的会议上,企业主有权参加会议。他所属企业主联合会的代表也可以跟随他一起参加。

第 30 条　企业代表会的会议不是公共的。它们一般在劳动时间内进行。在安排企业代表会会议时,企业代表会应该充分考虑企业的需求。企业主应该提前获知会议召开的时间。

第 31 条　在 1/4 以上企业代表会成员的要求之下,一名工会代表可参加企业代表会会议,并提供咨询。

第 32 条　(1)企业代表会的决议可通过出席成员的简单多数投票达成。动议可用相同方式予以拒绝。

(2)企业代表会会议的法定人数应不少于总人数的 1/2,允许委托投票。

第 33 条　(1)会议记录至少包括决议文本与投票记录。会议记录应该有主席与其他成员的签名。每一位出席的成员应该在会议记录之后留下手写签名。

（2）假如企业主参与会议，那么他应在会议记录上签名，并得到一份会议记录的副本。

第34条 （1）假如一个职业团体的代表认为，企业代表会的决定严重违背了该职业团体的重要利益，那么该决定应在一周之内暂停实施以便获得雇员的理解，也许还应借助工会的帮助。

（2）对于同一决定的暂停实施要求不得重复。

第35条 在处理特别影响临时雇员利益的事务时，第20条第1款所定义之代表应参加咨询会议。同样，青年代表应有权参加关于青年雇员事务的讨论。

第36条 其他关于企业代表会处置事务的条款将通过相关法律予以规范。

第37条 （1）企业代表会成员在履行义务时不领取报酬，只是行使荣誉工作。

（2）企业主不得以劳动时间减少为由削减工资，劳动时间的多少应同企业规模与类型以及企业代表会的日常工作有关。

（3）根据企业大小与类型的需要，企业代表会的成员应被允许从日常工作中解脱出来。

第38条 在100名雇员以上的企业中，企业代表会应该在同企业主达成特别协议的基础上，在劳动时间内，确定工作时间。

第39条 （1）企业代表会工作的费用应该由企业主承担。

（2）企业主必须为会议、工作时间与处理事务提供必要的空间与技术设备。

第40条 禁止雇员为企业代表会的目的捐款。

第四章 工厂大会

第41条 工厂大会包括企业全体雇员。企业代表会主席主持大会。这种大会不是公共性的。假如由于企业的特殊性质使得所有雇员的联合大会无法召开，允许分别召开大会。

第42条 （1）每季度，企业代表会必须在工厂大会上做工作报告。

企业主应该被邀请与会,并被告知会议日程。他有权在工厂大会上发言。

(2)在企业主的要求、或不少于 1/4 雇员的要求下,企业代表会有权召开工厂大会,并公布会议日程安排,企业主有权要求被告知会议时间。

第 43 条 (1)第 42 条第 1 款所定义的工厂大会以及在企业主主要求下召开的工厂大会应该在劳动时间内举行。在此期间,不应该做其他安排。雇员不得因为参加大会而被扣除工资。

(2)其他工厂大会应在劳动时间之外进行。若同企业主达成协议,则可被视作例外。

第 45 条 本企业的工会代表可参加所有工厂大会,起到咨询作用。假如企业主按照第 42 条的规定参加工厂大会,那么他所归属的企业主联合会的代表亦可随同参加。

第三部分 联合企业代表会

第 46 条 假如一家企业包括数家工厂,那么应该成立一个联合企业代表会,它由个体企业代表会组成。这个组成过程应得到 75% 以上的雇员组成的企业代表会的赞同。

第 48 条 (1)联合企业代表会只有在其决议将影响到整个企业或数个工厂,而且单个工厂无法通过自身解决之时才能工作。它的地位并不高于个体企业代表会。

第四部分 雇员的合作与共决

第 1 章 总则

第 49 条 (1)企业主与企业代表会应该在达成的集体协议框架中以完全信任的态度合作,并同企业相关的工会与企业主代表会合作,共同为企业的生存及其雇员的整体福利而努力。

(2)企业主与企业代表会应该远离那些有可能损害劳动与企业和平的任何事务。特别是企业主与企业代表会不能采取任何工业斗争的手段针对对方。集体谈判的伙伴之间的工业斗争不能产生(负面)影响。

（3）企业主与企业代表会应该每月进行常规讨论。他们必须带着良好的愿望对于所关注的问题进行协商,必须提出可供讨论的另一种解决方案。

（4）只有在任何试图达成企业内部协议的努力失败之后,才能提请调解机关或机构。

第50条 （1）在企业主与企业代表会争议的处理中,若有需要,可成立调解委员会。调解委员会包括企业主与企业代表会指定的对等代表,双方通过选举产生一名中立主席。假如选举主席的统一意见无法达成,那么劳动法庭主席有权予以任命。劳动法庭主席也应该在劳资双方代表无法达成统一意见时做出判决。

（2）调解委员会应该在讨论之后通过简单多数的方式进行表决。

（3）只有当劳资双方都提出要求或都同意接受干预的情况下,调解委员会才能成立。只有当劳资双方都在事先表示接受判决或最终表示接受判决时,调解委员会的判决才生效。

（4）假如调解委员会的判决同本法的其他条例发生关系,那么只有在劳资双方取得一致的情况下,该判决才有效。调解委员会的干涉行动只有在劳资任何一方提出要求的情况下才能付诸实践。假如有一方没有任命代表(第1款),或者任何一方由于通知的缘故没有派遣代表,那么另一方可以单独决定主席与调解委员会的人选。

（5）集体合同可以提供谈判双方愿意成立的调解委员会来取代条款1中所规定的调解委员会,其行动规则也由条款3与4来规划。

第51条 企业主与企业代表会必须认识到,所有参与企业运作的人都必须在原则上遵守司法与公正,尤其是他们不能由于出身、宗教、国籍、来源、政治或工会活动或观念或他们的性别而受到不公正的对待。企业主与企业代表必须让任何党派政治活动远离企业。

第52条 （1）企业主应该联合企业代表会来实行双方都接受的决定,同时该决定不能影响个人事务与其他安排。企业代表会不能借助单边行动来介入到管理事务中。

（2）企业章程应该由企业主和企业代表会共同决定。它们应该形成书面文字，由双方签字认可，并且由企业主在企业的适当场所予以公布，保持容易辨认的状态。

第53条　（1）第20条所定义之企业代表会及其代表不能由于他们的行为而被打扰或在工作中受到限制。

（2）企业代表会的成员、第20条所定义之代表与调解委员会的代表不能由于他们的行动而被判刑。

第54条　（1）企业代表会具有下列一般任务：a）向企业主提出建议，为企业与雇员服务；b）保障有利于现存法律、规范、集体合同与企业章程得以实现；c）搜集雇员的意见——假如它们无法通过司法途径解决，则通过同企业主的协商来为他们解决问题；d）促进企业内部严重伤残者与特别需要保障者的融入进程。

第55条　（1）企业代表会的成员或候补成员都有义务对相关信息或生产与商业秘密保持缄默，这些消息是由于他们作为企业代表会成员而获知的，但企业主强调必须保密。因此，即便在结束企业代表会成员的任期之后，他们也必须保密。这种保密的义务并不针对其他企业代表会成员。

第2章　社会事务

第56条　（1）假如以下事务尚未被法律或集体合同所规范，那么企业代表会应具有共决权：a）每日劳动实践与休息时段的开始与结束；b）支付工资与薪水的地方和时间；c）休假安排的制定；d）职业培训的执行；e）企业内部福利组织的管理；f）企业秩序与雇员行为问题的处理；g）价格与就业的决定；h）支付原则的确立，新支付方式的引进。

（2）假如上述问题无法达成协议，那么只要第50条第3款所形容之规范无法形成，调解委员会应做出判决。

第57条　企业章程特别规范：a）防止工业事故与职业疾病的措施；b）建立企业内部福利组织。

第58条　（1）企业代表会应该特别关注同事故与疾病危险的斗争，应该陪同工厂监督员和其他机构对存在的问题提出建议、意见和信息，应该促使关于劳动保护章程的实施。

（2）在工业安全设施引介与检查时，在企业主、工厂监督员或其他机构展开事故调查时，应向企业代表会进行咨询。

第59条　集体合同一般规范工资、薪水与其他劳动条件。假如集体合同特别对企业章程做出了补充说明，那么单独的企业章程就没有必要起草。

第3章　人事事务

第60条　（1）在20名拥有投票权雇员以上的企业中，企业代表会应该根据本章条款在个人事务中予以合作和共决。

（2）本法意义上的个人事务指的是雇佣、分班、调动和解雇。

第61条　（1）在任何一次深思熟虑的雇佣行为中，企业主都应该告知企业代表会该职业的应聘时间、应聘要求，应该提供应聘者的个人信息。

（2）假如企业代表会对该雇佣行动产生任何疑虑，企业主应该在一周之内用书面方式予以解释。假如双方无法达成一致，企业主有权做出临时雇佣的决定。但是在两个月内，企业代表会可以上诉劳动法庭，要求后者判决该决定缺乏法律基础，拒绝予以支持（第3款）。

（3）企业代表会只有在下列情况下才能拒绝劳动法庭的判决：a）这次雇佣行动违背法律，或违背企业章程或集体合同，或违背法庭判决或官方法令；b）企业代表会的疑惑建立在这样的一个事实之上，亦即仅仅考虑其个人条件而做出的应聘者不适合本工作的结论；c）企业代表会的疑惑建立在这样一个事实之上，亦即应聘者将对其他有能力的雇员产生威胁，或该应聘者具有出身、信仰、国籍、来源、性别、政治或工会行动或观念的问题；d）进一步的疑惑还存在于该应聘者将由于他的反社会或非法举动影响企业和平。

第62条　（1）假如劳动法庭应允了企业代表会的要求，那么临时雇佣关系最迟不得超过该判决之后的14天予以终结。

（2）条款1中所定义内容指雇佣关系终结之日开始，企业主不得随意用临时雇佣的方式雇用职工。

第 65 条　企业代表会应在雇佣或调动条款 4(2)(c)所提到的人时获得正式通知。

第 66 条　(1)企业代表会应该在任何解雇决定之前获得消息。

(2)正常的解雇行动指的是:a)20—50 人之间的企业不超过 5 人;b)50—500 人的企业不超过 25 人;c)500 人以上的企业不超过 50 人。凡此情况,企业主应该尽可能咨询企业代表会关于可接受的雇佣或解雇行为的方式与程度,并且尽可能减少解雇行动所面临的困境。

(3)1951 年 8 月 10 日公布的《反对解雇保障法》并未因此被更改。

(4)假如一名雇员一再用反社会或非法举动严重损害企业和平,那么企业代表会可以要求企业主开除或调动该雇员。假如企业主不同意企业代表会的要求,企业代表会可以请求劳动法庭批准它的要求。假如劳动法庭批准了企业代表会的要求,企业主必须在规定解雇通知期中立即执行企业代表会所提出的措施。

第 4 章　经济事务

第 67 条　(1)为了在企业代表会与雇主之间充满信任的精神中促进双方合作,并确保经济事务的信息沟通,应该在所有 100 名雇员以上的企业中成立经济委员会。

(2)在生产与销售秘密不会因此受到威胁的前提下,经济委员会有权通过文件的方式来获悉经济事务。经济委员会的成员必须在那些也许会影响企业竞争地位的事务上保持缄默。

(3)条款 2 上的经济事务包括:a)生产与劳动方式;b)生产计划;c)企业的经济情况;d)生产与销售情况;e)其他在根本上影响到企业雇员利益的事务。

第 68 条　(1)经济委员会包括 4—8 名成员,至少有一名在企业内部就职的企业代表会成员。经济委员会的成员必须具有能够完成其使命的技术与个人资质。

(2)经济委员会的一半代表由企业代表会在工作时间内任命。假如企业包括若干部门,并且成立联合企业代表会,那么后者应该任命经济委员会的一半代表;在这种情况下,经济委员会成员的办公时间应与联合企业代表会成员的办公时间一致。假如一家企业包含众多部门,但是联合企业代表会还未成立,那么企业代表会的成员将任命一半经济委员会成员;在这种情况下,经济委员会成员的办公时间应同绝大多数企业代表会成员的办公时间一致。

(3)经济委员会的另一半代表由企业主任命;他们的办公时间应同条款2所规定的成员的办公时间一致。

(4)假如劳资双方都无法任命自己的成员,或他们的成员在缺乏充足理由的前提下缺席会议,那么经济委员会只要一半成员出席即可行动。

第69条 (1)经济委员会应该每月召开一次会议。

(2)在经济委员会的2名成员的要求下,企业主在他自己或代表无法与会的情况下,必须派遣全权经理或专家来解释相关事务。

(3)在一季度之内,企业主连同经济委员会与企业代表会必须告知雇员企业的状况与发展。

(4)年报必须在企业代表会在场的情况下向经济委员会提交。

第70条 (1)假如第67条意义上所涉及的经济事务之信息没有完全公开,或者没有完全按照经济委员会一半成员的要求公开,那么该争论应由企业主与企业代表会协商解决。

(2)假如企业主与企业代表会无法达成一致,那么调解委员会可以做出判决。第50条第5款不适用于这种情况。

第72条 (1)在20名具有投票权雇员的企业中,企业代表会有权在将引发严重伤害雇员结果或部分伤害雇员结果的企业变动之时,参与共决。条款1中的企业变动之含义是:a)缩减或削减整个企业或大部分企业;b)转移整个企业或大部分企业;c)与其他企业合并;d)企业目标或企业装备的根本性变动,不再依据市场条件而变化;e)引进完全新的劳动方式,而这种引进并非完全适应或服务于技术革新。

(2)假如劳资双方无法达成利益一致,那么企业主或企业代表会都可以要求官方机构予以调解。假如这一点不能做到,或调解努力不成功,企业主或企业代表会在双方都不反对的情况下,可成立一个双方代表参加、中立者担任主席的调解委员会。

第 73 条　（1）企业主与企业代表会应该向调解委员会提出明确的争议解决方案。调解委员会应该努力让双方达成协议。假如双方达成协议，那么该协议应该以书面形式表达，并且具有劳资双方与主席的签名。

（2）假如双方无法达成一致，那么调解委员会应根据自己的意图，提出争议解决方案；这份方案应该同劳资双方的方案分开。除非企业主与企业代表会同意采取其他表决方式，否则协议的表决以简单多数原则进行。调解委员会主席应在协议上签字。除非劳资双方明确表示无需解释，否则该协议上应写明调解日期与原因。

第 5 章　雇员在监事会中的参与

第 76 条　（1）股份公司或有限责任公司监事会中的 1/3 成员必须是雇员代表。

（2）符合本法第 7 条所规定条件的本企业之雇员通过普遍的、秘密的、公平的与直接的选举方式，产生雇员代表，参加监事会。这些成员的法律地位等同于股东大会选举产生的监事会成员。具有被选举资格的一名雇员必须是积极参与本企业生产的雇员。两名或更多的具有被选举资格者必须包括 2 名以上的本企业雇员，其中一名是工资获取者，一名是薪水雇员。假如女性职工的比例大于本企业职工总数的一半以上，那么她们至少应在监事会中有一名代表。

（3）候选人名单由企业代表会与雇员提出。任何候选人名单不可包含已经被选举成为监事会成员者。候选人名单必须得到不少于 1/10 本企业具有投票权雇员的签名，或者不少于具有投票权的 100 名以上的雇员的签名。

（4）在选举康采恩监事会的雇员代表中，独立企业的雇员也可以参与其中。在这种情况下，选举应该通过合格选举人来进行。

（5）在雇员代表作为企业代表会成员的任期截止，或本企业具有投票权雇员的 1/5 以上赞同的前提下，监事会中的该代表应终止他的资格。该决定还应通过多数人投票（至少 3/4 以上）来做出。本条第 2 款和第 4 款的规定也适用于本款。

（6）对于股份公司是母公司且雇员不到 500 人者，雇员参与监事会的条款不适用。

第 77 条 (1) 监事会应在有限责任公司与 500 名雇员以上的矿业公司中成立。

(2) 假如监事会存在于拥有 500 名雇员以上的共同生活保险公司中,那么第 76 条同样适用于这些公司。监事会成员的人数应保证在 3 的倍数。

(3) 本法第 76 条适用于拥有 500 名雇员以上的国产与消费合作公司。监事会成员的人数应保证在 3 的倍数。监事会必须至少在每季度集合一次。

第五部分 惩 罚 条 款

第 78 条 (1) 罚款或 6 个月以下监禁的惩罚必须针对具有下列行为者:a)故意阻碍本法规定的企业代表会、联合企业代表会与本法第 20 条所定义之代表,或监事会中的雇员代表者,或者采取威胁和利诱的方式施加影响。b)故意阻碍或扰乱企业代表会、联合企业代表会、本法第 20 条所定义之代表、经济委员会、协调委员会或监事会中雇员代表活动者。c)故意对企业代表会、联合企业代表会、调解委员会、经济委员会或本法第 20 条所定义之代表或监事会中的雇员代表的行动具有偏见者。d)故意不完成、虚假或延迟完成第 61 条第 1 款、第 66 条第 2 款、第 67 条第 2 款、第 69 条第 3 款和第 4 款、第 71 条所定义之解释性或非正式性的义务。

(2) 任何人若由于第 1 款所定义之行为而有意导致企业、部门或雇员受损,则应受到一年以下的监禁惩罚。此外,还可进行罚款。

(3) 任何人若无理地从事第 1 款所定义之行为,则应受到最高 5 000 马克的罚款。

(4) 受惩罚者的经济获益应被考虑在惩罚尺度的衡量中。

(5) 起诉者应由企业代表会、选举委员会或企业主担当。起诉请求应在 4 周内得到回应,日期从企业代表会、联合企业代表会或企业主知晓事实之日算起。允许驳回上诉。

第六部分　介于过渡期的条款

第 81 条　(1) 第 67—77 条不适用于那些具有明显政治性、工会性、福利性、慈善性、教育性、科学性与艺术性目标的企业。本法的其他条款只有在企业的特殊性质不违背的情况下适用。

(2) 本法不适用于宗教联合会及其慈善与教育机构,无论它们是否具有合法的形式。

第 85 条　(2) 本法关于监事会中雇员代表的条款不适用于 1951 年 5 月 21 日《煤钢共决法》的第 1 条所界定之企业。

第 88 条　(1) 本法不适用于联邦、州、社区与其他团体和公法机构的企业。该领域将通过一部特殊法律来规范。

(2) 直到本条第 1 款所规定之生效日期来临之前,本法的条款不具有法律效力。

(3) 本法不适用于海事与空运企业。该领域将通过一部特殊法律来规范。

(4) 直到本条第 3 款所规定之生效日期来临之前,本法的条款只能适用于州的海事与空运企业。

第 90 条　在本法生效之日起,在不影响第 88 条第 2 款之规定的条件下,废除州立法中关于企业代表会与企业代表会选举的条款。现存的企业章程在终止 6 个月前实行通知;在本法生效之日后,应有 3 个月的生效期通知;在每季度末,应进行短期通知。

第 92 条　本法在公布之日后一个月生效。(1952 年 11 月 14 日)

资料来源:John P. Windmuller, "German Codetermination Laws", *Industrial and Labor Relations Review*, Vol.6, No.3(Apr.1953), pp.404—416.(孟钟捷译)

附录五 1972年《企业组织法》

第一部分 总 章

第1条 企业代表会的建立:在一般不少于5名具有选举权的固定雇员、且其中有3名雇员具有被选举权的企业中,选举企业代表会。

第2条 工会与企业主联合会的地位:

(1) 企业主和企业代表会在充分信任与重视相应的集体合同条件下工作,并为了雇员和企业的福利,同企业中的工会与企业主联合会一起工作;

(2) 为了维护本法所规定的企业中工会的使命和权限,工会在咨询企业主或其代表的情况下可派遣它的代表前往企业,前提是企业生产没有处于紧急时刻,没有违背必要安全准则或遵守企业机密;

(3) 本法并没有涉及工会与企业主代表会的使命,尤其是维护其代表的利益。

第3条 支持要求的集体合同:(1) 集体合同可以确定:

a) 雇员代表符合《企业组织法》额外所确定的就业方式或劳动范围(职业团体),只要根据集体劳动合同的条件,这些规定有助于促进企业代表会与雇员之间有目的的共同劳动。

b) 由于成立企业代表会遇到困难或阻碍,(集体合同)为企业成立其他雇员代表组织。

c）若碰到背离第4条所规定的企业分部和下级企业的情况，（集体合同）可通过成立雇员组织来解决问题。

（2）根据第1款所达成的集体合同，应得到州最高劳动机关的批准；适用范围涉及更多州的集体合同则需要得到联邦劳动与社会秩序部批准。在批准该集体合同之前，涉及的劳资双方、对该集体合同利益相关的工会与企业主联合会，以及该集体合同延伸所到的州的最高劳动机构，应有机会递交书面意见，以及通过口头或公开会议的方式表达（意见）。

（3）根据第1款第2点所达成的集体合同一旦生效，则在此集体合同所涉及的企业中已经存在的企业代表会任期结束；通过该集体合同所成立的雇员组织拥有企业代表会的权限与义务。

第4条　下属企业与企业分部：企业分部被视作独立企业，只要它符合第1条所规定的条件，以及

（1）在地理上与主企业远离，或

（2）它的任务范围和组织具有独特性。假如下属企业不符合第1条的条件，则隶属于主企业。

第5条　雇员：（1）本法意义上的雇员包括不同职业训练的工人与职员。

（2）本法意义上的雇员不包括：

a）法人企业或由法人法定代表所要求成立的组织的成员；

b）公共商贸公司的合伙人，或另一种合伙公司的成员，只要他们是通过法律、章程或公司合同在其企业中代表合伙公司或作为执行经理；

c）那些从事职业的主要目的不是为了就业，而是为了慈善或信仰目的的人；

d）那些从事职业的主要目的不是为了就业，而是为了医疗、再适应、改善精神状态或教育目的的人；

e）在家族产业中与企业主一起生活的配偶、亲属和第一层姻亲。

（3）假如没有特别规定的话，本法不适用于领导职员。领导职员是那些根据劳动合同与企业或工厂的地位，

a）在企业中拥有独立的安置与解雇（权利），或在企业部门中有权安

置与解雇就业者,或者,

b) 拥有全面权力或代理权,在同企业主的关系上具有并非不明显的代理权,或者,

c) 一般拥有特别使命,来特别维护企业或工厂的状态与发展,即便他在决断时本质上还不能脱离指令,也不能不受到权威性的影响,但是他能够满足特别经验和知识的要求;这些权力还在预先规定,特别是在权利规章、计划或章程中得以规范,他还有权同其他领导职员共同合作。

(4) 根据第3款第3点,领导职员存在特例的情况是:

a) 根据最近一次企业代表会选举、代表小组选举,或雇员的监事会代表选举,或通过具有法律效力的法院判决,将领导职员归入其中的;

b) 虽然属于领导层,但在企业中,占优势者正是领导职员,或者,

c) 接受针对企业中的领导职员的一般的固定年薪者,或者,

d) 假如在适用第c点时仍然存在疑问,那么一般年薪值超越《社会法》第四本第18条所规定的参考数值的3倍以上。

第6条　工人和职员:(1) 本法意义上的工人包括根据不同职业训练在内的工人,他们从事具有参加老年保险义务的工作,即便他们本身不具有保险义务。工人也指从事家庭手工业劳动、且主要任务是为企业生产的就业者。

(2) 本法意义上的职员指从事《社会法》第6本所规定的职员工作的雇员,即便他们本身不具有保险义务。职员也指处于通往职员工种的培训阶段者,也指那些在家庭手工业中劳动,且主要任务是为企业从事职员行为的就业者。

第二部分　企业代表会、企业大会、总企业代表会与康采恩企业代表会

第一节　企业代表会的组合与选举

第7条　选举资格:所有18岁以上的雇员均有选举权。

第8条　被推选的条件:(1)所有在本企业工作6个月,或在手工业

企业中从事主要工作的具有选举权的雇员均符合被推选的条件。6个月的企业工作时间可以包括在该企业所属公司或康采恩(《股份法》第18条第1款)所辖的另一企业中的工作时间。由于刑事法庭做出的判决而丧失公共投票权者不能被推举。(2)假如在该企业的工作时间少于6个月,那么那些虽然违背第1款对于6个月工作期限规定,但因参与在企业内部企业代表会选举的准备工作,并满足推选的其他条件的雇员,仍有权被推选。

第9条　企业代表会成员的数量:企业中的企业代表会一般

5—20名具有选举权的雇员中,选举1名

21—50名具有选举权的雇员中,选举3名

51—150名具有选举权的雇员中,选举5名

151—300名具有选举权的雇员中,选举7名

301—600名具有选举权的雇员中,选举9名

601—1 000名具有选举权的雇员中,选举11名

1 001—2 000名具有选举权的雇员中,选举15名

2 001—3 000名具有选举权的雇员中,选举19名

3 001—4 000名具有选举权的雇员中,选举23名

4 001—5 000名具有选举权的雇员中,选举27名

5 001—7 000名具有选举权的雇员中,选举29名

7 001—9 000名具有选举权的雇员中,选举31名

在超过9 000名雇员的企业中,雇员人数每增加3 000人,企业代表会成员的数量增加2名。

第10条　少数族裔职业团体的代表:(1)工人与职员的人数比例必须反映在企业代表会中的代表数量中,只要两者在至少3名(企业代表会)成员中拥有代表。

(2)少数人职业团体至少包含的比例是:

50人以下　　　　　　　1名代表

51—200名　　　　　　 2名代表

201—600名　　　　　　3名代表

601—1 000 名	4 名代表
1 001—3 000 名	5 名代表
3 001—5 000 名	6 名代表
5 001—9 000 名	7 名代表
9 001—15 000 名	8 名代表
15 000 名以上	9 名代表

（3）假如少数族裔职业团体的人数不超过 5 人，而且不到该企业雇员总数的 1/20，那么该少数人职业团体没有代表。

第 11 条　企业代表会成员数量的减少：假如一家企业无法达到具有选举权的上一级雇员数量，那么企业代表会成员的数量则按照下一级企业规模来计算。

第 12 条　企业代表会席位的不同分配：（1）假如在选举之前，两个职业团体用分开而且秘密的投票方式决定，按照职业团体的分配，企业代表会成员（的组成）可以不同于第 10 条的规定。

（2）每一个职业团体也可以选举另一个职业团体的成员。在这种情况下，被选举者既被视作其归属的职业团体的成员，也被视作选举他的那个职业团体的成员。他也可以是替补成员。

第 13 条　企业代表会选举的时间点：（1）企业代表会选举一般在每 4 年的 3 月 1 日到 5 月 31 日举行。它同《代表小组法》的第 5 条第 1 款的常规选举同时发生。

（2）在这段时间外，企业代表会在下列情况下必须选举产生：

1. 在期满 24 个月后，在法定选举之前，定期就业雇员的数量突然增加或减少一半，至少达到 50％。

2. 在增加全部替补成员之后，企业代表会成员的总数仍然比预定企业代表会成员数量下降。

3. 企业代表会的成员多数表决，决定辞职。

4. 企业代表会的选举被成功认定为无效。

5. 法庭判决企业代表会必须解散。

6. 企业中还没有存在企业代表会。

（3）假如在为常规企业代表会选举所确定的时间段外,仍举行了企业代表会选举,那么该企业代表会必须在下一次固定企业代表会选举时间段中举行新选举。假如企业代表会的任期在下一次固定企业代表会选举时间段开始前不足一年,那么该企业代表会在再下一次固定企业代表会选举时间段中举行新选举。

第 14 条　选举条例:(1)企业代表会通过秘密与直接的方式选举产生。

（2）假如企业代表会的人数超过一人,那么工人与职员通过分开的选举途径各自选举自己的代表,这就是说,两个职业团体的具有选举权的成员在新选举之前,达成彼此分离的、秘密的方式来进行统一选举。

（3）根据比例选举制来进行选举:假如只收到了一份选举建议名单,那么该选举根据多数选举原则来进行。

（4）在企业代表会由一人组成的企业中,这一名代表由简单多数选举产生;这种选举方式同样适用于只有一名代表进入企业代表会的职业团体。在第一句话的情况中,替补成员必须通过分开选举的方式产生。

（5）为了企业代表会的选举,具有选举权的雇员和在企业中的代表工会可以提出选举建议名单。

（6）雇员的每一份选举建议名单都必须得到 1/20 具有选举权和至少 3 名具有选举权的职业团体成员的署名;在 20 名雇员以下的企业中,需要得到 2 名具有选举权的雇员的签名;在 20 名雇员以下的职业团体中,需要 2 名具有选举权的雇员签名。这种情况也符合具有 50 名选举权的职业团体。

（7）假如根据第 2 款达成统一选举,那么每一份选举建议名单都必须得到 1/20 具有选举权的雇员的署名;……

（8）工会的每一份选举建议名单必须得到 2 名代理人的签名。

第 15 条　根据就业方式与性别的组合:

（1）企业代表会应该尽可能地从单个企业部门与非独立的下属企业的雇员中产生。它也应该尽可能注意到企业就业者中不同就业方式的雇员。

（2）应根据数量比例选举产生相应比例的性别代表。

第 16 条 选举委员会的委任：（1）在本届任期结束的至少 10 周前，企业代表会应成立一个由 3 位具有选举权者组成的选举委员会，并由其中一人担任主席。企业代表会可以提高选举委员会成员的数量，只要它能够顺利、有秩序地执行选举任务。在这种情况下，选举委员会必须保持奇数。若选举委员会的成员遭到反对，可以增选替补成员。在同时拥有工人和职员的企业中，选举委员会必须拥有两个职业团体的代表。参与企业的每一个工会可以额外派遣一名企业之外的代理人参加选举委员会，但是他不具有投票权。在拥有男女雇员的企业中，选举委员会应该同时包括男女代表。

（2）假如在企业代表会任期结束前 8 周，选举委员会仍然没有成立，那么在至少由 3 名具有选举权的雇员或参与企业的工会的一名代表提出的要求之下，劳动法庭可以任命一个（选举委员会）；第 1 款的内容同样适用于这种情况。在上述要求中，代表可以提出选举委员会的组成建议。劳动法庭可以为拥有 20 名雇员以上的企业制定与企业相关工会的代理人参加选举委员会，即便他不是该企业的雇员，只要这种安排有利于有秩序地执行选举。

第 17 条 选举委员会的选举：（1）假如在满足第 1 条所规定的条件的企业中，还没有企业代表会，则由企业大会根据参加雇员的多数选举产生一个选举委员会。第 16 条第 1 款适用于这种情况。

（2）在这种企业大会上，3 个具有选举权的雇员或应邀参加该大会的与该企业相关的工会之一名代表，可以提出选举委员会的组成建议名单。

（3）假如尽管发出邀请，但仍然没有举行企业大会，或企业大会没有选举产生选举委员会，那么在至少 3 名具有选举权的雇员或与该企业相关的工会之一名代表的要求下，劳动法庭可以任命一个选举委员会。第 16 条第 2 款适用于这种情况。

第 18 条 选举的准备和执行：（1）选举委员会立即着手准备选举、执行选举，并确定选举结果。假如选举委员会没有履行该义务，那么在至少3名具有选举权的雇员或与该企业相关的工会之一名代表的要求下，劳动法庭可以取消它。第16条第2款适用于这种情况。

（2）假如对下属企业或企业部门是否是独立的还是归属于主企业存在疑问，那么企业主、每一个参与的企业代表会、每一个参与的选举委员会或者与该企业相关的工会之一名代表在选举之前，可以要求劳动法庭来决断。

（3）在选举结束后，选举委员会立即公开唱票，将其结果刊登在记录本上，并让企业雇员知晓。选举结果也必须告知企业主及与该企业相关的工会。

第18条a　选举中领导职员的归属：（1）假如根据《代表小组法》第13条第1款和第5条第1款的规定而同时举行选举，那么选举委员会在确立选举名单后立即——至少在选举准备的2周前——做出决定，哪一种职员属于领导职员。假如并不存在法律规定的同时举行的选举义务，上述要求同样适用。假如选举委员会对于归属问题无法达成一致意见，那么它们可以联合开会达成一致。只要它们达成一致意见，不同的职员团体就应进入各自的选举建议名单中。

（2）假如它们无法达成一致意见，那么至少在选举举行的一周前，由一名调解者努力协调选举委员会对归属问题的相互理解。企业主对该调解者提出的要求应予支持，特别是回答他所提出的问题，并提供相应的设施。假如相互理解的努力仍然没有成功，那么该调解者可以在咨询企业主后做出决定。第1款第三句话适用于此。

（3）对于调解者的人选，选举委员会必须达成一致。调解者可以是该企业或该公司另一企业的就业者，或由康采恩或企业主任命。假如这种一致无法达成，那么选举委员会可以各自提出一名人选作为调解者，通过抽签的方式来决定谁成为调解者。

（4）假如根据第13条第1款或第2款无法同时举行《代表小组法》所规定的选举，那么选举委员会可以通知与第1款第一句话相适应的代表小组。只要对归属问题无法达成一致意见，代表小组就必须任命成员，来参加选举委员会关于划分程序的讨论。假如根据《代表小组法》的第5

条第 1 款或第 2 款进行的小组无法同时在本法选举的同时进行,那么第一句话和第二句话也适用于相应的企业代表会。

（5）法律不能由于划分的缘故而成为例外。企业代表会选举的撤销或者根据《代表小组法》的选举是例外,只要它们得到支持,而且这样的划分具有差错。只要划分明显存在差错,第二句话就不适用。

第 19 条　选举的撤销:（1）假如（选举）违背关于选举权、被推选权或选举程序的根本规定,而且更正行动不及时,从而由于这种违背行为使得选举结果不可更改,或者可能受到影响,选举可以被劳动法庭撤销。

（2）至少有 3 名具有选举权的雇员,一名与该企业相关的工会代表或企业主才能提出撤销（的请求）。选举撤销只能发生在选举结果公布 2 周有效期内。

第 20 条　选举保障与选举费用:（1）任何人不得阻止企业代表会的选举。特别不能缩小雇员运用积极或消极选举权的权利。

（2）任何人不得通过提出附加要求、或者以负面影响为威胁、或以批准或许诺好处等方式来影响企业代表会的选举。

（3）选举的费用由企业主承担。因履行选举权、参加选举委员会的活动或作为调解者（第 18 条 a）而造成的劳动时间的耽误,不能成为企业主减少劳动报酬的合法理由。

第二节　企业代表会的任期

第 21 条　任期:企业代表会的一般任期为 4 年。任期从选举结果公布开始,或者,假如此时仍然存在另一个企业代表会,则从后一个企业代表会任期结束时算起。任期最迟在到期那一年的 5 月 31 日结束,此时,根据第 13 条第 1 款的规定,应举行例行企业代表会选举。在第 13 条第 3 款第二句话的情况下,任期最迟在到期那一年的 5 月 31 日结束,那时企业代表会必须新选产生。在第 13 条第 2 款第一和二点的情况下,任期从选举结果公布、新选举产生企业代表会之日开始算起。

第 22 条　企业代表会事务的延伸:在第 13 条第 2 款第 1—3 点的情况下,企业代表会可以继续其事务,直到新的企业代表会选举产生,选举结果公布为止。

第23条　法定义务的侵犯:(1)至少1/4具有选举权的雇员、企业主或者与该企业相关的工会代表,可以在劳动法庭上以粗暴损害法定义务为名,要求开除企业代表会的成员,或解散企业代表会。开除企业代表会的成员也可以由企业代表会提出。

(2)假如企业代表会被解散,那么劳动法庭应该立即为新选举成立一个选举委员会。第16条第2款对此适用。

(3)当企业主粗暴侵犯本法规定的义务时,企业代表会或与该企业相关的工会可向劳动法庭提出申诉,要求法庭停止企业主的决定,搁置他的决议,纠正他的行为或将之付诸实践。假如企业主违背法律所赋予他的使命,那么劳动法庭则有权以违法罪判决他交纳规定罚金。假如企业主没有执行法律所赋予他的使命,那么劳动法庭有权认定,企业主必须通过强制性罚金来完成他的使命。向劳动法庭申诉的权利由企业代表会或与该企业相关的工会来承担。规定罚金与强制性罚金的最高限额为20 000德国马克。

第24条　成员的失效:(1)企业代表会的成员在下列情况下失效:

1. 任期结束;

2. 放弃企业代表会的职位;

3. 劳动关系结束;

4. 丧失被推选权;

5. 被法庭判决从企业代表会中除名,或企业代表会解散;

6. 根据第19条第2款所规定的期限,通过法律来宣判不具有被推举权,而且不再具有空缺。

(2)所属职业团体关系的变更之时,由团体选举产生的企业代表会成员。这同样适用于候补成员。

第25条　候补成员:(1)假如企业代表会的一名成员被除名,那么由候补成员接替他的职位。这也适用于被暂时受到阻碍的企业代表会成员的职位。

(2)候补成员从选举建议名单上未被选举产生的雇员中挑选而出,他们都属于未来有权取代的成员。假如选举建议名单没有多余人选,那么这一份选举建议名单的候补成员的挑选则根据比例选举制产生。假如被挑选者或被阻止者通过多数选举制产生,那么在考虑到第 10 条和第12 条的规定的情况下,候选成员按照他们所得到的赞成票数的多少来决定先后顺序。

(3) 在第 14 条第 4 款的情况下,上述第 1 点所带有的暗示是,被选举上的候补成员接替职位或由其接受代表职位。

第三节　企业代表会的管理

第 26 条　主席:(1) 企业代表会从成员中间选举主席及其副手。假如企业代表会由两个职业团体的代表组成,则主席及其副手的人选不应同属一个职业团体。

(2) 假如参加企业代表会的职业团体代表不少于 1/3,则该职业团体可从其成员中推荐一名主席候选人。企业代表会从两个职业团体提出的候选人中选举产生企业代表会的主席及其副手。

(3) 企业代表会的决议由企业代表会主席(主持),或在其无法履行职务时由副手处理。企业代表会主席或在其无法履行职务时副手有权接受企业代表会收到的说明。

第 27 条　企业小组:(1) 假如一个企业代表会拥有 9 个或更多成员,则它可以成立一个企业小组。这个企业小组由企业代表会主席、副手以及通过下列比例从企业代表会成员中产生:

9—15 名成员	产生 3 个小组成员
19—23 名成员	产生 5 个小组成员
27—35 名成员	产生 7 个小组成员
37 名以上成员	产生 9 个小组成员

小组成员由企业代表会成员通过秘密选举和比例代表制选举产生。假如只有一份选举建议名单,则根据多数选举制产生。假如根据比例代表制选举产生小组成员,则只能通过秘密投票的方式,并得到企业代表会成员中的 3/4 多数赞成,才能形成企业代表会决议,召回该小组成员。

(2) 企业小组必须按照两个职业团体在企业代表会成员中的合适比例产生。任何一个职业团体都必须在企业小组中至少拥有一名代表。假如根据第14条第2款,企业代表会是根据分开选举规则产生的,而且每一个职业团体的代表都超过了企业代表会成员的1/10,则由每一个职业团体选择参加企业小组的成员;假如根据第14条第2款,企业代表会是根据统一选举规则产生的,而且每一个职业团体的代表都超过了企业代表会成员的1/3,上述规定仍然适用。第1款第三句话和第四句话适用于职业团体代表的选举;假如从一个职业团体中只能选举产生名企业小组成员,则这名成员通过简单多数方式选举产生。第1款第五句话也适用于由职业团体选择产生的企业小组成员的召回,同时还需要得到该职业团体的决议。

(3) 企业小组领导企业代表会的常务工作。企业代表会在其成员的多数赞成下,可以将自主完成的使命委托给企业小组。这种委托必须采取书面形式。第二句话和第三句话同样适用于撤销该任务的委托。

(4) 企业代表会成员若少于9名,常务工作则由企业代表会主席或其他企业代表会成员承担。

第28条　将任务委托给其他小组:(1)假如成立一个企业小组,则企业代表会也可以成立更多小组,将已确定的任务委托给它们。这些小组成员的选举与召回适用于第27条第1款第三到五句话。只要该小组被委托完成已确定的任务,则第27条第3款第二到四句话同样适用。

(2) 这些小组通过职业团体的组成及其成员的选择和召回适用于第27条第2款。假如该小组接受的任务只契合一个职业团体,则第27条第2款第一、二句话不适用。假如一个职业团体在企业代表会中只有一名代表,则该名代表可以根据第二句话承担所交付的任务。

(3) 假如该小组的成员由企业代表会和企业主共同任命成员,则第1款和第2款同样适用于将自主决断的任务委托给该小组中的企业代表会成员。

第29条　召集会议:(1)在选举日后的一周内,选举委员会根据第26条第1款和第2款召集企业代表会成员进行前述选举。选举委员会主席主持该会议,直到企业代表会从其成员中确定一名选举领导。

(2) 更多的会议由企业代表会主席召集。由他确定日程,并主持会议。主席分发日程安排并邀请企业代表会成员准时参加会议。这同样适用于残疾人代表与青年和学徒工代表，只要它们有权参与该企业代表会会议。假如企业代表会成员或青年和学徒工代表没有参与该会议，则他们应立即将原因报告给主席。主席为不能出席的企业代表会成员、或不能出席的青年和学徒工代表邀请候补者。

（3）主席必须（负责）召集会议，若企业代表会成员的 1/4 或企业主提出要求，他也应对日程安排做出说明。这种要求说明的申请书也可由一个职业团体的多数代表提出，只要该职业团体在企业代表会中至少有 2 名成员。

（4）企业主参加应其要求而召开的会议和他被特别邀请召开的会议。他也可以带着他所属企业主联合会的一名代表参加会议。

第 30 条　企业代表会会议：企业代表会会议一般在劳动时间内举行。企业代表会在决定企业代表会会议时应充分注意到企业的紧急状况。企业主必须事先对会议时间表示理解。企业代表会的会议不是公开的。

第 31 条　工会的参与：在企业代表会的 1/4 成员或一个职业团体的多数代表提议下，与该企业代表会相关的工会的一名代表可出席会议，起到咨询作用；在这种情况下，会议的时间与日程应准时告知工会。

第 32 条　残疾人代表的参与：残疾人代表（《残疾人法》第 24 条）可以参加企业代表会的所有会议，起到咨询作用。

第 33 条　企业代表会的决议：（1）只要本法不做其他规定，企业代表会的决议由出席会议的成员的多数投票形成。提案也可以通过相同多数方式被否决。

（2）只有一半企业代表会成员参与决议制定，企业代表会才有权做出决议；由委托者出席会议是被允许的。

（3）假如青年和学徒工代表参加决议制定，则青年与学徒工代表的投票应被计算入票数中。

第 34 条　会议记录：（1）企业代表会的每一次会议应做记录，至少包括决议全文和投票情况。该记录应有主席和另一名代表的签名。该记录应附加出席名单,并由每一位参与者亲手传阅。

(2)假如企业主或工会代表出席会议,则会议记录相应部分的抄件应转交给他们。若有对该记录的不同意见,则应立即书面递交;它们将作为该记录的附录。

(3)企业代表会成员有权查阅当时企业代表会及其小组的材料。

第 35 条　决议的中断:(1)假如某一个职业团体的多数代表或青年和学徒工代表认为,企业代表会的一项决议将持续损害他们所代表的雇员的重要利益,则根据他们的要求,在决议公布后的一周内,可中断决议,在此期间,双方在企业中的工会代表的协助下,尝试相互理解。

(2)在该期限之后,(企业代表会)可对该事务形成新的决议。假如第一个决议被批准,则中断提案不可重新提起;假如第一个决议做了微不足道的更改,上述规定也同样适用。

(3)假如残疾人代表认为,企业代表会的一个决议将持续损害残疾人的重要利益,上述第 1 款和第 2 款同样适用。

第 36 条　议事日程:关于执行的特别条款应该通过书面的议事日程进行规范,这种议事日程由企业代表会根据其成员的多数投票来决定。

第 37 条　荣誉活动,工作缺席:(1)企业代表会成员的任期工作是无报酬的,是一种荣誉。

(2)企业代表会成员不因他们减少了职业行为而被削减劳动报酬,只有而且只要他们按照企业的范围和(工作)方式仍然以正常的程序完成他们的任务。

(3)为了弥补由于企业条件的原因而不得不在劳动时间之外完成的企业代表会活动,企业代表会成员可以申请恰当的劳动免除以及进一步得到劳动报酬。劳动免除必须在一个月到期之前做出;假如上述要求由于企业条件的原因而无法实现,则损耗的时间如同加班工作那样必须得到补偿。

(4)在任期结束后的一年之内,企业代表会成员的劳动报酬不能比具有通常职业发展的可比雇员的劳动报酬少。这同样适用于企业主的一般拨款。

（5）只要不存在企业的紧急状况，企业代表会成员在任期结束后的一年之内有权从事第4款所指出的那类雇员具有同样价值的工作。

（6）第2款适用于培训与教育机构的参与行为，只要这些知识有利于企业代表会的工作。在确定参与培训和教育机构的时间条件时，企业代表必须注意到企业的紧急情况。它必须及时告知企业主参与培训和教育的人员名单和时间。假如企业主认为，考虑到企业的紧急状况，这种培训和教育是不合适的，则双方可提请调解。调解机构的判决可取代企业主与企业代表会之间的调解结果。

（7）尽管存在第6款的规定，但是企业代表会的成员在其常规任期中，仍然有权要求获得带薪的总共3周参与培训和教育的免费机会，在咨询工会与企业主联合会的高层组织后，州的主管劳动机构认可这种培训和教育机构。对于那些首次成为企业代表会成员、而且此前也从未担任过青年与学徒工代表的雇员而言，根据第一句话而提出的要求可提升到4周。第6款第二到五句话也适用。

第38条　脱产：（1）按照规定，在企业中至少有下列人员必须脱离原来的职业工作：

300—600雇员	1名企业代表会成员
601—1 000名雇员	2名企业代表会成员
1 001—2 000名雇员	3名企业代表会成员
2 001—3 000名雇员	4名企业代表会成员
3 001—4 000名雇员	5名企业代表会成员
4 001—5 000名雇员	6名企业代表会成员
5 001—6 000名雇员	7名企业代表会成员
6 001—7 000名雇员	8名企业代表会成员
7 001—8 000名雇员	9名企业代表会成员
8 001—9 000名雇员	10名企业代表会成员
9 001—10 000名雇员	11名企业代表会成员

在10 000名雇员以上的企业中，每增加2 000名雇员，应有一名企业代表会成员脱产。对于这种脱产的进一步规定可通过集体劳动合同或企

业协商来进行规范。

（2）脱产的企业代表会成员是在向企业主协商之后，由企业代表会从中通过秘密的选举和比例代表制的方式产生。假如只有一份选举建议名单，则根据多数原则选举产生；假如只有一名企业代表会成员可以脱产，则该名企业代表会成员也通过简单多数原则选举产生。应充分考虑到职业团体在企业代表会中的代表比例。假如每一个职业团体在企业代表会中至少有 1/3 名雇员，则每一个职业团体应该拥有代表各自利益的脱产的企业代表会成员；在这种情况下，第一句话和第二句话适用。企业代表会必须把脱产者的名单告知企业主。假如企业主认为，从行业角度而言，脱产是不合适的，则他可以在得到名单后的 2 周内上诉调解机构。调解机构的判决可以取代企业主与企业代表会之间的调解结果。假如调解机构名企业代表会成员不认可企业主的想法，则它必须在考虑到第一句话到第三句话意义中的少数族裔保障的前提下，确定另一名脱产的企业代表会成员。假如企业主没有上诉调解机构，则在 2 周期限过后被认为是对于脱产名单的认可。第 27 条第 1 款第五句话和第 2 款第五句话同样适用于撤销（脱产名单）。

（3）根据第 37 条第 4 款所衡量的劳动报酬的继续支付的时间段，以及根据第 37 条第 5 款针对企业代表会成员的就业时间段，假如该成员有 3 个完全脱产的任期，则时间段拉长到任期结束后的 2 年。

（4）脱产的企业代表会成员有权参加企业内外的职业培训措施。在脱产的企业代表会成员结束任期后的一年内，他必须在企业可能的范围内获得机会，弥补由于脱产而造成的企业所需的职业发展的停滞。对于脱产工作满 3 个任期的企业代表会成员而言，第二句话提到的这个时间段可延长到 2 年。

第 39 条　接待时间：（1）企业代表会可以在劳动时间内确定接待时间。它必须同企业主协商时间和地方。假如双方无法达成妥协，则由调解机构决断。调解机构的决定可以取代企业主和企业代表会之间的协商结果。

（2）假如青年和学徒工代表无法接受接待时间（的安排），则应由一名青年和学徒工代表组织的成员委托第 60 条第 1 款所言之雇员参加企业代表会的接待。

（3）由于负责接待时间，或完成企业代表会的特殊要求而浪费劳动时间，企业主无权以此减少雇员的劳动报酬。

第 40 条 企业代表会的花费和原材料费用：（1）企业代表会存在的日常花费由企业主承担。

（2）企业主必须为大会、接待时间和日常事务提供所需的房间、所用工具和办公室人员。

第 41 条 禁止摊派：决不允许以企业代表会为目的，提高与分摊雇员收入的方法。

第四节 企业大会

第 42 条 组成，分会与部门会议：（1）企业大会由企业雇员组成；它由企业代表会主席主持。它不是公开的。假如由于企业的性质，所有雇员（参加的）大会不能在同一时间举行，则可以召开分会。

（2）若雇员在组织或空间上受到企业部门的局限，则由企业代表会组织召开部门大会，只要这种措施有利于讨论雇员的特殊要求。部门大会由企业代表会的一名成员主持，他应尽量是所召开的企业部门会议的成员。第 1 款的第二句话和第三句话同样适用。

第 43 条 定期企业大会与部门大会：（1）企业代表会每季度必须召开一次企业大会，汇报事务。假如第 42 条第 2 款第一句话的前提成立，则企业代表会每季度必须召开第一句话所提到的企业大会，以部门大会的名义举行。部门大会应尽可能同时举行。企业代表会在每季度可以在举行一次企业大会，只要第 42 条第 2 款第一句话的前提存在，假如出于独特原因，也可以再举行一次部门大会。

（2）企业主在获知日程安排后，必须被邀参加企业大会与部门大会。他有权在大会上发言。企业主或其代表至少在每季度的企业大会上报告一次企业的人事与福利事务、企业的经济状况与发展，只要这些内容不损害企业和管理机密。

（3）企业代表会有权，并在企业主的期望下，或至少得到 1/4 有选举权的雇员之要求下,召开企业大会,并在咨询的情况下确定相应的日程议程。大会召开的时间应建立在企业主的期望基础上,这一点应及时得到理解。

(4) 若得到与该企业相关的工会的要求,企业代表会必须在收到该要求的2周内,按照第1款第一句话的规定,召开企业大会,即便此前尚未召开过一次企业大会与部门大会。

第44条　企业大会应在劳动时间内举行,只要它不致改变企业特性。(1) 参与该大会的时间以及额外所需时间应被列入雇员的劳动时间内。假如该大会由于企业性质的缘故而在劳动时间外举行,上述规定仍然适用;由此所发生的雇员为参与该会而支付的车费必须由企业主支付。

(2) 其他企业大会和部门大会在劳动时间之外举行。若得到企业主的谅解,则可视为例外;在劳动时间内举行的大会,若得到企业主的谅解,企业主无权降低雇员的劳动报酬。

第45条　企业大会与部门大会的主题:企业大会与部门大会可处理的事务包括集体工资政策、社会政策、经济方式、妇女要求问题以及家庭和职业的协调。这些都是企业或其雇员直接碰到的问题;基本法第74条第2款对此适用。企业大会与部门大会可向企业代表会递交提案,并缔结自己的决议。

第46条　代表会的代表:(1) 与该企业相关的工会代表可作为咨询人,参与企业大会或部门大会。假如企业主参与企业大会或部门大会,则他也可以带领他所属的企业主联合会的一名代表一起参加。

(2) 企业大会与部门大会的召开时间与日程议程应通过书面方式及时告知与企业代表会相关的工会。

第五节　总企业代表会

第47条　成立、成员人数、投票权的前提:(1) 假如在一家公司内,存在许多企业代表会,则必须成立一个总企业代表会。

(2) 在总企业代表会中,假如每一个企业代表会包含两个职业团体的代表,则可派遣两名代表参与;假如每一个企业代表会只包含一个职业团体的代表,则可派遣一名代表参与。假如派遣两名代表,则他们不能属于同一职业团体。假如企业代表会根据第 14 条第 2 款的规定，是根据分开选举渠道选举产生，而且每一职业团体在企业代表会中均拥有超过 1/10 的代表，或至少拥有 3 名代表，则每一个职业团体可选择其团体内部的代表；假如企业代表会根据第 14 条第 2 款的规定，是根据共同渠道选举产生，而且每一个职业团体在企业代表会中均拥有超过 1/3 代表，则上述规定同样适用。第一句话到第三句话同样适用于撤销（代表权）。

（3）企业代表会必须为总企业代表会的每一位成员预备至少一名候补成员，并确定接替顺序；第 25 条第 3 款同样适用、第 2 款也适用于确定候补成员。

（4）总企业代表会的成员数量可通过集体劳动合同或企业协商，在同第 2 款第一句话不一致的情况下，另行规范。

（5）假如根据第 2 款第一句话，总企业代表会中有超过 40 名的成员，而且并没有第 4 款规定的集体合同，则在企业代表会与企业主之间必须缔结关于总企业代表会成员数量的企业协商，该协商可以确定该公司的更多企业的企业代表会，它们在地区上相互联系或由于相同形式的利益而彼此结合，（因此）可派遣相同数量的成员参加总企业代表会。

（6）假如在第 5 款的情况下，无法实现调解，则应在总公司中建立一个调解机构。调解机构的判决可取代企业主与总企业代表会之间的协商结果。

（7）总企业代表会的每一名代表具有多重投票权，如在其被选举的企业中，他可以作为其职业团体中的具有投票权的成员，登记在候选名单中。假如企业代表会只派遣了一名代表加入总企业代表会，则他也具有许多投票权，如在企业中成为被登录在选举名单中的具有选举权的雇员。

（8）假如总企业代表会的成员是由多个企业代表会派遣的，则他具有多重投票权，如在他被派遣的企业中，他可以作为其职业团体中的具有投票权的成员，登记在选举名单中；假如一个职业团体派遣了企业代表会的多名代表，则该投票权根据第 7 条第 1 款应被平分。第 7 条第 2 款同样适用。

第 48 条　总企业代表会成员的开除：公司中至少 1/4 具有投票权的

雇员、或企业主、或总企业代表会或与该公司相关的工会,可以严重损害法定义务的缘由,上诉劳动法庭,要求开除总企业代表会的成员。

第49条　成员关系的解体:总企业代表会的成员关系随着企业代表会的成员关系的解体、任期停止、由于法庭判决或企业代表会的撤回人选等缘故而导致的总企业代表会成员被开除而解体。

第50条　权限:(1)总企业代表会有权处理以下事务,即与总公司或多个企业相关,无法通过单个企业代表会在其企业内部得到处理的事务。它并没有优先于单个的企业代表会。

(2)企业代表会可以用多数选举的方式要求它在总企业代表会中的成员,为其处理事务。企业代表会可以保留决定权。第27条第3款第三句话和第四句话对此适用。

第51条　领导机构:(1)总企业代表会适用第25条第1款、第26条第1款和第3款、第27条第3款和第4款、第28条第1款第一句话和第三句话、第3款、第30条、第31条、第34条、第35条、第36条、第37条第1款到第3款,以及第40条和第41条。第27条第1款第一句话和第二句话适用的情况是,总企业小组由总企业代表会主席、其副手和总企业代表会中的成员以下列比例组成:

9—16名代表	3名小组成员
17—24名代表	5名小组成员
25—36名代表	7名小组成员
36名代表以上	9名小组成员

(2)假如每一个职业团体的代表在总企业代表会中至少拥有1/3的投票权,则每一个职业团体可从中建议一名人选成为总企业代表会的主席。总企业代表会从选举名单中选举产生主席与副主席。总企业小组的组成必须考虑到总企业代表会中职业团体代表的相应投票关系。职业团体必须至少拥有一名代表。假如根据第47条第2款第三句话所派遣的总企业代表会的成员人数超过一半,而且每一个职业团体在总企业代表会中至少拥有3名代表,则每一个职业团体应选举产生其代表参加总企业小组。对于其他小组的组成以及通过职业团体选举小组成员等情况适

用于第三句话到第五句话。假如该小组所承担的使命仅仅关系到一个职业团体,则第三句话和第四句话不适用。假如一个职业团体在总企业代表会中只有一名代表,则该代表承担根据第七句话而制定的使命。

(3) 假如必须建立一个总企业代表会,则该公司的主要管理部门的企业代表会,或者——只要还不存在类似的企业代表会——由根据具有选举权的雇员数量的最大企业的企业代表会,必须被邀请来参加总企业代表会的主席与副主席的选举。被邀请参加的企业代表会的主席必须主持会议,直到总企业代表会从其中间确立一名选举领袖。第29条第2款到第4款适用。

(4) 总企业代表会的决议只要不牵涉到其他表决方式,则以出席成员的多数投票来形成。若投票相等,则提案视为被拒绝。只有至少一半成员出席决议会议,并有至少一半成员参加投票时,总企业代表会才具有制定决议的权利;允许由候补成员来代替出席。第33条第3款适用。

(5) 在总企业小组与总企业代表会的其他小组形成决议的问题上,第33条第1款和第2款适用。

(6) 关于企业代表会的权利与义务的条款适用于总企业代表会,只要本法不包含其他特别规定。

第52条 总残疾人代表组织的参与:总残疾人代表组织(残疾人法第27条第1款)可以参加总企业代表会的所有会议,起咨询作用。

第53条 企业代表会大会:(1)总企业代表会每季度至少一次召开企业代表会的主席、副主席以及企业小组其他成员参加的大会。在这个大会上,企业代表会也可以与第一句话的规定不同,从企业代表会中派遣其他成员参加,只要不超越根据第一句话所规定的大会参与者总数即可。

(2) 在企业代表会大会上:

1. 报告总企业代表会的事务;

2. 公司所有者报告人事、社会问题、经济状况与公司发展,只要这些内容不损害企业与经理机密。

(3) 总企业代表会可以用分部大会的形式来召开企业代表会大会。此外,第42条第1款第一句话的后半句和第二句话、第43条第2款第一句话和第二句话以及第45条和第46条适用。

第六节　康采恩企业代表会

第54条　康采恩企业代表会的建立：(1)在康采恩(《股份法》第18条第1款)中，单个总企业代表会可决定成立一个康采恩企业代表会。这一建立决定需要得到康采恩公司中的总企业代表会的赞同，其中覆盖康采恩公司中至少75％的雇员。

(2)假如在一家康采恩公司中只存在一家企业代表会，则该企业代表会根据本节的条款保障总企业代表会的使命。

第55条　康采恩企业代表会的组成、投票权：(1)在康采恩企业代表会中，若两个职业团体都在总企业代表会中拥有自己的代表，则每个总企业代表会可派遣两名成员；若只有一个职业团体在总企业代表会中拥有自己的代表，则每个总企业代表会可派遣一名成员。假如派遣的是两名成员，则他们可以不属于自己的职业团体。假如根据第47条第2款第三句话总企业代表会所派遣的成员多于一半属于同一职业团体，且每一职业团体的代表在总企业代表会中拥有超过1/10的投票权，每一个职业团体在总企业代表会中至少拥有3名代表，则每一个职业团体可以选举自己的团体代表。第一句话到第三句话适用于撤销代表。

(2)总企业代表会必须为康采恩企业代表会的每一位成员预备至少一名候补成员，并确定备选序列。第一款的规定适用于确定。

(3)康采恩企业代表会的每一位成员具有多重投票权，例如作为其职业团体的成员在总企业代表会中具有投票权。假如总企业代表会只派遣了一名成员参加康采恩企业代表会，则该成员具有多重投票权，例如作为派遣他的总企业代表会的成员，在总企业代表会中具有投票权。

(4)康采恩企业代表会成员数量的确立可通过集体劳动合同或企业协商，而不根据第1款第一句话的规定。第47条第5款到第8款适用。

第56条　康采恩企业代表会成员的开除：康采恩公司至少1/4有选举权的雇员、企业主、康采恩企业代表会或与该康采恩公司相关的工会，可以严重损害法定义务的缘由，上诉劳动法庭，要求开除康采恩企业代表会的成员。

第 57 条 成员关系的解体:康采恩企业代表会的成员关系随着总企业代表会的成员关系的解体、任期停止、由于法庭判决或总企业代表会的撤回人选等缘故而导致的康采恩企业代表会成员被开除而解体。

第 58 条 权限:(1)康采恩企业代表会有权处理以下事务,即与康采恩或多个康采恩公司相关,无法通过单个总企业代表会在其公司内部得到处理的事务。它并没有优先于单个的总企业代表会。

(2)总企业代表会可以用多数选举的方式要求它在康采恩企业代表会中的成员,为其处理事务。总企业代表会可以保留决定权。第 27 条第 3 款第三句话和第四句话对此适用。

第 59 条 领导机构:(1)总企业代表会适用第 25 条第 1 款、第 26 条第 1 款和第 3 款、第 27 条第 3 款和第 4 款、第 28 条第 1 款第一句话和第三句话、第 3 款、第 30 条、第 31 条、第 34 条、第 35 条、第 36 条、第 37 条第 1 款到第 3 款,以及第 40 条和第 41 条、第 51 条第 1 款第二句话和第 2 款、第 4 款、第 6 款。

(2)假如必须成立一个康采恩企业代表会,则主要公司的总企业代表会,或者——只要这样的总企业代表会还不存在——由根据具有选举权的雇员数量的最大康采恩公司中的总企业代表会,必须被邀请来参加康采恩企业代表会的主席与副主席的选举。被邀请参加的总企业代表会的主席必须主持会议,直到康采恩企业代表会从其中间确立一名选举领袖。第 29 条第 2 款到第 4 款适用。

第三部分 青年人—学徒工代表组织

第一节 企业中的青年人与学徒工代表组织

第 60 条 成立与使命:(1)在至少拥有 5 名还不足 18 岁的雇员(青年雇员)或处于职业培训阶段、不足 25 岁的雇员的企业中,成立青年人与学徒工代表组织。

(2)根据下列条款,青年人与学徒工代表组织保障第 1 款提到的雇员的特别重要性。

第 61 条 　选举权与被选举权：(1) 所有符合第 60 条第 1 款提到的企业雇员都具有选举权。

(2) 企业中，所有不足 25 岁的雇员均具有被选举权；第 8 条第 1 款第三句话适用。企业代表会的成员不能被选举为青年人与学徒工代表。

第 62 条 　青年人与学徒工代表的数量、青年人与学徒工代表组织的组成：(1) 青年人与学徒工代表在企业中一般组织是：

根据第 60 条第 1 款提到的雇员人数在 5—20 名之间，1 名青年人与学徒工代表

根据第 60 条第 1 款提到的雇员人数在 21—50 名之间，3 名青年人与学徒工代表

根据第 60 条第 1 款提到的雇员人数在 51—200 名之间，5 名青年人与学徒工代表

根据第 60 条第 1 款提到的雇员人数在 201—300 名之间，7 名青年人与学徒工代表

根据第 60 条第 1 款提到的雇员人数在 301—600 名之间，9 名青年人与学徒工代表

根据第 60 条第 1 款提到的雇员人数在 601—1 000 名之间，11 名青年人与学徒工代表

根据第 60 条第 1 款提到的雇员人数在 601—1 000 名之间，13 名青年人与学徒工代表

根据第 60 条第 1 款提到的雇员人数在 1 000 人以上，13 名青年人与学徒工代表

(2) 青年人与学徒工代表组织应该尽可能从企业中根据第 60 条第 1 款提到的雇员中的不同工种和学徒工的代表中选举产生。

(3) (代表)性别应同其人数比例相应。

第 63 条 　选举规则：(1) 青年人和学徒工代表组织应通过秘密、直接和共同的选举途径产生。

(2) 在青年人与学徒工代表组织期满至多 8 周前，企业代表会设立选举委员会，并任命其主席。适用青年人与学徒工代表选举的条款包括

第14条第3款到第5款、第6款第一句话后半句、第7款和第8款、第16条第1款第六句话和第七句话、第18条第1款第一句话和第3款以及第19条和第20条。

(3) 假如企业代表会没有设立选举委员会,或者在青年人与学徒工代表组织期满前至多6周还没有设立选举委员会,或者选举委员会无法履行第18条第1款第一句话的使命,则第16条第2款第一句话和第二句话、第18条第1款第二句话适用于这种情况,此外,青年雇员还可以向劳动法庭递交诉状。

第64条 选举与任期的时间点:(1) 青年人与学徒工代表组织的常规选举每两年在10月1日到11月30日举行。在此时间之外的青年人与学徒工代表组织的选举,适用于第13条第2款第2点到第6点与第3款。

(2) 青年人与学徒工代表组织的常规任期为两年。任期从选举结果公布之日开始,或者,假如此时仍有一个青年人与学徒工代表组织存在,则从该任期结束之日开始。此任期最多在该年度的11月30日结束,期间,应根据第1款第一句话举行常规选举。在第13条第3款第二句话的情况下,任期最多在该年度的11月30日结束,期间,必须选举产生新的青年人和学徒工代表组织。在第13条第2款第二句话的情况下,任期在新选举产生的青年人和学徒工代表组织的选举结果公布之日起结束。

(3) 青年人与学徒工代表组织的成员若在任期中已到25岁,则该成员的任期可保留至该青年人与学徒工代表组织的任期结束。

第65条 执行条例:(1) 适用青年人和学徒工代表组织的条款有第23条第1款、第24条第1款、第25条、第26条第1款第一句话和第3款、第30条、第31条、第33条第1款和第2款、第34条、第36条、第37条、第40条和第41条。

(2) 青年人与学徒工代表组织可根据企业代表会的谅解下举行会议;第29条适用这种情况。在这一会议上,企业代表会主席或受委派的企业代表会成员可以参与其中。

第66条 企业代表会决议的中断:(1) 假如青年人与学徒工的大多

数代表将企业代表会的决议视作对第60条第1款提到的雇员的重要意义产生持续的不利影响,则他们有权要求该决议中断实行一周,以便在此期间,通过与该企业相关的工会之帮助,彼此之间寻求相互理解的途径。

(2)假如第一个决议实行,则要求中断的提议不得重复;假如第一个决议做了微不足道的修改,要求中断的提议也不得重复。

第67条　参加企业代表会会议:(1)青年人与学徒工代表组织可以派遣一名代表参加所有的企业代表会主席。假如(讨论事务)牵涉到第60条第1款提到的雇员,则整个青年人与学徒工代表组织都具有参与权。

(2)只要企业代表会即将达成的决议中的大部分内容牵涉到第60条第1款提到的雇员,则青年人与学徒工代表具有投票权。

(3)青年人与学徒工代表可以在企业代表会中提出第60条第1款提到的雇员所涉及之事务,并要求将之作为最近的讨论内容。企业代表会应将涉及第60条第1款提到的雇员之事务向青年人与学徒工代表组织咨询。

第68条　参与共同商讨:假如企业主与企业代表会之间的商讨事务涉及第60条第1款提到的雇员,则企业代表会须征询青年人与学徒工代表组织的意见。

第69条　接待时间:第60条第1款提到的雇员人数一般在50名以上的企业中,青年人与学徒工代表可在劳动时间内设定接待时间。时间与地点必须通过企业代表会与企业主进行协商。第39条第1款第三句话和第四句话与第3款适用。在青年人与学徒工代表组织的接待时间中,企业代表会主席或一名受委托的企业代表会成员可作为咨询顾问参与接待。

第70条　一般任务:(1)青年人与学徒工代表组织具有以下的一般任务:

1.为第60条第1款提到的雇员服务的措施,特别是在职业教育问题上,为企业代表会咨询;

2.监督适用于第60条第1款提到的雇员之法律、法令、事故预防条款、集体合同与企业协商的执行；

3. 假如它们有权在企业代表会中致力于相关事务，则接受第 60 条第 1 款提到的雇员提出的建议，特别是职业教育问题的建议。青年人与学徒工代表组织必须向第 60 条第 1 款提到的雇员通报会谈的状况与结果。

（2）为了执行它的使命，青年人与学徒工代表必须得到企业代表会的准时通报。青年人与学徒工代表组织可以要求，企业代表会为其执行使命提供所需帮助。

第 71 条　青年人与学徒工大会：青年人与学徒工代表组织可以在每一次企业大会之前或之后，在同企业代表会达成一致意见之后，举行一次企业内部的青年人与学徒工大会。在同企业代表会与企业主达成一致意见后，企业内部的青年人与学徒工大会也可以在其他时间举行。第 43 条第 2 款第一句话和第二句话、第 44 条到第 46 条、第 65 条第 2 款第二句话适用。

第二节　青年人与学徒工代表总组织

第 72 条　建立的前提、成员人数、选举重要性

（1）假如在一家公司中拥有数个青年人与学徒工代表组织，则必须成立一个青年人与学徒工代表总组织；

（2）在青年人与学徒工代表总组织中，每一个青年人与学徒工代表组织可派遣一名代表。

（3）青年人与学徒工代表组织为每一名青年人与学徒工代表总组织的成员至少设定一名候补者，并确定候补者的序列。

（4）青年人与学徒工代表总组织的成员数量可以通过集体合同或企业协商而改变第 2 款的规定。

（5）假如根据第 2 款的规定，青年人与学徒工代表总组织的成员人数超过 20 名，而且也没有第 4 款所规定的集体合同相关条例，则在总企业代表会与企业主之间必须达成一个关于青年人与学徒工代表总组织人数的企业协商，在该协商中，双方需要确定的是，一家公司所属数个企业的青年人与学徒工代表组织在地区层面上，或由于相同利益的缘故，而彼

此结合在一起,派遣代表参加青年人与学徒工代表总组织。第一句话适用于青年人与学徒工代表总组织的解散和派遣候补代表。

(6)假如第5款所提到的情况无法达成一致,则可在总公司成立一个调解机构。调解机构做出的决定可以代替企业主与总企业代表会之间达成的协议。

(7)青年人与学徒工总组织的每一位成员拥有多重投票权,如同在他所被选举的企业中,第60条第1款提到的雇员可在选举建议名单上。假如青年人与学徒工代表总组织的成员被派往更多企业,则他具有更多投票权,在他被派出的所有企业中,第60条第1款提到的雇员可在选举建议名单上。假如青年人与学徒工代表总组织的更多成员被派遣,则它们根据第一句话具有参与投票的权利。

第73条 其他条款的执行与适用:(1)青年人与学徒工代表总组织可以在得到总企业代表会的理解情况下,举行会议。在这一会议上,总企业代表会主席或一名受委托的总企业代表会成员可参与其中。

(2)适用青年人与学徒工代表总组织的条款有第25条第1款和第3款、第26条第1款第一句话和第3款、第30条、第31条、第34条、第36条、第37条第1款到第3款、第40条、第41条、第48条、第49条、第50条、第51条第3款、第4款和第6款、第66款到第68款。

第四部分 雇员的共同作用与共同决定

第一节 一般条款

第74条 共同劳动的准则:(1)企业主与企业代表会应该每月至少共同出席一次协商会。他们必须怀着真诚的愿望,协商处理争议问题,并对调停意见纷争提出建议。

(2)企业主与企业代表会之间的劳动斗争措施是不被允许的;集体谈判规定可进行劳动斗争的双方则是例外。企业主与企业代表会必须排除会对劳动进程或企业和平产生负面影响的措施。它们必须排除企业中实行政党政治的措施;商讨直接涉及企业或其雇员的集体合同政策、社会政策与经济方式的事务则可以例外。

（3）在本法范围内承担使命的雇员不因此缩小在其工会和企业中的使命。

第75条 企业成员处理的原则：（1）企业主与企业代表会必须注意，所有在企业中的工作者根据权利与合理的原则得到对待，特别是，不能由于出身、信仰、国籍、出生、政治或工会的原因，或由于立场，或由于性别，而受到不同对待。它们还必须注意，雇员不能由于不属于某种年龄段而受到负面影响。

（2）企业主与企业代表会必须保障与促进企业中的劳动者个性的自由发挥。

第76条 调解机构：（1）为了调停企业主与企业代表会、总企业代表会或康采恩企业代表会之间的意见分歧，必须建立一个调解机构。通过企业协商，可以成立一个固定的调解机构。

（2）调解机构由双方——企业主与企业代表会——的相同数量代表组成，另设一名中立的主席，双方对该人选必须达成一致意见。假如双方对主席人选无法达成一致，则由劳动法庭任命。假如双方无法达成代表数量，也由劳动法庭决定。

（3）调解机构通过口头选举的方式达成多数结果来制定决议。在制定决议时，主席必须首先弃权；假如无法达成多数票，则主席在进一步咨询之后，可参加新的决议制定。调解机构的决议必须制成书面形式，由主席签名，并转交给企业主和企业代表会。

（4）调解机构程序的进一步规划可通过企业协商来制定。

（5）假如调解机构的决议将取代企业主与企业代表会之间的协商结果，则调解机构必须得到一方的申诉。假如一方没有提出人选，或一方提出的人选尽管得到了通知但却没有出席，则主席与出席成员可根据第3款的规定单独做出决议。调解机构在充分考虑到企业与所涉及雇员的情况下，在充分判断之后，做出决议。企业主或企业代表会可在决议制定后的两周之内，向劳动法庭提出修改决议的要求。

（6）此外，假如双方提出申诉，或双方都同意调解，则调解机构也应该运作。在这种情况下,它的判决可以取代企业主与企业代表会之间的协调结果,即便双方事先已经听从这个协调结果,或已经接受了这个协调结果。

（7）即便根据合法方式所达成的其他条款,其结果也可以被调解机构的判决所取代。

（8）集体合同可以确定,第1款所提出的调解机构成为一个集体工资合同的调解机构。

第76条 a　调解机构的开销:（1）调解机构的开销由企业主承担。

（2）属于企业的调解机构的双方代表不能因为工作而获得报酬;第37条第2款和第3款适用。假如调解机构必须为协调企业主和总企业代表会或康采恩企业代表会之间的意见分歧而建立,则第一句话适用于公司或康采恩公司的一家企业的双方代表。

（3）不属于第2款提到的调解机构的主席与双方代表可向企业主提出报酬的要求。这些报酬的最高限额根据第4款第3句话到第5句话。

（4）联邦劳动与社会秩序部长可以通过法令根据第3款来确定报酬。法令也可以确定最高费用。法令也必须特别留意到所需的时间耗费、争议的困难程度与收入损失。双方代表的报酬不能低于主席。在确定最高费用时,调解机构成员与企业主的合法利益都必须被考虑到。

（5）假如集体合同允许,或者集体工资协议还不存在,则第3款与根据第4款的报酬法令可以通过集体合同或企业协商来改变。

第77条　共同决议的执行、企业协商

（1）企业代表会与企业主之间的协商,只要源于调解机构的判决,企业主必须执行,在个别情况下,可以另行协商。企业代表会不能通过单方面的措施干扰企业领导。

（2）企业代表会与企业主共同做出企业协商,并形成书面文件。它们应由双方签字;假如企业协商源于调解机构的判决,则无须签字。企业主应把企业协商的结果陈列在企业内的合适地方。

（3）由集体合同或其他方式规定的劳动报酬与其他劳动条件不是企业协商的主题。假如集体合同特别允许通过企业协商进行补充规定,上述条款则不适用。

（4）企业协商适用于直接与紧急的情况。假如雇员通过企业协商被赋予权利，则允许他们放弃成立企业代表会的要求。这种权利的事实是必需的。该权利的适用期限 合同或企业协商达成之日算起；上条规定也适用于缩短年限。

（5）只要不出现其他协商方案，企业协商可以有3个月的实行期限。

（6）在企业协商期满之后，它所做出的取代企业主与企业代表会之间协商结果的调解机构的判决，可一直持续到另一项决议出台之日为止。

第78条　保障条款：企业代表会、总企业代表会、康采恩代表会、青年人与学徒工代表组织、青年人与学徒工代表总组织、经济小组、飞机代表组织、船厂代表会的成员、底3条第1款第一点和第二点提出的雇员代表、调解机构的代表、集体合同的调解机构代表（第76条第8款）和企业的申诉机构代表（第86条）在履行使命时不能被干扰或阻碍。他们不能因其行动而受到负面影响或受到嘉奖；这同样适用于他们的职业发展。

第78条a　在特殊情况下对于学徒工的保护：（1）假如企业主注意到，学徒工、青年人与学徒工代表组织的成员、企业代表会成员、飞行员代表组织或船厂企业代表会的成员，在职业培训关系结束后，在不确定的时间内不能再缔结劳动关系，企业主必须在职业培训关系结束前3个月内书面通知该学徒工。

（2）假如第1款提到的学徒工在结束职业培训关系前的3个月内收到企业主要求继续工作的书面通知，则学徒工与企业主之间的职业培训关系应被视作在不确定时间内的劳动关系。这种劳动关系适用于第37条第4款和第5款。

（3）假如职业培训关系在青年人和学徒工代表组织、企业代表会、飞行员代表组织或船厂企业代表会的任期结束后的一年之内结束，第1款和第2款仍然适用。

（4）企业主至少在职业培训关系结束后的两周之内向劳动法庭提出：

1. 确认，根据第2款或第3款的劳动关系不存在；或

2. 取消根据第 2 款或第 3 款建立的劳动关系。

假如事实存在,企业主有理由在考虑了所有情况之后,不再继续雇佣(学徒工)。在劳动法庭中,企业代表会、飞行员代表组织、船厂企业代表会、青年人与学徒工代表组织都可以参与审判。

(5) 第 2 款到第 4 款的运用取决于企业主是否根据第 1 款的规定履行了告知义务。

第 79 条　保密义务:(1) 企业代表会的成员与候补成员有义务不得公开和评价由于他们属于企业代表会成员而被告知的、并且被企业主明确表明需要保密的企业秘密和管理秘密。即便他们被企业代表会所开除,这一条款同样适用。这一义务并不针对企业代表会的成员。它也不针对总企业代表会、康采恩企业代表会、飞行员代表组织、船厂代表会与监事会中的雇员代表和调解机构、集体合同调解机构(第 76 条第 8 款)中雇员代表或企业的申诉机构中的雇员代表(第 86 条)。

(2) 第 1 款在意义上也适用于总企业代表会、康采恩企业代表会、青年人与学徒工代表组织、青年人与学徒工代表总组织、经济小组、飞行员代表组织、船厂企业代表会、第 3 条第 1 款第一点和第二点所建立的代表组织中的雇员、调解机构、集体合同调解机构(第 76 条第 8 款)和企业的申诉机构(第 86 条)中的代表,以及工会或企业主联合会的代表。

第 80 条　一般任务:(1) 企业代表会具有下列一般任务:

1. 监督适用于雇员的法律、法令、事故预防条例、集体合同与企业协商的执行;

2. 向企业主提出在针对企业与职工的措施;

2a. 确立男女事实平等权,特别是在安置、就业、培训、教育和再培训以及职业升迁方面;

3. 接受雇员和青年人与学徒工代表组织提出的要求,假如这些要求合法,则通过与企业主的谈判来确保实施;它必须向相关雇员报告会谈的状况与结果;

4. 要求合理安排残疾人与特别需要保护者;

5. 为青年人和学徒工代表组织的选举做好准备,予以实施,并为此同第 60 条第 1 款提到的雇员实行紧密合作；它可以接受来自于青年人与学徒工代表组织提出的建议和要求；

6. 促进年老雇员在企业中的就业；

7. 促进外籍雇员在企业中的安排,加强他们与德国雇员之间的相互谅解；

(2) 为了实施本法规定的任务,企业代表会必须得到企业主准时与详尽的报告。它应该得到为执行其任务所需设施；在这一范围内,企业小组或根据第 28 条建立起来的小组有权提交关于毛工资与毛薪水的列表。

(3) 企业代表会在执行其任务时,根据最近同企业主达成的协议,应聘请有经验者,只要这种聘请有利于有序完成它的任务。有经验者的保密义务也适用于第 79 条。

第二节　雇员的共同作用与申诉权

第 81 条　雇员的了解权和讨论权：(1) 企业主必须告知雇员关于他们的任务和责任,以及其劳动的方式和他们在企业的劳动进程中的地位。他必须教会雇员在就业之初了解事故与健康威胁,使之在劳动时能够中止(这些威胁)；他必须教会雇员知晓拒绝这些威胁的措施和机制以及根据《劳动保护法》第 10 条第 2 款而制定的相关措施。

(2) 雇员必须准时得知其劳动范围的更改。第 1 款适用。

(3) 在没有企业代表会的企业中,企业主必须听取雇员对于所有可能会影响雇员安全与健康的措施之意见。

(4) 企业主必须告知雇员基于技术设备、劳动程序、劳动进程或劳动岗位方案之上的措施,以及这些措施对于雇员的劳动岗位、劳动环境及其劳动内容和方式的影响。只要确定雇员的劳动将变化,他的职业知识和能力不能完成他的任务,企业主就必须同雇员商讨,如何让他们的职业知识与能力在企业许可的范围内适应未来的要求。雇员可以邀请企业代表会的一名成员参加上述讨论。

第 82 条　雇员的倾听权与讨论权：(1) 雇员有权在涉及其个人的企业事务中,听取主管者关于企业组织改造的设想。他有权知道同其个人相关的企业主的措施,并提出劳动岗位与劳动进程规划的建议。

（2）雇员可以要求，讨论其劳动收入的计算和组成，同他一起评价他的绩效，以及在企业中的职业发展之可能。他可以邀请一名企业代表会成员参加。只要雇员提出要求，这名企业代表会成员必须对会谈内容保持缄默。

第83条　个人卷宗中的评价：（1）雇员有权得到关于他的个人卷宗的评价。他可以邀请一名企业代表会成员。只要雇员提出要求，这名企业代表会成员必须对个人卷宗的内容保持缄默。

（2）雇员对于个人卷宗内容的解释应按照他的要求附后。

第84条　申诉权：（1）每一名雇员在受到企业主或企业雇员的亏待，或不公正对待，或以其他方式的负面影响时，他有权向企业的固定机构提出申诉。他可以邀请一名企业代表会成员参加，作为他的支持者或协调者。

（2）企业主必须答复雇员关于申诉的处理情况，而且假如他认为该申诉有理，则必须予以弥补。

（3）雇员不能因为提出申诉而受到任何负面影响。

第85条　由企业代表会来处理申诉：（1）企业代表会必须接受雇员的申诉，只要它认为该申诉合理，并要求企业主进行补偿。

（2）假如企业代表会与企业主在关于申诉合理方面存在意见分歧，则企业代表会可以要求成立调解机构。调解机构的判决可以取代企业主与企业代表会达成的协调结果。假如申诉是合法要求，这一点不适用。

（3）企业主必须通知企业代表会关于申诉的处理情况。第84条第2款不涉及。

第86条　补充性的协商：申诉程序的个别情况可以通过集体合同或企业协商来达成。在这一过程中需要确定的是，在第85条第2款的情况下，调解机构应为企业内的申诉机构。

第三节　社会事务

第87条　共决权：（1）只要还不存在法律与集体合同的规范，企业代表会在下列事务中具有共决权：

a）企业秩序与企业雇员行为的问题；

　　b) 每日劳动时间的开始与结束,包括休息,以及每周劳动时间的分配;

　　c) 暂时缩短或延长企业正常劳动时间;

　　d) 劳动报酬支付的时间、地点与方式;

　　e) 假如在企业主与所涉及的雇员之间无法达成谅解,则执行一般性的度假原则和度假计划,为个体雇员确定度假的时间条件;

　　f) 引进与运用技术设备,并确认监督雇员的行为与绩效;

　　g) 规划劳动事故与职业疾病的预防,规划在法律条款或事故预防条款范围内的健康保障;

　　h) 构建、组织与管理影响范围集中于企业、公司或康采恩的社会机构;

　　i) 充分考虑到现存的劳动关系,支配与收回雇员租用的房屋,确立一般性的使用条件;

　　j) 企业的工资编造问题,特别是制定支付报酬的原则,引进与运用新的支付报酬方式及其改变;

　　k) 确定计件原则和奖金原则,可以比较的绩效报酬,包括货币因素;

　　l) 关于企业建议方式的原则;

　　(2) 假如对第1款提出的事务无法达成一致意见,则由调解机构决断。调解机构的判决可以取代企业主与企业代表会之间的协调结果。

　　第88条　自由的企业协商:企业协商可以规范下列问题:

　　a) 预防劳动事故与健康损害的附加措施;

　　b) 建立影响范围集中于企业、公司或康采恩的社会机构;

　　c) 促进资产积累的措施。

　　第89条　劳动保护:(1) 在对抗事故与健康威胁方面,企业代表会通过提出建议、提供咨询与答复的方式,支持从事劳动保护的常设机构、法定事故保险的承担者以及其他机构,并在企业中实施关于劳动保障与事故预防的条款。

　　(2) 企业主与第1款提到的机构有义务在所有同劳动保障或事故预防相关的措施和问题以及事故调查时,邀请企业代表会或企业代表会所确认的成员参与其中。企业主必须告知企业代表会同劳动保障与事故预防相关的措施以及第1款提到的机构之条例。

（3）在企业主同根据《社会法》第七版第22条第2款所规定的监督代表的谈判中，企业代表会可派遣成员参加。

（4）企业代表会必须被邀请参加根据第2款和第3款而展开的调查、监督和谈判。

（5）企业主必须当面向企业代表会递交根据《社会法》第七版第193条第5款所规定的、包含企业代表会提出的事故症状的备忘录。

第四节　塑造劳动岗位、劳动进程与劳动环境

第90条　告知与咨询权：（1）企业主应准时告知企业代表会关于下列计划的草案：

a）工厂房屋、管理房屋与其他企业房屋的新建、改建与扩建；

b）技术附件；

c）劳动程序与劳动进程，或者

d）劳动岗位。

（2）企业主必须准时向企业代表会咨询关于未来的措施，以及这种措施对雇员——特别是对于雇员的劳动方式以及由此产生的对于雇员的要求——之影响。企业代表会对于计划的建议和想法可以被考虑在内。企业主与企业代表会应该关注关于劳动的人权规划的确定的劳动法知识。

第91条　共决权：假如雇员由于劳动岗位、劳动进程或劳动环境的变化，而明显受到违背关于劳动的人权规划的确定的劳动法知识，则企业代表会可以采取合适的方式，减轻或平衡由此产生的负担。假如双方无法达成一致意见，则由调解机构决断。调解机构的决断可以取代企业主与企业代表会之间的协调结果。

第五节　个人事务

第一段　一般性的个人事务

第92条　个人规划：（1）企业主必须准时和全面地告知企业代表会关于个人规划、特别是关于当下与未来的个人需求，以及由此所产生的职业教育措施。他必须向企业代表会咨询关于所执行措施的方式与范围以

及避免产生尖锐对立的方式。

（2）企业代表会可以向企业主提出包括第 80 条第 1 款第二点 a 意义上的措施的个人规划及其实施的建议。

第 93 条　劳动岗位的招聘：企业代表会可以要求，被取代的劳动岗位，在被取代之前，一般或按照确定的方式在企业内部进行招聘。他可以要求，这些岗位作为临时工作岗位进行招聘。假如企业主准备用临时工来承担这些劳动岗位，则必须在招聘中标明。

第 94 条　个人调查表格，评价准则：（1）个人调查表格需要有企业代表会的赞同。假如关于调查表格的内容无法达成一致意见，则由调解机构来决断。调解机构的判决可以取代企业主与企业代表会之间的协调结果。

（2）第 1 款适用于书面劳动合同的个人数据，这些数据一般只能运用于企业中，适用于一般性的评价准则。

第 95 条　挑选原则：（1）在安置、代替、转岗与解雇等人事选择上的原则应该得到企业代表会的赞同。假如关于上述原则或其内容无法达成一致意见，则由调解机构来决断。调解机构的判决可以取代企业主与企业代表会之间的协调结果。

（2）在超过 1 000 名雇员以上的企业中，企业代表会可以要求在制定第 1 款第一句话提到的措施之原则时，充分考虑到专业与个人的条件和社会观点。假如关于上述原则或其内容无法达成一致意见，则由调解机构来决断。调解机构的判决可以取代企业主与企业代表会之间的协调结果。

（3）本法意义中的代替是指被派遣到其他劳动领域中，且预计将超过一个月以上，或者同劳动环境的持续变化联系在一起。假如雇员根据其劳动关系的特征通常不常在一个固定的劳动岗位上工作，则那种劳动岗位的确定不被视作代替。

第二段　职业教育

第 96 条　促进职业教育：（1）企业主与企业代表会加强在企业的人事规划范畴，以及促进职业教育和为促进职业教育而建立的雇员职业教育机构的合作。企业主必须听取企业代表会关于企业雇员职业教育问题的意见。为此,企业代表会可以提供建议。

(2) 企业主与企业代表会必须关注,在特别留意企业紧急状况的情况下,尽可能让雇员参与到企业或企业之外的职业教育培训中。它们必须充分留意到老雇员、短期工和具有家庭义务的雇员之重要性。

第 97 条　职业教育的建立和措施:企业主必须向企业代表会咨询关于在企业内建立和配备职业培训机构、引进企业职业培训措施、参与企业之外职业培训措施等事宜。

第 98 条　企业教育措施的执行:(1) 企业代表会在执行企业职业教育措施中具有共决权。

(2) 企业代表会可以对负责实施企业内部职业教育的委托人选提出异议,或要求撤换,假如这一人选在个人方面或专业方面——特别是职业教育和劳动教育方面,不符合《职业教育法》意义上的要求,或者疏忽了他的使命。

(3) 假如企业主执行了企业内部的职业教育措施,或者他允许参与企业之外职业教育培训的雇员放假,或者他全部或部分承担了雇员参与这种培训措施所出现的费用,则企业代表会可对参与这种职业教育培训的雇员或雇员团体名单提出建议。

(4) 假如在第 1 款的情况下,或者根据第 3 款规定的企业代表会提出参与者名单却未达成一致,则由调解机构决断。调解机构的判决可取代企业主和企业代表会之间的协调结果。

(5) 假如在第 2 款的情况下,无法达成一致,则企业代表会可上诉劳动法庭,要求企业主做出让步,收回或撤销该任命。假如企业主违背具有法律效应的法院判决,仍然执行该任命,则劳动法庭根据企业代表会的诉状,以行为危害为由,处以规定罚金;最高规定罚金为 20 000 德国马克。假如企业主违背具有法律效应的法院判决,没有执行撤销任命的判决,则劳动法庭根据企业代表会的诉状,认定企业主必须通过强制罚金来执行撤销判决;最高强制罚金为每违背一日罚 500 德国马克。职业教育法关于职业教育秩序的条款对此不涉及。

(6) 假如企业主执行企业的其他教育措施,第 1 款到第 5 款的规定仍然适用。

第三段　个人的单独措施

第99条　在个人的单独措施中的共决:(1)一般在超过20名具有选举权雇员的企业中,企业主在任何安置、编组、改组和代替之前,必须通知企业代表会,向它展示必需的申请条件,并呈交关于参与者的答复;在必需的条件情况下,它必须向企业代表会答复关于计划中的措施所能产生的影响,并得到企业代表会对这种计划中的措施之允许。在安置和替代时,企业主必须特别告知那些有意识设计的劳动岗位和预料中的编组。企业代表会成员有义务,根据第一句话和第二句话所赋予的权利,在个人措施的范围内,对雇员的个人条件和机会,根据机密操作需要而产生的意义或内容,保持缄默;第79条第1款第二句话到第四句话适用。

(2)企业代表会在下列情况时,可以拒绝赞同:

a)个人措施违背法律、法令、事故预防条款,或违背企业协商,或违背法院判决或机构条例。

b)个人措施违背第95条的原则。

c)由以下事实所产生的担忧存在,即企业的个人措施将导致就业者被解雇,或者产生其他负面影响,而且这些措施在企业或个人层面上缺乏公平理由。

d)被涉及的雇员受到个人措施的负面影响,而且这些措施在企业或个人层面上缺乏公平理由;

e)根据第93条所必需的广告被中止,或者,

f)由以下事实所产生的担忧存在,即针对这些个人措施而有意识来应聘的人或者雇员,将通过违法行为或粗暴破坏第75条第1款所包含的条例,来破坏企业和平。

(3)假如企业代表会拒绝赞同,则它必须在得到企业主通知后的一周之内以书面形式告知。假如企业代表会没有在期限内以书面形式告知它的否定决议,则被视为赞同。

(4)假如企业代表会拒绝赞同,则企业主可上诉劳动法庭,要求获得

批准。

第100条　临时性的个人措施:(1)假如出于实质性的原因十分紧急,企业主可以在企业代表会发表意见之前,或即便企业代表会拒绝赞同的情况下,临时执行在第99条第1款第一句话意义上的个人措施。企业主必须向雇员解释实质和法律情况。

(2)企业主必须立即向企业代表会通告临时性的个人措施。假如企业代表会对于这些措施是否出于紧急原因而存在争议,则应立即告知企业主。在这种情况下,企业主只有在3天之内通过劳动法庭取得企业代表会的赞同,要求确认这些措施出于紧急原因之后,才能执行临时性的个人措施。

(3)假如法院通过具有法律效力的判决,拒绝取代企业代表会的赞同,或者具有法律效力地判决,这些措施显然不是出于紧急原因,则这些临时性的个人措施在该判决生效后的2周之内停止。从这一时刻开始,这些个人措施便不具有合法性。

第101条　强制罚金:假如企业主在第99条第1款第一句话的意义上,在没有取得企业代表会的赞同情况下,执行了一种措施,或者他所执行的一种临时性的个人措施违背了第100条第2款第三句话或第3款的规定,则企业代表会可上诉劳动法庭,要求企业代表会取消这个个人措施。假如企业主违背具有法律效力的法院判决,没有取消这个个人措施,则劳动法庭根据企业代表会的诉状认定,企业主必须通过强制罚金来取消措施。最高强制罚金限额是每违背一日罚500德国马克。

第102条　解雇共决:(1)在每次解雇之前,企业代表会必须参与听证。企业主必须告知企业代表会解雇的理由。没有企业代表会听证的、已发生的解雇是无效的。

(2)假如企业代表会反对正常解雇的结果,则它必须最迟在一周之内以书面形式将理由告知企业主。假如它在这一期限内没有声明,则被视作赞同该解雇。假如企业代表会反对非正常结果的结果,则必须立即——最迟在3天之内——以书面形式将理由告知企业主。只要是必需的,企业代表会应该参与所涉及雇员安置的听证会。第99条第1款第三句话适用。

（3）企业代表会在第 2 款第一句话的期限之内可以抗议正常解雇的结果，只要：

a）企业主在挑选被解雇雇员时没有注意到，或没有充分注意到社会观念。

b）该解雇违背第 95 条的原则。

c）即将被解雇的雇员在本企业或该公司的其他企业中只能在另一劳动岗位上继续就业。

d）只有改行或接受继续教育措施，该雇员的继续就业才有可能的，或者

e）该雇员不得不在改变的合同条件下才有可能继续就业，他必须表示赞同才能实行。

（4）假如尽管企业代表会按照第 3 款的规定抗议解雇决定，但企业主仍然执行了该决定，则他应该把企业代表会的看法副本转交给（被解雇的）雇员。

（5）假如企业代表会既在规定日期、也按照规定抗议一次常规解雇决定，雇员也按照解雇保障法的规定提出劳动关系并未因为解雇而结束，则企业主必须按照雇员的要求，在解雇期限后，到权利纠纷的合法判决之前，都必须让该雇员在不变的劳动条件下继续工作。根据企业主的申诉，法庭在下列情况下，可解除继续雇佣该雇员的义务：

a）雇员的申诉没有足够的取胜理由或显得故意，或者

b）继续雇佣该雇员将导致企业主在经济上的严重压力，或者

c）企业代表会的抗议明显缺乏理由。

（6）企业主与企业代表会可以协商，以致解雇决定得到企业代表会的赞同，以及在不给予赞同的意见分歧情况下，由调解机构决断。

（7）根据解雇保障法关于企业代表会的参与条款对此不涉及。

第 103 条　在特殊情况下的非常规的解雇：（1）对于企业代表会成员、青年人与学徒工代表机构的成员、飞行员代表组织的成员和船厂代表会的成员、选举委员会以及候选者的非常规的解雇决定需要得到企业代

表会的赞同。

（2）假如企业代表会拒绝给予赞同，则根据企业主的申诉，劳动法庭可以做出取代决定，假如这种非常规的解雇决定考虑到所有情况而被认为合法的话。被涉及的雇员应参加劳动法庭的审判。

第104条　清除损害企业的雇员：假如一名雇员由于违法行为，或者由于粗暴违背基本法第75条第1款关于企业和平的规定，则企业主可要求企业代表会开除或取代该雇员。假如劳动法庭收到企业代表会的申诉，要求企业主取消该开除或取代决定，而且假如企业主违背具有法律效力的法院判决，并没有执行这种开除或取代决定，则劳动法庭根据企业代表会的申诉认定，企业主必须为该开除或取代决定缴纳强制罚金。最高强制罚金的额度为每日500德国马克。

第105条　领导职员：对于第5条第3款提到的领导职员的有目的的安置或人员更动，必须及时通知企业代表会。

第六节　经济事务

第一段　经济事务的报告

第106条　经济委员会：（1）在所有常规雇员多于100名的公司中，成立一个经济委员会。这个经济委员会的任务是同企业主咨询经济事务，向企业代表会汇报经济事务。

（2）企业主在必要条件允许下，必须准时、全面地向经济委员会汇报公司的经济事务，只要这种方式不会威胁到公司的企业和经营秘密，只要这样做能描绘出对于人力规划的影响。

（3）本条款意义上的经济事务特别属于：

a）公司的经济和财政状况；

b）生产与行情；

c）生产与投资项目；

d）合理化举措；

e）工厂与劳动方式，特别是引进新的劳动方式；

f）企业规模或企业部门的缩小或停产；

g）企业或企业部门的困境；

h) 公司或企业的组合或分割；

i) 企业组织或企业目的的更改；

j) 其他有可能在根本上牵涉到该公司雇员利益的程序与举措。

第107条 经济委员会的委任和组成：

（1）经济委员会的组成人数在3—7人之间，他们必须属于该公司，其中至少有一人是企业代表会成员。经济委员会的成员可以包括第5条第3款提到的职员。其成员应该具有足以完成其使命的必需的专业和个人才能。

（2）经济委员会成员的任期由企业代表会的任期来确定。假如存在总企业代表会，则由它来确定经济委员会的成员；经济委员会成员的任期在总企业代表会的大多数参与决定任期的成员的任期结束时结束。经济委员会的成员可以在任何时候被撤销；撤销的顺序适用于第一句话和第二句话。

（3）企业代表会可通过成员的多数投票来决定，将经济委员会的任务转交给企业代表会的下属委员会。这个委员会的成员数量不能够超过企业委员会的成员数量。企业代表会也可以将更多的雇员，包括第5条第3款提到的领导职员算入这一数量中，作为委员会的成员；决议的达成适用于第一句话。第三句话提到的更多雇员的衡量义务适用于第79条。根据第一句话到第三句话的决议之更改与撤销，则如同根据第一句话到第三句话达成决议一样，需要同样的多数票。假如在一家公司中存在一个总企业代表会，则该总企业代表会可决定经济委员会使命的其他履行方式；第一句话到第五句话同样适用。

第108条 会议：（1）经济委员会应该每月召开一次会议。

（2）在经济委员会的会议上，企业主或者其代表必须参与。他可以邀请公司中的有经验雇员，其中包括第5条第3款提到的职员，参加会议。这种邀请与有经验者的衡量义务适用于第80条第3款。

（3）经济委员会的成员有权对第106条第2款所提出的情况做出判断。

（4）经济委员会必须及时与全面地汇报企业代表会的每一次会议。

（5）经济委员会的年度决议必须在企业代表会的参与下才能达成。

（6）假如企业代表会或总企业代表会决定用另一种方式来实行经济委员会的使命，则第1款到第5款的规定同样适用。

第109条　意见不同时的调解：假如基于第106条意义上的关于公司经济事务的答复不符合经济委员会的要求，而且也不能够及时或者得到足够的信息分享，从而在企业主与企业代表会之间无法达成一致意见，则由调解机构来决定。调解机构的判决可取代企业主与企业代表会之间的协调结果。假如调解判决是必需的，调解机构可以听取有经验者的意见；第80条第3款第二句话适用。假如企业代表会或总企业代表会决定用另一种方式来实行经济委员会的使命，则第一句话同样适用。

第110条　（向）雇员的汇报：（1）在常规就业人数超过1 000人的公司中，企业主至少每季度根据同经济委员会的事先协议，或者在第107条第3款提到的机构与企业代表会中，用书面形式向雇员汇报公司的经济状况和发展。

（2）在不满足第1款提到的条件、但具有选举权的固定雇员人数又超过20名的企业中，第1款按照下列规定同样适用，即（企业主）也可以通过口头的方式向雇员汇报。假如在这种公司中，并没有成立经济委员会，汇报马克按照事先同企业代表会达成的决议进行。

第二段　企业改变

第111条　企业改变：一般在具有选举权的雇员人数超过20人的企业中，企业主必须向企业代表会准时、全面地通报计划中的企业更改方案、对于职工或者大部分职工将导致的本质上的负面影响，并且向企业代表会咨询计划中的企业更改方案。在第一句话中的企业更改适用于：

1. 整个企业或者重要企业部门的缩小和停产；

2. 整个企业或重要企业部门的迁移；

3. 与其他企业合并或企业的分解；

4. 企业组织、企业目的或企业布局的根本性改变；

5. 引进新的劳动方式与加工方法。

第112条　关于企业改变的利益补偿，劳资双方协调计划：

（1）假如在企业主与企业代表会之间达成关于计划中的企业更改的利益补偿（方案），则该方案必须以书面形式记录，企业主与企业代表会必须在该方案上署名。这同样适用于补偿或者减轻雇员由于计划中的企业改变而受到的经济影响之协调（这就是劳资双方协调计划）。劳资双方协调计划对企业协商也产生影响。第77条第3款不适用于劳资双方协调计划。

（2）假如（双方）关于计划中的企业改变方案或者关于劳资协调计划的利益补偿无法达成，则企业主或者企业代表会可寻求州劳动部进行调解。假如这种途径无法实现，或者调解的尝试没有成功，则企业主或者企业代表会可向调解机构上诉。在调解机构主席的要求下，州劳动局长可参与会议。

（3）企业主和企业代表会应该向调解机构提出解决利益补偿和劳资协调计划方面不同的建议。调解机构必须寻求双方的调解途径。假如这种调解通过，则该方案必须以书面形式记录，双方与主席必须签名。

（4）假如关于劳资协调计划的协调无法达成，则由调解机构来决定筹划一份劳资协调计划。调解机构的判决可以取代企业主与企业代表会之间的协调结果。

（5）调解机构在根据第4款作出决断时，必须既注意到所涉及雇员的社会条件，也必须注意到其判决对于企业的经济适用性。此外，调解机构应特别在下列原则的指导下执行方便的措施：

a）它应该在补偿或减轻经济负面影响，特别是由于收入减少、特别绩效的废除、企业养老金、搬迁费或涨价的车费的补贴资格的丧失所造成的负面影响时，预料到这些事件对于个人的影响。

b）它必须考虑到所涉及的雇员对于劳动市场的展望。它应该把下列将对雇员产生影响的情况排除在外，其中包括这些雇员被拒绝在其企业内部可胜任的劳动关系中继续工作，或在公司的其他企业或同属康采恩的公司中继续工作；在其他职位上的继续就业必须要保证雇员胜任。

第112条a　在削减人员、新建企业中的强制性劳资协调计划

（1）假如在第111条第2款第一点意义上的计划中的企业改变方案存

在解雇雇员的可能,则第112条第4款和第5款只有在下列情况下适用:

a) 企业就业人数一般多于20人,少于60人,其中20%的常规就业者,而且至少有6名雇员;

b) 企业就业人数一般多于60人,少于250人,其中20%的常规就业者或至少有37名雇员;

c) 企业就业人数一般多于250人,少于500人,其中15%的常规就业者或至少有60名雇员;

d) 企业就业人数一般多于500人,其中10%的常规就业者,而且至少有60名雇员,可出于企业条件的原因被解雇。在解雇中,企业主也可以出于企业改变的原因,通过多于雇员的选拔,来撤销原有方案。

(2) 第112条第4款和第5款不能适用于成立才4年的公司分厂。也不适用于在公司与康采恩结构改造环境中的新企业。假如解雇决定是由于职业行为而发生,则必须根据税法第138条的规定通知财政局。

第113条　缺陷补偿:(1)假如企业主缺乏紧急原因而无法实现对计划中的企业改变方案的利益平衡,则受到这种无法履行影响而遭到解雇的雇员可向劳动法庭提出申诉,要求企业主支付赔偿金;解雇保障法第10条适用。

(2) 假如雇员由于第1款的情况而受到其他经济不利的影响,则企业主必须在2个月的时间弥补损失。

(3) 第1款和第2款在下列情况下也适用,即企业主根据第111条执行计划中的企业改变方案,但却没有寻求同企业代表会实行利益补偿,从而造成雇员被解雇或遭受其他经济不利影响。

第五部分　对于独立企业代表会的特殊条例

第一节　远洋航行

第114条　原则:(1)在远洋航行公司及其企业中,只要不存在本节之外的条款,则本法适用。

(2) 在本法意义上的远洋航行公司是实行远洋贸易以及履行本法

适用范围的企业。在本节意义上的远洋航行企业家也指从事通信海运、合同海运、装备或者基于类似的权利关系而通过海运而从事船运职业者，只要他是这艘船的所有者和乘务员，或者从事企业主的绝大部分职能。

（3）本法意义上的航运企业指的是包括第2款第2句话提到的轮船在内的航运公司的轮船整体。

（4）本法意义上的轮船是根据挂旗权利法悬挂联邦国旗的贸易航运轮船。那些一般在24小时之内出海后又回到国内企业中，被视作航运公司的国内企业的组成部分。

（5）青年人与学徒工代表组织也应在航运公司的国内企业中成立起来。

（6）乘务员是《船员法》第3条提到的人。本法第5条第3款意义上的领导职员只能是船长。乘务员属于工人与职员团体的归属问题，可不同于船员法第4条到第6条的规定，而是用于本法第6条。

第115条　船员代表组织：（1）在具有选举权的雇员人数一般超过5名、具有被选举权的雇员超过3名的轮船上，可选举产生一名船员代表。只要本法或其他法律条款没有特别规定，船员代表适用于关于企业代表会的权利与义务以及其成员法律地位的条款。

（2）关于企业代表会的选举和组成的条款，在下列情况下，也适用：

1. 该轮船的所有乘务员都具有选举权；

2. 该轮船的乘务员具有被选举权，即超过18岁，并担任乘务员超过一年，符合挂旗权利法悬挂联邦国旗。第8条第1款第三句话适用。

3. 船员代表的数量安排如下：

5—20名具有选举权的乘务员中选举产生一名代表。

21—75名具有选举权的乘务员中选举产生3名代表。

75名以上具有选举权的乘务员中选举产生5名代表。

4. 与第10条第2款不同，少数职业团体在船员代表中至少拥有一名代表，职业团体人数少于75人的至少有一名代表，多于75人的至少有两名代表。

5. 第 13 条第 1 款和第 3 款不适用。船员代表在其任期结束前,按照第 13 条第 2 款第二点到第五点提到的条件进行新的选举。

6. 具有选举权的乘务员可以通过多数人投票的方式,来决定在 24 小时之内实行船员代表组织。

7. 第 16 条第 1 款第一句话提到的期限将延伸到两周,第 16 条第 2 款第二句话提到的期限缩短到一周。

8. 假如尚在任期中的船员代表不能准时建立一个选举委员会,或者还没有船员代表组织,则第 17 条第 1 款和第 2 款适用。假如出于维护船厂秩序的原因,而没有举行船员大会,则船长可以在 3 名具有选举权者的要求下,成立一个选举委员会。假如船长没有建立选举委员会,船厂代表会有权成立这样的选举委员会。关于确立选举委员会的条款不受劳动法庭的影响。

9. 只要选举结果公布之后,该轮船还停留在本法适用范围的港口,或者船员局具有影响力的港口中,对于选举存在争议的期限从选举结果公布之日起算起。假如船员代表的选举存在争议,船员局可要求呈交所有在该轮船上发生的选举资料。争议解释与所有相关的选举资料,必须由船员局立即转交给审理该争议的劳动法庭。

(3) 在船员代表的任期之内,第 21 条到第 25 条在下列情况下使用:

1. 任期在一年之内;

2. 只有乘务员在轮船上的服务期限结束,他在船员代表组织中的成员身份才结束,这就是说,它在任期结束前,按照第一点再次获得服务资格。

(4) 对于船员代表组织的执行,适用于第 26 条到第 36 条、第 37 条第 1 款到第 3 款,第 39 条到第 41 条。第 40 条第 2 款在下列情况下适用,即船员代表组织在其行为范围内,对于轮船与海运公司之间的联系,能够成为加速消息传播的一种方式。

(5) 关于企业大会的第 42 条到第 46 条适用于一艘轮船的乘务员大会(船员大会)。船长在收到船员代表组织要求召开船员大会的申请后,必须告知航行路线及其相关事务。他必须回答涉及船厂、航行路线与轮船安全的问题。

(6) 第47条到第59条关于总企业代表会与康采恩企业代表会的规定不适用于船员代表组织。

(7) 第74条到第105条关于雇员的共同作用和共同决定的规定在下列情况下适用于船员代表组织：

1. 船员代表组织在职业范围内负责处理按照本法规定的企业代表会共同作用于共同决定之事务，这些事务牵涉船厂或该轮船的乘务员，其规范由船长基于法律条款或由航船公司赋予其权限所执行。

2. 假如在船长与船员代表组织之间就船员代表组织的共同作用或共同决定之事务无法达成统一，则该事务由船员代表组织交由船厂代表会。船厂代表会必须向船员代表组织通报该事务的进一步处理的情况。假如船厂代表会没有选举产生，船员代表组织与船长有权向调解机构或劳动法庭上诉。

3. 船员代表组织与船长可以在其职权范围之内达成船务协商合同。关于企业协商的条款适用于船务协商合同。只要在船厂代表会与企业主之间的企业协商可以规范事务，船务协商合同是不被允许的。

4. 在船员代表组织参与共同决定的事务中，即便船长与船员代表组织尚未达成一致意见，他也可以实行临时措施，只要该措施对于维护船厂正常秩序是十分迫切的。受该措施影响的乘务员必须被告知该措施。只要临时措施不适用于最终规范，航运公司应对受到临时措施所影响的乘务员做出补偿。

5. 船员代表组织有权按时获得关于船厂的全面报告。必要的数据必须上呈船员代表组织。属于这些信息的报告轮船的安全、航行路线、到达与启动的预期时间以及必要的进港。

6. 在船员代表组织的要求下，船长必须保障航行期间的航行日记。假如船长登记了由船员代表组织共同作用或者共同决定的事务，则船员代表组织可要求得到该记录的副本，并在航行日记中做出相应解释。假如船长与船员代表组织之间对其共同作用或共同决定的事务无法达成一致意见，则船员代表组织可以在航行日记中做出解释，并且要求得到副本。

7. 船员代表组织在劳动保护的职权范围内的作用同航行安全有关,它可以同相关机关一起合作,并且做出特别关注。

第116条　船厂代表会:(1)在船厂中选举产生船厂代表会。只要出自本法或其他法律的规定无法得出结论,则船厂代表会适用于关于企业代表会的权利与义务以及其成员的法律地位的条款。

(2)关于企业代表会的选举、组成和任期的条款在下列情况下适用:

1. 有权被选举进入船厂企业代表会的人士所有属于该船厂公司的乘务员。

2. 被选举权适用于第8条,前提是:

a. 在至少拥有8艘船或一般多于250名乘务员的远洋航行公司中,根据第115条第2款第二点具有被选举权的乘务员可以被选举;

b. 假如a点规定的前提不存在,则只有根据第8条的规定在远洋航行公司的国内企业中具有被选举权的雇员才可以被选举,同时企业主应该对乘务员的选举表示理解。

3. 企业代表会的组成遵守下列原则:

5—500名具有选举权的乘务员,选举一人;

501—1 000名具有选举权的乘务员,选举3人;

超过1 000名具有选举权的乘务员,选举5人。

4. 与第10条第2款规定不同,一家船厂代表会中的少数职业团体至少应拥有一名代表,500名成员以下者拥有一名代表,500名成员以上者拥有两名代表。

5. 假如选举建议名单在第14条第6款第一句话的前半句与第二句话的情况下至少拥有3名具有选举权的职业团体所属乘务员,以及在第14条第7款情况下至少拥有3名被选举权的乘务员,则该选举建议名单有效。

6. 第16条第1款第一句话提到的期限可延长到3个月,第16条第2款第一句话提到的期限可延长到两个月。

7. 选举委员会的成员可以在远洋航行公司的国内企业中就业雇员中确立。第17条第1款和第2款不适用。假如在船厂中不存在船厂企业代表会,则选举委员会由企业主和与该船厂相关的工会决定选举委员会的名单。假如企业主与工会无法达成统一,则劳动法庭可根据企业主、船厂相关工会或者至少 3 名具有选举权的乘务员的提案进行判决。第16 条第 2 款第二句话和第三句话适用。

8. 对于船厂乘务员而言,对于选举的争议期根据第 19 条第 2 款的规定,从该船厂第一次在本法涉及的范围内的一个港口公布选举结果或者在船员局具有影响力的港口公布之日起算起。在选举结果公布后的 3 个月后,对于选举的争议不再有效。船员局作出的争议解释必须转交给当地劳动法庭来解决。

9. 假如船厂代表会由乘务员组成,而且假如船厂代表会的成员不再是乘务员,则船厂代表会的成员资格结束。作为乘务员的资格不受船厂代表会行为或者根据第 3 款第二点的行动之影响。

(3) 第 26 条到第 41 条关于企业代表会的运作之规定在下列情况下使用与船厂代表会:

1. 船厂代表会根据本法规定在一定期限内承担的事务,它可以违背第 33 条第 2 款的规定,在不考虑出席会议的成员数量的情况下,达成决议,只要其成员都按照规定受到了邀请。

2. 只要船厂代表会的成员未被闲置,则他们必须努力做到他们的工作不能受到阻碍,以保障船厂代表会的任务。劳动岗位应该考虑到船厂代表会成员的能力与知识,应适应其至今为止的职业条件。劳动岗位的确定应得到船厂代表会的同意。假如关于劳动岗位的确定无法达成一致意见,则由调解机构决定。调解机构的决定可以取代企业主与船厂代表会之间的协调结果。

3. 船厂代表会的成员若是乘务员,只要他还在国内企业工作,则必须继续以海员身份获得工资。自然工资必须得到相应补偿。假如新的劳动岗位更有价值,则该岗位必须获得相应的劳动报酬。

4. 在考虑到地方条件后,关于船厂代表会中被选举产生的乘务员代表的临时工作地点可由船厂代表会与企业主共同协商,只要劳动岗位部放在居住点附近。假如双方无法达成统一,则由调解机构决定。调解机构的决定可以取代企业主与船厂企业代表会之间的协调结果。

5. 船厂企业代表会有权登上每一艘该船厂所拥有的轮船,在那里实行它的使命以及参与船员代表组织的会议。第115条第7款第五点第一句话使用。

6. 假如一艘轮船在本法适用范围内的港口停留,则船厂企业代表会可以在通报船长之后到甲板上听取船员意见,召开船员大会。

7. 假如一艘轮船在一季度内无法停留在本法适用范围内的港口,则第五点和第六点适用于欧洲港口。北海运河的闸口不是港口。

8. 在同企业主达成一致意见后,接待时间和船员大会可以不同于第六点和第七点的规定,在该轮船的其他停留港口进行,只要有紧急的需要。假如无法达成一致意见,则由调解机构决定。调解机构的决定可以取代企业主与船厂企业代表会之间的协调结果。

(4) 第42条到第46条关于企业大会的规定不使用与船厂。

(5) 对于船厂,船厂企业代表会可实行第47条到第59条所规定的企业代表会的使命、职权和义务。

(6) 第74条到第113条关于雇员的共同作用和共同决定在下列情况下适用于船厂:

1. 船厂企业代表会负责处理本法所规定的企业代表会共同作用或共同决定的事务。

a. 涉及船厂的所有或大多数轮船,或者该船厂所有或大多数轮船的乘务员的事务;

b. 根据第115条第7款第二点由船员代表组织所决定的事务;

c. 不属于船员代表组织全县但根据第115条第7款第一点所决定的事务。

2. 船厂企业代表会必须定期而全面地回报远洋航行公司船厂事务。相关数据必须提供。

第二节　航空

第117条　航空的适用:(1) 本法适用于航空公司的国内企业。

(2) 对于在飞行企业中工作的航空公司的雇员,也可以通过集体合同成立代表组织。关于这种代表组织与按照本法成立的航空公司的国内企业的雇员代表组织之间的合作问题，也可以违背本法规定，由集体合同区确立；第3条第2款适用。

第三节　具有倾向的企业和信仰团体

第118条　具有倾向的企业和信仰团体的适用：

(1) 在直接或绝大部分体现出如下特点的公司与企业中：

1. 具有政治性、联合政治性、教派性、慈善性、教育性、科学性或者艺术性的目标，或者

2. 基本法第5条第1款第二点适用的新闻报道和意见表达目标；

只要该公司获企业的特征与本法规定相对，则本法的条款不适用。第106条到第110条不适用；第111条到第113条只有在不长或减轻由于企业改变而对雇员造成的经济负面影响的情况下适用。

(2) 本法不适用于信仰团体及其慈善和教育机构，不损害它们的权利形式。

第六部分　惩罚与罚款条例

第119条　针对企业组织机构及其成员的惩罚：(1) 一年以下的监禁或者罚款针对：

1. 那些阻碍企业代表会、青年人与学徒工代表组织、船员代表组织、船厂企业代表会或者按照第3条第1款第一点和第二点提到的雇员代表的选举，或者通过引诱或威胁的方式或者许诺的方式来影响上述选举的人；

2. 那些阻碍或者损害企业代表会、总企业代表会、康采恩企业代表会、青年人与学徒工代表组织、青年人与学徒工代表总组织、船员代表组织、船厂企业代表会或者按照第3条第1款第一点和第二点提到的雇员代表、调解机构、第76条第8款提到的由集体合同规定的调解机构、第86条规定的企业内部的申诉机构或者经济小组行动的人。

3. 那些亏待或包庇企业代表会、总企业代表会、康采恩企业代表会、青年人与学徒工代表组织、青年人与学徒工代表总组织、船员代表组织、

船厂企业代表会或者按照第3条第1款第一点和第二点提到的雇员代表、调解机构、第76条第8款提到的由集体合同规定的调解机构、第86条规定的企业内部的申诉机构或者经济小组成员或候补者及其行为的人。

（2）上述行动只有在得到企业代表会、总企业代表会、康采恩企业代表会、船员代表组织、船厂代表会、选举委员会、企业主或同该企业相关的工会提出申诉后才能实行。

第120条　违反保密：（1）在没有得到授权的情况下，凡公开陌生企业秘密或者管理秘密者，假如他是：

1. 企业代表会或者根据第79条第2款所标明的机构的成员或候补成员；

2. 工会或者企业主联合会的代表；

3. 被企业代表会根据第80条第3款规定延请或者根据第109条第三句话属于调解机构的专家；

4. 被企业代表会根据第107条第3款第三句话或者被经济小组第108条第2款第二句话邀请的雇员。

而且这些消息被企业主明确规定为具有保守秘密需要的信息，则透露消息者将受到1年以下的监禁或者罚款。

（2）假如在没有授权的情况下公布雇员的秘密，亦即属于个人生活范围内的信息，假如泄密者属于企业代表会或第79条第2款所标明的机构的成员或候补成员，而且这些信息根据本法条款的规定必须保持缄默，则他们也将受到惩罚。

（3）假如该行为是为了报酬，或者有意取得非法收入或有意造成损失，则监禁的刑法期限可上至二年，或者处以罚款。同样将被惩罚者包括那些在没有授权的情况下，把根据第1款或第2款本应有义务保密的企业或管理秘密出售者。

（4）假如该行为在被涉及者死亡后没有授权的情况下公布或出售，第1款到第3款同样适用。

（5）该行为只有在被侵害者上诉后才能受到惩罚。假如被侵害者已经去世,则根据刑法第 77 条第 2 款的规定,假如该秘密属于被侵害者的个人生活范围内的信息,上诉权归属给亲属;在其他情况下,可由继承者处理。假如公开秘密的情况是在涉及者去世之后,则第二句话适用。

第 121 条　罚款条例:(1) 那些违背、编造、片面(理解)或者推迟第 90 条第 1 款和第 2 款第一句话、第 92 条第 1 款第一句话、第 99 条第 1 款、第 106 条第 2 款、第 108 条第 5 款、第 110 条或者第 111 条所标明的解释或答复义务的人。

(2) 罚款金额最高可达 20 000 德国马克。

第 122—129 条　(1972 年 1 月 16 日关于企业组织法的执行第一个临时条例中曾经规定,但通过 1995 年 1 月 16 日的临时条例和 1972 年 10 月 24 日的执行第二个临时条例被更改)

第 130 条　本法不适用于管理机构与联邦、州、市镇和其他公权团体、机构与基金会的企业。

第 131—132 条　(被删除)

资料来源:Michael Kittner, *Arbeits-und Sozialordnung. Ausgewählte und eingeleitete Gesetzestexte*, Frankfurt am Main: Bund-Verlag, 24. Auflage, 1999, S.464—523.(孟钟捷译)

附录六 1976年《共决法》

第一部分 适用范围

第1条 涵盖的公司:(1) 在如下公司中:

a) 该公司的权利形式为股份公司、股份两合公司、有限责任公司、具有独立法人资格或企业合作社与经济合作社的矿区工会;

b) 一般雇员人数超过 2 000 人。

这些公司的雇员根据本法规定拥有一种共决权。

(2) 本法不适用于下列公司机构中的共决,这些公司的雇员已通过下列立法获得共决权:

a) 1951 年 5 月 21 日《关于雇员在矿场和煤钢工业的监事会和董事会中的共决法》——煤钢共决法,该法最近通过 1965 年 9 月 6 日的《股份法执行令》得到修改,或者

b) 1956 年 8 月 7 日《关于雇员在矿场和煤钢工业的监事会和董事会中的共决法补充令》——共决补充法,该法最近通过 1967 年 4 月 27 日《关于改变雇员在矿场和煤钢工业的监事会和董事会中的共决法补充令的法案》得到修改。

(3) 在公司监事会中的雇员代表,若既不按照条款 1,也不按照条款 2 所标明的法律拥有共决权,则他们的共决权根据 1952 年企业组织法的条款得到确立,该法最近通过 1972 年 1 月 15 日的《企业组织法》得到

修改。

（4）本法不适用于下列公司，这些公司直接、并主要具有下列目标：

a）政治、联合政治、宗教、慈善、教育、科学或者艺术目的，或者，

b）根据基本法第5条第1款第一句话适用的报道或意见表述。

本法不适用于信仰共同体及其慈善和教育机构。

第2条 股东：本法意义上的股东是那些根据第1条第1款第一点所标明的公司权利形式而出现的股东、公司所有人、矿业公司股东或者合作社股东。

第3条 雇员：（1）本法意义上的雇员指工人与职员。企业组织法第5条第2款所标明的人不是本法意义上的雇员。

（2）本法意义上的雇员指企业组织法第6条第1款所标明的雇员。

（3）本法意义上的职员指：

a）企业组织法第6条第2款所标明的雇员，连同例外，即《企业组织法》第5条第3款所标明的领导职员，

b）企业组织法第5条第3款所标明的领导职员。

第4条 两合公司：（1）假如第1条第1款第一点所标明的公司是一家两合公司的个体责任股东，并且拥有这家两合公司的绝大多数股东，且根据股东的多数，或者根据投票，估计将获得个体责任股东的多数股东或多数投票（的支持），则为使本法适用于该个体责任股东，两合公司的雇员被视作个体责任股东的雇员，只要该个体责任股东不拥有一家一般超过500名雇员以上的商业企业。假如这家两合公司又是另一家两合企业的个体责任股东，则其雇员被视作第1条第1款第一点所标明的公司的雇员。假如数家两合公司以这种方式继续联合，上述规范继续有效。

（2）公司也有可能领导两合公司的业务。

第5条 康采恩：（1）假如第1条第1款第一点所标明的公司是一家康采恩（《股份法》第18条第1款）中占统治地位的公司，为使本法适用于这家占统治地位的公司，康采恩公司的雇员被视作这家占统治地位的公司的雇员。这一点也适用于第1条第1款第一点所标明的、属于两合公司权利形式的下属公司（《股份法》第18条第1款）的个体责任股东之

公司。

（2）假如在一家两合公司中，为使本法适用于个体责任股东，该两合公司的雇员根据第 4 条第 1 款被视作该个体责任股东的雇员，则一家康采恩（《股份法》第 18 条第 1 款）的占统治地位的公司为使本法适用于该两合公司的个体责任股东，康采恩公司的雇员被视作该个体责任股东的雇员。第 1 款第二句话与第 4 条第 2 款同样有效。

（3）假如在一家康采恩中，存在有别于第 1 款或第 2 款所标明的公司领导下的康采恩公司，假如该康采恩领导者管理的公司不止第 1 款或第 2 款所标明的一家公司，或者管理的公司包含了其他康采恩公司的数个其他公司，则为适用本法，第 1 款或第 2 款所标明的、且距离该康采恩领导者最近的公司——通过这一公司，领导者才能管理其他康采恩公司——被视作占统治地位的公司。

第二部分　监　事　会

第一节　建立与组成

第 6 条　原则：（1）在第 1 条第 1 款所标明的企业中，必须成立监事会，只要不违背其他法律条款。

（2）监事会的建立与组成以及其成员的委任和撤销由本法第 7 条到第 24 条确定，只要不违背其他法律条款，根据《股份法》第 96 条第 2 款、第 97 条到第 101 条第 1 款和第 3 款、第 102 条到第 106 条的规定，假如代理人被直接任命为该公司所属机构的法定代表，被授权处理该机构整体事务范围内的代理权，则该代理人绝不能被选举为雇员的监事会成员。只要本法条款不违背其他法律条款，则其他关于监事会组成、其成员的委任和撤销的法律条款和（股东合同，法律地位的）条文规定均保持不变。

（3）在企业合作社与经济合作社中，《股份法》第 100 条、第 101 条第 1 款和第 3 款、第 103 条和第 106 条不适用。关于雇员的监事会成员，本法的第 9 条第 2 款不适用于相应的企业合作社与经济合作社。

第 7 条　监事会的组成：（1）一家公司的监事会

a) 若雇员人数一般少于 10 000 人,则由股东和雇员各 6 名代表组成监事会;

b) 若雇员人数一般多于 10 000 人,则由股东和雇员各 8 名代表组成监事会;

c) 若雇员人数一般多于 20 000 人,则由股东和雇员各 10 名代表组成监事会。

在第一句话第一点所标明的公司中,(股东合同、法律地位)的条文规定可以确认,第一句话第二点或者第三点适用。在第一句话第二点所标明的公司中,(股东合同、法律地位)的条文规定可以确认,第一句话第三点适用。

(2) 在监事会成员中,雇员的组成如下:

a) 若监事会有 6 名雇员代表,则包括该公司的 4 名雇员和工会的两名代表;

b) 若监事会有 8 名雇员代表,则包括该公司的 6 名雇员和工会的两名代表;

c) 若监事会有 10 名雇员代表,则包括该公司的 7 名雇员和工会的 3 名代表。

(3) 第 2 款所标明的公司雇员必须年满 18 岁,在该公司工作满一年,其他选举条件满足企业组织法第 8 条的规定。

(4) 第 2 款所标明的工会必须存在于该公司内;或者存在于其他公司内,但该公司的雇员根据本法参与公司的监事会成员的选举。

第二节　监事会成员的委任

第一段　股东的监事会成员

第 8 条　(1) 股东的监事会成员通过法律、条文规定、股东合同或者法律地位,来选举产生所属机构(选举机构)监事会成员,而且只要不违背其他法律条款,可根据条文规定、股东合同或者法律地位的要求委任。

(2)《股份法》第 101 条第 2 款不适用。

第二段　雇员的监事会成员,原则

第 9 条　(1) 一般雇员人数超过 8 000 名的公司的雇员(第 7 条第 2

款)监事会成员通过委托人选举产生,只要具有选举权的雇员没有决定通过直接选举的方式。

(2) 一般雇员人数不到 8 000 名的公司的雇员(第 7 条第 2 款)监事会成员通过直接选举产生,只要具有选举权的雇员没有决定通过委托人选举的方式。

(3) 在讨论决定通过委托人选举还是直接选举的方式中,必须得到20％具有选举权雇员署名的提案。表决是秘密的。根据第 1 款或第 2 款得出的结果,只有得到一半具有选举权的雇员的参与,而且获得多数票支持的情况下,才能执行。

第三段　雇员通过委托人选举监事会成员

第 10 条　委托人的选举:(1) 在公司的每一家企业中,雇员(第 3 条第 2 款)与职员(第 3 条第 2 款)举行分开选举,通过秘密与比例代表制的方式选举产生委托人。在下属企业和企业分部中,《企业组织法》的第 4 条和根据《企业组织法》第 3 条第 1 款第三点在集体合同中对企业分部和下属企业的相关规定适用。

(2) 假如企业的有选举权的工人与职员决定调整分开的、秘密的选举方式,则委托人也可以与第 1 款不同,采取统一的选举方式产生。根据第一句话做出的决议只能在 20％的有选举权者的要求之下,而且在有选举权的职业团体成员一半以上者的参与下,并且得到多数人支持,才能达成。

(3) 具有被选举为委托人资格者是公司中 18 岁以上的雇员。

(4) 在第 3 款中所标明的、具有被选举为委托人资格的雇员还应满足《企业组织法》第 8 条所规定的进一步被选举的条件。

(5) 假如在选举进程中,只出现了一份选举建议名单,则名单上的候选雇员则根据顺序进行选举。第 11 条第 2 款适用。

第 11 条　候选人数量的计算:(1) 在每一家企业中,每 60 名具有选举权的雇员选举产生一名委托人。假如根据第一句话,在一家企业中,每个职业团体若超过

a) 30 名委托人,则尚未当选的委托人数量减少到 1/2;这些委托人

每人具有两张投票权；

b) 90名委托人，则尚未当选的委托人数量减少到1/3；这些委托人每人具有3张投票权；

c) 150名委托人，则尚未当选的委托人数量减少到1/4；这些委托人每人具有4张投票权。

在计算委托人数量的时候，假如委托人总数是全部投票者的一半，则应该完全计算商数。

（2）工人与职员必须在每家企业的委托人中得到符合其人数比例的代表。在职员的委托人中，第3条第3款第一点所标明的职员和领导职员必须得到符合其人数比例的代表。假如在一家企业中，必须至少选举产生9名委托人，则工人、第3条第3款第一点所标明的职员和领导职员必须每个团体具有一名委托人；假如在一家企业中，不超过5个工人、第3条第3款第一点所标明的职员和领导职员具有被选举权，则上述规定不适用。只要工人、第3条第3款第一点所标明的职员和领导职员只能按照第三句话来分配委托人数量，则根据第1款所计算的企业委托人数量可以相应的翻倍。

（3）只要根据第2款，一家企业的工人、第3条第3款第一点所标明的职员和领导职员不止分配到一名委托人，则第2款的规定也适用于作为该公司主要分店企业的雇员的委托人的选举。只要根据第2款和第一句话，主要分店企业的工人、第3条第3款第一点所标明的职员和领导职员不止分配到一名委托人，则这些规定也适用于根据该公司最大企业的具有选举权的雇员人数而确定的雇员委托人之选举。

（4）假如一家企业不能分配一个委托人，则第3款相应适用。

（5）作为工人或职员委托人的委托人身份在职业团体归属变更时仍然有效。假如职员的一名委托人转变为第3条第3款第一点所标明的职员或领导职员时，第一句话也必须相应适用。

第12条 委托人的选举建议名单：（1）委托人的选举可以由企业内具有选举权的雇员提出选举建议名单。每一份选举委托人的建议名单必须具有下列条件：

a) 工人代表需要 1/10 工人或 100 名具有选举权的工人的签名;

b) 第 3 条第 3 款第一点所标明的职员分摊到的职员代表需要 1/10 或 100 名第 3 条第 3 款第一点所标明的职员的签名;

c) 领导职员分摊到职员代表需要得到 1/10 或 100 名领导职员的签名。

(2) 每一份选举建议名单应该至少包含比申请者翻倍的内容,如何在选举过程中选举委托人。

第 13 条　委托人的任期:(1) 委托人的任期同其当选为监事会成员的时间相适应。他们承担本法条例所规定的使命与责任,直至领导雇员产生监事会成员的新选举。

(2) 在第 9 条的情况下,委托人若出现下列现象,则任期停止:

a) 具有选举权的雇员根据第 9 条第 1 款的规定决定进行直接选举;

b) 企业不再满足适用第 9 条第 1 款的前提,亦即由选举权的雇员决定,任期应该到第 1 款提到的时间点;第 9 条第 3 款相应适用。

c) 在第 9 条第 2 款的情况下,只要有选举权的雇员决定实行直接选举,委托人的任期结束;第 3 款适用;

d) 与第 1 款不同,只要根据所有选举建议名单上候补委托人的请求——他们属于具有替代资格的委托人——该企业在选举时确认的委托人数量减少,则委托人的任期结束。

第 14 条　提前结束任期或阻止委托人:(1) 委托人的任期可通过下列方式在第 13 条所标明的时间点之前结束:

a) 通过委托人机构的结束;

b) 通过委托人在该企业的就业关系的结束,他不再是选举人;

c) 通过委托人丧失被选举资格。

(2) 若一名委托人任期提前结束,或他受到阻碍,则由候补委托人取代他的席位。候补委托人按照选举建议名单尚未被选举者的顺序排列。

第 15 条　本公司雇员监事会成员的选举:(1) 委托人必须选举第 7 条第 2 款规定的公司雇员为监事会成员,选举必须是秘密的,按照比例选举制,选举时间根据法律或(公司合同、章程)条例,由股东选举机构决定选举监事会成员的时间来决定。

（2）在根据第1款选举产生的监事会成员中，工人与职员代表人数必须符合他们在该公司的人数比例。在职员的监事会成员中，第3条第3款第一点所标明的职员和领导职员的人数必须符合他们在该公司的人数比例。在监事会中，必须至少有一名工人、一名第3条第3款第一点所标明的职员和一名领导职员。

（3）工人的监事会成员由工人的委托人选举产生，职员的监事会成员由职员的委托人选举产生。与第一句话不同的是，监事会成员也可以通过统一选举产生，只要工人的委托人和职员的委托人用分开、秘密的投票决定统一选举；第10条第2款第二句话适用。

（4）选举建立在选举建议名单的基础上。在每一份选举建议名单上：

a）属于工人的监事会成员必须得到该公司1/5或100名有选举权的工人的签名；

b）属于第3条第3款第一点所标明的职员的监事会成员必须得到该公司1/5或100名属于第3条第3款第一点所标明的职员的签名；

c）属于领导职员的监事会成员通过由选举权的领导职员所决定的表决建议名单而产生。每一份表决建议名单必须得到1/12或50名具有选举权的领导支援的签名。决议通过秘密投票的方式，以多数票的方式达成。只要这种多数票没有达到第5款第三句话规定的申请人的数量，则进行第二次表决，可以制定一份新的表决建议名单。在第二次表决之后，假如仍然有许多申请人无法达到第5款第三句话所规定的申请人的数量，则根据选举建议名单上的票数确立一个顺序。每一位领导职员在表决时可以进行多次投票，如同根据第5款第三句话所制定的选举建议名单上的申请人。

（5）与第1款不同，只要监事会根据第2款的规定必须选举产生一名工人、一名第3条第3款第一点所标明的职员或一名领导职员，则用多数选举制。此外多数选举制还可以发生在下列只制定了一份选举建议名单的情况：

a) 属于工人的监事会成员；

b) 属于第 3 条第 3 款第一点所标明的职员的监事会成员；

c) 属于领导职员的职员的监事会成员。

只要根据第二句话举行多数选举制,则选举建议名单上的人选必须比申请人翻倍,包含工人、第 3 条第 3 款第一点所标明的职员或领导职员的监事会成员。

第 16 条　进入监事会的工会代表的选举:(1) 委托人用统一、秘密和比例选举制的方式,在第 15 条第 1 款确定的时间内,选举属于第 7 条第 2 款的工会代表成为监事会成员。

(2) 该选举建立在工会的选举建议名单基础上,该工会应出现在该公司或在其雇员根据本法参与该公司监事会成员选举的其他公司中。假如只有一份选举建议名单,则可以不同于第一句话的规定,用多数选举制的方式选举产生。在这种情况下,该选举建议名单至少应包含比申请人翻倍的人选,以选举工会代表进入监事会。

第 17 条　候补成员:(1) 在每一份选举建议名单中,可以建议同每一位申请人一起确立以明监事会的候补成员。对属于工人的申请人,候补成员只能是工人;对属于第 3 条第 3 款第一点所标明的职员的申请人,候补成员只能是第 3 条第 3 款第一点所标明的职员;对属于领导职员的申请人,候补成员只能是候补成员。

(2) 假如申请人被选举为监事会成员,则与他一起确立者被选举为候补成员。

第四段　雇员的监事会成员的直接选举

第 18 条　假如根据第 9 条用直接选举的方式产生雇员的监事会成员,则该公司中 18 岁以上的雇员均有被选举权。在选举中,第 15 条到第 17 条适用于下列情况:

a) 具有选举权的工人选举工人的委托人；

b) 该公司的具有选举权的职员选举职员的委托人。

第五段　关于选举程序以及监事会成员的任免的进一步规定

第 19 条　监事会成员的通告:公司的合法代表组织在监事会成员和

候补成员任命之后,立即在两周内在公司的各企业招贴他们的名字,在联邦报刊上公布他们的名字,予以通告。假如参加公司监事会选举的雇员同时还参与另一家公司,则另一家公司的合法代表机构也有义务在其企业中招贴他的名字。

第20条 选举保护与选举费用:(1)任何人不得被阻碍参加第10条、第15条、第16条和第18条的选举。特别是任何人不得在行使积极和消极的选举权时受到局限。

(2)任何人不得用添加或恫吓不利条件或通过保障或许诺有利条件的方式去影响选举。

(3)选举的费用由公司承担。由于行使选举权或不得已参与选举委员会的工作而造成的劳动时间的丧失,不得成为企业主降低劳动收入的理由。

第21条 委托人选举的无效:(1)一家企业的委托人选举可以由劳动法庭宣布无效,只要该选举违反关于选举权、被选举权或者选举程序的根本条款,而且无法得到校正,亦即选举结果不可能因违反行为而遭到更改或受到影响。

(2)有权要求无效的包括:

a)至少该企业的3名具有选举权的雇员;

b)企业代表会;

c)公司内部合法代表组织的授权机构。

无效申请必须在选举结果公布之日算起后的两周之内提出。

第22条 雇员的监事会成员选举的无效:(1)雇员的监事会成员或候补成员的选举可以由劳动法庭宣布无效,只要该选举违反关于选举权、被选举权或者选举程序的根本条款,而且无法得到校正,亦即选举结果不可能因违反行为而遭到更改或受到影响。

(2)有权要求无效的包括:

a)至少该公司的3名具有选举全的雇员;

b)公司的总企业代表会;或者,假如公司中只有一个企业代表会,则由该企业代表会提出;假如该公司是一个康采恩中的拥有统治权的公司,则由康采恩企业代表会提出，只要这种企业代表会存在。

c) 另一家按照本法其雇员参加该公司监事会成员选举的公司的总企业代表会，或者假如在另一家公司中只有一个企业代表会，则由该企业代表会提出。

d) 每一个根据第16条第2款具有建议权的工会；

e) 公司内部合法代表组织的授权机构。

无效申请必须在选举结果公布之日算起的两周之内提出。

第23条　雇员的监事会成员的撤职：(1) 雇员的监事会成员在任期结束前可以通过提案被撤职。具有提交撤职提案的是：

a) 若针对属于工人的监事会成员，则由3/4具有选举权的工人提出；

b) 若针对属于第3条第3款第一点所标明的职员的监事会成员，则由3/4属于第3条第3款第一点所标明的职员提出；

c) 若针对属于领导职员的职员的监事会成员，则由3/4领导职员提出；

d) 若针对属于根据第7条第2款选举产生的工会代表的监事会成员，则由工会提出。

(2) 由委托人根据分开选举(第15条第3款第一句话)选举产生的监事会成员由该职业团体的委托人决议来撤职。由共同选举(第15条第3款第二句话)选举产生的监事会成员由委托人的决议来撤职。根据第一句话和第二句话做出的决议可以通过秘密投票来做出：它们应该得到3/4投票的支持。

(3) 由一个职业团体的雇员直接选举产生的监事会成员可以通过这个职业团体中具有选举权的雇员之决议来撤职。由雇员通过秘密选举的方式直接选举产生的监事会成员可以通过具有选举权的雇员之决议来撤职。根据第一句话和第二句话做出的决议可以通过秘密的、直接的投票来做出：它们应该得到3/4投票的支持。

(4) 第1款到第3款也适用于候补成员的撤职。

第24条　被选举资格的丧失与公司内监事会成员的职业团体属性

的变化：(1) 假如根据第 7 条第 2 款属于该公司雇员的监事会成员丧失了被选举权，则他的任期同时结束。

(2) 属于工人或职员的监事会成员的职业团体属性的变化并不导致其任期的终结，当属于职员的监事会成员的归属改变成为第 3 条第 3 款第一点所标明的职员或领导职员时，第一句话也适用。

第三节　监事会的内部秩序、权利与义务

第 25 条　原则：(1) 监事会的内部秩序、决议构成以及权利与义务根据第 27 条到第 29 条、第 31 条和第 32 条而确立，只要这些条款不会同下列条款冲突：

a)《股份法》中针对股份公司和两合公司中的条款；

b)《股份法》中第 90 条第 3 款、第 4 款和第 5 款第一句话与第二句话、第 107 条到第 116 条、第 118 条第 2 款、第 125 条第 3 款、第 171 条和第 268 条第 2 款针对具有有限责任的公司和具有独特法人资格的矿区工会的条款；

c) 涉及企业合作社与经济合作社法律针对企业合作社与经济合作社的条款。

1960 年 7 月 20 日颁布的关于在私人事务中具有有限责任的大众公司的股东权之执行的法律第 4 条第 2 款，并不因为 1970 年 7 月 31 日颁布的关于在私人事务中具有有限责任的大众公司的股东权之执行的法律第二次修正法而改变。

(2) 其他合法条款与(公司合同、章程)的条款规定或者监事会关于内部秩序、决议构成以及监事会权利与义务的执行条例，只要不同第 1 款相违背，则保持不变。

第 26 条　在负面影响之前对于监事会成员的保护：雇员的监事会成员不应由于执行他们的使命而受到干扰或者阻碍。他们不应由于在其作为雇员或根据第 4 条或第 5 条被视作雇员的公司的监事会中的行动而受到负面影响。这同样适用于他们的职业发展。

第 27 条　监事会中的主席：(1) 监事会以出席会议的成员的 2/3 多数，从中选举产生一名监事会成员和一名副主席。

（2）假如根据第 1 款的监事会主席或副主席的选举无法达到必要的多数，则启动第二次选举监事会主席与副主席的选举议程。在这次选举议程中，股东的监事会成员选举产生监事会主席，雇员的监事会成员选举产生监事会副主席，两次选举均遵循多数选举原则。

（3）监事会主席与副主席的选举之后，监事会根据第 31 条第 3 款第一句话所标明的任务，立即成立一个小组，该小组由监事会主席、副主席以及雇员的监事会成员和股东的监事会成员通过多数选举原则产生的各一名代表组成。

第 28 条　决议权：监事会有权达成决议，只要出席人数在半数以上，并都参与决议。股份法第 108 条第 2 款第四句话适用。

第 29 条　表决：（1）监事会的决议必须得到出席者的多数赞同，只要它不是以第 2 款与第 27 条、第 31 条和第 32 条的其他方式达成；

（2）假如监事会的选举产生了平局，则采取新一轮选举，假如再次达成平局，则监事会主席拥有两张投票权。股份法第 108 条第 3 款同样适用于第二次选举。副主席没有第二张投票权。

第三部分　合法的代表组织

第 30 条　原则：公司内部合法代表组织的授权机构组成、权利与义务，及其成员的任命都根据该公司的权利形式所适用的条款，只要第 31 条到第 33 条不会导致其他理解。

第 31 条　任免：（1）公司内部合法代表组织的授权机构之成员的任命以及该任命的撤销，均根据《股份法》第 84 条和第 85 条的条款来确定，只要第 2 款到第 5 款不会导致其他理解。这不适用于两合公司。

（2）监事会通过多数选举原则确定合法代表组织的授权机构成员，投票至少需要得到 2/3 的多数。

（3）假如根据第 2 款的任命无法产生，则第 27 条第 3 款所标明的监事会的小组在根据第 2 款所进行投票无法达到多数支持后的一个月中，向监事会提出任命建议名单；这一建议名单并不排斥其他建议名单。监事会通过多数选举原则确定合法代表组织的授权机构成员。

（4）假如根据第3款的任命无法产生，则监事会主席以2张投票权的方式重新进行投票；第3款第二句话适用。第二次选举的进行适用于股份法第108条第3款。副主席没有第二张投票权。

（5）第2款到第4款同样适用于撤销公司内部合法组织的授权机构成员的任命。

第32条　参与权的行使：（1）在雇员根据本法拥有共决权的公司、由于参与而使雇员根据本法拥有共决权的另一家公司中，雇员有权享受的权利在于：任命、撤销或者免除管理者；达成关于解散公司或转行为其他公司的决议；与其他公司达成公司合同（《股份法》第291条、第292条）；在公司解散或其资产转移后通过公司内部合法代表组织的授权机构继续在监事会决议的基础上延伸上述合同。这种决议必须获得股东的监事会成员的多数票支持；它们对于公司内部合法代表组织的授权机构具有约束力。

（2）假如该公司对于另一家公司的参股少于1/4，则第1款不适用。

第33条　劳动经理：（1）劳动经理被视作公司内部合法代表组织的授权机构的具有平等权利的成员。这不适用于两合公司。

（2）劳动经理与公司内部合法代表组织的授权机构的其他成员一样在同总机构的最紧密的理解之中行使他的使命。具体规定由执行条例规范。

（3）在企业合作社与经济合作社中，劳动经理的规定不适用于本法第9条第2款所涉及的企业合作社与经济合作社。

第四部分　远洋航行

第34条　（1）在运用本法时，一家公司的轮船在整体上被视作一家企业。

（2）本法意义上的轮船是根据国旗权利法悬挂联邦国旗的商船，这些商船一般在出发后的48小时内回到国内企业，并被视作该国内企业的一部分。

（3）本法第 3 条第 3 款第二点意义上的领导职员在第 1 款所标明的企业中仅指船长。

（4）第 1 款所标明的企业的雇员不参加第 9 款规定的投票，在提出申请与做出决议所必需的雇员人数要求上不做考虑。

（5）假如雇员的监事会成员通过委托人选举产生，则可以不同于第 10 条的规定，在第 1 款所标明的企业中无需选举产生委托人。假如该企业的雇员不遵从第 15 条第 1 款的规定，直接参与雇员的监事会成员的选择，则部分遵守下列条件：

a）这些雇员的一张投票相当于一名委托人投票的 1/60；第 11 条第 1 款第三句话适用。

b）这些雇员不参加通过委托人统一选举雇员的监事会成员的选举，他们在提出申请与做出决议所必需的雇员人数要求上不做考虑。

（6）假如雇员的监事会成员通过直接选举的方式产生，而且人数不超过第 1 款所标明的企业的 1/10 公司雇员，则这些雇员不参加统一选举雇员的监事会成员的选举，他们在提出申请与做出决议所必需的雇员人数要求上不做考虑。

第五部分　过渡条例与结束条款

第 35 条—第 38 条　（没有印刷）

第 39 条　发布权利条款的授权（没有印刷）

第 40 条　柏林条款（没有印刷）

第 41 条　生效　本法从 1976 年 7 月 1 日生效

Michael Kittner, *Arbeits-und Sozialordnung. Ausgewählte und eingeleitete Gesetzestexte*, Frankfurt am Main: Bund-Verlag, 24. Auflage, 1999, S.928—951.（孟钟捷译）

附录七　2004年《关于雇员在监事会中的三分之一参与法》

（即《三分之一参与法》）

2004年5月18日颁布,其中第6条第2款第一句话在7月1日生效,第13条在5月28日生效。

第一部分　适用范围

第1条　针对公司类型

1. 在以下公司中,雇员在监事会中拥有共决权

（1）雇员人数一般超过500人的股份公司。监事会中的共决权也存在于那些500人以下的、1994年8月10日之前注册的、非家庭企业的股份公司中。对于那些适用于本法的家庭企业的股份公司而言,其股东应是单个的自然人,或其股东之间在第15条第1款第二点至第8条第2款的意义上彼此存在亲属或姻亲关系;

（2）雇员人数一般超过500人的股份两合公司。第一点第二句话和第三句话同样适用;

（3）雇员人数一般超过500人的有限责任公司。该公司必须成立一个监事会;其结构与权利和义务根据《股份法》的第90条第3款、第4款、第5款第一句话和第二句话、第95—114条、第116条、第118条第3款、第125条第3、4款、第170条、第171条、第268条第2款的规定;

（4）雇员人数一般超过 500 人、且存在监事会的相互保险联合会；

（5）雇员人数一般超过 500 人的合作社。《股份法》第 96 条第 2 款和第 97—99 条必须适用于这类企业。本句话只有通过可被 3 整除的监事会成员数量所确定。该监事会必须每半年举行两次会议。

2. 本法不适用于以下公司

（1）《共决法》第 1 条第 1 款、《煤钢共决法》第 1 条与《煤钢共决补充法》第 1 条和第 3 条第 1 款所指出的公司；

（2）那些直接或主要从事以下事务的公司：

（a）政治性、联合政治性、宗教性慈善性、教育性、科学性或艺术性事务；

（b）适用于《基本法》第 5 条第 1 款第二句话的、从事新闻报道或观点表达之目的的事务。

本法不适用于宗教共同体及其慈善与教育组织，而无论其权利形式。

3. 若在《合作社法》中，关于监事会组织结构以及监事会成员的选举和撤销的相关规定同本法相冲突，则本法不适用。

第 2 条　康采恩

1. 康采恩（《股份法》第 18 条第 1 款）其他公司的雇员也参加该康采恩中占统治地位的公司选举监事会雇员代表（的活动）；

2. 只要根据第一点，雇员在占统治地位公司监事会中的参与取决于该监事会的存在或雇员的人数，那么康采恩公司的所有雇员就被视作该占统治地位公司的雇员，其前提是公司之间存在一份控制合同，或者依附公司从属于该占统治地位的公司。

第 3 条　雇员、企业

1. 本法意义上的雇员指的是《企业组织法》第 5 条第 1 款所指代的人，但不包括《企业组织法》第 5 条第 3 款指出的领导职员；

2. 本法意义上的企业适用于《企业组织法》第 4 条第 2 款所指代的企业；

3. 在本法中，一家公司的船只整体被视作一家企业。本法中的船只指的是根据《国旗法》悬挂联邦国旗的商船。凡在 48 小时内驶回本国的船只也被视作本法适用对象。

第二部分 监 事 会

第4条 组成

1. 第1条第一句话所指代的公司监事会之1/3代表必须由雇员代表组成。

2. 假如必须选举产生雇员的一名或两名代表,那么这些代表必须是该公司的雇员。假如监事会中的雇员代表超过两名,那么必须至少有两名监事会成员是该公司的雇员。

3. 监事会中的本公司雇员代表必须年满18周岁,且加入该公司一年以上。在计算一年的公司归属期限时,归属本法雇员范围内的公司从业期限也可被计算在内。该期限必须直接出现在雇员有权参加监事会成员选举的时间点之前。其他选举前提必须满足《企业组织法》第8条第1款的规定。

4. 监事会中的雇员代表应该符合男女数量的比例要求。

第5条 监事会中的雇员代表之选举

1. 监事会中的雇员代表通过普遍、秘密、平等和直接的选举方式,根据多数选举原则,在法律所规定的时间内,或在全体雇员集会时选举产生。

2. 有选举权者是该公司中年满18岁的雇员。《企业组织法》第7条第二句话同样适用。

第6条 选举建议名单

选举建立在企业代表会与雇员的选举建议名单之上。雇员的选举建议名单必须得到至少1/10有选举权者或100名有选举权者的联署。

第7条 候补成员

1. 在每一份选举建议名单上,每一位竞争者都应同时附有一位监事会的候补成员。竞争者不能同时作为候补者。

2. 假如一名竞争者被选举为监事会成员,那么同其相连的候补者也可以被选举为监事会成员。

第8条　监事会成员的通告

公司的法定代表机构在监事会成员与候补成员的任命结束后立即在公司的各企业中张榜通告他们的名单,并在联邦电子广告上予以公布。假如一些雇员还将参加其他公司的监事会成员选举,那些公司的合法代表机构也有义务将这些成员的名单予以通告。

第9条　监事会成员免受歧视之保障

监事会中的雇员代表不因其工作而受到损害或阻碍。他们不因其在监事会中的工作而受到负面影响或不利影响。这同样适用于他们的职业发展。

第10条　选举保障与选举费用

1. 不准阻碍监事会中雇员代表之选举。尤其不准缩小积极选举权与消极选举权的运用。

2. 不准用负面的威胁,或正面的诱惑,来影响选举。

3. 选举费用由公司来承担。因行使选举权或参加选举委员会而不得不花费的劳动时间不应成为劳动报酬缩减的理由。

第11条　监事会中雇员代表的选举无效

1. 监事会中雇员代表或候补成员的选举结果可由劳动法庭宣布无效,只要该选举违背了选举权、被选举权或选举程序的规定,或未能按照规定进行改正,以至于选举结果未能改变或受到影响。

2. 可被宣布无效的情况还包括:

(1) 至少3名具有选举权者的提出;

(2) 企业代表会提出;

(3) 该公司的合法机构提出。

宣布无效时限在联邦电子广告公布之日起的2周之内。

第12条　监事会中雇员代表之撤职

1. 在企业代表会或至少1/5拥有选举权者的要求下,监事会中的雇员代表可以被撤职。拥有选举权者通过普遍的、秘密的、平等的和直接的选举方式来做出决定;撤销决定需要3/4多数赞成票。在做出决定时,第

2条第1款适用。

2. 第一点也适用于候补者的撤职。

第三部分　过渡条款与结论条款

第13条　颁布法律规范的授权

联邦政府得到授权,通过法律规范来颁布选举与撤销监事会中雇员代表程序的规定,特别是关于:

(1) 选举的准备,特别是监事会中雇员代表选举名单的提名和数量计算;

(2) 审阅选举名单、提出反对意见的期限;

(3) 选举建议名单及提交期限;

(4) 选举公布及其通告期限;

(5) 第3条第3款所指代的企业之雇员参加选举;

(6) 投票;

(7) 选举结果的确定及其通告期限;

(8) 选举无效;

(9) 保存选举资料。

第14条　取代

只要其他法规使得关于简化监事会中雇员代表选举的第2个法规之第6条第2款无效,本法的相应条款即可取代它。

第15条　过渡条例

《联邦法律公报》第3部分、划分号801-1上的1952年《企业组织法》修正文本最后通过2001年7月23日法规(《联邦法律公报》,I,第1852页)第9条改变了选举或撤职(规定)。这些规定在2004年7月1日后1952年《企业组织法》失效后仍将有效。

资料来源:德国司法部网站 www.bundesrecht.juris.de/drittelbg/,2010年6月8日。(孟钟捷译)

附录八 大事年表

时 间	事 件
1848 年	法兰克福国民大会《工商业法草案》第一次正式提出成立一个"工厂委员会"(Fabrikausschuß),同行业的工厂委员会联合成立"工厂代表会"(Fabrikräte)
1891 年	《工商业法修正案》第 134 条要求 20 人以上的企业成立工人委员会(Arbeiterausschuß)
1905 年	普鲁士《矿区法》要求 100 人以上的矿区成立工人委员会(Arbeiterausschuß)
1916 年	《为祖国志愿服务法》要求 50 人以上的军工企业成立工人委员会(Arbeiterausschuß)
1918 年	各地成立了大量"工人代表"(Arbeiterrat)或"企业代表会"(Betriebsrat)
1920 年	《企业代表会法》要求 20 人以上的所有企业成立企业代表会(Betriebsrat)。企业代表会的共决权主要体现在 1—2 名代表得以进入监事会
1934 年	《民族劳动秩序法》废除企业代表会体制,成立"信任代表会"(Vertrauensrat),推行"企业领袖—追随者"模式
1946 年	盟军管制委员会颁布《企业代表会法》(第 22 号令),要求 5 人以上的所有企业成立企业代表会(Betriebsrat),但不久又推迟各地立法
1951 年	《煤钢共决法》出台,要求 1 000 人以上的煤钢企业建立"对等共决"模式,即监事会中的雇员代表占据一半席位,并在董事会中设立"劳动经理"
1952 年	《企业组织法》出台,要求 5 人以上的所有企业成立企业代表会,监事会中的雇员代表占据 1/3 席位
1955 年	《联邦个人代表法》出台,对公法组织中的雇员共决做出了规范

(续表)

时　间	事　　　件
1956 年	《煤钢共决补充法》出台,要求煤钢产品销售额在 50％以上的非煤钢企业适用于《煤钢共决法》
1968 年	第一次比登考普夫委员会成立
1970 年	第一次比登考普夫委员会公布调查报告,建议扩大煤钢共决模式
1972 年	新《企业组织法》出台,进一步扩展了 5 人以上企业中企业代表会的共决权,但未改变 1/3 共决模式
1976 年	《共决法》出台,要求 2 000 人以上的大企业实行对等共决模式
1996 年	《欧洲企业代表会法》出台 共决委员会成立
1998 年	共决委员会公布《提议:规划未来的共决》,建议共决制改革
2001 年	施罗德政府开始推动共决制改革
2004 年	《三分之一参与法》出台,废止 1952 年《企业组织法》
2005 年	第二次比登考普夫委员会成立
2006 年	第二次比登考普夫委员会递交调查报告,对企业代表会体制的运行持肯定态度,但劳资利益团体的立场存在分歧

主要参考文献

一、德 文 文 献

第一部分　档案与文件集

1. *Akten der Reichskanzlei*. Bd. 2，Repgen，Konrad & Bomms，Hans. München：Oldenbourg，1999.

2. *Arbeits- und Sozialordnung. Ausgewählte und eingeleitete Gesetztexte*. Kittner，Michael. Frankfurt a. M.：Bund-Verlag，24. Auflage，1999.

3. *Daten zu Wirtschaft-Gesellschaft-Politik-Kultur der Bundesrepublik Deutschland 1950—1975(mit Vergleichszahlen EG-Länder und DDR)*，Neumann，Franz. Baden-Baden：Signal-Verlag，1976.

4. *Das gespaltene Land：Leben in Deutschland 1945—1990. Texte und Dokumente zur Sozialgeschichte*，Kleßmann，Christoph & Wagner，Georg. München：Verlag C. H. Beck，1993.

5. *Das Kabinettsprotokolle der Bundesregierung online*，In：http://www.bundesarchiv.de/cocoon/barch/0000/index.html.

6. *Deutschland-Berichte der Sozialdemokratischen Partei Deutschlands 1934—1940*，Jahrgang 1934. Behnken，Klaus.

7. *Die Adenauer-Ära. Die Bundesrepublik Deutschland 1949—1963*，Bührer，Werner. München：Piper，1993.

8. *Die Betriebsräte in der Weimarer Republik，von der Selbstverwaltung zur*

Mitbestimmung, B.1, *Dokumente und Analysen*. Crusius, R.. Berlin: Verlag Olle & Wolter, 1978.

9. *Die Deutsche Revolution*, *1918—1919*: *Dokumente*, Ritter, Gerhard A. & Miller, Susanne. Hamburg: Hoffmann und Campe Verlag, 1975.

10. *Handbuch für Betriebsräte*, Hamburg: Deutsche Angestellten-Gewerkschaft, 1997.

11. *Handbuch für Betriebs-Räte*, Berlin: Vereinigung Internationaler Verlagsanstalten, 1927.

12. *Kollektives Arbeitsrecht*: *Quellentexte zur Geschichte des Arbeitsrechts in Deutschland*, Bd.1. Blanke, Thomas. Reinbek bei Hamburg: Rowohlt Taschenbuch Verlag, 1975.

13. *Mitbestimmung im Unternehmen*. Bericht der Sachverständigenkommission zur Auswertung der bisherigen Erfahrungen mit der Mitbestimmung, BT-Drucksache VI/334, 1970.

14. *Montanmitbestimmung*. *Dokumente ihrer Entstehung*, Peters, Jürgen. Köln: Bund-Verlag, 1979.

15. *Montanmitbestimmung*. *Das Gesetz über die Mitbestimmung der Arbeitnehmer in den Aufsichtsräten und Vorständen der Unternehmen des Bergbaus und der Eisen und Stahl erzeugenden Industrie vom 21. Mai 1951*, Müller-List, Gabriele, Düsseldorf: Droster Verlag, 1984.

16. *Organisatorischer Aufbau der Gewerkschaften 1945—1949*, Mielke, Siegfried. Köln: Bund-Verlag, 1987.

17. *Quellen zur Wirtschafts- und Sozialgeschichte. Arbeitgeber- und Arbeitnehmerbeziehungen im 19. Und 20. Jahrhundert*, Feldmann, Klaus-Dieter. Rinteln: Merkur Verlag, 1978.

18. *Quellensammlung zur Geschichte der Sozialen Betriebsverfassung. Ruhrindustrie*, Publikationen der Gesellschafts für Rheinische Geschichtskunde. Adelmann, Gerhard. Bonn: Hanstein, 1960.

19. *Quellen zur Geschichte der deutschen Gewerkschaftsbewegung*, Bd.7, Mielke, Siegfried & Rütters, Peter(Bearb.), Köln: Bund-Verlag, 1991.

20. *Isaac Deutscher*: *Reportagen aus Nachkriegsdeutschland*, Hamburg: Ju-

nius, 1980.

21. *Sämtliche Aufzeichnungen 1905—1924*, Jäckel, Eberhand &. Kuhn, Axel. Stuttgart: Dt. Verl.-Anst., 1980.

22. *Sowjetische Politik in der SBZ 1945—1949. Dokumente zur Tätigkeit der Propagandaverwaltung (Informationsverwaltung) der SMAD unter Sergej Tjul'panov*, Bonwetsch, Bernd. Bonn: Verlag J.H.W.Dietz Nachfolger, 1997.

23. *Statistisches Jahrbuch für das Deutsche Reich 1932*, Berlin.

24. *Ursachen und Folgen von deutschen Zusammenbruch 1918 und 1945 bis zur staatlichen Neuordnun Deutschlands in der Gegenwart*, Band 9. Michaelis, Herbst &. Schraepler, Ernst. Berlin: H.Wendler, 1964.

25. *7. Generalversammlung der IG Bergbau vom 3. Bis 8. Juli 1960 in Dortmund. Portokoll*, Bochum, 1960.

第二部分　研究著作(按作者姓氏排列)

1. Abelshauser, Werner. *Vom wirtschaflichen Wert der Mitbestimmung: Neue Perspektiven ihrer Geschichte in Deutschland: Expertise für "Mitbestimmung und neue Unternehmenskulturen" der Bertelsmann-Stiftung und der Hans-Böckler-Stiftung*, Gütersloh: Verlag Bertelsmann-Stiftung, 1998.

2. Abelshauser, Werner. *Deutsche Wirtschaftsgeschichte seit 1945*, München: Beck, 2004.

3. Bamberg, Ulrich, u.s.w., *Praxis der Unternehmensmitbestimmung nach dem Mitbestimmungsgesetz 76. Eine Problemstudie*, Düsseldorf: Hans-Böckler-Stiftung, 1984.

4. Barholomäi, Reinhart. *Sozialpolitik nach 1945. Geschichte und Analysen. Festschrift Ernst Schellenberg*, Bonn-Bad Godesberg: Verlag Neue Gesellschaft, 1977.

5. Barkai, Avraham. *Das Wirtschaftssystem des Nationalsozialismus: der historische und ideologische Hintergrund 1933—1936*, Köln: Verlag Wissenschaft und Politik, 1977.

6. Bertelsmann Foundation and Hans-Böckler-Foundation, *Mitbestimmung und neue Unternehmenskulturen-Bilanz und Perspektiven: Bericht der Kommisiion Mitbestimmung*, Gütersloh: Verlag Bertelsmann Stiftung, 1998.

7. Bieber, Hans-Joachim. *Gewerkschaften in Krieg und Revolution. Arbeiterbewegung, Industrie, Staat und Militär in Deutschland 1914—1920*, Band 1, Hamburg, 1981.

8. Blume, Otto. *Normen und Wirklichkeit einer Betriebsverfassung*, Tübingen: Mohr, 1968.

9. Blumenthal, W. Michael, *Codetermination in the German Steel Industry. A Report of Experience*, Princeton, New Jersey: Princeton University Press, 1956.

10. Bons, Joachim. *Nationalsozialismus und Arbeiterfrage. Zu den Motiven, Inhalten und Wirkungsgründen nationalsozialistischer Arbeiterpolitik vor 1933*, Pfaffenweiler: Centaurus-Verlag-Gesellschaft, 1995.

11. Born, Karl Erich. *Staat und Sozialpolitik seit Bismarks Sturz, Ein Beitrag zur Geschichte der Innenpolitischen Entwicklung des Deutschen Reiches 1890—1914*, Wiesbaden: Franz Steiner Verlag GmbH, 1957.

12. Braun, Siegfried. *Belegschaften und Unternehmer. Zur Geschichte und Soziologie der deutschen Betriebsverfassung und Belegschaftsmitbestimmung*, Frankfurt a. M./New York, Campus Verlag, 1992.

13. Brigl-Matthiaß, Kurt. *Das Betriebsräteproblem in der Weimarer Republik (1926)*, Berlin: Verlag Olle & Wolter, 1970.

14. Broszat, Martin, *Der Staat Hitlers: Grundlegung und Entwicklung seiner inneren Verfassung*, 15. Auflage, Münch: C.H.Beck, 2000.

15. Dawen, Wolfgang Uellenberg-van. *Gewerkschaften in Deutschland von 1948 bis heute. Ein Überblick*, München: Olzog, 1997.

16. Diefenbacher, Hans und Nutzinger, Hans G.(Hrsg.), *Mitbestimmung: Theorie, Geschichte, Praxis. Konzepte und Formen der Arbeitnehmerpartizipation*, Band 1, Heidelberg: Forschungsstätte der Evangelischen Studiengemeinschaft, 1984.

17. Dilger, Alexander. *Ökonomik betrieblicher Mitbestimmung. Die wirtschaflichen Folgen von Betriebsräten*, München und Mering: Rainer Hampp Verlag, 2002.

18. Ditt, Karl & Kift, Dagmar(Hrsg.), *1889. Bergarbeiterstreik und Wilhelminische Gesellschaft*, Hagen: V. d. Linnepe, 1989.

19. Ebbighausen, Rolf & Tiemann, Friedrich. *Das Ende der Arbeiterbewegung*

in Deutschland? Opladen: Westdeutscher Verlag, 1984.

20. Feder, Gottfried. *Das Programm der NSDAP und seine weltanschaulichen Grundgedanken*, 146—155. Auflage. München: Zentralverlag der NSDAP, 1934.

21. Feidel-Mertz, Hildegard. *Zur Geschichte der Arbeiterbildung*, Bad Heilbrunn/Obb. :Klinkhardt, 1968.

22. Fenske, Hans. *Im Bismarckschen Reich 1871—1890*, Darmstadt: Wiss. Buchges. , 1978.

23. Först, Walter, *Zwischen Ruhrkontrolle und Mitbestimmung*, Köln u. s. w. : Kohlhammer-Grote, 1982.

24. Frese, Matthias. *Betriebspolitik im "Dritten Reich"*, *Deutsche Arbeitsfront. Unternehmer und Staatsbürokratie in der westdeutschen Großindustrie 1933—1939*, Paderborn: Schöningh, 1991.

25. Goebbels, Joseph. *Vom Kaiserhof zur Reichskanzlei. Eine historische Darstellung in Tagebuchblättern*, 6. Auflage. München: Eher, 1934.

26. Grebing, Helga. *Geschichte der sozialen Ideen in Deutschland*, München-Wien: Günter Olzog Verlag, 1969.

27. Hans-Böckler-Stiftung. *Die Praxis der Weimarer Betriebsräte im Aufsichtsrat*, Köln: Bund-Varlag, 1986.

28. Hellwig, Fritz. *Carl Ferdnand Freiherr von Stumm-Halberg 1836—1901*, Heidelberg-Saarbrücken: Westmark-Verlag, 1936.

29. Henke, Klaus-Dietmar, *Die amerikanische Besetzung Deutschlands*, München: Oldenbourg, 1995.

30. Hentschel, Volker. *Geschichte der deutsche Sozialpolitik*, *1880—1980*, Frankfurt a. M. : Suhrkamp, 1983.

31. Hinderlich, Björn, *Betriebliche Mitbestimmung im Wandel. Ein britisch-deutscher Vergleich*, München und Mering: Rainer Hampp Verlag, 2007.

32. Hitler, Adolf. *Mein Kampf*, München:Zentralverlag der NSDAP, 1940.

33. Hott, Christoph, *Mitbestimmung und Arbeitsmarkt. Eine institutionenökonomische Analyse der Mitbestimmung in der Bundesrepublik Deutschland*,萨尔大学法学与经济学系经济学博士论文,1991年.

34. Jablonowski, Harry W. (Hrsg.), *Kirche und Gewerkschaft im Dialog. I.*

Mitbestimmungsdiskussion und Ansätze kritischer Solidarität, Bochum: SWI-Verlag, 1987.

35. Jäckel, Eberhard. *Hitlers Weltanschauung*, Stuttgart: Dt. Verl. -Anst. , 1981.

36. Jacobs, Reinhard. *75 Jahre Betriebsätegesetz*, *vom Betriebsrätegesetz 1920 zum Europabetriebsrat 1995*, DGB-Landesbezirk Neidersachsen/Brmen, DGB-Kreis Region Braunschweig, Bildungsvereinigung Arbeit und Leben, öAG Braunschweig (Hrsg.), Hannover, 1995.

37. Jähnichen, Traugott. *Vom Industrieuntertan zum Industriebürger. Der Soziale Protestantismus und die Entwicklung der Mitbestimmung(1845—1955)*, Bochum: SWI Verlag, 1999.

38. Jantke, Carl, *Bergmann und Zeche. Die sozialen Arbeitsverhältnisse einer Schachtanlage des nördlichen Ruhrgebiets in der Sicht der Bergleute*, Tübingen: J. C. Mohr, 1953.

39. Jochmann, Werner. *Im Kampf um die Macht*, *Hitlers Rede vor dem Hamburger Nationalclub von 1919*, Frankfurt am Main: Europ. Verl. -Anst. , 1960.

40. Jordan, Stefan. *Lexikon Geschichtswissenschaft. Hundert Grundbegriffe*, Stuttgart: Philipp Reclam jun. , 2002.

41. Judith, Rudolf(Hrsg.), *40 Jahre Mitbestimmung. Erfahrungen. Probleme. Perspektiven*, Köln: Bund-Verlag, 1986.

42. Kädtler, Jürgen. u. s. w. *Betriebsräte in Ostdeutschland. Institutionenbildung und Handlungskonstellationen*, *1989—1994*, Opladen: Westdeutscher Verlag, 1997.

43. Keil, Hilger, *Arbeitszeit und Betriebsverfassung*, Münster: Rieder, 2009.

44. Kichner, Hildebert. *Bibliographie zum Unternehmens- und Gesellschaftsrecht 1950—1985*, Berlin: de Gruyter, 1989.

45. Kichner, Hildebert. *Bibliographie zum Unternehmens- und Gesellschaftsrecht 1986 bis 1995*, Berlin: de Gruyter, 1998.

46. Kißler, Leo, *Die Mitbestimmung in der Bundesrepublik Deutschland. Modell und Wirklichkeit*, Marburg: Schüren, 1992.

47. Kocka, Jürgen. *Klassengesellschaft im Krieg. Deutsche Sozialgeschichte*

1914—1918，Frankfurt a. M. ：Fischer，1988.

48. Kolb，Eberhard. *Die Arbeiterräte in der deutschen Innenpolitik 1918—1919*，Frankfurt a. M. ：Ullstein，1978.

49. Kranig，Andreas. *Lockung und Zwang zur Arbeitsverfassung im Dritten Reich*，Stuttgart：Dt. Verlag-Anst. ，1983.

50. Kratzenberg，Volker. *Arbeiter auf dem Weg zu Hitler? Die nationalsozialistische Betriebszellen -Organisation. Ihre Entstehung，ihre Programmatik，ihr Scheitern 1927—1934*，Frankfurt am Main：Lang，1987.

51. Kumpf，Richard，*Gewerkschaften und Betriebsräte im Kampf um Mitbestimmung und Demokratie 1919—1994*，Bonn：Pahl-Rugenstein，1994.

52. Ley，Robert. *Deutschland ist schöner geworden*，Berlin：Mehden，1936.

53. Limmer，Hans *Die Deutsche Gewerkschaftsbewegung. Geschichte，Gegenwart，Zukunft*，München：Olzog，1996.

54. Louis，Michael. *Der Begriff der "Wirtschaftsdemokratie." Eine problemgeschichte Untersuchung zum deutschen Wirtschaftsverfassungsrecht*，明斯特大学法学系博士论文(未刊本)，1969.

55. Machtan，Lothar. *Bismarcks Sozialstaat，Beiträge zur Geschichte der Sozialpolitik und zur sozialpolitischen Geschichtsschreibung*，Frankfurg a. M./New York：Campus-Verlag，1994.

56. Mason，Timothy. *Sozialpolitik im Dritten Reich：Arbeiterklasse und Volksgemeinschaft*，Opladen：Westdeutscher Verlag，1977.

57. Mausolff，Anneliese，*Gewerkschaft und Betriebsrat im Urteil der Arbeitnehmer*，Darmstadt：Eduard Roether Verlag，1952.

58. Mommsen，Hans. *Arbeiterbewegung und industrieller Wandel. Studien zu gewerkschaftlichen Organisation im Reich und an der Ruhr*，Wuppertal：Peter Hammer Verlag，1980.

59. Mommsen，Hans. *Herrschaftsalltag im Dritten Reich. Studien und Teste*，Düsseldorf：Schwann/Patmos，1988.

60. Mommsen，Hans. *Klassenkampf oder Mitbestimmung. Zum Problem der Kontrolle wirtschaftlicher Macht in der Weimarer Republik*，Köln，Frankfurt a. M.：Eruopäische Verlagsanstalt，1978.

61. Morsch, Günter. *Arbeit und Brot. Studien zu Lage, Stimmung, Einstellung und Verhalten der deutschen Arbeiterschaft 1933—1936/37*, Frankfurt a. M.: Lang, 1993.

62. Muchow, Reinhold. *Organisation der Nationalsozialistischen Betriebszellen. Ziel und Systematik ihrer Arbeit*, München: Zentralverlag der NSDAP, 1931.

63. Müller, Gloria. *Mitbestimmung in der Nachkriegszeit. Britische Besatzungsmacht, Unternehmer, Gewerkschaften*, Düsseldorf: Schwann, 1987.

64. Müller, Willy, *Das soziale Leben im neuen Deutschland unter besonderer Berücksichtigung der Deutschen Arbeitsfront*, Berlin: Verlag der VDI, 1938.

65. Neuloh, Otto, *Die Deutsche Betriebsverfassung und ihre Sozialformen bis zur Mitbestimmung*, Tübingen: J. C. B. Mohr(Paul Siebeck), 1956.

66. Neuloh, Otto, *Der Neue Betriebsstil. Untersuchung über Wirklichkeit und Wirkungen der Mitbestimmung*, Tübingen: J. C. B. Mohr(Paul Siebeck), 1960.

67. Niclauß, Kalheinz. *Der Weg zum Grundgesetz. Demokratiegründung in Westdeutschland 1945—1949*, Paderborn u. w.: Ferdinand Schöningh, 1998.

68. Niedenhoff, Horst-Udo, *Mitbestimmung in der Bundesrepublik Deutschland*, Köln: Deutscher Instituts-Verlag, 7., ergänzte Auflage, 1989.

69. Niedenhoff, Horst-Udo, *Betriebsratswahlen 2002. Eine Analyse der Zusammensetzung der Betriebsräte bis 2006*, Köln: Deutscher Instituts-Verlag, 2003.

70. Nutzinger, Hans G.(Hrsg.), *Perspektiven der Mitbestimmung. Historische Erfahrungen und moderne Entwicklung vor europäischem und globalem Hintergrund*, Marburg: Metropolis, 1999.

71. Oelinger, Josef, *Wirtschaftliche Mitbestimmung. Positionen und Argumente der innerkatholischen Diskussion*, Köln: Verlag J. P. Bachem, 1967.

72. Oertzen, Peter von. *Die Probleme der wirtschaftlichen Neuordnung und der Mitbestimmung in der Revolution von 1918, unter besonder Berücksichtigung der Metallindustrie*, Vorstand der IG Metall, 未刊本, 1962.

73. Oertzen, Peter von. *Betriebsräte in der Novemberrevolution. Eine politikwissenschaftliche Untersuchung über Ideengehalt und Stuktur der betrieblichen und wirtschaftlichen Arbeiterräte in der deutschen Revolution 1918/1919*, Berlin: Verlag J. H. W. Dietz Nachf. 2 Auflage, 1976.

74. Plato, Alxander von. *Der Verlierer geht nicht leer aus*, Berlin: Dietz, 1984.

75. Plumpe, Werner, *Betreibliche Mitbestimmung in der Weimarer Republik. Fallstudien zum Ruhrbergbau und zur Chemischen Industrie*, München: Oldenbourg, 1999.

76. Poeck, Maren, *Tendenzträger als Betriebsräte und Sprecherausschussmitglieder*, Berlin: Duncker & Humblot, 2011.

77. Pohl, Hans, *Mitbestimmung. Ursprünge und Entwicklung*, Stuttgart: Franz Steiner, 1981.

78. Pohl, Hans, *Mitbestimmung und Betriebsverfassung in Deutschland, Frankreich und Großbritannien seit dem 19. Jahrhundert*, Stuttgart: Franz Steiner, 1996.

79. Potthoff, Erich, *Zur Geschichte der Montan-Mitbestimmung*, Düsseldorf: Hans-Böckler-Gesellschaft e. V., 1956.

80. Potthoff, Erich, *Der Kampf um die Montan-Mitbestimmung*, Köln: Bund-Verlag, 1957.

81. Preller, Ludwig, *Sozialpolitik in der Weimarer Republik*, Athenaeum: Droste Taschenbücher Geschichte, 1978.

82. Prinz, Michael. *Vom neuen Mittelstand zum Volksgenossen. Die Entwicklung des sozialen Status der Angestellten von der Weimarer Republik bis zum Ende der NS-Zeit*, München: Oldenbourg, 1986.

83. Ramm, Thilo (Hg.), *Arbeitsrecht und Politik. Quellentext 1918—1933*, Neuwied am Rhein/Berlin-Spandau: Luchterhand, 1966.

84. Rürup, Reinhard. *Die Revolution von 1918/19 in der deutschen Geschichte*, *Vortrag vor dem Gesprächskreis Geschichte der Friedrich-Ebert-Stiftung in Bonn am 4. November 1993*, Bonn: Friedrich-Ebert-Stiftung, 1993.

85. Rüther, Martin. *Arbeiterschaft in Köln 1928—1945*, Köln:Janus Verlagsges, 1990.

86. Sachse, Carola u. s. w.. *Angst, Belohnung, Zucht und Ordnung, Herrschaftsmechanismen im Nationalsozialismus*, Opladen: Westdeutscher Verlag, 1982.

87. Schell, Veit, *Das Arbeitsrecht der Westzonen und der jungen Bundesrepublik. Eine Betrachtung der Entwicklung des Arbeitsrechts in den westlichen Besatzungszonen und der Bundesrepublik Deutschland für die Jahre 1945 bis 1955*, Bay-

reuth: Verlag P. C. O., 1994.

88. Schneider, Michael. *Unterm Hakenkreuz. Arbeiter und Arbeiterbewegung 1933 bis 1939*, Bonn: J. H. W. Dietz Nachf., 1999.

89. Schott, Norbert, *Zur Entwicklung der industriellen Beziehungen nach der Wiedervereinigung: Arbeitgeberstrategien auf überbetrieblicher Ebene unter besonderer Berücksichtigung des Revisionsstreits in der ostdeutschen Metallindustrie*,法兰克福大学社会学系博士论文(未刊本),1995 年。

90. Schoof, Christian, *Betribsratspraxis von A bis Z. Das Lexikon für die betriebliche Interessenvertretung*, 10. Aufl., Frankfurt a. M.: Bund-Verlag, 2012.

91. Schröder, Michael, *Verbände und Mitbestimmung. Die Einflußnahme der beteiligten Verbände auf die Entstehung des Mitbestimmungsgesetzes von 1976*,慕尼黑大学哲学系博士论文(未刊本),1983 年。

92. Schulz, Ursula. *Die deutsche Arbeiterbewegung 1848—1919 in Augenzeugenberichten*, München: Deutscher Taschenbuch Verlag, 1976.

93. Schumann, Hans-Gerd. *Nationalsozialismus und Gewerkschaftsbewegung*, Frankfurt am Main: Nordeutsche Verlag. -Anst, 1958.

94. Schustereit, Hartmut. *Linksliberalismus und Sozialdemokratie in der Weimarer Republik. Eine vergleichende Betrachtung der Politik von DDP und SPD 1919—1930*, Düsseldorf: Pädagogischer Verlag Schwann Düsseldorf, 1975.

95. Siegel, Tilla, *Industrielle Rationalisierung unter dem Nationalsozialismus*, Frankfurt a. M.: Campus-Verlag, 1991.

96. Smelser, Ronald. *Robert Ley: Hilters Mann an der "Arbeitsfront". Eine Biographie*, Paderborn: Schöningh, 1989.

97. Spohn, Wolfgang. *Betriebsgemeinschaft und Volksgemeinschaft. Die rechtliche und institutionelle Regelung der Arbeitsbeziehungen im NS-Staat*, Opladen: Leske+Budrich, 1987.

98. Stegmann, Franz Josef, *Der soziale Katholizismus und die Mitbestimmung in Deutschland, Vom Beginn der Industrialisierung bis zum Jahr 1933*, München u. s. w: Schöningh, 1974.

99. Strasser, Gregor. *Wirtschaftliche Sofortprogramm der NSDAP*, München: Zentralverlag der NSDAP, 1932.

100. Strasser, Otto. *Aufbau des deutschen Sozialismus*, Leipzig: Lindner, 1932.

101. Streicher, Joseph. *Die Beziehung zwischen Arbeitergeber und Arbeitnehmer seit 1918. Eine Untersuchung über die Entwicklung des Kräfteverhältnisses zwischen beiden Parteien unter besonderer Berücksichtigung ihrer Organisationen der Gewerkschaften und Unternehmerverbände*,弗莱堡大学法学系博士论文(未刊本),1924.

102. Stümpfig, Adam. *Die Stellung der Arbeitnehmer Bayerns zum Betriebsrätegesetz*,慕尼黑大学政治系博士论文(未刊本),1927.

103. Suckut, Siegfried. *Die Betriebsrätebewegung in der Sowjetisch Besetzten Zone Deutschlands und in Groß-Berlin von 1945—1948. Eine politikwissenschaftliche Untersuchung ihrer politischer-sozialen Bedeutung unter besonder Berücksichting der von den Betriebsräten wahrgenommen Mitbestimmungs- und Selbstbestimmungsrechte der Belegschaften auf Betirebsebene*,汉诺威大学博士论文(未刊本),1978.

104. Suckut, Siegfried, *Die Betriebsrätebewegung in der Sowjetisch Besetzten Zone Deutschlands(1945—1948). Zur Entwicklung und Bedeutung von Arbeiterinitiative, betrieblicher Mitbestimmung und Selbstbestimmung bis zur Revision des programmatischen Konzeptes der KPD/SED vom "besonderen deutschen Weg zum Sozialismus"*, Frankfurt a. M.: HAAG+HERCHEN Verlag, 1982.

105. Teuteberg, Hans Jürgen. *Geschichte der industriellen Mitbestimmung in Deutschland. Urprung und Entwicklung ihrer Vorläufern im Denken und in der Wirklichkeit des 19. Jahrhundert*, Tübingen: J. C. B. Mohr, 1961.

106. Treue, Wilhelm. *Die Konzentration in der deutschen Wirtschaft seit dem 19. Jahrhundert*, Wiesbaden: Steiner, 1978.

107. Thum, Horst, *Mitbestimmung in der Montanindustire. Der Mythos vom Sieg der Gewerkschaften*, Stuttgart: Deutsche Verlag-Anstalt, 1982.

108. Vetter, Heinz Oskar. *Vom Sozialistengesetz zur Mitbestimmung. Zum 100. Geburtstag von Hans Böckler*, Köln: Bund-Verlag, 1975.

109. Wassermann, Wolfram. *Akteure für Demokratie in der Arbeitswelt*, Münster: Westfälisches Dampfboot, 2002.

110. Wehler, Hans-Ulrich. *Deutsche Gesellschaftsgeschichte*, Band 4. München: Verlag C. H. Beck, 2003.

111. Winkler, August Heinrich. *Organisierter Kapitalismus, Voraussetzung und Anfänge*, Göttingen: Vandenhoeck & Ruprecht, 1974.

112. Winkler, Heinrich August. *Politische Weichenstellungen im Nachkriegsdeutschland, 1945—1953*, Göttingen: Vandenhoeck und Ruprecht, 1979.

113. Wisotzky, Klaus. *Der Ruhrbergbau im Dritten Reich. Studien zur Sozialpolitik im Ruhrbergbau und zum sozialen Verhalten der Bergleute in den Jahren 1933 bis 1939*, Düsseldorf: Schwann, 1983.

114. Zeuner, Christine, *Betriebliche Weiterbildung-ein neues Politikfeld für Betriebsräte. Ergebnisse aus dem FORCE-Projekt " Einflußmöglichkeiten von Betreibsräten auf die Weiterbildungspolitik ihrer Unternehmen im Rahmen des sozialen Dialogs"*, Berlin und Bonn: Bundsinstitut für Berufsbildung, 1997.

第三部分 研究论文(按作者姓氏排列)

1. Ayaß, Wolfgang. "Bismarck und der Arbeiterschutz, Otto von Bismarcks Ablehnung des gesetzlichen Arbeiterschutzes-eine Analyse der Dimensionen und Hintergründe", *Vierteljahrschrift für Sozial- und Wirtschaftsgeschichte*, B. 89(2002), S.400—426.

2. Barkai, Avraham. "Die Wirtschaftsauffassung der NSDAP", *Aus Politik und Zeitgeschichte*, B. 9(1975), S.3—16.

3. "Sozialdarwinismus und Antiliberalismus in Hitlers Wirtschaftskonzept. Zu Henry A. Turner Jr. 'Hiters Einstellung zu Wirtschaft und Gesellschaft vor 1933.'", *Geschichte und Gesellschaft*, Jg. 3(1977), S.406—417.

4. Borsdorf, Ulrich. "Der Anfang vom Ende? Die Montan-Mitbestimmung im politischen Kräftefeld der frühen Bundesrepublik(1951—1956)", in: Rudolf Judith (Hrsg.), *40 Jahre Mitbestimmung. Erfahrungen, Probleme, Perspektiven*, Köln: Bund-Verlag, 1986, S.41—61.

5. Brötz, Rainer u. a.. "Betriebsräte und Humanisierung der Arbeitsbedingungen in Klein- und Mittelbetrieben", *WSI-Mitteilung*, N. 5(1982), S.296—305.

6. Engelhardt, Ulrich. "Strukturelemente der Bundesrepublik Deutschland: Überlegungen zum Problem historischer Kontinutität am Beispiel der Betriebsverfassung", *Vierteljahrschrift für Sozial- und Wirtschaftsgeschichte*, B. 69 (1982), S.373—392.

7. Fichter, Michael. "Aufbau und Neuordnung: Betriebsräte zwischen Klassensolidarität und Betriebsloyalität", in: Martin Broszat u. s. w. (Hrsg.), *Von Stalingrad zur Wähungsreform. Zur Sozialgeschichte des Umbruchs in Deutschland*, München: Oldenbourg, 1988, S.469—549.

8. Frese, Matthias. "Nationalsozialistische Vertrauensräte. Zur Betriebspolitik im 'Dritten Reich'", *Gewerkschaftliche Monatshefte* Jg. 43, H. 4/5(1992), S.281—297.

9. Galperin, Hans. "Die Mitbestimmung der Betriebsräte in wirtschaftlichen Fragen und bei der Aufstellung von Sozialplänen", *Der Betriebs-Berater*, Jg. 22(1967), S.469—472.

10. Giersch, Reinhard "Von der 'Nationalsozialistischen Betriebszellenorganisation' zur 'Deutschen Arbeitsfront' *1932—1934*", *Jahbuch für Geschichte* Jg. 26 (1982), S.43—74.

11. Hemmer, Hans O.. "Betriebsrätegesetz und Betriebsrätepraxis in der Weimarer Republik", in: Ulrich Borsdorf u. s. w, *Gewerkschaftliche Politik: Reform und Solidarität. Zum 60. Geburtstag von Heinz O. Vetter*, Köln: Bund-Verlag, 1977, S.241—269.

12. Henning, Friedrich-Wilhelm, "Humanisierung und Technisierung der Arbeitswelt. Über den Einfluß der Industrialisierung auf die Arbeitsbedingungen im 19. Jahrhundert", in: J. Reulecke und W. Weber(Hrsg.), *Fabrik, Familie, Feierabend, Beiträge zur Sozialgeschichte des Alltags im Industriezeitalter*, 2. Auflage, Wuppertal: Peter Hammer Verlag, 1978, S.57—88.

13. Ittershagen, Siegfried. "Das Entstehen der Betriebsräte in der Novemberrevolution und die Auseinandersetzung um das erste deutsche Betriebsrätegesetz vom 4. Februar 1920", *Gewerkschaften und Betriebsräten im Kampf um Mitbestimmung und Demokratie 1919*, Schriftenreihe der Max-Engels-Stiftung, B. 23 (1994), S.8—17.

14. Kleßmann, Christoph. "Betriebsräte und Gewerkschaften in Deutschland, 1945—1952", in: Heinrich August Winkler(Hrsg.), *Politische Weichenstellungen im Nachkriegsdeutschland, 1945—1953*, Göttingen: Vandenhoeck &. Ruprecht, 1979, S.44—73.

15. Kühnl, Reinhard. "Zur Programmatik der Nationalsozialistischen Linken: Das Strasser-Programm von 1925/26", *Vierteljahreshefte für Zeitgeschichte*, Jg. 14 (1966), S.317—333.

16. Lauschke, Karl. "In die Hände spucken und ran! Arbeiterschaft und Betriebsräte während der Nachkriegsjahre Zugleich ein Literaturbericht", *Tel Aviver Jahrbuch für deutsche Geschichte*, B. XIX(1990), S.313—338.

17. Mai, Gunther. "Die Nationalsozialistische Betriebszellen-Organisation. Zum Verhältnis von Arbeiterschaft und Nationalsozilaismus", *Vierteljahreshefte für Zeitgeschichte* Jg. 31(1983), S.573—613.

18. Mason, Tim W.. "Zur Entstehung des Gesetzes zur Ordnung der nationalen Arbeit vom 20. Januar 1934: Ein Versuch Januar 1934: Ein Versuch über das Verhältnis 'archaischer' und 'moderner' Momente in der neuesten deutschen Geschichte", in: Hans Mommsen u. s. w.(Hrsg.). *Industrielles System und politische Entwicklung in der Weimarer Republik. Verhandlungen des Internationalen Symposiums in Bochum vom 12.—17. Juni 1973*, Düsseldorf: Droste, 1974, S.322—351.

19. Mielke, Siegfried & Rütters, Peter. "Die Deutsche Arbeitsfront (DAF): Modell für den gewerkschaften Wiederaufbau? Diskussion in der Emigration und in der Gründungsphase der Bundesrepublik Deutschland", In: Hans-Erich Volksmann, *Ende des dritten Reiches—End des zweiten Weltkriegs. Eine perspektivische Rückschau*, München: R. Piper, 1995, S.675—708.

20. Müller-List, Gabriele. "Adenauer, Unternehmer und Gewerkschaften. Zur Einigung über die Montanmitbestimmung 1950/51", *Vierteljahrshefte für Zeitgeschichte*, Jg. 33(1985), S.288—309.

21. Rüther, Martin. "Lage und Abstimmungsverhalten der Arbeiterschaft: Die Vertrauensratswahlen in Köln 1934 und 1935", *Vieteljahreshefte für Zeitgeschichte*, Jg. 39(1991), S.221—264.

22. Wassermann, Walfram. "Betriebsräte im Wandel. Aktuelle Entwicklungsprobleme gewerkschaftlicher Betriebspolitik im Spiegel der Ergebnisse der Betriebswahlen 1994", *WSI-Mitteilungen*, Jg. 49, H. 9(1996), S.564—575.

23. Wendt, Bernd-Jürgen. "Mitbestimmung und Sozialpartnerschaft in der Weimarer Republik", *Politik und Zeitgeschichte*, B. 26(1969), S.27—45.

24. Werder, Axel v., "Modernisierung der Mitbestimmung. Diskussionspapier", Berlin Center of Corporate Governance(BCCC),2003 年 11 月 26 日,见 http://www. bccg. tu-berlin. de/main/publikationen/Modernisierung％20der％20Mitbestimmung. pdf,2010 年 1 月 19 日。

25. Zollitsch, Wolfgang. "Die Vertrauensratswahlen von 1934 und 1935. Zum-Stellenwert von Abstimmungen im 'Dritten Reich' am Beispiel Krupp", *Geschichte und Gesellschaft*, Jg. 15(1989), S.361—381.

二、英 文 文 献

第一部分　档案与文件集

1. *Documentary History of the Truman Presidency. V3. United States Policy in Occupied Germany after World War II. Denazification, Decartelization, Demilitarization and Democratization*, Merrill, Dennis. University Publications of America, 1995.

2. *The Papers of General Lucius D. Clay Germany 1945—1949*, Smith. Jean Edward. Bloomington: Indianna Univeristiy Press, 1974.

第二部分　研究著作(按作者姓氏排列)

1. Berghahn, Volker R.. *The Americanisation of West German Industry, 1945—1973*, Leamington Spa: Berg, 1986.

2. Berghahn, Volker R. &. Karsten, Detlev. *Industrial Relations in West Germany*, Oxford: Berg, 1987.

3. Bessel, Richard. *Germany after the first world war*, Oxford: Clarendon Press, 1993.

4. Gimbel, John. *The American Occupation of Germany. Politics and the Military, 1945—1949*, Stanford: Stanford University Press, 1968.

5. Grebing, Helga. *History of the German Labour Movement: A survey*, Berg: Leamington Spa, 1985.

6. Jackson, Christoph Rea. *Industrial labor between revolution and repression: Labor law and society in Germany, 1918—1945*,哈佛大学博士论文(未刊本),1993.

7. Jürgens, Ulrich. u. s. w. "The Transformation of Industrial Relations in Eastern Germany", in: Industrial and Labor Relations Review, Vol. 46, No. 2. 1993, pp. 229—244.

8. Kirchheimer, Otto. "West German Trade Unions", in: World Politics, Vol. 8, No. 4.(Jul., 1956), pp. 484—514.

9. Moses, John A.. Trade Unionsim in Germany from Bismarck to Histler 1869—1933, V.1, Totowa/New York: Barnes & Noble, 1982.

10. Shigeyoshi, Tokunanga & Bergmann, Joachim. Industrial Relations in Transition. The Cases of Japan and the Federal Republic of Germany, Tokyo: University of Tokyo Press, 1984.

11. Thelen, Kathlee A.. Union of Parts. Labor Politics in Postwar Germany, Ithaca and London: Cornell University Press, 1991.

12. Turner, Ian D.. Reconstruction in Post-war Germany. British Occupation Policy and the Western Zones 1945—1955, Oxford: Berg, 1989.

13. Turner, Lowell. Negotiating the New Germany. Can Social Partnership Survive? Ithaca and London: ILR Press, 1997.

14. Turner, Lowell. Fighting for Partnership. Labor and Politics in Unified Germany, Ithaca and London: Cornell University Press, 1998.

第三部分　研究论文(按作者姓氏排列)

1. Armingeon, Klaus. "Trade Unions under Changing Conditions: The West German Experience, 1950—1985", European Sociological Review, V. 5, N. 1 (1989), pp. 1—23.

2. Beal, Edwin F.. "Origins of Codetermination", Industrial and Labor Relations Review, V.8, N.4(1955), pp.483—498.

3. Beal, Edwin F.. "The Origins of Codetermination: Reply", Industrial and Labor Relations Review, V. 11, N. 4(1958), pp. 619—622.

4. Bunn, Ronald F.. "The Federation of German Employers' Association: A Political Interest Group", The Western Political Quarterly, V. 13, No. 3 (1960), pp. 652—669.

5. Carden, Robert W.. "Before Bizonia: Britain's Economic Dilemma in Germany, 1945—46", Journal of Contemporary History, V.14, No.3(1979), pp.535—555.

6. Diskant，James A.. "Scarcity, Survival and Local Activism: Miners and Steel-workers, Dortmund 1945-8", *Journal of Contemporary History*，V. 24，N. 4 (1989)，pp.547—573.

7. Frankel，Emil "The Eight-Hour Day in Germany", *The Journal of Political Economy*，V.32，N.3(1924)，pp.315—334.

8. Fuller，Linda. "The Socialist Labour Process. The Working Class, and Revolution in the German Democratic Republic", *Europe-Asia Studies*，V. 50，N. 3 (1998)，pp.469—492.

9. Kelly，Matthew A. "The Reconstitution of the German Trade Union Movement", *Political Science Quarterly*，V.64，N.1(1949)，pp.24—49.

10. Marshall，Barbara "The Democratization of Local Politics in the British Zone of Germany: Hannover 1945—47", *Journal of Contemporary History*，V.21，N.3 (1986)，pp.413—451.

11. McPherson，William H. "Codetermination: Germany's Move toward a New Economy", *Industrial and Labor Relations Review*，V.5，N.1(1951)，pp.20—32.

12. McPherson，William H.. "Codetermination in Practice", *Industrial and Labor Relations Review*，V.8，N.4(1955)，pp.499—519.

13. Prowe，Diethelm. "Economic Democracy in Post-World War II Germany: Corporatist Crisis Response, 1945—1948", *The Journal of Modern History*，V.57，N.3(1985)，pp.451—482.

14. Wiedemann，Herbert. "Codetermination by Workers in German Enterprises", *The American Journal of Comparative Law*，V.28，N.1(1980)，pp.79—92.

15. Wiesen，S.Johnathan. "Coming to Terms with the Worker: West German Industry, Labour Relations and the Idea of America, 1949—60", *Journal of Contemporary History*，V.36，N.4(2001)，pp.561—579.

三、中 文 文 献

第一部分 档案与文件集

1.《德国社会民主党纲领汇编》，张世鹏译，殷叙彝校，北京大学出版社 2005 年版。

2.《德国工人运动史大事记》第1卷,[德]洛塔尔·贝托尔特等编,葛斯等译,人民出版社1993年版。

3.《德国工人运动史大事记》第2卷,[德]洛塔尔·贝托尔特等编,孙魁等译,人民出版社1986年版。

第二部分　经典著作

1.[德]马克思、恩格斯:《马克思恩格斯选集》,第1卷,人民出版社1995年版。

2.[德]马克思、恩格斯:《马克思恩格斯全集》,第44卷,人民出版社2001年版。

第三部分　翻译著作与论文(按作者名字排列)

1.[德]迪特尔·格罗塞尔主编:《德意志联邦共和国经济政策及实践》,晏小宝等译,上海翻译出版公司1992年版。

2.[德]弗兰茨·瓦尔特:《德国社会民主党:从无产阶级到新中间》,张文红译,重庆出版社2008年版。

3.[德]弗里德里希·梅尼克:《世界主义与民族国家》,孟钟捷译,上海三联书店2007年版。

4.[德]卡尔·哈达赫:《二十世纪德国经济史》,扬绪译,商务印书馆1984年版。

5.[德]马克斯·韦伯:《经济·社会·宗教——马克斯·韦伯文选》,郑乐平编译,上海社会科学院出版社1997年版。

6.[加]马丁·基钦:《剑桥插图德国史》,赵辉、徐芳译,世界知识出版社2005年版。

7.[荷]马滕·科伊内、[匈]贝拉·高尔戈齐(主编):《欧洲:工资和工资集体协商——自二十世纪九十年代以来的发展》,崔钰雪译,中国工人出版社2013年版。

8.[英]迈克尔·鲍尔弗等:《四国对德国和奥地利的管制,1945—1946年》,上海译文出版社1995年版。

9.[德]苏珊·米勒、海因里希·波特霍夫:《德国社会民主党简史(1848—1983)》,赵敬钦等译,求实出版社1984年版。

10.[德]沃尔夫冈·多伊普勒:《德国雇员权益的保护》,唐伦亿、谢立斌译,中国工人出版社2009年版。

11.[美]悉尼·胡克:《对卡尔·马克思的理解》,徐崇温译,重庆出版社1989年版。

12.[荷]约里斯·范·鲁塞弗尔达特、耶勒·菲瑟主编:《欧洲劳资关系:传统与变革》,佘云霞等译,世界知识出版社2000年版。

第四部分　研究著作(按作者姓氏排列)

1. 曹长盛主编:《两次世界大战之间的德国社会民主党(1914—1945)》,北京大学出版社 1988 年版。

2. 陈从阳:《美国因素与魏玛共和国的兴衰》,中国社会科学出版社 2007 年版。

3. 邓白桦:《纳粹德国"企业共同体"劳资关系模式研究》,同济大学出版社 2012 年版。

4. 黄汝接:《联邦德国工会运动》,全国总工会干部学校 1984 年版。

5. 李工真:《德意志道路——现代化进程研究》,武汉大学出版社 1997 年版。

6. 刘小枫、梁作禄编:《现代国家与大公主义政治思想》,道风书社 2001 年版。

7. 孟钟捷:《德国 1920 年〈企业代表会法〉发生史》,社会科学文献出版社 2008 年版。

8. 孟钟捷:《寻求黄金分割点:联邦德国社会伙伴关系研究》,上海辞书出版社 2010 年版。

9. 荣兆梓:《通往和谐之路:当代中国劳资关系研究》,中国人民大学出版社 2010 年版。

10. 石美遐:《市场中的劳资关系:德、美的集体谈判》,人民出版社 1994 年版。

11. 孙炳辉、郑寅达:《德国史纲》,华东师范大学出版社 1995 年版。

12. 吴宏洛:《转型期的和谐劳动关系》,社会科学文献出版社 2007 年版。

13. 吴友法、黄正柏:《德国资本主义发展史》,武汉大学出版社 2000 年版。

14. 吴友法:《德国现当代史》,武汉大学出版社 2007 年版。

15. 肖辉英、陈德兴:《德国:世纪末的抉择》,当代世界出版社 2000 年版。

16. 邢来顺:《德国工业化经济—社会史》,湖北人民出版社 2003 年版。

17. 徐崇温:《当代资本主义新变化》,重庆出版社 2004 年版。

18. 许叶萍:《全球化背景下的劳资关系》,北京邮电大学出版社 2007 年版。

19. 杨寿国:《阿登纳传》,上海外语教育出版社 1992 年版。

20. 张静:《法团主义》,中国社会科学出版社 1998 年版。

21. 张天开:《各国劳资关系制度》,中国文化学院出版部 1988 年版。

22. 赵永清:《德国民主社会主义模式研究》,北京大学出版社 2005 年版。

23. 朱庭光主编:《法西斯体制研究》,上海人民出版社 1995 年版。

第五部分　研究论文(按作者姓氏排列)

1. 丁智勇:《德国经济领域中的共决权》,《德国研究》2001 年第 3 期。

2. 李工真:《纳粹经济纲领与德意志"经济改革派"》,《历史研究》2001 年第 4 期。

3. 李楠:《战后法国劳资关系的变化及对我国的启示》,《法国研究》2002 年第 2 期。

4. 李裕堂:《德国企业管理制度的一个显著特色——工人参与管理促成劳资和谐》,《中外企业文化》1996 年第 11 期。

5. 马建军、邱玉成:《西方国家职工参与公司治理制度及其对我国的启示》,《东北亚论坛》2003 年第 3 期。

6. 庞文薇:《德国职工"共决权"何去何从?——对目前德国职工"共决权"讨论的一些思考》,《德国研究》2006 年第 3 期。

7. 佘云霞:《英国劳资关系的特征及演变——20 世纪 90 年代以来英国劳资关系的变化》,《工会理论与实践》2001 年第 4 期。

8. 王大庆、焦建国:《劳资关系理论与西方发达国家的实践》,《经济研究参考》2003 年第 51 期。

9. 王文慧:《德国劳资关系与西方工人运动》,《国际观察》1994 年第 6 期。

10. 谢丽华:《"社会伙伴关系":内容,后果与启示》,《南昌大学学报》(人文社科版)2002 年第 2 期。

11. 殷叙彝:《从"有组织的资本主义"到民主共和国崇拜——论鲁道夫·希法亭的国家观》,《当代世界社会主义问题》2003 年第 2 期。

12. 张俐平:《德国企业共决制的发展及其性质》,《世界经济与政治论坛》1997 年第 3 期。

13. 张世鹏:《联邦德国的雇员参与共决制》,《国际共运史研究》1990 年第 1 期。

14. 赵永清:《民主社会主义的经济民主剖析——德国社会民主党的共决制思想与实践研究》,《国际共运史研究》1992 年第 2 期。

15. 赵修义:《作为经济伦理的爱国主义——试论李斯特的经济伦理思想》,《华东师范大学学报》(哲社版)2000 年第 1 期。

四、网　　站

1. 伯克勒尔基金会网站:www.boeckler.de

2. 弗里德里希·艾伯特基金会的社会民主党资料库:http://www.fes.de/ar-chiv/

3. 联邦德国档案馆网站：www.bundesarchiv.de

4. 联邦德国司法部网站：bundesrecht.juris.de/

5. 联邦德国政府网站：www.bundesregierung.de

6. 维基百科"比登考普夫委员会"词条：http://de.wikipedia.org/wiki/Biedenkopf-Kommission

后　记

　　本书是笔者有关 20 世纪德国劳资关系演进历史的第三部著作。笔者对于这一选题的关注，最早可追溯到 15 年前。当时，笔者以"魏玛共和国的劳工政策"为题，申请到学校优秀研究生项目。此后，笔者的博士论文以魏玛初年的一部劳工法——《企业代表会法》——为核心，基本上梳理了 19 世纪初到 1933 年纳粹上台前德国劳资关系发展的主要脉络。这一成果后来得到东方文库的资助，于 2008 年付梓出版。2006 年留校工作后，笔者受上海市教委"高校选拔优秀青年教师科研基金"的资助，把研究视角延伸到 1945 年后的德国劳资关系，于 2010 年完成了有关联邦德国社会伙伴关系的一部著作。在此期间，笔者师妹、同济大学德语系的邓白桦将其博士论文聚焦于纳粹德国时期的劳资关系，其成果最终以专著的形式出版于 2012 年。正是由于以上研究的延续性与相关性，笔者才决定申请、并最终顺利完成国家社科基金青年项目"20 世纪德国劳资和谐关系演进研究：以企业代表会体制为中心"（项目批准号：07CSS005；结项证书号：20120243）。本书正是这一项目的结项成果。根据分工，除第三章与附录一由邓白桦完成，其余部分均由笔者承担。邓白桦还对附录内容进行了校对。在申报出版基金时，我们经过协商，由笔者单独署名。在这里，笔者对邓白桦的工作及无私支持致以真挚谢意。

　　在修改本书过程中，笔者又承担了上海市哲学社会科学规划办资助的中青班专项课题"工会联盟与战后联邦德国社会变迁"（批准号：2010FLS003）。本书亦属于该课题研究中的中期成果之一。

　　在立项与研究过程中,许多老师和朋友都给予了关怀和帮助。在此,笔者表示真挚的谢意。尤应感谢的是笔者导师、华东师范大学历史系郑寅达教授。先生在选题方向、课题论证、资料搜集与文章写作方面都进行了认真而细致的指导,帮助我们迅速地走上科研的道路。感谢中国德国史研究会的名誉会长吴友法教授、会长邢来顺教授对我们青年学者的支持。感谢浙江大学历史系的吕一民教授对笔者申报上海市哲社学术著作出版基金的支持。笔者还应感谢数位参与结题审查和出版基金审查的匿名专家。你们的真知灼见与善意提醒,让笔者受益颇丰。

　　感谢国际历史教育学会主席、奥格斯堡大学的苏珊·波普(Susanne Popp)教授的真诚友谊,让笔者在课题顺利结项后,有机会多次赴德国访学,收集最新的研究成果。感谢鲁尔大学社会运动研究所所长斯坦凡·贝格尔(Stefan Berger)教授的邀请,让笔者获得了德国学界的最新研究成果。笔者还想感谢本书的责任编辑鲍静女士,没有她的细致工作,许多问题或许还将变为铅字,贻笑大方。最后,我想向我的爱人唐韵、幼子亦搏、我们的父母亲表示感谢,是他(她)们容忍了我只关注学术,疏忽家务的陋习。

　　本书的部分成果已经通过论文的方式予以发表。在此,笔者也对相关期刊的编辑老师致以谢意。没有你们的宽容和指点,笔者是无法完成如此重大的研究任务的。还应说明的是,本书的部分内容同笔者已经出版的书籍有所重合,但在本次写作中,业已进行了结构上的调整,并尽可能地增添了新近找到的原始档案材料和最新研究成果。

　　尽管如此,笔者仍然感到忐忑不安。由于学术水平所限,以及相关资料因解密原因而搜集不全,本书还存在着各种有待进一步细化的问题。笔者把出版视作研究工作的另一个起点,希望将来不断补充和更新,并恳请各位专家学者不吝赐教。

笔　者

2016 年 1 月于沪上三省居

图书在版编目(CIP)数据

20世纪德国企业代表会体制演变研究/孟钟捷著.
—上海：上海人民出版社，2016
ISBN 978-7-208-13769-1

Ⅰ.①2… Ⅱ.①孟… Ⅲ.①企业-劳资关系-研究
-德国 Ⅳ.①F279.516.3

中国版本图书馆 CIP 数据核字(2016)第 089077 号

责任编辑 鲍 静

20世纪德国企业代表会体制演变研究
孟钟捷 著
世 纪 出 版 集 团
上海人 民 出 版 社出版
(200001 上海福建中路193号 www.ewen.co)
世纪出版集团发行中心发行 常熟市新骅印刷有限公司印刷
开本635×965 1/16 印张27.25 插页4 字数384,000
2016年7月第1版 2016年7月第1次印刷
ISBN 978-7-208-13769-1/F·2369
定价 65.00 元

马克思主义研究　哲学社会科学研究　第二十八辑　（2016年8月）

马克思正义思想研究　赵海洋　著
语言与实践：维特根斯坦对"哲学病"的诊治　陈常燊　著
20世纪德国企业代表会体制演变研究　孟钟捷　著
舆论监督与司法公正　陈建云　著
语篇知识建构与对外汉语写作教学研究　周红　著
《玄应音义》文献与语言文字研究　耿铭　著

博士文库　第十八辑　（2016年8月）

新中国成立以来中国共产党宣传思想工作转变研究　李宗建　著
辩证逻辑：资本批判的利器　刘珍英　著
制度化养老、家庭功能与代际反哺危机——以上海市为例　刘燕　著
刑事庭前程序研究　汤景桢　著
中国外汇衍生品市场研究——基于微观动机、经济效应及政府监管的视角　斯文　著
产权、政府与企业的经营边界　黄俊　著
中国GDP中劳动报酬份额下降研究　杨昕　著
民主与福利——社会结构与公民身份制度变迁的路径　陈兆旺　著
近代中国商标法制的变迁——从寄生到自主的蜕变　汪娜　著
现代汉语认识判断语气的体系研究　叶琼　著
王诜《烟江叠嶂图》研究　张荣国　著
几与时——论王船山对传统道学范式的反思与转化　陈焱　著
民国时期上海舞台研究　贤骥清　著
动员与效率：计划体制下的上海工业　林超超　著
城市力量——中国城市化的政治学考察　宋道雷　著